Elton John
Yo

RESERVOIR BOOKS

Elton John
Yo

Traducción de Javier Blánquez y Aurora Echevarría

Papel certificado por el Forest Stewardship Council®

MIXTO
Papel procedente de
fuentes responsables
FSC® C117695

Título original: *Me*
Primera edición: octubre de 2019

© 2019, Elton John
© 2019, Penguin Random House Grupo Editorial, S. A. U.
Travessera de Gràcia, 47-49. 08021 Barcelona
© 2019, Javier Blánquez Gómez y Aurora Echevarría Pérez, por la traducción

Printed in Spain – Impreso en España

ISBN: 978-84-17511-98-2
Depósito legal: B-17480-2019

Compuesto en La Nueva Edimac, S. L.
Impreso en Egedsa
Sabadell (Barcelona)

R K 1 1 9 8 2

Penguin
Random House
Grupo Editorial

Este libro está dedicado a mi marido, David, y a nuestros precisosos hijos, Zachary y Elijah. Con un agradecimiento especial a Alexis Petridis, que lo ha hecho posible

Prólogo

Me encontraba en el escenario del club Latino de South Shields cuando me di cuenta de que ya no ~~~ 'a más. Era uno de esos *supper*

en los años sesenta y setenta,
ajeada sentada alrededor de
is y bebiendo vino de bote-
lámpara con flecos y papel
paredes; espectáculo de ca-
no retroceder a otra época.
música rock mutaba y se
vueltas la cabeza solo de
he Beatles y The Mothers
d As Love, Dr. John y *John*
co rastro de los Swinging
cabeles en una cadena al-
. Parecía el finalista de un
incente de Gran Bretaña.

El caftán y los cascabeles habían sido idea de Long John Baldry. Yo tocaba el órgano en la banda que lo acompañaba, Bluesology. Él se había fijado en que todos los otros grupos de rhythm and blues se estaban volviendo psicodélicos: ibas a ver a la Big Roll Band de Zoot Money interpretar canciones de James Brown y a la semana siguiente te encontrabas con que se llamaban Dantalian's Chariot, subían al escenario vestidos con túnicas blancas y cantaban que la Tercera Guerra Mundial había aniquilado todas las flores. John había decidido que debíamos seguir su ejemplo, al menos en lo tocante al vestuario, y a todos se nos dio un caftán. Los más baratos eran para los músicos de apoyo mientras que los que él llevaba habían sido hechos a medida en Take Six de Carnaby Street. O al menos eso creía hasta que vio entre el público a alguien con un caftán clavado al suyo. Se interrumpió en plena canción y se puso a gritar furioso: «¿De dónde lo has sacado? ¡Es mío!». Me pareció que su reacción estaba lejos de las nociones de paz, amor y fraternidad universal asociadas con el caftán.

Yo adoraba a Long John Baldry. Era absolutamente desternillante, profundamente excéntrico, escandalosamente gay y un músico magnífico, tal vez el mejor guitarrista de doce cuerdas que ha dado el Reino Unido. Había sido una de las principales figuras del boom del blues británico de principios de los sesenta, había tocado con Alexis Korner, Cyril Davies y The Rolling Stones, y tenía un conocimiento enciclopédico del blues. Solo estar cerca de él era educativo; me hizo escuchar muchísima música de la que yo nunca había oído hablar.

Pero era, ante todo, un hombre increíblemente amable y generoso. Tenía una habilidad especial para descubrir en los músicos algo que nadie más había visto en ellos y apoyarlos, dándoles tiempo para que tomaran confianza en sí mismos. Lo hizo conmigo como lo había hecho anteriormente con Rod Stewart, que era uno de los cantantes de Steampacket, el grupo que nos precedió: Rod, John, Julie Driscoll y Brian Auger. Eran increíbles, pero al cabo de un tiempo se separaron. La versión que me llegó de lo ocurrido era que una noche, después de una actuación en St-Tropez, Rod y Julie discutieron, y ella le arrojó vino tinto sobre la camisa blanca –es fácil imaginar cómo le sentó a él– y ese fue el final de Steampacket. De modo que Bluesology había pasado a ser la banda de apoyo de John, y tocábamos en clubes de soul y sótanos de blues de todo el país.

Nos divertíamos mucho, aunque John tenía ideas peculiares acerca de la música. Nuestras actuaciones eran de lo más estrafalarias. Empezábamos con blues ambiciosos: «Times Getting Tougher Than Tough», «Hoochie Coochie Man». Y en cuanto nos habíamos metido al público en el bolsillo, John se empeñaba en que tocáramos «The Threshing Machine», que era una especie de *novelty song* obscena del West Country, la clase de tema que cantan los jugadores de rugby cuando se emborrachan, al estilo de «'Twas On The Good Ship Venus» o «Eskimo Nell». John incluso la cantaba con marcado acento del oeste del país. Y después de eso quería que tocáramos algo del llamado Gran Cancionero Americano –«It Was A Very Good Year» o «Ev'ry Time We Say Goodbye»–, lo que daba pie a que imitara a Della Reese, la cantante de jazz estadounidense. No sé de dónde sacaba la idea de que a la gente le gustaba oírlo cantar «The Threshing Machine» o imitar a Della Reese, pero continuó creyéndolo, bendito sea, frente a pruebas bastante convincentes de lo contrario. Si uno se fijaba en la primera fila, que ocupaban las personas que habían acudido a oír a la leyenda del blues, Long John Baldry, solo veía una hilera de mods, todos mascando chicle y mirándonos totalmente horrorizados: «¿Qué coño está haciendo este tío?». Era muy cómico, aunque yo mismo me hiciera esa misma pregunta.

Y entonces sobrevino la catástrofe: Long John Baldry sacó un single que resultó ser un gran hit. Eso, en circunstancias normales, habría sido motivo de gran alegría, pero «Let The Heartaches Begin» era una canción espantosa, una balada almibarada y facilona propia del programa *Housewives' Choice*. Estaba a años luz de la clase de música que John debería haber estado haciendo, y fue durante semanas número uno y sonaba sin cesar en la radio. Diría que no sabía en qué estaba pensando John, pero no es cierto, lo sabía perfectamente, y en realidad no podía reprochárselo. Llevaba años viviendo a trancas y barrancas y esa era la primera vez que ganaba dinero. Los sótanos de blues dejaron de contratarnos y empezamos a tocar en *supper clubs*, que pagaban mejor. A menudo actuábamos en dos en una noche. A los espectadores no les interesaba el papel fundamental que había tenido John en el boom del blues británico ni su dominio de la guitarra de doce cuerdas. Solo querían ver a alguien que había salido por televisión. Muchas veces yo tenía la impresión de que no les interesaba la música, y punto. En algunos clubes, si tocábamos más tiempo del que nos habían asignado corrían el telón a mitad de canción. Entre las ventajas estaba que al menos el público de los *supper clubs* disfrutaba con «The Threshing Machine» más que los mods.

Otro problema importante que presentaba «Let The Heartaches Begin» era que Bluesology no podía tocarla en directo. No me refiero a que nos negáramos a hacerlo, sino a que literalmente no podíamos. En el single había una orquesta y un coro femenino; sonaba como Mantovani. Nosotros éramos una banda de rhythm and blues de ocho instrumentos con una sección de vientos. No había forma de que reprodujéramos el sonido. De modo que a John se le ocurrió la idea de grabar el acompañamiento en una cinta. Cuando llegaba el gran momento, arrastraba un enorme magnetófono Revox hasta el escenario, lo ponía en marcha y se ponía a cantar con él. Los demás nos quedábamos ahí de pie, de brazos cruzados, con nuestros caftanes y cascabeles, mientras la gente comía pollo con patatas fritas. Era insoportable.

De hecho, lo único divertido de oír cantar a John «Let The Heartaches Begin» en directo era que, en cuanto empezaba, las mujeres se ponían a chillar. Abrumadas aparentemente de deseo, abandonaban durante un rato su pollo con patatas fritas y corrían hasta el escenario, donde empezaban a agarrar el cable del micrófono de John, intentando atraerlo hacia ellas. Imagino que esa era la clase de situación en la que se veía Tom Jones todas las noches y que él se lo tomaba con calma, pero Long John Baldry no era Tom Jones. En vez de disfrutar de la adulación, montaba en cólera. Dejaba de cantar y les gritaba como un maestro de escuela: «¡Como me rompáis el micrófono, me pagáis cincuenta libras!». Una noche esa alarmante advertencia fue desoída. Mientras ellas tiraban del cable, vi a John levantar el brazo. De pronto, un horrible golpe sordo hizo temblar los altavoces. Con el corazón encogido me di cuenta de que el ruido venía de una admiradora dominada por la lujuria al ser golpeada en la cabeza con un micrófono. En retrospectiva, fue un milagro que no arrestaran o demandaran a John por agresión. De modo que esa era la principal fuente de diversión para el resto de nosotros durante «Let The Heartaches Begin»: preguntarnos si esa noche John volvería a agredir a una de sus fans vociferantes.

Esa era la canción que sonaba cuando tuve el momento de clarividencia en South Shields. Desde que era niño había soñado con ser músico. Esos sueños habían tomado muchas formas: tan pronto era Little Richard como Jerry Lee Lewis o Ray Charles. Pero tomaran la forma que tomasen, en ninguno de ellos me había imaginado en el escenario de un *supper club* de las afueras de Newcastle, de pie al lado de un órgano Vox Continental, viendo

cómo Long John Baldry tan pronto cantaba con el acompañamiento de una cinta grabada como amenazaba furioso con mul-
tar a las espectadoras con cincuenta libras. Y, sin embargo, allí
estaba yo. Por mucho que apreciara a John, era el momento de
pasar a otra cosa.

La cuestión era que no andaba precisamente sobrado de opciones. No tenía ni idea de qué quería hacer o de qué era capaz de
hacer siquiera. Sabía que podía cantar y tocar el piano, pero saltaba a la vista que no estaba hecho para ser estrella pop. Para empezar, no tenía el porte, como evidenciaba mi ineptitud para llevar
un caftán con estilo. En segundo lugar, me llamaba Reg Dwight.
Vaya nombre para una estrella pop. «Esta noche en *Top of the
Pops*, el nuevo single de… ¡Reg Dwight!» Estaba claro que eso no
iba a ocurrir. Los nombres de otros miembros de Bluesology que
habrían podido anunciarse en *Top of the Pops*: Stuart Brown, Pete
Gavin, Elton Dean. ¡Elton Dean! Hasta el del saxofonista sonaba
más a estrella pop que el mío, aunque él no tenía ningún deseo de
serlo; era un aficionado al jazz que mataba el tiempo con Bluesology hasta que pudiera empezar a tocar en un quinteto de improvisación libre.

Podía buscarme un nombre artístico, pero ¿para qué? Al fin y
al cabo, no solo no creía tener madera de estrella pop, sino que me
lo habían dicho literalmente. Hacía unos meses me había presentado a una audición de Liberty Records respondiendo al anuncio
que habían puesto en el *New Musical Express*. «Liberty Records
busca talento», rezaba. Pero, según se vio, no el mío. Pregunté por
Ray Williams y toqué para él, e incluso grabé un par de canciones
en un pequeño estudio. A Ray le pareció que yo tenía potencial,
pero ningún otro miembro del sello compartió su opinión: gracias, pero no. Eso fue todo.

En realidad, sí tenía otra opción. Cuando hice la audición para

Liberty le comenté a Ray que escribía canciones, o al menos las medio escribía. Podía componer música y melodías, pero no letras. Lo había intentado en Bluesology y todavía me despertaba en plena noche con sudores fríos cuando pensaba en lo que había salido: «We could be such a happy pair, and I promise to do my share» («Podríamos ser una pareja feliz, y te prometo que cumpliré con mi parte»). En el último momento, a modo de premio de consolación después de que me rechazaran, Ray me entregó un sobre. Alguien había respondido al mismo anuncio y les había enviado unas letras. Tuve la sensación de que Ray no las había leído cuando me las dio.

El tipo que las había escrito era de Owmby-by-Spital, Lincolnshire, lo que no era precisamente la capital mundial del rock and roll. Al parecer trabajaba en una granja de pollos, donde transportaba las aves muertas en una carretilla. Pero sus letras eran bastante buenas. Esotéricas y con cierta influencia de Tolkien, no muy diferentes de «A Whiter Shade Of Pale» de Procol Harum. Lo que era más importante: no se me caía la cara de vergüenza al leerlas, por lo que suponían un importante avance frente a lo que yo había compuesto.

Más aún, descubrí que podía ponerles música y que lo hacía con bastante rapidez. Algo en ellas parecía conectar conmigo. Y él también tenía algo con lo que conecté. Vino a Londres y quedamos para tomar un café, y congeniamos al instante. Resultó que Bernie Taupin no tenía nada de pueblerino. Era increíblemente sofisticado para sus diecisiete años: llevaba el pelo largo y era muy atractivo, muy culto y un gran admirador de Bob Dylan. Enseguida empezamos a componer canciones juntos, mejor dicho, separados. Él me enviaba las letras desde Lincolnshire y yo les ponía música en casa, es decir, en el piso de mi madre y mi padrastro en Northwoods Hills. Sacamos montones de canciones de ese modo.

Tengo que admitir que aún no habíamos logrado involucrar a ningún otro artista, y si nos hubiéramos dedicado a ello a tiempo completo nos habríamos arruinado. Pero aparte de dinero, ¿qué teníamos que perder? Una carreta llena de pollos muertos, en su caso, y escuchar «Let The Heartaches Begin» dos veces por noche, en el mío.

Les comuniqué a John y a los demás miembros de Bluesology mi intención de dejarlos en diciembre después de una actuación en Escocia. Todo fue bien, sin resentimientos: como he dicho, John era un hombre increíblemente generoso. En el avión de vuelta a casa decidí que, de todos modos, me cambiaría el nombre. No sé por qué, pero recuerdo que pensé que tenía que buscarme otro enseguida. Supongo que era la necesidad de hacer un simbólico borrón y cuenta nueva: se acabaron Bluesology y Reg Dwight. Como tenía prisa, me conformé con apropiarme de los nombres de otros. Elton de Elton Dean, John de Long John Baldry. Elton John. Elton John y Bernie Taupin. El dúo compositor Elton John y Bernie Taupin. Me pareció que sonaba bien. Original. Atractivo. Anuncié mi decisión a mis excompañeros de banda al volver a Londres en autobús desde Heathrow. Se partieron de la risa y me desearon mucha suerte.

1

Fue mi madre quien me hizo escuchar por primera vez a Elvis Presley. Todos los viernes, después del trabajo, recogía su paga y, de camino a casa, se paraba en Siever, que era una lampistería en la que también vendían discos, y se compraba uno. Era el mejor momento de la semana, esperar en casa para ver qué traía. Como le encantaba salir a bailar, le gustaba la música de las grandes bandas –Billy May y su Orquesta, Ted Heath–, y era una gran fan de los cantantes estadounidenses: Johnnie Ray, Frankie Laine, Nat King Cole o Guy Mitchell cantando «She wears red feathers and a huly-huly skirt». Pero un viernes llegó a casa con algo diferente. Me comentó que nunca había oído nada parecido, pero que era tan increíble que había tenido que comprarlo. En cuanto pronunció el nombre lo reconocí. El fin de semana anterior había estado hojeando las revistas de la barbería del barrio mientras esperaba a que me cortaran el pelo y me topé con una foto de un hombre con la pinta más estrafalaria que había visto nunca. Todo en él era insólito: la ropa, el peinado, incluso la pose. Comparado con las personas que se veían a través de la cristalera de la barbería de Pinner, un barrio situado al noroeste de Londres, parecía un extraterrestre verde con antenas en la frente. Me quedé tan absorto mirando la foto que ni siquiera me molesté en leer el artículo que lo acompañaba, y cuando llegué a casa había olvidado su nombre. Pero era el mismo: Elvis Presley.

En cuanto mi madre puso el disco quedó claro que sonaba en consonancia con su look, que era el de alguien venido de otro planeta. Al lado de lo que solían escuchar mis padres, «Heartbreak Hotel» a duras penas podía considerarse música, una opinión sobre la que mi padre se explayaría en el futuro. Yo ya había oído rock and roll –«Rock Around The Clock» había sido un gran éxito en 1956–, pero «Heartbreak Hotel» sonaba completamente distinto. Era un tema crudo, disperso, lento e inquietante en el que en todo momento resonaba un extraño eco. Apenas se entendía una palabra de lo que cantaba: entendí que su chica lo había dejado, pero después me perdí. ¿Qué era un «des clurk»? ¿Quién era ese «Bidder Sir Lonely» que mencionaba una y otra vez?*

La letra era lo de menos, porque ocurría algo casi físico mientras él cantaba. Sentías literalmente la extraña energía que emanaba, como si fuera contagiosa, como si saliera del altavoz de la radiogramola y fuera directa a tu cuerpo. Yo ya me consideraba un loco de la música, y hasta tenía una pequeña colección de discos de 78 rpm, pagados con los vales y giros postales que recibía por mis cumpleaños y en Navidad. Hasta ese momento mi ídolo había sido Winifred Atwell, una corpulenta dama de Trinidad increíblemente risueña que actuaba con dos pianos en el escenario,

---

* *Desk clerk* [«recepcionista»], y *baby they'll be so lonely* [«nena, estarán tan solos…»]. *(N. de los T.)*

uno de media cola, en el que interpretaba temas clásicos ligeros, y uno vertical un poco trotado para las canciones de pub y ragtime. Me encantaba su jovialidad, la manera un tanto afectada en la que anunciaba: «Y ahora me voy a mi otro piano», y cómo se echaba hacia atrás y miraba al público mientras tocaba con una gran sonrisa, como si se estuviera divirtiendo de lo lindo. Me parecía fabulosa, pero nunca había experimentado nada parecido cuando la escuchaba a ella. En cuanto sonó «Heartbreak Hotel», fue como si algo hubiera cambiado y nada pudiera seguir siendo realmente lo mismo. Como se vio después, algo cambió y ya nada fue igual.

Y menos mal, porque el mundo necesitaba cambiar. Crecí en la Gran Bretaña de los años cincuenta, y antes de Elvis y del rock and roll era un lugar bastante lúgubre. A mí no me importaba vivir en Pinner –nunca he sido una de esas estrellas del rock a las que mueve el deseo ardiente de escapar de la periferia, y me gustaba bastante vivir allí–, pero el país entero pasaba por un mal momento. Era un mundo furtivo, atemorizado y sentencioso, de gente que atisbaba por detrás de sus visillos con cara avinagrada y de chicas en apuros a las que se las mandaba lejos. Cuando pienso en la Gran Bretaña de los años cincuenta, me veo sentado en las escaleras de nuestra casa, escuchando cómo el hermano de mi madre, el tío Reg, intentaba persuadirla para que no se divorciara de mi padre. «¡No puedes divorciarte! ¿Qué pensará la gente?» En cierto momento, lo recuerdo claramente, utilizó la frase: «¿Qué dirán los vecinos?». Mi tío Reg no tenía la culpa. Era la mentalidad de una época en que la felicidad era de alguna manera menos importante que guardar las apariencias.

Lo cierto es que mis padres nunca deberían haberse casado, ya de entrada. Nací en 1947, pero en realidad fui producto de la guerra. Supongo que me concibieron mientras mi padre estaba de permiso; se había enrolado en la RAF en 1942, en plena Segunda Guerra Mundial, y cuando esta terminó decidió quedarse en el ejército. Y mis padres fueron sin duda alguna una pareja surgida de la guerra. Su historia suena romántica. Se conocieron el mismo año que mi padre se alistó. Él tenía diecisiete años y había trabajado en un astillero de Rickmansworth que construía barcazas para canales. Mamá, que se apellidaba Harris de soltera, tenía dieciséis y repartía leche para United Dairies en un carro tirado por un caballo, la clase de empleo en el que jamás se habría visto a una mujer antes de la guerra. Mi padre era un trompetista aficionado con talento y parece ser que, en un permiso, vio a mi madre entre el público mientras tocaba con una banda en un hotel de North Harrow.

Pero la realidad de Stanley y Sheila Dwight no tenía nada de romántica. Sencillamente no se llevaban bien. Los dos eran testarudos e irascibles, dos rasgos encantadores que he tenido la inmensa fortuna de heredar. No estoy seguro de si llegaron a quererse. En tiempos de guerra la gente se apresuraba a casarse –el futuro era incierto incluso en enero de 1945, cuando se celebró la boda de mis padres, y había que vivir el presente–, así que es posible que eso influyera. Tal vez se quisieron, o al menos creyeron quererse, en los momentos que robaban para estar juntos. Durante mi infancia no parecían gustarse siquiera. Las peleas eran incesantes.

Por lo menos remitían en los períodos que mi padre pasaba fuera de casa, que eran frecuentes. Lo habían ascendido a teniente de vuelo y lo destinaban con regularidad al extranjero, a Irak y a Adén, de modo que crecí en una casa que parecía llena de mujeres. Vivíamos con mi abuela materna, Ivy, en el número 55 de Pinner Hill Road, la misma casa en la que nací. Era la clase de vivienda de alquiler subvencionada que se había multiplicado por toda Gran Bretaña en las décadas de 1920 y 1930: una pareada de tres dormitorios, de ladrillo rojo en la planta baja y pintada de blanco en el piso superior. En realidad, en la casa vivía otro varón, pero apenas se hacía notar. Mi abuelo había muerto muy joven de cáncer, y mi abuela se había casado de nuevo con un tipo llamado Horace Sewell, que había perdido una pierna en la Primera Guerra Mundial. Horace tenía un corazón de oro, pero no era lo que se dice un gran hablador. Parecía pasar la mayor parte del tiempo fuera. Trabajaba en el vivero local, Woodman, y cuando no estaba allí lo veías en el jardín de casa, donde cultivaba todas las hortalizas que comíamos y las flores de nuestros jarrones.

Tal vez pasaba tanto tiempo en el jardín simplemente para evitar a mi madre. De ser así, lo comprendo. Incluso cuando papá no estaba, mamá tenía muy mal genio. Cuando pienso en mi niñez, pienso en sus cambios de humor: los silencios deprimentes, malhumorados y horribles que se extendían sin previo aviso por la casa, durante los cuales iba con pies de plomo y escogía con cuidado las palabras, por miedo a hacerla estallar y recibir una buena tunda. Cuando estaba contenta podía ser cariñosa, encantadora y vivaz, pero siempre parecía encontrar un motivo para no estarlo, siempre daba la impresión de andar en busca de pelea, siempre insistía en tener ella la última palabra; como decía el tío Reg, era capaz de iniciar una discusión en una habitación vacía. Durante años pensé que era culpa mía, que tal vez ella nunca había querido ser madre: solo tenía veintiún años cuando yo nací y se quedó atrapada en un matrimonio que a todas luces no funcionaba, viéndose obligada a vivir con su madre porque el dinero escaseaba. Pero su hermana, la tía Win, me contó que también había sido así cuando eran pequeñas, era como si allá a donde fuera Sheila Harris la siguiera un nubarrón, y los otros niños le tenían miedo y a ella parecía gustarle eso.

Sin duda tenía unas ideas muy extrañas acerca de la maternidad. Era una época en que se mantenía a raya a los niños a fuerza de palos, porque en general se creía que no había nada que no se curara con una buena paliza. Era una filosofía que mi madre abrazó entusiasmada, lo que era aterrador y humillante si ocurría en público: no había nada como recibir una zurra fuera del supermercado Sainsbury de Pinner, frente a una multitud de espectadores visiblemente intrigados, para minarte la autoestima. Pero algunas conductas de mi madre se habrían considerado alarmantes incluso en su época. Años después me enteré de que cuando yo tenía dos años, me había enseñado a utilizar el orinal atizándome con un cepillo de alambre hasta hacerme sangrar. Mi abuela, como es comprensible, se puso furiosa cuando descubrió lo que pasaba; después, estuvieron semanas sin hablarse. Mi abuela volvió a enfurecerse cuando averiguó el remedio de mi madre contra el estreñimiento. Me tumbaba sobre el escurridero del fregadero de la cocina y me metía jabón carbólico por el ano. Si le gustaba dar miedo, debía de estar encantada conmigo, porque me tenía acojonado. La quería –era mi madre–, pero pasé mi niñez en un estado de máxima alerta, siempre intentando asegurarme de que no hacía nada que la provocara: si ella estaba contenta yo también lo estaba, aunque solo fuera un rato.

Nunca tuve esos problemas con mi abuela. Ella era la persona en la que más confiaba. Parecía constituir el centro de la familia, al ser la única que no trabajaba fuera de casa, pues mi madre había pasado de conducir el carro de la leche durante la guerra a trabajar en una serie de tiendas. La abuela era una de esas viejas matriarcas asombrosas de clase humilde: sensata, trabajadora, amable y graciosa. Yo la idolatraba. Era una cocinera excepcional, tenía mucha mano con las plantas, y le gustaba beberse de vez en cuando una copa y jugar a las cartas. Había tenido una vida increíblemente dura; su padre había abandonado a su madre al quedarse embarazada, por lo que ella nació en un hospicio. Nunca hablaba de ello,

22

pero parecía haberla vuelto imperturbable. Ni siquiera se inmutó el día que bajé berreando por las escaleras con el prepucio atrapado en la cremallera de la bragueta de mis pantalones y le pedí que me ayudara. Se limitó a suspirar y se dispuso a liberarlo como si fuera algo que hiciera todos los días.

Su casa olía a asados y a chimeneas de carbón. En la puerta siempre había alguien: la tía Win, el tío Reg, mis primos John y Cathryn, el cobrador del alquiler, el chico de la lavandería Watford Steam o el repartidor de carbón. Y siempre sonaba música. La radio estaba casi permanentemente encendida (programas como *Two-Way Family Favourites*, *Housewives' Choice*, *Music While You Work*, *The Billy Cotton Band Show*) o sonaba un disco en la gramola, que solía ser de jazz, aunque a veces era de música clásica.

Yo podía pasarme horas enteras mirando aquellos discos, estudiando los distintos sellos discográficos. El azul de Decca, el rojo de Parlophone, el amarillo intenso de MGM, los de HMV y RCA, que por alguna razón que nunca averigüé tenían ese dibujo del perro que mira el fonógrafo. Parecían objetos mágicos; el hecho de que al poner una aguja sobre ellos saliera misteriosamente sonido me fascinaba. Al cabo de un tiempo, los únicos regalos que quería eran discos y libros. Recuerdo el chasco que me llevé cuando bajé por las escaleras y vi una gran caja envuelta. «Oh, no, me han comprado un Mecano.»

Además, teníamos un piano que pertenecía a mi tía Win, quien solía tocarlo. Y de vez en cuando, también lo tocaba yo. Corrían muchas leyendas en la familia sobre mi prodigioso talento con el instrumento, aunque la más repetida era que Win me sentó en su regazo cuando yo tenía tres años y al instante saqué de oído la melodía de «The Sakter's Waltz». No tengo ni idea de si es verdad, pero no hay duda de que tocaba el piano a una edad muy temprana, alrededor de la época en que empecé a ir a la escuela, la

Reddiford School. Tocaba himnos como «All Things Bright And Beautiful», que había escuchado en la sala de actos. Sencillamente nací con oído musical, como otros nacen con memoria fotográfica. Podía escuchar una pieza de música una vez y luego sentarme al piano y más o menos reproducirla nota por nota. Tenía siete años cuando empecé a tomar clases con una tal señora Jones. Poco después mis padres comenzaron a hacerme salir delante de todos en las reuniones familiares y las bodas para que tocara «My Old Man Said Follow The Van» y «Roll Out The Barrel». A juzgar por todos los discos que se oían en casa y en la radio, creo que la clase de música que más le gustaba a mi familia eran las canciones populares tradicionales.

El piano cumplía una gran función cuando mi padre estaba en casa de permiso. Era el típico hombre británico de los años cincuenta que veía en cualquier manifestación de emoción, aparte de la ira, una prueba fatal de debilidad de carácter. De modo que no era dado al contacto físico y nunca te decía que te quería. Pero le gustaba la música, y si me oía tocar el piano, recibía un «enhorabuena» y tal vez un brazo alrededor de los hombros en señal de orgullo y aprobación. Por un tiempo estuvo contento conmigo. Y tenerlo contento era muy importante para mí. Si él me daba un poco menos de miedo que mi madre era porque no paraba mucho en casa. En un momento determinado, cuando yo tenía seis años, mi madre decidió que la familia al completo nos marcháramos de Pinner y nos instaláramos con mi padre en Wiltshire; lo habían destinado a la base Lyneham de la RAF, cerca de Swindon. No recuerdo bien los detalles. Sé qué me gustaba jugar en el campo, pero el traslado me dejó desorientado y confuso, y, como consecuencia, me quedé atrás en la escuela. No estuvimos mucho tiempo allí –mamá debió de darse cuenta enseguida del error que había cometido–, y después de que regresáramos a Pinner, me pareció que papá era alguien que venía de visita en lugar de vivir con nosotros.

Pero cuando él estaba, las cosas cambiaban. De pronto había normas nuevas para todo. Me veía en un apuro si la pelota de fútbol se salía del césped y caía en un parterre de flores, pero también si comía apio de una manera que para él estaba mal. Al parecer la forma correcta, en el improbable caso de que alguien tuviera algún interés en comer apio, era sin hacer demasiado ruido al morder. Una vez me pegó porque se suponía que no me había quitado la chaqueta del uniforme de la manera adecuada; por desgracia, parece que me he olvidado de cuál era, pese a lo crucial de la información. La escena afectó tanto a mi tía Win que salió llorando de la habitación para contársela a la abuela. Seguramente agotada por las peleas sobre el uso del orinal y el estreñimiento, mi abuela le aconsejó que no se metiera.

¿Qué estaba ocurriendo? No tengo ni idea. Sé tan poco acerca del problema que tenía mi padre como del de mi madre. Quizá estaba relacionado con el hecho de pertenecer al ejército, donde también había reglas para todo. Tal vez eran celos, como si se sintiera excluido por pasar tanto tiempo fuera de casa, y todas esas normas eran su forma de imponerse como cabeza de familia. Tal vez era la educación que había recibido, aunque no recuerdo a sus padres —el abuelo Edwin y la abuela Ellen— particularmente feroces. O tal vez tanto a mi padre como a mi madre les costaba manejar a un niño porque era algo nuevo para ellos. No lo sé. Solo sé que mi padre tenía muy malas pulgas y no parecía entender cómo usar las palabras. Nunca había una respuesta serena, como: «Vamos, siéntate». Sencillamente estallaba. El Mal Genio de la familia Dwight. Fue la cruz de mi vida de niño y siguió siéndolo cuando se hizo evidente que era hereditario. O bien me hallaba genéticamente predispuesto a perder los estribos o había aprendido de un modo inconsciente del ejemplo. Fuera como fuese, ha resultado ser una pesadez insoportable para mí y para todos los que han estado a mi alrededor durante gran parte de mi vida adulta.

De no haber sido por mis padres, habría tenido la típica niñez normal e incluso aburrida de los años cincuenta: *Muffin the Mule* por la televisión y funciones infantiles en el Embassy de North Harrow los sábados por la mañana; los Goons por la radio, y pan untado con manteca para cenar los domingos por la noche. Lejos de casa, era totalmente feliz. A los once años me pasé al Pinner County Grammar School, donde destaqué por normal. Nunca fui objeto de intimidaciones ni intimidé a nadie. No era empollón, pero tampoco gamberro; eso se lo dejaba a mi amigo John Gates, que era uno de esos chicos que parecía haberse pasado toda su niñez castigado después de clase o fuera del despacho del director, sin que la variedad de castigos impuestos alterara un ápice su comportamiento. Yo pesaba más de la cuenta, y aunque se me daban bien los deportes, no corría peligro alguno de convertirme en atleta estrella. Jugaba al fútbol y al tenis, a todo menos al rugby. Debido a mi estatura me ponían en la melé, donde mi papel principal era recibir múltiples patadas en los huevos del pilar del equipo contrincante. Me negaba.

Mi mejor amigo era Keith Francis, pero formaba parte de un gran grupo de chicos y chicas a los que todavía veo. De vez en cuando organizo en casa reuniones de la promoción. La primera vez me puse nervioso: «Han pasado cincuenta años, soy famoso y vivo en una gran mansión; ¿qué coño van a pensar de mí?». Pero a ellos no podría haberles importado menos. Cuando llegaron, podríamos haber estado en 1959. Nadie parecía haber cambiado mucho. John Gates seguía teniendo ese brillo en los ojos que hacía pensar que podía ser de armas tomar.

Durante años llevé una existencia en la que no pasaba realmente nada. El momento álgido fue un viaje de fin de curso a Annecy, donde nos alojamos en casa de nuestros *pen pals*, y miramos boquiabiertos los Citroën 2CV, que nada tenían que ver con los coches que yo había visto en las carreteras británicas; los asientos parecían tumbonas. O aquel día de las vacaciones de Semana Santa que, por razones que se han perdido en la bruma del tiempo, Barry Walden, Keith y yo decidimos ir en bicicleta de Pinner a Bournemouth, una idea cuya sensatez empecé a cuestionar en cuanto me di cuenta de que sus bicicletas tenían marchas y la mía no; tuve que subir las cuestas pedaleando como un loco para no quedarme atrás. El único peligro al que nos enfrentábamos era que uno de mis amigos se muriera de asco cuando yo me ponía a hablar de discos. No me bastaba con coleccionarlos. Cada vez que compraba uno, lo apuntaba en un cuaderno. Escribía los títulos de las caras A y B y toda la información que ofrecía el sello discográfico: compositor, editor, productor. Luego la memorizaba hasta que me convertí en una enciclopedia musical ambulante. Una inocente pregunta como por qué saltaba la aguja cuando ponías «Little Darlin» de The Diamonds me llevaba a informar a todo el que estuviera lo bastante cerca para oírme que se debía a que era una grabación de Mercury Records, a quienes distribuía Pye en el Reino Unido. Pye era el único sello que lanzaba discos de 78 rpm de novedoso vinilo en lugar de la anticuada goma laca, y las agujas hechas de goma laca no respondían de la misma manera al vinilo.

Pero no me estoy quejando en absoluto de que la vida fuera aburrida; al contrario, me gustaba tal como era. En casa todo resultaba tan agotador que llevar una vida insulsa fuera de ella me parecía curiosamente una bendición, sobre todo cuando mis padres decidieron volver a intentar vivir juntos a tiempo completo.

Fue después de que yo entrara en Pinner County. A mi padre lo habían destinado a la base Medmenham de la RAF, en Buckinghamshire, y todos nos mudamos a una casa de Northwood, a unos diez minutos de Pinner, en el número 111 de Potter Street. Vivimos tres años en ella, lo suficiente para probar más allá de toda duda que el matrimonio no funcionaba. Fue durísimo: peleas continuas, intercaladas de silencios gélidos. No podías relajarte ni un momento. Si te pasas la vida esperando que tu madre monte en cólera o que tu padre anuncie otra norma que has infringido, acabas sin saber cómo actuar: la incertidumbre de lo que ocurrirá a continuación te paraliza. De modo que yo era increíblemente inseguro, me asustaba de mi propia sombra. Para colmo, me consideraba de algún modo responsable de la situación conyugal de mis padres, porque muchas de sus peleas giraban en torno a mí. Mi madre me reñía, entonces mi padre intervenía y seguía una gran pelea sobre cómo me estaban educando. No hacía que me sintiera muy bien conmigo mismo, lo que se ponía de manifiesto en una falta de seguridad en mi aspecto físico que duró hasta entrada la edad adulta. Durante años y años no pude soportar mirarme al espejo. Realmente odiaba lo que veía: era demasiado gordo, demasiado bajo, tenía una cara rara y mi pelo nunca hacía lo que yo quería (que dejara de caerse antes de tiempo, entre otras cosas). El otro efecto duradero fue el miedo a la confrontación. Me duró décadas. He permanecido en relaciones profesionales y personales adversas solo por evitar el conflicto.

Cuando las cosas se ponían demasiado feas, mi reacción siempre era subir corriendo las escaleras y encerrarme, y eso era justo lo que hacía cuando mis padres se peleaban. Subía a mi habitación, donde tenía todo perfectamente limpio y ordenado. Coleccionaba cómics, libros y revistas, además de discos. Era meticuloso con todo. Cuando no estaba apuntando la información de un nuevo single en mi cuaderno, me dedicaba a copiar todas las listas de singles de *Melody Maker*, *New Musical Express*, *Record Mirror* y *Disc*, y a compilar los resultados, y, calculando el promedio, hacía una nueva lista personal. Siempre he sido un obseso de las estadísticas. Incluso ahora pido que me envíen todos los días las listas de éxitos, así como los puestos en las listas de las radios estadounidenses, los éxitos de taquilla del cine y de Broadway. La mayoría de los artistas no lo hacen porque no les interesa. Cuando hablo con alguno, sé más de cómo va su single que él mismo, lo que es una locura. La excusa oficial es que necesito saber lo que pasa porque en la actualidad tengo una compañía que hace películas y representa a artistas. La verdad es que lo haría de igual modo aunque trabajara en un banco. Sencillamente soy obsesivo.

Un psicólogo probablemente diría que, de niño, intentaba crear una sensación de orden en mi vida caótica, con mi padre siempre yendo y viniendo, y todas las reprimendas y peleas. Yo no tenía ningún control sobre eso ni sobre el carácter de mi madre, pero sí sobre lo que había en mi habitación. Los objetos no podían hacerme daño. Me reconfortaban. Yo hablaba con ellos, me comportaba como si tuvieran sentimientos. Si se me rompía algo, me llevaba un verdadero disgusto, como si hubiera matado a algún ser vivo. Durante una discusión particularmente desagradable, mi madre lanzó a mi padre un disco, que se rompió en no sé cuántos pedazos. Era *The Robin's Return* de Dolores Ventura, una pianista australiana de ragtime. Recuerdo que pensé: «¿Cómo has hecho algo así? ¿Cómo puedes romper algo tan bonito?».

Mi colección de discos se disparó con la llegada del rock and roll. Había en marcha otros cambios emocionantes, indicios de que la vida continuaba, de que estábamos saliendo del mundo gris de posguerra incluso en un barrio periférico del noroeste de Londres: entraron en casa un televisor y una lavadora, y abrieron en Pinner High Street un café-bar, lo que parecía increíblemente exótico… hasta que apareció en la cercana Harrow un restaurante que servía comida china. Pero los cambios ocurrían despacio y de forma gradual, con varios años entre sí. No sucedió lo mismo con el rock and roll. Parecía haber salido de la nada, y tan rápido que costaba asimilar hasta qué punto lo había cambiado todo. La música pop la encarnaban el bueno de Guy Mitchell con «Where Will The Dimple Be?» y Max Bygraves cantando sobre cepillos de dientes. Era cortés y sensiblera, e iba dirigida a los padres, que no querían oír nada demasiado emocionante o escandaloso; después de vivir una guerra, habían tenido suficiente de eso para toda la vida. Y de repente el pop pasó a ser Jerry Lee Lewis y Little Richard, esos tipos ininteligibles que parecían echar espuma por la boca cuando cantaban y a los que nuestros padres odiaban. Hasta mi madre, que era fan de Elvis, se echó para atrás cuando salió Little Richard. «Tutti Frutti» le parecía un ruido infernal.

El rock and roll era como una bomba que no paraba de estallar en una serie de explosiones tan seguidas que costaba entender qué ocurría. De pronto parecía haber una canción increíble detrás de otra. «Hound Dog», «Blue Suede Shoes», «Whole Lotta Shakin' Going On», «Long Tall Sally», «That'll Be The Day», «Roll Over Beethoven», «Reet Petite». Tuve que ponerme a trabajar los sábados para no quedarme atrás. Por suerte, el señor Megson de Victoria Wine buscaba a alguien que le echara una mano en la trastienda, colocando los envases vacíos en cajones de madera y amontonándolos. Yo tenía una vaga idea de ahorrar algo de dinero, pero debería haberme dado cuenta de que estaba condenada a fracasar: Victoria Wine estaba puerta con puerta con la tienda de discos Siever. El señor Megson podría haber dejado los diez chelines que me pagaba en la caja registradora y ahorrarse los intermediarios. Era un primer indicio de lo que resultaría ser una actitud ante la compra que me ha acompañado toda la vida: no se me da muy bien guardar el dinero en el bolsillo cuando hay algo que quiero.

Sesenta años después, cuesta explicar lo revolucionario y escandaloso que parecía el rock and roll. No solo la música sino toda la cultura que representaba, la ropa, el cine y la actitud. Parecía lo primero que era realmente nuestro, que iba dirigido en exclusiva a nosotros, y hacía que nos sintiéramos distintos de nuestros padres y capaces de conseguir algo. No es fácil tampoco explicar hasta qué punto lo despreció la anterior generación. Si tomamos todos los ejemplos de pánico moral que la música pop ha provocado desde entonces –el punk y el gangsta-rap, los mods, los rockers y el heavy metal–, los juntamos y los multiplicamos por dos, podremos hacernos una idea de la indignación que causó el rock and roll. La gente lo odió a muerte. Y el que más mi padre. Le desagradaba la música en sí, eso estaba claro –le gustaba Frank Sinatra–, pero había algo más: odiaba su impacto social, creía que todo lo relacionado con él era moralmente censurable. «Mira cómo se visten y cómo se comportan, meneando las caderas y marcando la polla. Tú no te mezclarás con ellos.» Si lo hacía me convertiría en un *wide boy*, un buscón. Para el que no lo sepa, es un término anticuado para referirse a una especie de delincuente de poca monta, un timador, alguien que hace trapicheos o algún que otro chanchullo. Ya concienciado de que yo podía descarriarme por culpa de mi ineptitud para comer apio como era debido, mi padre creía firmemente que el rock and roll causaría mi profunda degradación. La mera mención de Elvis o Little Richard lo impulsaba a soltar una furiosa perorata en la que mi inevitable transformación en un buscón ocupaba un lugar destacado: yo tan pronto escuchaba encantado «Good Golly Miss Molly» como comerciaba con artículos de nailon robados o era un trilero que estafaba a la gente en las sórdidas calles de Pinner.

No parecía haber mucho peligro de que eso sucediera —hay monjes benedictinos más estafadores de lo que yo lo era de adolescente—, pero mi padre no quería correr riesgos. Antes de que empezara en el Pinner County Grammar School en 1958, ya se veían cambios en la forma de vestir de la gente, pero yo tenía expresamente prohibido llevar cualquier prenda que pudiera vincularse de algún modo con el rock and roll. Keith Francis deslumbraba con unos zapatos tan puntiagudos que las puntas parecían entrar en el aula varios minutos antes que él. Mientras que yo seguía vistiendo como una versión en miniatura de mi padre, y mis zapatos eran deprimentemente igual de largos que mis pies. Lo más cerca que había estado de participar en la rebelión en el vestir eran las gafas graduadas, mejor dicho, lo a menudo que las llevaba. Se suponía que solo debía utilizarlas para mirar la pizarra. Desde la demencial convicción de que con ellas tenía un aire a lo Buddy Holly, las llevaba a todas horas, con lo que me estropeé por completo la vista. Entonces sí que tuve que ponérmelas todo el tiempo.

El deterioro de mi vista también tuvo consecuencias inesperadas en lo que se refiere a la exploración sexual. No recuerdo las circunstancias exactas en que mi padre me sorprendió masturbándome. Creo que no me pilló en el acto en sí sino intentando deshacerme de las pruebas, pero recuerdo que no me sentí tan avergonzado como debería, entre otras cosas porque no sabía muy bien lo que hacía. Estaba realmente atrasado en lo tocante al sexo. No me interesó hasta los veintitantos años, aunque después de eso haría un importante y decidido esfuerzo para recuperar el tiempo perdido. Pero cuando oía a mis amigos hablar en el instituto, me quedaba simplemente perplejo: «Sí, la llevé al cine y me dejó tocarle una teta». ¿Cómo? ¿Por qué? ¿Qué se suponía que significaba eso?

De modo que creo que, más que experimentar una expresión frenética de mi sexualidad efervescente, lo que hacía era disfrutar de una sensación agradable. Fuera como fuese, cuando mi padre me pilló, soltó la frase tan manida de que, si seguía haciendo «eso», me quedaría ciego. En todo el país los chicos la oían, se daban cuenta de que era una tontería y pasaban olímpicamente de ella. En mi caso, en cambio, la advertencia hizo presa en mi mente. ¿Y si era cierto? Ya me había destrozado la vista con mi insensato intento de parecerme a Buddy Holly y tal vez eso acabara de estropearla. Decidí que era mejor no correr riesgos.

Muchos músicos dirán que Buddy Holly tuvo un gran impacto en su vida, pero probablemente yo soy el único que puede decir de él que, sin saberlo, logró que nunca más me masturbara, a no ser que pillara a Big Booper haciéndolo mientras estaban de gira o algo así.

Pese a todas las reglas en el vestir y las advertencias sobre mi inevitable caída en la delincuencia, era demasiado tarde para que mi padre pudiera evitar que me involucrara en el rock and roll. Yo ya estaba metido hasta el cuello. Vi en el cine *Loving You* y *Una rubia en la cumbre*. Empecé a ir a actuaciones en vivo. Una gran multitud de estudiantes nos dirigíamos al Harrow Granada cada semana; Keith, Kaye Midlane, Barry Walden, Janet Richie y yo éramos los más devotos y regulares, junto con un chico llamado Michael Johnson, que era la única persona a la que conocía que estaba igual de obsesionada que yo con la música. A veces incluso parecía saber más cosas que yo. Fue él quien un par de años después se presentó en el instituto agitando «Love Me Do» de The Beatles y afirmó que iban a ser lo más grande después de Elvis. Pensé que exageraba hasta que me lo puso y entonces decidí que podía tener razón: otra obsesión musical se despertó.

El precio de una entrada para el Granada era de dos chelines con seis peniques o de cinco chelines, si optabas por los asientos elegantes. En ambos casos merecía la pena pagarlos, porque los espectáculos estaban abarrotados de cantantes y bandas. Veías actuar a diez artistas en una noche: dos canciones cada uno hasta el cabeza de cartel, que cantaba cuatro o cinco. Todos parecían tocar allí, tarde o temprano. Little Richard, Gene Vincent, Jerry Lee Lewis, Eddie Cochran, Johnny and The Hurricanes. Si alguien rehusaba honrar el Harrow Granada con su presencia, siempre podíamos coger el metro a Londres: fue en el Palladium donde vi a Cliff Richard y a The Drifters, antes de que la banda que los acompañaba cambiara de nombre y pasara a llamarse The Shadows. De nuevo en la periferia, otros locales más pequeños empezaron a presentar grupos: el British Legion de South Harrow, el Conservative Club de Kenton. Podías ver fácilmente dos o tres bolos a la semana, siempre que tuvieras el dinero necesario. Lo curioso es que no logro recordar haber visto una mala actuación o volver a casa decepcionado. El sonido debía de ser terrorífico. Estoy bastante seguro de que en el British Legion de South Harrow en 1960 no había un sistema de altavoces capaz de reproducir como era debido el poder brutal y salvaje del rock and roll.

Y cuando mi padre no estaba en casa, yo tocaba canciones de Little Richard y Jerry Lee Lewis al piano. Ellos eran mis verdaderos ídolos. No se trataba solo de su manera de tocar, que era increíble, tan agresiva, como si asaltaran el teclado, sino de cómo se ponían de pie mientras tocaban, apartaban de una patada el taburete y saltaban sobre el piano. Lograban que pareciera tan escandaloso, sexy y visualmente emocionante como tocar la guitarra o cantar. Yo nunca había caído en la cuenta de que tocar el piano podía ser todo eso.

Me sentí lo bastante inspirado para dar unos cuantos bolos en clubes sociales para jóvenes con una banda que se llamaba The Corvettes. No era nada serio, ya que los otros miembros seguían como yo en el instituto –ellos iban al Northwood–, y solo duró unos meses: la mayoría de las actuaciones nos las pagaron con Coca-Cola. Pero de pronto empecé a intuir lo que quería hacer con mi vida y no coincidía con los planes que había trazado mi padre para mí, que giraban en torno a ingresar en la RAF o trabajar en un banco. Jamás me habría atrevido a decirlo en voz alta, pero en silencio decidí que podía meterse esos dos planes donde le cupiesen. Tal vez, en el fondo, el rock and roll sí me hubiera infundido la rebeldía que tanto temía mi padre.

O tal vez él y yo nunca tuvimos nada en común, aparte del fútbol. Todos los recuerdos de la infancia felices que conservo de mi padre están relacionados con este deporte, pues venía de una familia de fanáticos. Dos de sus sobrinos eran jugadores profesionales, ambos del Fulham, del suroeste de Londres: Roy Dwight y John Ashen. Como premio, me llevaba a verlos desde la línea de banda del Craven Cottage, en los tiempos en que Jimmy Hill era su interior derecho y Bedford Jezzard su mayor goleador. Incluso fuera del campo, me parecían figuras increíblemente glamurosas; siempre me sentía un poco intimidado cuando me los encontraba. Cuando la carrera de John terminó, se convirtió en un astuto hombre de negocios con debilidad por los coches estadounidenses; se presentaba en nuestra casa de Pinner con su mujer, Bet, en un Cadillac o un Chevrolet de aspecto irreal que aparcaba delante de la puerta. Roy, por su parte, era un magnífico jugador, un lateral derecho que pasó al Nottingham Forest. Jugó con ellos en la Final de la FA Cup de 1959. La vi en casa por la televisión, comiendo un surtido de huevos de chocolate que guardaba desde Pascua para ese momento memorable. Más que comerlos, me los metía en la boca en un estado de histeria. No podía creer lo que estaba sucediendo en la pantalla. Al cabo de diez minutos Roy marcó el primer gol. Estaba a punto de que lo llamaran para jugar con la selección inglesa y ese gol sin duda había decidido su destino: mi primo —un primo carnal— iba a jugar representando a Inglaterra. Parecía tan increíble como la afición de John por los coches. Quince minutos después lo sacaban del campo en una camilla. Se había roto la pierna en un regateo y eso determinó su destino. Su carrera futbolística prácticamente se acabó. Lo intentó, pero nunca volvió a jugar como antes. Acabo convirtiéndose en profesor de educación física en un colegio para chicos del sur de Londres.

El equipo de mi padre era el Watford, mucho menos glamuroso e impresionante. Yo tenía seis años cuando me llevó por primera vez a ver un partido. Con penoso esfuerzo trataban de ascender desde la última posición de algo llamado tercera división del Sur, que era lo más bajo que se podía estar en la liga de fútbol sin que te echaran. De hecho, poco antes de que yo empezara a ir a los partidos del Watford, habían jugado tan mal que habían llegado a expulsarlos; se les permitió permanecer en la liga tras solicitar que los seleccionaran de nuevo. El estadio en Vicarage Road parecía decir a las claras todo lo que se necesitaba saber sobre el equipo. Solo había dos tribunas cubiertas muy pequeñas, viejas e inestables. Y también se utilizaba como canódromo. Si yo hubiera tenido algún criterio, le habría echado un vistazo antes y, tras considerar el estado en que se encontraba, habría optado por defender un equipo que jugara de verdad al fútbol. Podría haberme ahorrado veinte años de casi completa desdicha. Pero el fútbol no funciona así, o al menos no debería. Lo llevas en la sangre; el Watford era el equipo de mi padre y, por tanto, el mío.

Además, a mí no me importaban ni el estadio, ni la falta de perspectivas del equipo, ni el frío gélido. Me encantó al instante. La emoción de ver practicar un deporte en vivo por primera vez, la

36

excitación de subir al tren con destino a Watford y cruzar andando la pequeña ciudad hasta el estadio, los vendedores de periódicos que aparecían en el descanso para informarte de los resultados de otros partidos, el ritual de ponernos siempre en el mismo lugar en las gradas, junto a la tribuna de Shrodells a la que llamaban The Bend. Era como tomar una droga a la que al instante te volvías adicto. El fútbol me obsesionaba tanto como la música; cuando no estaba confeccionado mis listas de éxitos personales en mi habitación, recortaba las clasificaciones de las ligas de fútbol de las revistas y las pegaba en la pared, y me aseguraba de tenerlas totalmente actualizadas. Es una adicción que nunca me he quitado porque no he querido, y era hereditaria, me la había pasado mi padre.

Cuando tenía once años, mi profesor de piano me inscribió en la Royal Academy of Music, situada en el centro de Londres. Aprobé el examen y allí pasé los sábados de los siguientes cinco años: estudiaba música clásica por la mañana e iba a Watford por la tarde. Yo prefería lo segundo. En la Royal Academy of Music se respiraba miedo. Todo lo relacionado con ella me intimidaba: el enorme e imponente edificio eduardiano que se alzaba sobre Marylebone Road, su augusta historia como formadora de compositores y directores de orquesta, el hecho de que todo lo que no fuera música clásica estuviera expresamente prohibido en ella. Hoy día ha cambiado mucho, y cuando voy, me encuentro un lugar realmente alegre donde se anima a los alumnos a dejarse llevar y tocar pop, jazz o lo que ellos mismos componen a la vez que reciben su formación clásica. Pero en aquella época, incluso hablar de rock and roll en la Royal Academy habría sido un sacrilegio, como aparecer en una iglesia y decirle al párroco que estás muy interesado en adorar a Satanás.

La Royal Academy a veces era divertida. Tenía una profesora muy buena llamada Helen Piena, me encantaba cantar en el coro y disfrutaba sinceramente tocando a Mozart, Bach, Beethoven y Chopin, sus temas melódicos. Otras veces se me hacía realmente pesada. Era un alumno vago. Si alguna semana me había olvidado de hacer los deberes, no me molestaba en aparecer. Llamaba desde casa y, cambiando de voz, les decía que estaba enfermo, y luego —para que mi madre no se diera cuenta de que me escaqueaba— tomaba el tren a Baker Street. Una vez allí me subía al metro. Durante tres horas y media daba vueltas y vueltas por la Circle Line, leyendo *The Pan Book of Horror Stories* en lugar de practicar a Bartók. Sabía que no quería ser músico clásico. Para empezar, no era lo bastante bueno. No tenía las manos apropiadas. Mis dedos eran demasiado cortos para ser pianista. Cualquiera que vea una foto de un concertista de piano se percatará de que todos tienen manos como tarántulas. Además, lo que yo buscaba de la música no era tenerlo todo reglamentado, y tocar las notas adecuadas en el momento adecuado y con el sentimiento adecuado, sino dar cabida a la improvisación.

En cierto modo, es irónico que acabara convertido en doctor y miembro honorífico de la Royal Academy años después; mientras estuve en ella nunca destaqué como alumno ejemplar. Por otra parte, no tiene nada de irónico. Jamás diría que perdí el tiempo en la Royal Academy. Me siento realmente orgulloso de haber estudiado en ella. He dado conciertos benéficos y recaudado dinero para comprarles un nuevo órgano de tubos, he hecho giras con su Orquesta Sinfónica por Gran Bretaña y Estados Unidos, y cada año financio ocho becas. La academia estaba llena de gente con la que he acabado trabajando años después, ya como Elton John: el productor Chris Thomas, el arreglista Paul Buckmaster, la arpista Skaila Kanga y el percusionista Ray Cooper. Y lo que aprendí en ella impregnaría mi música; me enseñaron a colaborar con otros, las estructuras armónicas y a componer canciones. Lograron que me interesara en componer con más de tres o cuatro acordes. Si se escucha el álbum *Elton John* y prácticamente todos los que he hecho a partir de él, se percibe la influencia de la música clásica y de la Royal Academy.

Todavía estudiaba en la Royal Academy cuando mis padres por fin se divorciaron. Para ser justo con ellos, diré que habían intentado que el matrimonio funcionara, aunque estaba claro que no se soportaban, sospecho que porque querían darme estabilidad. Fue un gran error por su parte, pero se esforzaron. Más tarde, en 1960, destinaron a mi padre a Harrogate, en Yorkshire, y mientras estuvo allí mi madre conoció a alguien. Y ese fue el final.

Mi madre y yo nos fuimos a vivir a la casa de su nueva pareja, Fred, que era pintor de brocha gorda. Fueron momentos muy difíciles económicamente. Fred estaba divorciado, y tenía una ex-mujer y cuatro hijos, de modo que el dinero escaseaba. Vivíamos en un piso horrible de Croxley Green, con tantas humedades que el empapelado se despegaba de las paredes. Fred trabajaba mucho. Limpiaba ventanas y hacía trabajos sueltos además de pintar, lo que le saliera, para asegurarse de que había comida sobre la mesa. Era duro para él, pero también para mi madre. El tío Reg había tenido razón: en aquellos tiempos divorciarse suponía realmente un estigma.

Pero yo me alegré muchísimo de que se divorciaran. Las desavenencias diarias entre mi padre y mi madre cuando estaban juntos se acabaron. Mamá había conseguido lo que quería —desembarazarse de mi padre— y, al menos durante un tiempo, pareció cambiada. Estaba feliz y me transmitía esa felicidad. Tenía menos arranques de mal humor, se mostraba menos crítica. Y a mí me gustaba realmente Fred. Era un hombre bueno y generoso, de trato fácil. Ahorró para comprarme una bicicleta de carreras. Le hizo gracia que yo empezara a llamarlo por su nombre del revés,

Derf, un apodo que le quedaría. Ya no había restricciones en mi forma de vestir. Empecé a referirme a él como mi padrastro años antes de que mi madre y él se casaran.

Lo mejor era que a Derf le gustaba el rock and roll. Mamá y él me apoyaron mucho en mi carrera musical. Supongo que había un incentivo añadido para mi madre, porque ella sabía que al alentarme hacía enfurecer a mi padre, pero durante un tiempo por lo menos, ella fue mi principal admiradora. Y Derf me consiguió mi primera actuación remunerada como pianista en el Northwood Hills Hotel, que en realidad era un pub. Derf estaba tomando una pinta allí cuando se enteró por el dueño de que su pianista habitual se había ido y le sugirió que me hiciera una prueba. Yo tocaba todo lo que se me ocurría. Canciones de Jim Reeves, Johnnie Ray, Elvis Presley, «Whole Lotta Shakin' Goin' On». O temas de Al Jolson, que era muy popular. Pero no tanto como las viejas canciones de pub que todos cantaban: «Down At The Old Bull And Bush», «Any Old Iron», «My Old Man», las mismas que le gustaba cantar a mi familia después de un par de copas. Me sacaba un buen pico. La paga era una libra por noche, tres noches a la semana, pero Derf iba conmigo y pasaba una jarra de pinta para recoger las propinas. A veces juntaba quince libras en una semana, que era mucho dinero para un chico de quince años a principios de los años sesenta. Ahorré y me compré un piano eléctrico –un Hohner Pianette– y un micrófono, para que se me oyera mejor en medio del ruido del público.

El trabajo de pianista de pub, además de proporcionarme dinero, cumplió otra importante misión. Me hizo bastante más audaz, porque el Northwood Hills Hotel estaba lejos de ser el local más saludable de Gran Bretaña. Yo tocaba en el bar público, no en el salón más lujoso de al lado, y prácticamente todas las noches, cuando se había trasegado suficiente alcohol, había bronca. No me refiero a algún altercado verbal sino a una pelea en toda regla: vasos que salían volando, mesas arrojadas. De entrada, intentaba seguir tocando con la vana esperanza de que la música apaciguara los ánimos. Si una ráfaga de «Bye Bye Blackbird» no obraba la magia esperada, entonces me volvía hacia un grupo de vagabundos que frecuentaban el pub en busca de ayuda. Había hecho amistad con una de las hijas –ella incluso me había invitado a cenar a su caravana– y ellos velaban por mi seguridad cuando empezaba la bronca. Y si esa noche no estaban, tenía que emplear mi último recurso, que implicaba salir por la ventana más cercana al piano y regresar más tarde, cuando las cosas se hubieran calmado. Era aterrador, pero al menos me hizo mentalmente fuerte a la hora de tocar en directo. Sé de artistas a los que les ha hundido la experiencia de actuar ante un público poco apreciativo. Yo también me he enfrentado a públicos poco apreciativos, pero nunca me ha afectado demasiado. Si no tengo que dejar de actuar y salir por una ventana porque temo por mi vida, ya es un avance con respecto a mis inicios.

En Yorkshire, mi padre conoció a una mujer llamada Edna. Se casaron y se trasladaron a Essex, donde abrieron un quiosco. Él debía de ser más feliz –tuvo cuatro hijos más y todos lo adoraban–, pero no me pareció que fuera diferente conmigo. Era como si no supiera comportarse de otro modo cuando me tenía delante. Seguía mostrándose frío y severo, y todavía se quejaba de la horrible influencia del rock and roll, consumido aún por la idea de que me convirtiera en un buscón y en una vergüenza para el apellido Dwight. Tomar la Green Line hasta Essex para ir a verlo era sin duda el punto más bajo de cualquier semana. Dejé de ir a los partidos del Watford con él; ya era lo bastante mayor para estar en The Bend por mi cuenta.

Supongo que mi padre se puso furioso cuando se enteró de mis planes de dejar el instituto antes de los exámenes de graduación para aceptar un empleo en el negocio de la música. No creía que fuera una carrera adecuada para un chico formado en una escuela que preparaba para la universidad. Para empeorar las cosas, era su propio sobrino quien me había conseguido el trabajo: mi primo Roy, el del gol de la FA Cup, con quien mi madre había mantenido una buena relación después del divorcio. Los futbolistas siempre parecen tener contactos en la industria musical y él era amigo de un tipo llamado Tony Hiller, que era el director general de la editora musical Mills Music de Denmark Street, la Tin Pan Alley británica. Me enteré por Roy de que había una vacante en el departamento de empaquetado; no era gran cosa y solo pagaban cuatro libras a la semana, pero suponía tener un pie dentro. De todos modos, estaba seguro de que no tenía ninguna posibilidad de aprobar los exámenes de bachillerato. Entre la Royal Academy, las horas que practicaba el piano como Jerry Lee Lewis y las salidas por la ventana del Northwood Hills Hotel, mis estudios en algún momento habían empezado a decaer.

Digo que «supongo» porque, con franqueza, no recuerdo su reacción. Sé que escribió a mi madre ordenándole que me lo impidiera, pero es fácil imaginar cómo lo recibió ella; se quedó totalmente encantada. Daba la impresión de que todos los demás se alegraran por mí: mi madre y Derf, y hasta el director del instituto, lo que parecía casi un milagro. El señor Westgate-Smith era un hombre muy severo y firme. Yo estaba aterrado cuando fui a su despacho para hablarle de mi trabajo, pero él estuvo realmente estupendo. Dijo que sabía lo mucho que me gustaba la música, que estaba enterado de lo de la Royal Academy y que me dejaba ir si le prometía que trabajaría duro y daría todo lo que tenía que dar a ese proyecto. Me quedé boquiabierto, pero él hablaba en serio. Podría haberse opuesto con facilidad; no me habría detenido, pero me habría marchado del instituto desacreditado. En cambio, me apoyó sinceramente. Años después, cuando yo ya era famoso, solía escribirme para decirme lo orgulloso que se sentía de mis logros.

Y, de un modo perverso, la actitud de mi padre también ayudó. Él nunca cambió de parecer con respecto a la carrera que yo había escogido. Nunca me felicitó. No hace mucho, su segunda mujer, Edna, me escribió para decirme que, a su manera, se sentía orgulloso de mí, pero que su carácter no le permitía expresarlo. Sin embargo, el hecho de que nunca lo hiciera me infundió el deseo de demostrarle que había tomado la decisión correcta. Me motivó. Pensaba que cuanto más éxito alcanzara, más evidente sería que mi padre se había equivocado, lo admitiera él o no. A veces, incluso hoy en día, me parece que intento demostrarle a mi padre de qué pasta estoy hecho, aunque lleva muerto desde 1991.

2

Llegué a mi primer trabajo en Denmark Street justo en el momento en que la importancia de la calle entraba en fase terminal. Diez años antes había sido el centro de la industria musical británica, donde los compositores acudían a vender sus canciones a los editores, que a su vez las vendían a los artistas. Luego llegaron The Beatles y Bob Dylan, y lo cambiaron todo. Ellos no necesitaban la ayuda de compositores profesionales, pues resultaron serlo ellos mismos. Empezaron a aparecer más grupos con un compositor en sus filas: The Kinks, The Who, The Rolling Stones. Se hizo evidente que en adelante sería así. Todavía había suficiente trabajo para mantener Denmark Street a flote, ya que no todos los grupos musicales nuevos componían su propio material, y todavía había un ejército de vocalistas y cantantes melódicos que buscaban las canciones de su repertorio a la antigua usanza, pero la editora tenía los días contados.

Incluso mi nuevo empleo en Mills Music parecía un retroceso a una época pasada. No tenía nada que ver con el pop. Mi cometido consistía en empaquetar las partituras para grupos de instrumentos de viento y llevar los paquetes a la oficina de Correos que había delante del Shaftesbury Theater. Yo ni siquiera trabajaba en el edificio principal: el departamento de empaquetado estaba detrás. La falta de glamour quedó en evidencia cuando una tarde apareció inesperadamente el centrocampista estrella del Chelsea, Terry Venables, con otros cuantos jugadores. Los perseguía la prensa porque se había desatado un escándalo a raíz de la noticia de que salían a beber después de un partido, desobedeciendo las órdenes del entrenador, así que decidieron esconderse en mi nuevo lugar de trabajo. Conocían bien Mills Music (eran amigos futbolistas, como mi primo Roy) y se habían dado cuenta de que el departamento de empaquetado era literalmente el último lugar de Londres donde alguien buscaría a un famoso.

Pero yo me lo pasaba bien. Era tener un pie dentro de la industria de la música. Y aunque Denmark Street estuviera en las últimas, todavía tenía magia para mí. Se respiraba una especie de glamour, aunque fuera desgastado. Había tiendas de guitarras y estudios de grabación. Íbamos a comer al bar-café Gioconda o al Lancaster Grill de Charing Cross Road. En esos restaurantes no se veían famosos —allí acudían los que no podían permitirse nada mejor—, pero se hablaba mucho de ellos: estaban llenos de eternos aspirantes, de eternos fracasados que esperaban que alguien los descubriera. Personas como yo, supongo.

De vuelta en Pinner, mi madre, Derf y yo habíamos dejado el piso alquilado de Croxley Green, con el papel de las paredes despegado y lleno de humedades, y nos habíamos ido a vivir a una casa nueva situada a varios kilómetros de Northwood Hills, no muy lejos del pub por cuya ventana yo me escapaba cada dos por tres. Por fuera, Frome Court parecía la típica vivienda unifamiliar de un barrio periférico, pero por dentro estaba dividida en pisos de dos dormitorios. El nuestro era el 3A. Nos parecía un hogar, a diferencia de nuestra anterior casa, que había sido más bien un castigo para mamá y para Derf por haberse divorciado; «por haber obrado mal ahora tenéis que vivir aquí», parecía decir la primera. Además, yo empezaba a tocar el piano eléctrico, comprado con las ganancias de mis actuaciones en el pub, en un nuevo grupo fundado por otro exmiembro de The Corvettes, Stuart Brown. Nos llamábamos Bluesology e íbamos mucho más en serio. Teníamos ambición. Stuart era un tipo muy atractivo y estaba convencido de que sería una estrella. Entre nosotros había un saxofonista. Y contábamos con todo un repertorio de blues poco conocidos de Jimmy Witherspoon y J.B. Lenoir que ensayábamos en un pub de Northwood llamado Gate. Hasta teníamos un representante, un joyero del Soho llamado Arnold Tendler; nuestro batería, Mick Inkpen, trabajaba para él. Arnold era un hombrecillo encantador que quería introducirse en la industria de la música, y tuvo la enorme desgracia de escoger Bluesology como su gran oportunidad para invertir, después de que Mick lo convenciera para que fuera a vernos tocar. Nos compró equipo musical y vestuario para salir al escenario —polos, pantalones y zapatos idénticos—, y no recibió absolutamente nada a cambio, aparte de nuestros constantes gimoteos cuando algo se torcía.

Empezamos a dar bolos por Londres, y Arnold nos costeó la grabación de una maqueta en un estudio montado en una cabaña prefabricada en Rickamansworth. Por obra de un milagro Arnold consiguió llevar la maqueta a Fontana Records. De un modo aún más milagroso, el sello discográfico sacó un single, una canción escrita por mí —mejor dicho, la única canción que yo había escrito— titulada «Come Back Baby». Pasó inadvertido. Sonó un par de veces por la radio, sospecho que en las emisoras piratas menos recomendables que emitían cualquier cosa si el sello les soltaba pasta. Corrió el rumor de que iban a pasarlo en el programa *Juke Box Jury* una semana y nos apiñamos debidamente alrededor del televisor. No salió. Luego sacaron otro single con otra canción escrita por mí, «Mr. Frantic». Esta vez ni siquiera se rumoreó que fuera a salir en *Juke Box Jury*. Sencillamente se desvaneció.

Hacia el final de 1965 nos pusimos en manos de Roy Tempest, un agente especializado en traer artistas estadounidenses negros a Gran Bretaña. En su oficina tenía una pecera llena de pirañas, y sus prácticas comerciales eran tan incisivas como los dientes de estas. Si no conseguía que The Temptations o The Drifters cruzaran el Atlántico, buscaba un puñado de cantantes negros desconocidos en Londres, los vestía con trajes y los contrataba para hacer una gira por los clubes nocturnos que anunciaba como The Tempin' Temptations o The Fabulous Drifters. Cuando alguien se quejaba, él fingía ignorancia: «¡Pues claro que no son The Temptations! ¡Son The Temptin' Temptations! ¡No tienen nada que ver!». Puede decirse que Roy Tempest inventó los actos de homenaje a un artista.

En cierto modo, Bluesology salió bien librado de sus tratos con él. Al menos los artistas a los que acompañábamos eran auténticos: Major Lance, Patti LaBelle and The Blue Belles, Fontella Bass, Lee Dorsey. Y el trabajo me permitió dejar de empaquetar música de bandas de viento para ganarme la vida como músico profesional. En realidad no tenía elección. No había forma de compaginar un empleo diurno con el horario de las actuaciones que Tempest imponía. Por desgracia, pagaban fatal. Sacábamos quince libras a la semana, con las que teníamos que costear la gasolina de la furgoneta, la comida y el alojamiento; si tocábamos demasiado lejos de Londres para regresar a casa después de un bolo, nos quedábamos en un *bed and breakfast* a cinco chelines la noche. Estoy seguro de que las estrellas a las que acompañábamos no ganaban mucho más. El ritmo de trabajo era matador. Autopista arriba y abajo noche tras noche. Tocábamos en los grandes clubes regionales: el Oasis de Manchester, el Mojo de Sheffield, el Place de Hanley, el Club A Go Go de Newcastle, el Clouds de Derby. Tocábamos en los clubes modernos de Londres: el Sybilla's, The Scotch of St James, donde los Beatles y los Stones bebían whisky con Coca-Cola, y el Cromwellian, con su asombroso camarero, Harry Heart, un hombre casi tan famoso como las estrellas del pop a las que servía. Harry era muy amanerado, hablaba en polari y tenía en el mostrador un misterioso jarro lleno de un líquido transparente. El misterio se resolvía cuando alguien se ofrecía a pagarle una copa: «Un gin-tonic, por favor, y sírvete uno tú también, Harry». Él respondía: «Oh, gracias, cielo, *bona*, *bona*, uno para el bote entonces». Y echaba una medida de ginebra al jarro e iba bebiendo de él mientras servía. El verdadero misterio radicaba en cómo un hombre en apariencia capaz de beberse una jarra grande de ginebra a palo seco todas las noches se mantenía en posición vertical a lo largo de la velada.

Y tocábamos en los clubes más extraños. Había un local en Harlesden que era como un salón particular, y otro en Spitalfields donde, por razones que nunca llegué a averiguar, había un cuadrilátero de boxeo en lugar de un escenario. Tocábamos también en muchos clubes de negros, lo que debería haber sido intimidante –un grupo de chicos blancos de los barrios residenciales intentando tocar música negra para un público negro–, pero por alguna razón nunca nos sentimos intimidados. Para empezar, al público parecía gustarle sencillamente la música. Y, por otra parte, cuando uno se ha pasado la adolescencia intentado tocar «Roll Out The Barrel» en un pub de Northwood Hills mientras la clientela se mata a palos, no se asusta con tanta facilidad.

De hecho, la única vez que me alarmé fue en Ballock, en las afueras de Glasgow. Cuando llegamos al local, descubrimos que el escenario estaba a casi tres metros de altura. Enseguida dedujimos que era una medida preventiva; impedía que el público intentara subir al escenario para matar a los músicos. Obstruida esa particular fuente de placer, se contentaban con intentar matarse unos a otros. Conforme llegaban se iban colocando en una hilera a cada lado del club. La primera nota de nuestra banda era la señal acordada para que empezara la fiesta nocturna. De pronto volaban las pintas y los puñetazos. Más que un concierto era una pequeña revuelta con el acompañamiento de una banda de rhythm and blues. Lograban que un sábado por la noche en el Northwood Hills pareciera a su lado el discurso de la ceremonia de apertura del Parlamento.

Dábamos dos bolos por noche casi todas las noches, más si intentábamos complementar nuestros ingresos tocando nuestra propia música. Un sábado Roy apalabró un concierto en un club militar estadounidense de Lancaster Gate a las dos de la tarde. Luego nos subimos a la furgoneta y nos dirigimos a Birmingham, donde ofrecimos las dos actuaciones que teníamos contratadas allí, primero en el Ritz y luego en el Plaza. Volvimos a montarnos en la furgoneta para regresar a Londres y actuamos en el Cue Club de Count Suckle, en Paddington. El Cue era un club de negros realmente de vanguardia que mezclaba soul y ska, uno de los primeros locales en Londres que contrataba no solo a artistas estadounidenses, sino también a afroantillanos. Si tengo que ser sincero, lo que más recuerdo de él no es el rompedor cóctel de música jamaicana y estadounidense. Hasta el amante más fanático de la música tiene un orden de prioridades un poco distinto a las seis de la mañana y con un hambre canina.

A veces Roy Tempest provocaba confusiones catastróficas. Trajo a The Ink Spots aquí porque pensó que, al tratarse de un grupo vocal estadounidense negro, forzosamente tenía que cantar soul.

En realidad, lo suyo era el canto a capela de una época anterior al rock and roll. En cuanto se ponían a cantar «Whispering Grass» o «Back In Your Own Back Yard», el público sencillamente se largaba; eran canciones maravillosas, pero no las que los chicos de un club de soul querían oír. Fue descorazonador hasta que llegamos al Twisted Wheel de Manchester. El público de allí era tan entregado, y conocía tan bien la historia de la música negra, que enseguida lo pilló y acudió con el disco de The Ink Spots de sus padres para que se lo dedicaran. Al final de la actuación los levantaron literalmente del escenario y los llevaron a hombros por el club. La gente habla del Swinging London de mediados de los años sesenta, pero los chicos del Twisted Wheel estaban mucho más enterados y en la onda que cualquier otra persona del país.

La verdad es que no me importaba el dinero, ni la cantidad de trabajo, ni si de vez en cuando una actuación salía mal. Todo era un sueño hecho realidad. Tocaba con artistas cuyos discos coleccionaba. Mi preferido era Billy Stewart, un tipo enorme de Washington DC fichado por Chess Records. Era un cantante asombroso que había convertido su problema de sobrepeso en un recurso. Sus canciones no hablaban de nada más: «She said I was her pride and joy, that she was in love with a fat boy» («Dijo que yo era su orgullo y su alegría, que estaba enamorada de un gordo»). Su furia era legendaria —se rumoreaba que cuando un secretario de Chess tardó demasiado en abrirle por el interfono para dejarlo entrar en el edificio, había expresado su irritación sacando una pistola y haciendo volar el pomo—, al igual que su vejiga, como no tardamos en descubrir. Si Billy pedía que la furgoneta se detuviera a un lado de la autopista para mear, teníamos que suspender los planes que hubiera para el resto de la tarde. Nos pasábamos horas ahí, y el ruido que llegaba de los matorrales era increíble: como si alguien llenara una piscina con una manguera de incendios.

Tocar con esos tipos era aterrador, no solo porque algunos pegaban tiros cuando perdían los estribos, sino que su talento absoluto daba miedo. Con ellos se aprendía muchísimo. Su manera de moverse, lo que decían entre canción y canción, su capacidad para manipular al público, su forma de vestir. Tenían tanto estilo, tanto garbo… A veces hacían gala de alguna peculiaridad –por alguna razón Patti LaBelle insistía en complacer al público con una versión de «Danny Boy» en todos sus conciertos–, pero se aprendía horrores de su maestría viéndolos una hora sobre el escenario. No podía creer que aquí solo fueran figuras de culto. Habían tenido grandes éxitos en Estados Unidos, pero en Gran Bretaña muchas estrellas pop blancas se habían apoderado de sus canciones y las habían versionado, y siempre habían tenido más éxito que ellos. Wayne Fontana and The Mindbenders parecían los principales culpables; habían grabado de nuevo «Um Um Um Um Um Um», de Major Lance, y «A Groovy Kind Of Love», de Patti LaBelle, y ambas se habían vendido mucho más que las originales. «Sitting In The Park», de Billy Stewart, había fracasado estrepitosamente mientras que la versión de Georgie Fame fue un hit. Eso los volvía resentidos, lo cual es comprensible. De hecho, pude hacerme una idea clara de su resentimiento cuando un mod que se hallaba entre el público del club Ricky-Tick de Windsor cometió el error de gritar, con voz sarcástica: «¡Queremos a Georgie Fame!», mientras Billy Stewart cantaba «Sitting In The Park». Nunca he visto a un hombre de su tamaño moverse tan deprisa. Bajó del escenario, se metió entre el público y salió tras él. El chico huyó literalmente del club temiendo por su vida, como haría cualquiera si un impulsivo cantante de soul de ciento cincuenta kilos la tomara de pronto con él.

En marzo de 1966 nos dirigimos a Hamburgo –transportando nuestros instrumentos en el ferry y luego en tren– para tocar en el

Top Ten Club de la calle Reeperbahn. Era un local mítico porque The Beatles habían tocado en él antes de hacerse famosos. Habían estado viviendo en el ático del club mientras preparaban su primer single con Tony Sheridan. En los cinco años transcurridos desde entonces no había cambiado nada. Las bandas seguían alojándose en el ático. Todavía había burdeles en la misma calle, con prostitutas sentadas junto a las ventanas, y el club seguía contando con que cada grupo tocáramos cinco horas por noche, turnándonos cada hora, mientras la clientela entraba y salía. Era fácil imaginar a los Beatles llevando la misma vida, entre otras cosas porque no parecía que hubieran cambiado las sábanas desde que John y Paul habían dormido en ellas.

Tocábamos como Bluesology, pero también acompañábamos a una cantante escocesa llamada Isabel Bond que se había trasladado a Alemania desde Glasgow. Esa chica de pelo moreno y cara dulce, que resultó ser la mujer más mal hablada que había conocido en toda en mi vida, era graciosísima. Cantaba temas antiguos, pero les cambiaba la letra para que sonaran obscenos. Es la única cantante que conozco capaz de embutir la frase «give us a wank» («haznos una paja») en un tema como «Let Me Call You Sweetheart».

Pero yo era muy inocente. Casi no bebía y el sexo seguía sin interesarme, sobre todo porque había logrado llegar a los diecinueve años sin tener un conocimiento o comprensión real de qué era. Además de la cuestionable afirmación de mi padre de que masturbarse dejaba ciego, nadie me había facilitado información de ninguna clase sobre lo que se suponía que se tenía que hacer. No sabía nada de penetraciones ni tenía ni idea de qué era una mamada. Como consecuencia, era probablemente el único músico británico que en plenos años sesenta iba a trabajar a la calle Reeperbahn y regresaba todavía en posesión de su virginidad. Allí estaba

yo, en uno de los antros de perdición de peor reputación de
Europa, donde se daba satisfacción a todos los vicios e incitacio-
nes concebibles, y lo más atrevido que había hecho era comprarme unos pantalones acampanados en unos grandes almacenes. Lo
único que me importaba era tocar el piano e ir a las tiendas de
discos alemanas. Estaba por completo absorto en la música. Era
increíblemente ambicioso.

Y, en el fondo, sabía que Bluesology no iba a triunfar. No éramos lo bastante buenos. Habíamos pasado de un repertorio de
blues poco conocidos a los mismos temas de soul que cualquier
grupo de rhythm and blues británico tocaba a mediados de los
sesenta: «In The Midnight Hour», «Hold On I'm Coming». No-
tabas que The Alan Bown Set o The Mike Cotton Sound tocaban
mejor que nosotros. Ahí fuera había mejores vocalistas que Stuart,
y seguro que había gente que tocaba el órgano mucho mejor que
yo. Yo era pianista, quería aporrear las teclas como lo hacía Little
Richard, pero si uno intenta hacer eso con un órgano, el ruido que
produce puede arruinarle todo el día. No tenía los conocimientos
técnicos necesarios para tocar el órgano como es debido. El peor
instrumento era el Hammond B-12 que estaba permanentemente instalado en el escenario del club Flamingo de Wardour Street.
Era un armatoste de madera, como tocar una cómoda cubierta de
interruptores, palancas, tiradores y pedales. Stevie Winwood o
Manfred Mann hacían uso de todo ello para que el Hammond gritara, cantara y se elevara. Yo en cambio no me atrevía a tocarlos porque no tenía ni idea de para qué servía cada uno. Hasta el pequeño
Vox Continental que solía tocar era un campo de minas técnico.
Una tecla tenía la costumbre de quedarse atascada. Sucedió a mitad de canción en The Scotch of St James. Estaba tocando «Land
Of A Thousand Dances» y cuando quise darme cuenta mi órgano
sonaba como si la Luftwaffe hubiera aparecido de nuevo sobre

Londres para lanzar el Blitz. El resto del grupo continuó bailando animosamente en el callejón con la alta y larga de Sally y retorciéndose con Lucy haciendo el watusi* mientras yo intentaba resolver la situación presa del pánico. Estaba considerando llamar a urgencias cuando se subió al escenario Eric Burdon, el vocalista de The Animals. Dotado, sin duda, de los complejos conocimientos técnicos de los que yo carecía –el teclista de The Animals, Alan Price, era un genio con el Vox Continental–, Burdon golpeó el órgano con el puño y la tecla se soltó.

«A Alan también le pasa», me dijo, y se marchó.

De modo que nosotros no éramos tan buenos como los grupos que tocaban los mismos temas que nosotros, y esos grupos no eran tan buenos como los que componían su propio repertorio. Cuando nos contrataron para tocar en el Cedar Club de Birmingham, llegamos temprano y nos encontramos con que había un grupo ensayando. Eran The Move, un quinteto de la zona que se veía que estaba a punto de hacer algo grande. Sus actuaciones escénicas eran desenfrenadas, y tenían un representante con mucha labia y un guitarrista llamado Roy Wood que también componía canciones. Nos colamos dentro y observamos. No solo eran increíbles sino que las canciones de Roy Wood sonaban mejor que las versiones que tocaban. Solo alguien clínicamente loco habría dicho lo mismo del puñado de canciones que yo había compuesto para Bluesology. A decir verdad, solo las había escrito por obligación, porque se avecinaba una de nuestras poco frecuentes sesiones de grabación y necesitábamos tener material propio. Yo no estaba poniendo el alma en ellas y se notaba. Pero recuerdo que, al ver a The Move, tuve una especie de reve-

---

* De la letra de «Land Of A Thousand Dances»: «Dancing in the alley / with Long Tall Sally / twisting with Lucy / doing the Watusi». (N. de los T.)

lación. «Ahí está. El camino que hay que seguir. Esto es lo que debería estar haciendo yo.»

De hecho, habría dejado Bluesology antes si no hubiera sido por Long John Baldry. Empezamos a trabajar con él por hallarnos en el lugar adecuado en el momento adecuado. Estábamos actuando en el sur de Francia cuando Long John Baldry se encontró sin banda de apoyo para tocar en el club Papagayo de St-Tropez. Su idea inicial era formar otra banda como Steampacket con Stuard Brown, un chico llamado Alan Walker –que creo que consiguió el trabajo porque gustó a Baldry–, que cantaba, y una tal Marsha Hunt, que acababa de llegar de Estados Unidos y que adoptó el papel de vocalista. Bluesology pasó a ser la banda que lo acompañaría, al menos después de que él renovara un poco su composición; despidió a un par de músicos que no le gustaban y los sustituyó por otros que le pareció que encajaban mejor. Eso no era lo que yo quería. Creía que era dar un paso atrás por él. Sabía lo buenos que eran Julie Driscoll y Rod. Había visto a Rod tocar con John en el Conservative Club de Kenton cuando el grupo todavía se llamaba The Hoochie Coochie Men y yo aún iba al instituto, y me había quedado anonadado. Y Brian Auger era un músico de verdad; no parecía la clase de organista que necesita que el vocalista de The Animals suba al escenario y lo ayude con un eficaz puñetazo en plena actuación.

De modo que tenía mis reservas. Sin embargo, Alan Walker y Marsha Hunt no duraron mucho en la banda; Marsha era una negra alta y guapa, con un aspecto despampanante, pero no era una gran cantante. Aun así, yo tenía que reconocer que, con Long John Baldry cerca, las cosas de pronto se tornaron mucho más interesantes. De hecho, si alguna vez alguien cree que su vida se está volviendo un poco rutinaria o monótona, le recomiendo encarecidamente que se vaya de gira con un cantante de blues gay de dos metros de estatura, increíblemente excéntrico y con un problema con la bebida. Descubrirá que las cosas se animan bastante.

Sencillamente disfrutaba de la compañía de John. Cuando pasaba a recogerme por Frome Court en su furgoneta, que estaba equipada con su propio magnetófono, me avisaba de que llegaba sacando la cabeza por la ventanilla y gritando a pleno pulmón: «¡Reggie!». Su vida parecía repleta de incidentes, a menudo relacionados con su afición a la bebida, que enseguida descubrí que era autodestructiva: el indicio más claro lo tuve cuando tocamos en el Links Pavilion de Cromer y él estaba tan borracho después de la actuación que se cayó con su traje blanco por un barranco cercano. Pero no me había dado cuenta de que era gay. Pensándolo en retrospectiva, sé que parece increíble. Era un hombre que se llamaba a sí mismo Ada, se refería a los demás hombres en femenino y que informaba continuamente con todo detalle del estado de su vida sexual: «Tengo un nuevo novio que se llama Ozzie…, querida, lo hago girar alrededor de mi polla». Claro que yo era tan ingenuo entonces que, con franqueza, no entendía muy bien qué significaba ser gay y, desde luego, no sabía que el término podía aplicarse a mí. Me quedaba allí sentado pensando: «¿Gira alrededor de tu polla? ¿Cómo? ¿Por qué? ¿De qué demonios estás hablando?».

Era muy divertido, pero nada de eso cambiaba el hecho de que yo no quería tocar más el órgano, no quería acompañar a otros cantantes y no quería estar en Bluesology. Esa es la razón por la que acabé en las nuevas oficinas de Liberty Records, junto a Piccadilly, donde precedí la audición con un desahogo de mis penas: el estancamiento de la carrera de Bluesology, el horror del circuito de los cabarets, el magnetófono y su papel en nuestra legendaria no interpretación de «Let The Heartaches Begin».

Sentado al otro lado del escritorio, Ray Williams asintió comprensivo. Era un hombre muy rubio, muy guapo, muy bien vestido y muy joven. Tan joven, de hecho, que resultó que ni siquiera tenía autoridad para contratar a nadie. La decisión recaía en sus jefes. Ellos tal vez me habrían contratado si yo no hubiera escogido «He'll Have To Go», de Jim Reeves, para la audición. Mi razonamiento era que todos los demás cantarían canciones como «My Girl» o algún tema a lo Motown, de modo que quise hacer algo distinto para destacar. Y la verdad es que me encantaba «He'll Have To Go». Cuando la cantaba en el pub del Northwood Hills, me sentía seguro y los dejaba a todos boquiabiertos. De haberlo pensado dos veces, tal vez me habría dado cuenta de que no iba a suscitar mucho entusiasmo entre personas que intentaban crear una discográfica de rock progresivo. Liberty contrató a The Bonzo Dog Doo-Dah Band, a The Groundhogs y a The Idle Race, un grupo psicodélico encabezado por Jeff Lynne, que pasó a formar la Electric Light Orchestra. Lo último que querían era a un Jim Reeves en versión Pinner.

Aunque, a decir verdad, tal vez lo mejor que pude hacer fue cantar «He'll Have To Go». Si hubiera pasado la audición, Ray tal vez no me habría dado el sobre con las letras de Bernie. Y si él no me hubiera dado las letras de Bernie, no sé realmente qué habría sucedido, aunque me lo he preguntado muchas veces, porque parece una de esas vueltas increíbles que da la vida. Debo señalar que la oficina de Ray era el caos. Había montones de cintas de casete sueltas y cientos de sobres por todas partes; no solo se habían puesto en contacto con él todos los aspirantes a músicos y compositores de Gran Bretaña, sino también todos los lunáticos que habían visto el anuncio de que en Liberty buscaban talentos. Dio la impresión de que sacaba el sobre al azar, solo para que no me fuera con las manos vacías y pareciera que había perdido el tiempo; no recuerdo si él lo había abierto o no antes de dármelo. Y, sin embargo, ese sobre contenía mi futuro: todo lo que me ha sucedido desde entonces ha sido a raíz de lo que había dentro de él. Uno intenta darle sentido a eso sin causarse quebraderos de cabeza.

¿Quién sabe? Tal vez me habría asociado con otro compositor, me habría unido a otro grupo, o me habría abierto camino como músico por mi cuenta. Solo sé que mi vida y mi carrera habrían sido muy diferentes, y probablemente bastante peores —cuesta imaginar que salieran mejor—, y sospecho que nadie estaría leyendo ahora esto.

Liberty Records demostró tener tan poco interés en las primeras canciones que Bernie y yo compusimos juntos que Ray sugirió que nos contratara la editora de música que él acababa de fundar. No cobraríamos a no ser que vendiéramos alguna canción, pero de entrada eso no parecía tener importancia. Ray creía de verdad en mí. Hasta intentó ponerme en contacto con otros dos letristas, pero con ninguno de ellos funcionó como con Bernie. Los demás querían que trabajáramos juntos, componiendo la música y la letra al mismo tiempo, y yo era incapaz. Necesitaba tener la letra delante de mí antes de empezar a componer una canción. Necesitaba el empujón inicial, la inspiración. Y era una magia que solo se producía cuando leía las letras de Bernie. Me ocurrió en cuanto abrí el sobre al regresar a casa en metro desde Baker Street, y ha seguido ocurriendo desde entonces.

Las canciones nos salían solas. Eran mejores que todo lo que yo había escrito hasta entonces, lo que no es mucho decir. De hecho, solo algunas lo eran. Componíamos dos estilos de canciones. Las primeras estaban pensadas para venderlas a Cilla Baclak, por ejemplo, o a Engelbert Humperdinck: grandes baladas lacrimógenas o pop pegadizo y desenfadado. Eran horribles —a veces me estremecía al pensar que las lacrimógenas no eran tan distintas del temido «Let The Heartaches Begin»–, pero así era como ganaba dinero un equipo compositor que ofrecía sus servicios. Esas estrellas mediocres eran el mercado al que apuntábamos. Un blanco que cada vez fallábamos. La figura más famosa a la que logramos vender una canción fue el actor Edward Woodward, que en ocasiones se sacaba un sobresueldo como cantante de melodías facilonas y pegadizas. Su álbum se titulaba *This Man Alone*, un título que inquietantemente presagiaba el público que lo escucharía.

Y luego estaban las canciones que queríamos componer, influidas por The Beatles, The Moody Blues, Cat Stevens, Leonard Cohen, la clase de material que comprábamos en Musicland, una tienda de discos del Soho a la que iba tanto con Bernie que los dependientes me pedían que les echara una mano detrás del mostrador cuando uno de ellos quería salir a comer algo. Asistíamos a los últimos coletazos de la era psicodélica, de modo que compusimos un montón de material enigmático con letras sobre dientes de león y osos de peluche. Lo que hacíamos en realidad era probar el estilo de otros cantantes y comprobar que no encajaba con nosotros, pero así era como funcionaba el proceso de descubrir la propia voz, y era un proceso divertido. Todo era divertido. Bernie se había venido a vivir a Londres y nuestra amistad realmente había florecido. Nos llevábamos a la perfección, él era como el hermano que yo nunca había tenido, y el hecho de que, al menos de forma temporal, compartiéramos litera en mi dormitorio de Frome Court contribuyó a ello. Nos pasábamos el día componiendo: Bernie escribía a máquina la letra de una canción en nuestra habitación, y cuando acababa me la llevaba al piano vertical de la sala de estar y volvía a escabullirse mientras yo empezaba a ponerle música. No podíamos estar en la misma habitación cuando componíamos, pero, por lo demás, pasábamos el resto del tiempo juntos, en las tiendas de discos, en el cine. De noche íbamos a ver actuaciones en vivo o frecuentábamos los clubes de músicos, veíamos a Harry Heart beber de su jarro de ginebra o charlábamos con un par de jóvenes aspirantes. Conocíamos a un hombrecillo divertido que, en consonancia con el *flower-power* de la época, había adoptado el nombre de Hans Christian Anderson. El aura irreal como de cuento de hadas que envolvía su seudónimo se veía ligeramente mermada cuando abría la boca y salía un fuerte acento de Lancashire. Al final recuperó su nombre de pila, Jon, y se convirtió en el vocalista de Yes.

Grabábamos los dos estilos de canción en un pequeño estudio con mesa de cuatro pistas situado en las oficinas de New Oxford Street de Dick James Music, que administraba la editora musical de Ray; más tarde se hizo famoso porque fue en él donde quedaron registrados los once minutos de gritos y palabrotas que The Troggs intercambiaron mientras intentaban componer una canción —«estás hablando con el culo», «el puto batería…, ¡me cago en él!»—, una grabación que más tarde se divulgó como las infames *The Troggs Tapes*. Caleb Quaye era el ingeniero interno, un multinstrumentista que siempre tenía un porro consumiéndose entre los dedos. Estaba muy enterado y se encargaba de recordárnoslo. Se pasaba la vida riéndose a carcajadas de cosas que Bernie o yo habíamos dicho, hecho o llevado y que ponían en evidencia lo desesperadamente poco cool que éramos. Pero él, como Ray, parecía creer en lo que hacíamos. Cuando no rodaba por el suelo a carcajadas o se secaba lágrimas de alegría irremediable de los ojos, prodigaba más atención y tiempo de la cuenta a nuestras canciones. Yendo totalmente en contra de las reglas de la compañía, nos quedábamos trabajando en ellas hasta entrada la noche, pidiendo favores a músicos de estudio que Caleb conocía, y probando arreglos e ideas de producción en secreto cuando todos los demás se habían ido a casa.

Fue emocionante hasta que el conserje nos pilló. No recuerdo cómo se enteró de que estábamos allí; alguien debió de pasar y, al ver una luz, creyó que estábamos robando. Convencido de que iba a perder su empleo y, seguramente desesperado, Caleb informó a Dick James de lo que habíamos estado haciendo. Y este, en lugar de despedirlo a él y sacarnos a patadas a nosotros, se ofreció a publicar nuestras canciones. Nos daría un adelanto de veinticinco libras a la semana, diez para Bernie y otras quince para mí (las cinco de más eran porque yo tenía que tocar el piano y cantar para la maqueta). Eso significaba que podía dejar Bluesology y concentrarme en componer canciones, que era exactamente lo que quería hacer. Salí de la oficina aturdido, demasiado atónito para emocionarme.

El único inconveniente de esta nueva situación era que Dick creía que nuestro futuro estaba en las baladas y el pop facilón. Él trabajaba con The Beatles, administrando la editora musical Northern Songs que había fundado con ellos, pero en el fondo era un editor anticuado de Tin Pan Alley. DJM era un arreglo extraño. La mitad de la compañía era como él: personas de mediana edad, más vinculadas al mundo del espectáculo judío que al rock and roll. La otra mitad era más joven y moderna, como Caleb y el hijo de Dick, Stephen, o Tony King.

Tony King trabajaba para una nueva compañía llamada AIR desde un escritorio que alquilaba en la segunda planta. AIR era una asociación de productores discográficos independientes que había fundado George Martin a raíz de lo mal que EMI le había pagado su trabajo de producción en los discos de The Beatles, y Tony se encargaba de la edición y promoción. Decir que Tony no pasaba inadvertido en las oficinas de DJM era quedarse corto.

Habría llamado la atención en plena invasión marciana. Vestía con trajes de los sastres más cotizados de Londres: pantalones de terciopelo naranja y prendas de raso. Llevaba al cuello sartas de cuentas y uno o más de los pañuelos antiguos de seda que coleccionaba ondeaban detrás de él, y tenía el pelo teñido con mechas rubias. Era un fanático de la música, había trabajado con los Rolling Stones y Roy Orbison, y tenía amistad con los Beatles. Como Long John Baldry, era abiertamente gay y no podía importarle menos quién lo supiera. Más que caminar, flotaba por la oficina. «Siento llegar tarde, querida, se me ha enredado el teléfono con los collares.» Era tronchante. Me tenía totalmente fascinado. Más aún: yo quería ser como él. Quería tener su estilo, ser igual de escandaloso y exótico.

Su forma de vestir empezó a influir en la mía, con resultados que causaban perplejidad. Me dejé bigote. También me compré un chaquetón de piel de cordero afgano, pero opté por el más barato. La piel no estaba lo bastante curada y el hedor consiguiente era tan intenso que mi madre no me dejaba entrar en casa cuando lo llevaba. Incapaz de acceder a la clase de boutiques donde Tony se vestía, compré un corte de tela de cortina con diseño de Noddy y fui a ver a una amiga de mi madre que era costurera para pedirle que me hiciera una camisa. Para la publicidad de mi primer single, «I've Been Loving You», me puse un abrigo de piel sintética y un sombrero de ala corta de piel de leopardo de imitación.

Por alguna razón, ese llamativo atuendo no impulsó a los compradores de discos a entrar en las tiendas cuando salió el single, en marzo de 1968. Fue un fracaso absoluto. No me sorprendió. Ni siquiera me llevé un chasco. Yo no tenía especial interés en ser solista —solo quería componer canciones— y el contrato de grabación había surgido poco menos que por casualidad. Stephen, el hijo de Dick, se había pasado por varios sellos con maquetas de nuestras canciones con la esperanza de que uno de sus artistas las grabara, y a alguien de Philips le había gustado mucho mi voz, y lo siguiente que supe era que tenía un contrato para sacar unos pocos singles. No estaba muy seguro, pero seguí adelante con ello porque me pareció que podía ser una forma de dar a conocer las canciones que Bernie y yo estábamos componiendo. Empezábamos a hacer grandes progresos como compositores. Nos habíamos estado inspirando en el tradicional género *americana* de The Band, así como en una nueva ola de cantautores norteamericanos como Leonard Cohen que habíamos descubierto en la sección de importaciones de Musicland. Algo en ellos sintonizaba con nuestras composiciones. Habíamos empezado a sacar material que ya no parecía un pastiche de la obra de otros. Yo había escuchado una y otra vez una canción que habíamos escrito titulada «Skyline Pigeon» y, emocionado, seguía sin detectar las influencias; por fin habíamos dado con algo que era nuestro.

Sin embargo, Dick James había escogido como single de presentación «I've Been Loving You», la canción más aburrida de mi repertorio. Después de una búsqueda larga, pero a su juicio productiva, logró desenterrar un tema totalmente anodino cuya letra ni siquiera había escrito Bernie, era algo que habíamos previsto vender a un cantante del montón. Supongo que dejaba entrever las anticuadas raíces de Tin Pan Alley. Yo sabía que era una mala elección, pero no me atreví a llevarle la contraria. Él era la leyenda de Denmark Street que había trabajado con los Beatles, nos había fichado y me había conseguido un contrato de grabación cuando debería habernos echado a Bernie y a mí. La publicidad proclamaba que era «la mejor interpretación en un "primer" disco», que yo era el «nuevo gran talento de 1968» y concluía: «Quedas advertido». El público británico reaccionó como si le hubieran advertido que cada disco estaba contaminado de aguas residuales; el nuevo gran talento de 1968 volvió al punto de partida.

En ese momento surgió una nueva e inesperada complicación en mi vida. Me prometí con una mujer llamada Linda Woodrow. Nos habíamos conocido a finales de 1967 durante una actuación de Bluesology en el club Mojo de Sheffield. Linda era amiga del DJ habitual del club, que medía un metro cincuenta y se llamaba a sí mismo el Mighty Atom, el poderoso átomo. Ella era alta y rubia, y tenía tres años menos que yo. No trabajaba. No sé de dónde sacaba el dinero (di por hecho que su familia era rica), pero era independiente en lo económico. Era muy dulce y se interesaba por lo que yo hacía. Una conversación después de la actuación dio paso a una salida que se pareció sospechosamente a una cita amorosa, que a su vez se convirtió en otra cita que concluyó en una visita a Frome Court. Era una relación extraña. No había mucho en el plano físico, y desde luego nunca nos habíamos acostado, lo que Linda tomó como prueba de un romanticismo y una caballerosidad a la antigua por mi parte, antes que de falta de interés o ganas; en 1968 todavía no era tan raro que una pareja no tuviera relaciones sexuales antes de casarse.

Sexual o no, la relación empezó a cobrar impulso por sí sola. Linda decidió trasladarse a Londres y buscar piso. Podía permitírselo, y eso haría posible que viviéramos juntos. Bernie sería nuestro inquilino.

Mentiría si dijera que me sentía cómodo con todo ese plan, más que nada porque Linda había empezado a expresar dudas acerca de la música que yo hacía. Era una gran admiradora de un cantante melódico estadounidense llamado Buddy Greco, y dejó bastante claro que, en su opinión, me iría mejor si lo tomaba como modelo. Pero mi incomodidad fue sorprendentemente fácil de contener. Me atraía la idea de irme de Frome Court. Y supongo que estaba haciendo lo que creía que tocaba hacer a los veinte años: sentar la cabeza con alguien.

De modo que acabamos en un piso de Furlong Road, Islington: Bernie, Linda, su chihuahua Caspar y yo. Ella se puso a trabajar como secretaria, y la conversación recaía cada vez más sobre prometernos. A esas alturas era difícil pasar por alto las alarmas, porque las personas más allegadas a mí no paraban de hacerlas sonar. Mi madre se opuso tajantemente, y es fácil imaginar lo que pensaba Bernie si se lee la letra de una canción que escribió en ese período, «Someone Saved My Life Tonight». No es lo que se dice una valoración elogiosa de la multitud de buenas cualidades que tenía Linda: «a dominating queen» («una reina dominante»), «sitting like a princess perched in your electric chair» («sentada como una princesa encima de su silla eléctrica»). A Bernie le caía fatal. Creía que iba a echar a perder nuestra música con todo ese rollo sobre Buddy Greco. Le parecía mandona, y se enfureció cuando le hizo quitar un póster de Simon and Garfunkel que había colgado en su habitación.

Mi testarudez sumada a mi rechazo a la confrontación me permitió ignorar las alarmas que sonaban. Nos prometimos el día que cumplí veintiún años, aunque no recuerdo quién pidió la mano a quién. Se fijó una fecha para la boda y comenzaron los preparativos. Empecé a asustarme. Lo más natural habría sido limitarme a ser sincero, pero eso no me atraía. De hecho, confesarle a Linda cómo me sentía me parecía superior a mis fuerzas. De modo que decidí escenificar un suicidio.

Bernie, que acudió en mi auxilio, nunca me ha dejado olvidar los detalles de mi supuesto intento de poner fin a ese asunto metiendo la cabeza en el horno. Si alguien quiere de verdad matarse cometerá el acto solo, para que nadie lo detenga; y lo hará en mitad de la noche o en un lugar donde no haya nadie más. Yo, en cambio, lo hice en plena tarde en un piso lleno de gente: Bernie se encontraba en su habitación y Linda estaba echando una cabezada en la suya. Yo no solo había puesto una almohada en la base del horno para apoyar la cabeza, sino que también tomé la precaución de poner el gas bajo y abrir todas las ventanas de la cocina. Por un momento pareció muy dramático que Bernie me apartara a rastras del horno, pero en la habitación no había suficiente monóxido de carbono para matar a una avispa. Yo había esperado provocar un gran shock, y que acto seguido Linda se percatara de que mi desesperación suicida tenía sus causas en mi infelicidad ante la boda inminente. En lugar de ello la reacción fue de ligero desconcierto. Peor aún, Linda pareció achacar mi depresión a que «I've Been Loving You» no había arrasado en las listas de éxitos. Evidentemente, ese habría sido el momento idóneo para decirle la verdad. Pero me callé. El intento de suicidio quedó olvidado y los planes de boda siguieron adelante. Empezamos a buscar un piso juntos en Mill Hill.

Fue necesario que Long John Baldry me dijera a las claras lo que yo ya sabía. Habíamos continuado siendo buenos amigos desde que me había ido de Bluesology y le pedí que fuera mi padrino de boda. Pareció valorar en silencio la idea de que me casara, pero accedió. Quedamos en el club Bag O'Nails del Soho para hablar de los detalles. Bernie me acompañó.

Advertí algo extraño en John en cuanto llegó. Parecía absorto. Yo no tenía ni idea de en qué podía estar pensando, pero di por hecho que se trataba de algún tema personal. Tal vez Ozzie se había negado a girar alrededor de su polla o lo que fuera que hicieran en privado. Se tomó varias copas antes de decirme cuál era el problema, en términos inequívocos.

«Joder —estalló—, ¿qué coño haces viviendo con una mujer? Pon los pies en la tierra. Eres gay. Quieres más a Bernie que a ella.»

Se hizo un silencio incómodo. Supe que tenía razón, al menos hasta cierto punto. Yo no quería a Linda, o al menos no lo suficiente para casarme con ella. Quería a Bernie. No sexualmente, pero era el mejor amigo que tenía en el mundo. Desde luego, me importaba mucho más nuestra colaboración musical que mi prometida. Pero ¿gay? No estaba nada seguro de ello, sobre todo porque aún no sabía a ciencia cierta qué entrañaba ser gay, aunque gracias a unas pocas conversaciones francas con Tony King empezaba a hacerme una idea. Quizá era gay. Quizá por eso admiraba tanto a Tony, y no solo quería imitar su vestuario y su sofisticación urbana, sino que veía algo de mí mismo en él.

Tenía mucho en que pensar. En vez de hacerlo, repliqué. Lo que John decía era ridículo. Había bebido más de la cuenta —una vez más— y estaba armando alboroto por nada. Yo no podía de ninguna manera anular la boda. Todo estaba preparado. Habíamos encargado una tarta.

Pero John no atendía a mis razones. Continuó rezongando. Arruinaría mi vida y la de Linda si seguía adelante con la boda. Yo era un puto imbécil, además de un cobarde. La conversación era cada vez más acalorada y exaltada, y empezamos a llamar la atención. Los comensales de las mesas contiguas se vieron involucrados. Como estábamos en el Bag O'Nails, todos resultaron ser estrellas del pop, con lo que la situación era cada vez más surrealista. Cindy Birdsong de The Supremes intervino; la conocía de la época de Bluesology, cuando era una de las Blue Belles de Patti LaBelle. No sé cómo, pero luego P.J. Proby también se vio envuelto en la conversación. Me gustaría ser capaz de reproducir lo que el *enfant terrible* de la coleta y los pantalones reventados tenía que decir sobre mi boda inminente, su posible cancelación y, si yo era o no homosexual, pero a esas alturas yo estaba muy borracho y los detalles exactos son un poco borrosos, aunque en cierto momento debí de ceder y admitir que John tenía razón, al menos sobre el matrimonio.

En mi memoria, el resto de la velada se funde en imágenes fraccionadas. Caminamos por la calle hasta el piso al amanecer –cogido del brazo de Bernie, por apoyo moral–, los dos tambaleándonos contra los coches y volcando papeleras. Una discusión horrible, en la que Linda amenazó con matarse. Una conversación balbuceante mantenida a través de la puerta cerrada con cerrojo de Bernie –se había esfumado poco después de que llegáramos– sobre si creíamos que Linda iba a suicidarse o no. Otra conversación a través de la puerta de Bernie, pidiéndole que abriera y me dejara dormir en el suelo.

A la mañana siguiente hubo otra discusión, seguida de una llamada desesperada a Frome Court. «They're coming in the morning with a truck to take me home» («Llegarán por la mañana en un camión para llevarme a casa»), escribió Bernie en «Someone Saved My Live Tonight». Era una pequeña licencia poética. No llegaron varias personas en un camión, solo Derf en su pequeña furgoneta. Pero nos llevó a Bernie y a mí a casa. Volvimos a la litera de Frame Court. Bernie pegó su póster de Simon and Garfunkel en la pared. Ninguno de los dos vimos nunca más a Linda.

3

En teoría, Bernie y yo habíamos vuelto a Frome Court temporalmente hasta que encontráramos algún lugar para los dos. Pero poco a poco se hizo evidente que iba para largo. Si no nos instalábamos por nuestra cuenta era porque no podíamos permitírnoslo, y no podíamos permitírnoslo porque los cantantes británicos seguían oponiéndose férreamente a grabar nuestras canciones. De vez en cuando corría la voz de que el representante de un artista o un productor estaba interesado en algo que habíamos escrito. Nos hacíamos ilusiones y… nada. Las cartas de rechazo se amontonaban. «Cliff ha dicho que no, me temo.» «Lo siento, pero Cilla no cree que sea apropiado para ella.» «No, Octopus no quiere "When I Was Tealby Abbey?"» ¿Octopus? ¿Quién demonios era Octopus? Lo único que sabíamos de ellos era que no les gustaban nuestras canciones. Nos rechazaba gente de la que nunca habíamos oído hablar.

No se movía nada. No pasaba nada. Costaba no desanimarse, aunque una ventaja de vivir en Frome Court era que siempre tenía cerca a mi madre, armada con su método patentado para sacarme de la desesperación. Este consistía en sugerir con cara seria que dejara la carrera de compositor y me pusiera a trabajar en alguna tienda del barrio:

—Bueno, puedes escoger, ya lo sabes. Están buscando a alguien en la lavandería, si quieres.

—¿La lavandería, dices? Mmm… Por agradable que pueda parecer una carrera manejando los sonidos de las secadoras, creo que seguiré un poco más componiendo canciones.

Y ya que no nos mudábamos, nos propusimos convertir una habitación con una litera en un lugar aceptable para que dos hombres adultos vivieran en él. Me hice socio del club de lectura del *Reader's Digest* y poco a poco las estanterías se llenaron de ediciones forradas en cuero de libros como *Moby Dick* y *David Copperfield*. Adquirimos un equipo de música y dos auriculares del catálogo de Littlewoods (los pagamos a plazos). Compramos un póster de Man Ray en Athena, en Oxford Street, y luego entramos en la tienda de al lado, que se llamaba India Craft, y compramos barritas de incienso. Tendidos en el suelo con los auriculares puestos, nuestra última compra de Musicland en el tocadiscos y el aire lleno del embriagante humo del incienso, Bernie y yo podíamos convencernos momentáneamente de que éramos artistas con una existencia bohemia al filo de la contracultura. Al menos hasta que mi madre rompía el hechizo llamando a la puerta, para preguntarnos qué era ese maldito olor y, por cierto, qué queríamos para cenar.

Yo manejaba algo más de dinero que Bernie porque Tony King había utilizado sus contactos en AIR Studios y Abbey Road para conseguirme trabajo como músico de estudio. Se cobraba tres libras la hora por una sesión de tres horas, que pagaban al contado en el caso de Abbey Road. Mejor aún: si la sesión duraba aunque solo fuera un minuto más del tiempo convenido, las normas del

Sindicato de Músicos establecían que se pagara sesión y media, es decir, casi quince libras, lo mismo que yo ganaba en una semana en DJM. La guinda era encontrarme con Shirley Burns y Carol Weston, las secretarias de AIR Studios. Eran fantásticas, siempre dispuestas a cotillear, y sugerían alegremente mi nombre en cuanto se enteraban de algún trabajo. Algo en mí parecía despertar su instinto maternal, y me pasaban con discreción sus vales de comida. De modo que comía gratis, aparte de todo lo demás. Era como tocar el cielo.

Pero aparte del dinero, trabajar en un estudio era una experiencia increíble. Un músico de sesión no puede permitirse ser selectivo. Cuando hay trabajo lo acepta, sea cual sea. Tiene que trabajar deprisa y estar concentrado, porque sus compañeros son los mejores músicos del país. «Aterrador» no es el adjetivo que uno utilizaría para describir a los Mike Sammes Singers, que hacían coros para todo el mundo; parecían parientes de mediana edad llegados directamente de una cena con baile en un club de golf. Pero si uno tenía que cantar con ellos, le metían de golpe el temor de Dios en el cuerpo de lo buenos que eran.

Además, el músico de sesión tenía que ser versátil, porque se esperaba que tocara música sumamente variada. Tan pronto cantaba coros para Tom Jones como grababa un tema cómico con The Scaffold, hacía arreglos, tocaba el piano con The Hollies o intentaba sacar una versión rockera del tema musical de *Zorba el Griego* para The Bread y Beer Band, un proyecto de Tony King que nunca llegó a ponerse en marcha. No cesaba de conocer a gente y hacía nuevos contactos: músicos, productores, arreglistas, el personal de una compañía discográfica. Un día que grababa con The Barron Knights, Paul McCartney entró bruscamente en el estudio. Se sentó en la sala de control y estuvo un rato escuchando. Luego se acercó al piano y, tras anunciar que eso era lo que estaba grabando en un estudio cercano, tocó «Hey Jude» durante ocho minutos, algo que sin duda puso en evidencia lo que estaban haciendo The Barron Knights: grabar un *novelty record* sobre la historia de Des O'Connor en los Juegos Olímpicos.

A veces una sesión era extraordinaria porque la música que tocaba era increíble, y otras justo por lo contrario, porque era terrible. Yo hacía muchos álbumes de versiones para un sello llamado Marble Arch: versiones de los éxitos de ventas del momento que se producían como rosquillas y se lanzaban en recopilaciones con títulos como *Top of the Pops*, *Hit Parade* y *Chartbusters*, que se vendían a un precio reventado en los supermercados. La gente, al enterarse de mi colaboración en ellos, lo interpreta como un momento bajo en mi carrera: el artista desesperado al que aún no han descubierto y se ve reducido a cantar de forma anónima canciones de otras personas para ganarse el pan. Supongo que podría considerarse de ese modo en retrospectiva, pero yo no lo viví en absoluto así en aquel momento y la razón es que las sesiones para grabar los álbumes de versiones eran de lo más divertidas.

Las instrucciones que daba el productor Alan Caddy eran increíbles. Cada petición era más demencial que la anterior. «¿Puedes cantar "Young, Gifted And Black"?». «Bueno, no es que se entienda mucho que un tipo blanco de Pinner cante esa canción, pero lo intentaré.» «¡La semana que viene grabaremos "Back Home"! Necesitaremos que suenes como la selección inglesa para el Mundial.» «De acuerdo, aquí solo hay tres cantantes y uno es mujer, de modo que es poco probable que suene "idéntico" al original, pero tú mandas.» En una ocasión se me pidió que sonara como Robin Gibb de los Bee Gees, un gran cantante, pero con un estilo vocal único, un extraño vibrato nasal trémulo. Yo no podía hacerlo a no ser que me agarrara la garganta con las manos y la hiciera vibrar mientras cantaba. Me pareció una idea genial, pero provocó mucho alboroto entre mis colegas músicos. Me quedé allí de pie, gimiendo con los dedos alrededor del cuello, intentando desesperadamente no mirar al otro lado del estudio, donde los otros cantantes de sesión, David Byron y Dana Gillespie, lloraban de la risa aferrándose unos a otros.

Disfrutaba tanto grabando los álbumes de versiones, ese lamentable punto bajo en mi vida profesional, que volví a grabar uno cuando mi carrera de solista ya había despegado. Os aseguro que no me lo estoy inventando: «Your Song» ya estaba escrita, el álbum *Elton John* había salido a la venta, y yo ya había actuado en *Top of the Pops* y me disponía a ir a Estados Unidos en mi primera gira. Aun así, regresé encantado al estudio y canté a grito pelado versiones cutres de «In The Summertime» y «Let's Work Together» para un álbum malísimo que se vendería en un supermercado por catorce chelines con seis peniques. Y como siempre, fue divertidísimo.

Pero el trabajo como músico de estudio no era ni mucho menos lo más importante de mi amistad con Tony King. Él tenía un gran círculo de amigos, como una pandilla formada sobre todo por hombres gais que trabajaban en el mundo de la música. Había productores discográficos, profesionales de la BBC, promotores y anunciantes, y un tipo escocés llamado John Reid que era joven, ambicioso, seguro de sí mismo y muy gracioso. Estaba progresando en la industria de la música a un ritmo increíble. Al final lo nombraron director del sello Tamla Motown, y trataba con The Supremes, The Temptations y Smokey Robinson; Tony conmemoró el prestigioso cargo con la debida solemnidad refiriéndose a partir de entonces a John Reid como Pamela Motown.

El grupo de Tony no era particularmente desmadrado ni escandaloso —organizaban cenas o salían a restaurantes y pubs juntos, más que frecuentar los clubes gais de Londres—, pero yo disfrutaba de su compañía. Eran sofisticados, inteligentes y muy pero que muy divertidos. Me encantaba el humor amanerado. Cuanto más pensaba en ello, más me sorprendía lo a gusto que me sentía cuando estaba con ellos. Yo nunca había sido una persona solitaria; al contrario, siempre había tenido muchos amigos, en el instituto, en Bluesology, en Denmark Street... Pero esto era diferente, era como si sintiera que formaba parte de algo. De pronto era uno de los niños de *Mary Poppins* al que se le abre un nuevo mundo mágico. Doce meses después de que Long John Baldry anunciara borracho en el Bag O'Nails que yo era gay a todo el que estuviera lo bastante cerca para oírlo, decidí que tenía razón.

Como si quisiera subrayar el hecho, mi libido inesperadamente decidió asomar por primera vez, como el invitado rezagado que llega acalorado a una fiesta que se supone que empezó diez años atrás. Tenía veintiún años y de pronto parecía estar pasando una adolescencia tardía. De repente, me enamoraba de manera platónica de muchos hombres. Y está claro que lo que me fascinaba tanto de John Reid no era solo su sentido del humor y su profundo conocimiento del alma estadounidense. Nunca tomé la iniciativa, por supuesto. No habría sabido qué hacer. Jamás había intentado ligar con nadie. Nunca había estado en un club gay. No sabía cómo tirar los tejos. ¿Qué debía decir?: «¿Quieres que vayamos al cine y luego me enseñas la polla?». Esto es lo que más recuerdo de aquel momento en que empezaba a tomar conciencia de mi sexualidad. No me recuerdo ansioso ni atormentado. Simplemente quería acostarme con alguien, aunque no tenía la más remota idea de cómo se hacía y me aterraba hacerlo mal. Ni siquiera le dije a Tony que era gay.

Además, tenía otras cosas en la cabeza. Una mañana nos llamaron a Bernie y a mí a una reunión en DJM con Steve Brown, que hacía poco había sucedido a Caleb como director. Nos dijo que había escuchado nuestras grabaciones y que creía que estábamos perdiendo el tiempo.

–Tenéis que dejar esta mierda. No se os da muy bien, que digamos. De hecho –y asintió con la cabeza antes de acabar la frase–, sois ineptos. Nunca lograréis nada como compositores. No sabéis hacerlo.

Me quedé allí sentado, aturdido. Estupendo. Se acabó. La lavandería de Northwood Hills me llama. O quizá no. Siempre habrá trabajo como músico de estudio. Pero ¿qué será de Bernie? El pobre acabará en Owmby-by-Spital, empujando una vez más su carretilla llena de pollos muertos, y la única prueba de que tuvo una carrera musical será un single cuya letra no llegó a escribir él y una carta de rechazo de un tal Octopus. Ni siquiera habíamos terminado de pagar los plazos del equipo de música.

Mientras se me agolpaban los pensamientos, me di cuenta de que en otra parte de la habitación Steve Brown seguía hablando. Decía algo sobre «Lady What's Tomorrow», una de las canciones que habíamos escrito y que ni siquiera nos habíamos molestado en intentar vender. Estaba influida por Leonard Cohen, y era evidente que Cilla Black no iba a interesarse por ella. Pero Steve Brown al parecer sí.

–Tenéis que escribir canciones como esa –continuó–. Tenéis que hacer lo que os gusta y no lo que creéis que se venderá. Hablaré con Dick para ver si podemos hacer un álbum.

Después, Bernie y yo nos sentamos en el pub e intentamos procesar lo que acababa de ocurrir. Por un lado, yo no tenía grandes ambiciones de ser solista. Por el otro, la oportunidad de dejar de escribir melodías lacrimógenas y pop facilón era demasiado buena para rechazarla. Y todavía pensábamos que publicar discos de Elton John era una buena forma de dar a conocer la clase de canciones que nos gustaban. Cuanta más publicidad les diéramos, más probabilidades habría de que otro artista más famoso las oyera y decidiera grabarlas.

Había un problema. El trato con Philips solo se refería a singles: querían una continuación de «I've Been Loving You», no un álbum. De modo que Steve Brown grabó una nueva canción que habíamos escrito Bernie y yo siguiendo sus instrucciones de dejar de ser comerciales y hacer lo que nos gustaba. La titulamos «Lady Samantha» y parecía un gran avance. Debo reconocer que, a esas alturas de mi carrera, grabar un single que pudiera escuchar sin soltar un involuntario grito de horror habría constituido un avance de por sí, pero «Lady Samantha» era una canción bastante buena. Sonaba completamente distinta que «I've Been Loving You»: era más consistente, más actual, más desenvuelta. Salió a la venta en enero de 1969 y enseguida se convirtió en lo que se conocía como un *turntable hit*, una manera educada de decir que era un single que sonaba mucho por la radio, pero nadie llegaba a comprar.

Después de ese fracaso nos enteramos de que Philips no tenía interés en renovar el contrato: por alguna razón inexplicable, parecían muy reacios a financiar un álbum de un artista que hasta ahora solo les había hecho perder dinero. Dick James mencionó de manera imprecisa que lo publicaría él, creando un sello propiamente dicho en lugar de autorizar grabaciones externas en otras discográficas, pero parecía más inclinado a hablar del Festival de la Canción de Eurovisión. Para su satisfacción, una de las canciones vulgares que habíamos intentado componer y que se suponía que habíamos olvidado había sido seleccionada como candidata para representar al Reino Unido. Lulu iba a cantar seis canciones en su programa de televisión y el público británico votaría para escoger un ganador. Decir que Bernie recibió la noticia con frialdad es quedarse corto. Estaba consternado. Entonces Eurovisión no era la orgía de vergüenza que es hoy día, pero no puede decirse que Pink Floyd y Soft Machine hicieran cola para participar en él. Peor aún: él no había tenido nada que ver con la canción aunque en los créditos apareciera su nombre. La letra era mía. Se repetía lo ocurrido con «I've Been Loving You». De pronto volvíamos a estar donde habíamos empezado.

Los peores temores de Bernie se confirmaron cuando nos sentamos en la sala de Frome Court para ver la actuación de Lulu. Nuestra canción (mejor dicho, mi canción) era totalmente mediocre y olvidable, que era más de lo que podía decirse de las otras. Todos los demás compositores parecían haber salido con ideas tan horribles que era imposible olvidarlas, aunque quisieras. Una era la típica canción con la que unos alemanes borrachos se darían palmadas en las rodillas en una cervecería bávara. Otra era un horrible híbrido de una big band y un buzuki. Otra se llamaba «March», pero el título no se refería al mes de marzo. La canción trataba literalmente de la marcha militar y, por si no había quedado claro, tenía un arreglo de una banda de metales del ejército. Steve Brown tenía razón. Nosotros no sabíamos hacer esa clase de cosas, algo que quedó patente cuando nuestra canción salió la última en la votación. La briosa canción alemana fue la ganadora. Se llamaba «Boom Bang-A-Bang».

Al día siguiente llegamos a DJM y nos enteramos de que un artículo del *Daily Express* de manera solícita explicaba la razón por la que nuestra canción había perdido: porque era a todas luces la peor de todas. Dick reconoció cansinamente que tal vez era mejor que no hiciéramos perder más tiempo a nadie y sacáramos nuestro propio álbum. Si Philips no lo lanzaba, contrataría a un experto en prensa y publicidad, y crearía su propio sello.

De modo que nos recluimos en el pequeño estudio de DJM con Steve Brown como productor y Clive Franks en la grabadora. Clive era el tipo que había grabado *The Troggs Tapes*; años después acabó coproduciendo algunos de mis álbumes y hoy día continúa trabajando conmigo como técnico de sonido en mis actuaciones en vivo. Todos pusimos cuanto teníamos en las nuevas canciones. Efectos de sonido psicodélicos, clavicémbalo, solos de guitarra grabados hacia atrás por cortesía de Caleb, flautas, bongos, efectos de *panning*, interludios de jazz improvisados, finales trampa en los que las canciones dejaban de oírse y de pronto volvían a sonar, Clive silbando. Si se escuchaba con atención, se oía el ruido del fregadero de la cocina al ser arrastrado hasta el estudio. Tal vez habría salido mejor si hubiéramos comprendido que a veces menos es más, pero nadie piensa de ese modo cuando hace su primer álbum. Oyes una vocecita en tu cabeza que te dice que podría ser tu última oportunidad, que tienes que intentarlo todo mientras puedas. En cualquier caso, fue divertidísimo, una aventura. El álbum se llamó *Empty Sky*, y lo sacó el nuevo sello de DJM que Dick creó el 6 de junio de 1969. Recuerdo que cuando volví a escuchar el tema que da nombre al disco pensé que era lo mejor que había oído en mi vida.

Empty Sky no fue un éxito —solo se vendieron unos pocos miles de discos—, pero aun así noté que las cosas empezaban a moverse, muy despacio. Las críticas fueron más prometedoras que buenas, pero suponían una clara mejora frente a la opinión del *Daily Express* de que no era capaz de componer una canción tan buena como «Boom Bang-A-Bang». Por esas mismas fechas, nos comunicaron por teléfono que Three Dog Night había versionado «Lady Samantha» para su nuevo álbum. ¡Three Dog Night! ¡Eran estadounidenses! Un auténtico grupo de rock estadounidense había grabado una de nuestras canciones. No un artista ligero con un programa de variedades nocturno en la BBC1 ni una candidata para el festival de Eurovisión: un grupo de rock estadounidense en boga. Bernie y yo teníamos una canción en un álbum que estaba entre los veinte primeros puestos en Estados Unidos.

Además, *Empty Sky* me proporcionó material, lo que significaba que ahora podía actuar en directo. Los primeros bolos fueron bastante titubeantes. Eran pequeños *pop-up shows* en los que tocaba con los músicos que más a mano tenía —normalmente Caleb y su nuevo grupo, Hookfoot— y todavía me ponía nervioso: la última vez que había subido a un escenario, Long John Baldry puso en marcha su magnetófono, y yo llevaba un caftán y sufrí una profunda crisis existencial. Pero las actuaciones fueron mejorando a medida que yo cobraba seguridad, y realmente despegaron en cuanto formé mi propio grupo. Había conocido a Nigel Olsson y a Dee Murray merodeando por DJM. Nigel tocaba con un grupo llamado Plastic Penny, que en 1968 sacó un single superventas y que, aunque parezca increíble, compró una de las canciones que Bernie y yo habíamos intentado vender el año anterior. Lo grabaron en un álbum que salió a la venta justo cuando ya había pasado su momento de fama y su trayectoria caía en picado, lo que de algún modo es simbólico de nuestra suerte. Dee, por su parte, había pertenecido a The Mirage, un grupo psicodélico que sacó singles durante años sin llegar nunca a nada. Eran grandes músicos y congeniamos en el acto. Dee era un bajista asombroso. Nigel era un batería de la escuela de Keith Moon y Ginger Baker, un *showman* que ocupaba casi todo el espacio para ensayar, y en sus dos bombos idénticos estaba grabado su nombre. Los dos sabían cantar. No necesitábamos un guitarrista. El sonido que creábamos entre los tres ya era lo bastante intenso y crudo. Además, hay algo en un trío que da mucha libertad para improvisar. No importaba que no pudiéramos reproducir los intrincados arreglos del álbum; podíamos alargar e improvisar, tocar solos, hacer popurrís y entregarnos de pronto en un viejo tema de Elvis o una versión de «Give Peace A Chance».

Empecé a darle vueltas a mi imagen sobre el escenario. Quería aparecer como el líder de la banda, pero estaba atrapado detrás de un piano. No podía pavonearme como Mick Jagger, ni destrozar mi instrumento como Jimi Hendrix o Pete Townshend: la amarga experiencia que siguió me enseñó que, si te dejas llevar e intentas destrozar un piano arrastrándolo por el escenario, más que un dios del rock rebelde lo que pareces es un operario de mudanzas en un mal día. De modo que pensé en los pianistas que me encantaban de niño, cómo habían logrado transmitir emoción mientras estaban atascados detrás del viejo tablón de 275 cm, como yo lo llamaba cariñosamente. Pensé en Jerry Lee Lewis apartando el taburete de una patada y aporreando el teclado, o en cómo Little Richard se levantaba y se echaba hacia atrás cuando tocaba, o incluso en cómo Winifred Atwell se volvía hacia el público y sonreía. Todos ellos fueron una influencia para mis actuaciones. Resultó que tocar el piano de pie como Little Richard costaba muchísimo cuando tienes los brazos tan cortos como los míos, pero perseveré. Sonábamos diferente a todo y nuestro look también era único. Sucediera lo que sucediese en el pop de finales de la década de los sesenta y principios de los setenta, estaba bastante seguro de que no había ningún otro *power trio* liderado por un pianista que intentara mezclar la extravagancia y la agresividad del primer rock and roll con la jovialidad de Winifred Atwell.

A medida que tocábamos por los *colleges* y los recintos modernos como el Roundhouse, las actuaciones se volvieron más desenfrenadas y la música mejoró, sobre todo cuando ampliamos el repertorio con las últimas canciones que Bernie y yo habíamos compuesto juntos. Confieso que no soy la persona más indicada para juzgar mi propio trabajo: a fin de cuentas, soy el hombre que declaró en voz alta que «Don't Let The Sun Go Down On Me» era tan mala que nunca permitiría que la publicaran (se hablará de ello más adelante), pero hasta yo me daba cuenta de que nuestro nuevo material estaba a otro nivel de todo lo que habíamos producido hasta entonces. Eran canciones fáciles de componer –Bernie sacó la letra de «Your Song» mientras desayunaba una mañana en Frome Court y me la dio, y yo le puse música en quince minutos exactos–, porque, en cierto modo, ya habíamos hecho todo el trabajo duro. Su sonido era la culminación de las horas que habíamos intentado componer juntos, de los bolos que había dado con Nigel y Dee y que me habían infundido confianza en mí mismo, de los años que había pasado en la Royal Academy of Music contra mi voluntad, y de las noches que había tocado con Bluesology en el circuito de los clubes nocturnos. «Border Song» o «Take Me To The Pilot» tenían un toque funk y soul que yo había tomado de cuando éramos la banda de apoyo de Patti LaBelle y Major Lance, pero también se notaba una influencia clásica, absorbida a lo largo de todas esas mañanas de sábado en que me habían obligado a estudiar a Chopin y Bartók.

También eran fruto de lo que había sucedido en la habitación de Frome Court. En la época en que componíamos, en el equipo de música de Littlewoods sonaban a todas horas dos grupos. Uno era el dúo rock-soul Delaney & Bonnie. Yo estaba muy obsesionado con la forma de tocar de su teclista, Leon Russell. Era como si se me hubiera metido en la mente y hubiera descubierto antes que yo cómo quería tocar exactamente el piano. Él había logrado sintetizar toda la música que me gustaba (rock and roll, blues, góspel, country) en un único estilo totalmente natural.

Y el otro era The Band. Escuchábamos sus dos primeros álbumes una y otra vez. Como el piano de Leon Russell, sus canciones eran iguales que una linterna que alguien enciende para mostrarnos un nuevo camino que seguir, una forma de alcanzar lo que queremos. «Chest Fever», «Tears Of Rage», «The Weight»: esas eran las canciones que anhelábamos escribir. A Bernie le volvían loco las letras. Desde que era niño le habían encantado las historias crudas sobre los Estados Unidos de antaño, y eso era lo que contaba The Band: «Virgil Caine is the name and I served on the Danville train, 'till Stoneman's cavalry came and tore the tracks up again» («Virgil Caine es mi nombre y serví en el tren de Danville, hasta que llegó la caballería de Stoneman y destrozó de nuevo las vías»). Eran músicos blancos tocando soul pero sin versionar «In The Midnight Hour» o hacer una imitación mediocre de lo que hacían los artistas negros. Fue una revelación.

Cuando le hicimos escuchar a Dick las maquetas de las nuevas canciones, se quedó anonadado. Pese a las ventas de *Empty Sky*, dijo que quería grabar otro álbum. Aún más, iba a darnos seis mil dólares para ello. Fue un gran voto de confianza. Era muchísimo dinero para gastarlo en un álbum, sobre todo tratándose de un artista que apenas vendía discos en ese momento. Es indudable que Dick creía en nosotros, pero su apoyo también podría haberse visto forzado por las circunstancias. Bernie y yo nos habíamos hecho amigos de Muff Winwood, el hermano de Stevie, que trabajaba para Island Records y vivía bastante cerca de Frome Court; creo que literalmente chocamos con él un día al regresar a Pinner en tren. Íbamos a su casa un par de noches a la semana con una botella de Mateus Rosé y una caja de bombones para su mujer, Zena –todo muy sofisticado–, y mientras jugábamos al futbolín o al Monopoly, le sonsacábamos información sobre el negocio de la música. Cuando escuchó las nuevas canciones, se mostró realmente entusiasmado y quiso contratarnos para Island, un sello mucho más grande y moderno que DJM. La noticia de que tenía un rival podría haber impulsado a Dick a sacar el talonario.

Fuera cual fuese la razón, el dinero hizo posible que nos trasladáramos de DJM a un estudio de verdad, Trident, en el Soho. Steve Brown nos sugirió que buscáramos un productor externo: Gus Dudgeon, que había producido «Space Oddity» de David

Bowie, un single que era número uno y que nos gustaba a todos. Pudimos permitirnos tener instrumentos de cuerda y un arreglista, Paul Buckmaster, que también había colaborado en «Space Oddity». Paul tenía el aspecto de D'Artagnan: pelo largo con raya en medio, perilla y un gran sombrero. Parecía un poco excéntrico, pero la primera impresión resultó ser falsa. Paul no era un poco excéntrico. ¡Qué va! Lo era tanto que uno pensaba que quizá estuviera loco. Se plantaba delante de la orquesta y hacía ruidos con la boca para indicar lo que quería que hicieran: «No sé cómo describirlo, pero quiero que hagáis un sonido así». Y ellos lo sacaban con exactitud. Era un genio.

Aunque en esas sesiones todo era extrañamente mágico. Gus, Steve, Paul y yo habíamos planeado todo de antemano —las canciones, el sonido, los arreglos— y todo encajaba a la perfección. Yo apenas había tocado un clavicémbalo antes de que alquiláramos uno para «I Need You To Turn To»; no era nada fácil, pero lo logré. Me daba terror tocar en directo con una orquesta, pero me preparé mentalmente, diciéndome que ya lo teníamos, que por fin algo se concretaba. Todos aquellos sórdidos clubes en los que Long John Baldry sacaba su magnetófono, todo el trabajo como músico de estudio, Derf pasando una jarra de pinta en el Northwood Hills Hotel para recoger propinas, Bernie y yo escapando de Furlong Road y de los sueños de Linda de convertirme en Buddy Greco: todo había conducido a ello. Y funcionó. El álbum se acabó en cuatro días.

Sabíamos que habíamos hecho algo bueno, algo que nos impulsaría hasta el siguiente peldaño. No nos equivocamos. Cuando *Elton John* salió a la venta, en abril de 1970, las críticas fueron muy buenas. John Peel lo puso y poco a poco empezó a aparecer en las listas de éxitos. Empezamos a recibir ofertas en Europa, aunque cada vez ocurría algo extraño. En París, algún genio nos contrató como teloneros de Sérgio Mendes y Brasil '66. El público, que esperaba una velada de bossa nova, mostró su entusiasmo al ver ensancharse inesperadamente sus horizontes musicales abucheándonos. Al llegar a Knokke, Bélgica, nos enteramos de que no íbamos a dar ningún concierto allí; nos esperaba un festival de canciones televisado. Fuimos a Holanda para salir en un programa de la televisión, pero en lugar de llevarnos al plató insistieron en filmarme a mí en un parque fingiendo que cantaba «Your Song» con un micrófono, rodeado de actores que, por alguna razón, se hacían pasar por paparazzi y me sacaban fotos. A veces todavía la pasan por la televisión. Se me ve bastante furioso, como si estuviera a punto de pegar un puñetazo a alguien, en una interpretación bastante fiel de lo que sentía en esos momentos, pero que no era lo más adecuado para una tierna balada sobre un amor floreciente.

Cuando volvimos a Inglaterra, vimos que empezaba a hablarse mucho de nosotros. En agosto tocamos en el Krumlin Festival de Yorkshire, que parecía abocado al desastre. Se celebraba en mitad de un páramo. Hacía un frío que pelaba, llovía a cántaros y la organización era pésima. Empezaba el festival y aún no habían terminado de montar el escenario, con lo que los grupos tuvieron tiempo de pelearse por el orden en que actuarían. Yo no quise meterme; nosotros salimos, repartimos brandy entre el público y lo pasamos en grande, mientras Atomic Rooster y The Pretty Things discutían entre bastidores quién era la gran estrella. Empecé a ver caras famosas entre el público en nuestras actuaciones por Londres, lo que significaba que estaba corriendo la voz por la industria musical de que valía la pena ir a vernos. Un par de semanas antes de que tocáramos en el Krumlin Festival, Pete Townshed de The Who y Jeff Beck habían acudido a un bolo nuestro en el club Speakeasy, que había sucedido al Cromwellian y al Bag O'Nails como el gran lugar de encuentro de la industria musical en Londres. Nos invitaron a ir al programa *Top of the Pops* y tocar «Border Song», lo que no contribuyó a mejorar las ventas del single, pero me quedé boquiabierto cuando vi que Dusty Springfield se presentaba a sí misma y se ofrecía a hacernos el coro. Yo había ido hasta Harrow para verla actuar en directo con The Springfields cuando todavía estudiaba en el instituto, y cuando se acabó el concierto merodeé entre bastidores solo para verla de nuevo; ella pasó por nuestro lado con una blusa de color lila y una falda de color malva, increíblemente chic. Me había apuntado a su club de fans a comienzos de los sesenta y en la pared de mi habitación tenía pósteres de ella.

El único obstáculo en nuestro avance era Dick, pues se le había metido entre ceja y ceja que fuéramos a Estados Unidos y tocáramos allí. Había logrado vender el álbum a un sello estadounidense llamado Uni Records –que pertenecía a MCA– y no paraba de hablar de lo entusiasmados que se habían quedado con él y lo deseosos que estaban de que actuáramos allí. Yo lo veía absurdo y así se lo dije. Por fin empezaba a moverse algo en Gran Bretaña. Los bolos funcionaban, el álbum se estaba vendiendo bien y yo le había gustado a Dusty Springfield. Bernie y yo estábamos componiendo canción tras canción; ya habíamos empezado a trabajar en las maquetas del siguiente álbum. ¿Por qué perder el impulso yéndonos a Estados Unidos, donde nadie sabía quién era yo?

Cuantas más razones le daba, más se obcecaba él en que debíamos ir. Y entonces se me presentó una salida. Después de la actuación en Speakeasy, Jeff Beck me había invitado a ir a la sala de ensayo que tenía en Chalk Farm para que improvisáramos algo juntos. Luego su agente concertó una reunión en DJM. Jeff quería que Dee, Nigel y yo lo acompañáramos en una gira por Estados Unidos. Durante el concierto me darían un espacio en el que podría tocar mis propias canciones. Me pareció un ofrecimiento increíble. Jeff Beck era uno de los mejores guitarristas que había oído. Su último disco, *Beck-Ola*, había sido un gran éxito. Es cierto que solo recibiríamos el 10 por ciento de las ganancias obtenidas por noche, pero tratándose de Jeff Beck seguía siendo mucho más dinero del que ganábamos nosotros entonces. Y lo importante era darnos a conocer. Actuaríamos ante grandes públicos y yo tocaría mis canciones para ellos, pero no como un artista totalmente desconocido, sino como parte de la banda de Jeff Beck, no como una actuación de telonero de la que todos pasan, sino en mitad del espectáculo principal.

Estaba a punto de preguntarles dónde debíamos firmar cuando Dick le soltó al agente de Beck que se metiera el 10 por ciento donde le cupiera. ¿Qué hacía? Intenté atraer su mirada para instarlo a considerar la prudencia de cerrar el trato de inmediato. Él no me miró. El agente alegó que no era negociable. Dick se encogió de hombros.

—Te doy mi palabra de que dentro de seis meses Elton John estará ganando el doble que Jeff Beck —dijo.

—¿Cómo? Maldito idiota, ¿por qué has tenido que decir eso?

Sonó como una sentencia que me perseguiría durante el resto de mi carrera. Me vi cinco años después yendo aún por los clubes, El Tipo Que Iba A Ganar El Doble Que Jeff Beck. El agente se esfumó —probablemente tenía prisa por informar al resto de la industria de la música que Dick James había perdido la chaveta—, pero Dick no se arrepentía en absoluto. Yo no necesitaba a Jeff Beck para nada. Tenía que ir a Estados Unidos por mi cuenta. Las canciones de *Elton John* eran buenísimas y el grupo era increíble en directo. El sello estadounidense nos apoyaría en todo momento e iban a emplear todos los recursos posibles para promocionarnos. Algún día le daría las gracias por eso.

Cuando regresé a Frome Court, lo hablé con Bernie. Él sugirió que nos lo planteáramos como unas vacaciones. Visitaríamos lugares que solo habíamos visto en la televisión o en el cine, como el número 77 de Sunset Strip o la mansión de los Beverly Hillbillies. Iríamos a Disneylandia. Exploraríamos las tiendas de discos. Además, el sello estadounidense iba a emplear todos sus recursos. Probablemente nos estaría esperando una limusina en el aeropuerto. Tal vez un Cadillac. ¡Un Cadillac!

Nos quedamos allí plantados, parpadeando bajo el brillante sol de Los Ángeles, el pequeño grupo formado por Bernie y yo, Dee y Nigel, Steve Brown, Ray Williams, a quien DJM había nombrado mi representante, nuestro técnico de gira Bob y David Larkham, que había diseñado las cubiertas de *Empty Sky* y *Elton John*. Estábamos embotados por el jetlag y tratábamos de averiguar qué hacía un autobús londinense rojo aparcado delante del Aeropuerto LAX. Era un autobús londinense rojo con mi nombre en un lateral («Ha llegado Elton John»), y al que nuestro emocionado publicista estadounidense, Norman Winter, nos instaba en esos momentos a subir. Bernie y yo nos miramos horrorizados. Conque una limusina, ¿eh?

Nadie se imagina lo lento que puede ser un autobús de dos pisos hasta que hace el trayecto de LAX a Sunset Boulevard en uno. Nos llevó dos horas y media, en parte porque tenía un tope de velocidad de sesenta kilómetros por hora, pero también porque tomamos la ruta panorámica; está prohibido que circulen autobuses de dos pisos por la autopista. Con el rabillo del ojo vi cómo Bernie se hundía poco a poco en su asiento para que no se le viera desde fuera, seguramente por si Bob Dylan o algún miembro de The Band pasaba en coche y se reía de él.

No era así como me había imaginado nuestra llegada a California. De no ser por las palmeras que veía por la ventanilla y la cantidad de estadounidenses –el personal de Uni Records– que había en el autobús, podría haber estado en el número 38 de Clapton Pond. Por primera vez iba a poder apreciar las diferencias entre una discográfica británica y otra estadounidense. En Gran Bretaña, por mucho interés que tengan por ti o por mucho entusiasmo que muestren por trabajar en tu álbum, siempre se dejan regir por cierta reserva, una tendencia nacional a los eufemismos y un sentido del humor sarcástico. Era evidente que no era así en Estados Unidos, donde se desbordaba pasión y se respiraba una clase de energía diferente. Nadie me había hablado nunca como Norman Winter: «Esto va a ser importante, hemos hecho esto y aquello, y vendrán a veros Odetta y Bread y The Beach Boys, será increíble». Tampoco me había hablado nunca nadie tanto como él: por lo que yo sabía, su boca no había dejado de moverse desde que se nos había presentado en la sala de llegadas. Era alarmante y al mismo tiempo extrañamente estimulante.

Y todo lo que dijo resultó ser rigurosamente cierto. Norman Winter y su departamento de promociones habían hecho de verdad todo lo que me había dicho: se había encargado de que las tiendas de discos de Los Ángeles tuvieran un stock de álbumes y colgaran pósteres, había concertado entrevistas y había invitado a tropecientas estrellas a ver el concierto. Alguien había convencido a Neil Diamond, que también estaba con Uni Records, para que subiera al escenario y me presentara. Mi nombre aparecía antes que el de David Ackles, lo que parecía del todo absurdo.

«Pero David Ackles está con Elektra», protestó Bernie débilmente, recordando las horas que habíamos pasado en Frome Court escuchando su álbum de debut y hablando de la incomparable modernidad del sello de la Costa Oeste que lo había lanzado, Elektra, que dirigía el gran Jac Holzman, y que tenía contratados a The Doors y a Love, a Tim Buckley y a Delaney & Bonnie.

Era el trabajo extraordinario de un equipo apasionado y comprometido que había volcado toda su experiencia en hacer un gran despliegue publicitario. Había convertido, milagrosamente, un espectáculo de un artista desconocido en un club con aforo de trescientas personas en un gran acontecimiento. Y eso tuvo sin duda un profundo impacto en mí. Si ya tenía reservas acerca de tocar en Estados Unidos, ahora estaba totalmente aterrado. Cuando todos se fueron a Palm Springs en una excursión de un día organizada por Ray, tuve la prudencia de quedarme en el hotel para concentrarme en el apremiante asunto de entrar en pánico ante el concierto. Y cuanto mayor era mi pánico, más furioso estaba. ¿Cómo se atrevían a ir todos a Palm Springs a pasarlo bien cuando deberían haberse quedado conmigo en el hotel, muriéndose inútilmente de la preocupación? Sin nadie a quien gritar en persona, llamé a Dick James a Londres y le grité a él. Regresaba a Inglaterra. Que se metieran el concierto, su lista de invitados estelares y la presentación de Neil Diamond por donde les cupiera. Dick necesitó todas sus dotes de persuasión paternalistas para impedir que yo hiciera las maletas. Decidí quedarme y dividir el tiempo de que disponía antes del concierto entre comprar discos y ponerme de morros cada vez que alguien mencionaba Palm Springs.

Hay dos cosas que recuerdo con mucha nitidez de nuestra primera actuación en el Troubadour. La primera fue que el aplauso que recibí al salir a escena tenía una cualidad extraña: iba acompañado de una especie de murmullo sorprendido, como si el público esperara ver aparecer a otra persona. En cierto modo supongo que lo hacía. La portada de *Elton John* es oscura y sombría. Los músicos del fondo van con ropa informal y hippy, y yo llevo una camiseta negra y un chaleco de ganchillo. Y ese era el tipo al que esperaban ver aparecer, un cantautor introspectivo y meditabundo. Pero cuando fui a comprarme ropa un par de semanas antes de marcharme a Estados Unidos, me detuve en una boutique de Chelsea llamada Mr Freedom que estaba muy en boga; el diseñador, Tommy Roberts, estaba dando rienda suelta a su imaginación al confeccionar ropa que parecía diseñada por un caricaturista. Lo que tenía en el escaparate era tan chocante que permanecí mucho rato parado en la acera, armándome de valor para entrar. Una vez dentro, Tommy Roberts se mostró afable y entusiasta, y terminó convenciéndome para que me comprara una colección de prendas que ni Tony King habría llevado en público. Con ellas me sentía distinto, como si expresara un lado de mi personalidad que había mantenido oculto, un anhelo de ser escandaloso y desmesurado. Supongo que todo se remontaba a la foto de Elvis que me encontré por casualidad en la barbería de Pinner cuando era niño; me gustó el shock que producía ver a una estrella que rompía todos los esquemas. La ropa de Mr Freedom no era escandalosa por sexy o amenazadora, sino porque desbordaba la realidad y era más divertida que el mundo que la rodeaba. Me encantó. Antes de salir al escenario del Troubadour me la puse toda a la vez, por lo que, en vez de un cantautor hippy e introspectivo, el público se encontró con un hombre con un peto amarillo, una camiseta verde cubierta de estrellas y unas botas pesadas, también amarillas, con unas alas azules que salían de ellas. Ese no era el aspecto que tenían los cantautores sensatos –ni cualquier persona en su sano juicio– en Estados Unidos en 1970.

Lo segundo que recuerdo con gran nitidez es que, al mirar hacia el público mientras tocábamos, me fijé con un desagradable sobresalto en que en la segunda fila estaba Leon Russell. No había localizado la galaxia de artistas que se suponía que estaba allí, pero a él no pude dejar de verlo. Tenía un aspecto increíble, con una gran mata de pelo plateado y una barba larga que enmarcaba su rostro rudo e impasible. No podía apartar los ojos de él a pesar del vacío en el estómago que me provocaba mirarlo. El concierto había ido bien hasta ese momento, Dee y Nigel sonaban genial, y habíamos empezado a relajarnos y a alargar un poco los temas. De pronto estaba tan nervioso como me había sentido en el hotel el día de la excursión a Palm Springs. Era igual que una de esas horribles pesadillas en las que nos vemos en la escuela haciendo un examen y nos damos cuenta de que no llevamos pantalones ni calzoncillos: estamos dando el concierto más importante de nuestra carrera y de pronto vemos entre el público a nuestro ídolo, que nos mira con cara de palo.

Tenía que calmarme. Tenía que hacer algo para olvidar que Leon Russell me miraba. Me levanté, aparté el taburete de una patada y, de pie, con las rodillas dobladas, me puse a aporrear las teclas como hacía Little Richard. Luego me tiré al suelo y, apoyado en una mano, seguí tocando con la otra, con la cabeza debajo del piano. Por último me levanté y, lanzándome hacia delante, hice el pino sobre el teclado. A juzgar por el rumor que se propagó, el público tampoco se lo esperaba.

Cuando todo acabó me vi en medio de la atmósfera viciada de un camerino abarrotado, aturdido. Había salido increíblemente bien. Todos los británicos estaban eufóricos. Norman Winter hablaba a una velocidad y con una vehemencia que daban a entender que el trayecto en autobús había sido su momento más relajado y lacónico. No paraba de acercarse gente de Uni Records con otras personas que querían estrecharme la mano. Periodistas. Celebridades. Quincy Jones. La mujer de Quincy Jones. Los hijos de Quincy Jones. Parecía haber venido la familia al completo. Yo no podía asimilarlo todo.

De pronto me quedé paralizado. Por encima del hombro de uno de los tropecientos parientes de Quincy Jones vi a Leon Russell en la puerta. Empezó a abrirse paso a través de la gente en dirección a mí. Su rostro era tan rudo e impasible como me había parecido desde el escenario: no daba la impresión de haber pasado la mejor noche de su vida. «Mierda, me ha localizado. Ahora me dirá que soy un farsante. Me dirá que no sé tocar el piano.»

Me estrechó la mano y me preguntó qué tal estaba. Su voz tenía un ligero acento de Oklahoma. Luego me dijo que acababa de dar un gran concierto y me preguntó si quería hacer una gira con él.

Los siguientes días transcurrieron como en un extraño sueño febril. Tocamos más veces en el Troubadour, y en todas se agotaron las entradas y todas salieron genial. Acudieron más celebridades. Cada noche hurgaba más en mi maleta y sacaba prendas de Mr Freedom más y más chocantes, hasta que me encontré frente a un público de estrellas del rock y creadores de tendencias de Los Ángeles vestido con un ceñido pantalón corto plateado, con las piernas al descubierto, y una camiseta con las palabras «rock and roll» estampadas con lentejuelas. Leon Russell volvió a aparecer en el camerino y me dio su remedio casero para el dolor de garganta, como si fuéramos viejos amigos. Uni Records nos llevó a todos a Disneylandia, y me compré montones de álbumes en el Tower Records de Sunset Strip. *Los Angeles Times* publicó una crítica de su redactor musical, Robert Hilburn. «Alégrate —empezaba—. La música rock, que últimamente ha pasado por un período bastante tranquilo, tiene una nueva estrella. Es Elton John, un inglés de veintitrés años cuyo debut el martes por la noche en el Troubadour fue, en casi todos los aspectos, magnífico.» Caray, Bob Hilburn era un tipo importante: yo había sabido que asistiría al concierto, pero no tenía ni idea de lo que escribiría al respecto. En cuanto se publicó, Ray Williams recibió una avalancha de ofertas de promotores estadounidenses. Decidimos prolongar nuestra estancia para dar más conciertos, en San Francisco y Nueva York. Concedí entrevista tras entrevista. El álbum *Elton John* sonaba en todas las emisoras de FM. Una emisora de Pasadena, la KPPC, sacó un anuncio a toda página en *Los Angeles Free Press* para darme las gracias por haber ido a Estados Unidos.

Como todo el mundo sabe, la fama, sobre todo cuando llega de forma repentina, es algo peligroso, superficial y hueco, y sus oscuros y seductores poderes no pueden sustituir el amor verdadero ni la amistad auténtica. Por otra parte, si eres muy tímido y necesitas desesperadamente una inyección de confianza en ti mismo –como alguien que ha pasado gran parte de su niñez intentando hacerse lo más invisible posible para no provocar el malhumor de su madre o la ira de su padre–, puedo asegurar que ver cómo te proclaman como el futuro del rock and roll en *Los Angeles Times* y te elogian tus héroes musicales hace prodigios. A modo de prueba, aquí tenemos a Elton John, un joven de veintitrés años virgen, un hombre que nunca ha ligado con nadie, la noche del 31 de agosto de 1970. Me encuentro en San Francisco, donde está previsto que dé un bolo dentro de unos días. Estoy pasando la velada en el Fillmore, viendo al grupo británico de folk y rock Fairport Convention –colegas supervivientes del infierno etílico que fue el Krumlin Festival– mientras hablo con el dueño del local, el legendario promotor Bill Graham, que está interesado en que actúe en su sala de conciertos de Nueva York, el Fillmore East. Pero no estoy prestando atención ni a Fairport Convention ni a Bill Graham. Porque he decidido que esta noche seduciré a alguien. O me dejaré seducir. Ambas opciones me valen.

Me había enterado de que John Reid estaría en San Francisco por las mismas fechas que yo para asistir a las celebraciones del décimo aniversario de Motown Records. Desde que lo conocí a través de Tony King, me había pasado por EMI un par de veces para saludarlo. Cualquier señal débil que pudiera haberle enviado –si es que en verdad se la había enviado– pasó totalmente inadvertida. Él pareció pensar que yo solo quería revolver en el montón de singles de soul que había en su oficina o regalarle mis propios discos. Pero no me di por vencido. Envalentonado por los acontecimientos de la semana anterior, logré averiguar dónde se alojaba y lo telefoneé. Le conté entrecortadamente lo que había pasado en Los Ángeles, y con toda la naturalidad que pude le propuse que quedáramos. Yo estaba alojado en el Miyako, un bonito hotel decorado con tema japonés que quedaba cerca del Fillmore. ¿Tal vez querría pasarse una noche a tomar una copa?

Terminó la actuación. Fui a los camerinos para saludar a los miembros de la banda, tomé un par de copas mientras charlábamos, luego me excusé y volví al Miyako solo. No llevaba mucho en la habitación cuando sonó el teléfono: «Un tal señor Reid pregunta por usted en recepción». «Dios mío, ha llegado el momento.»

4

A partir de esa noche en San Francisco, todo sucedió muy deprisa. Una semana después me encontraba en Filadelfia, concediendo entrevistas, cuando recibí una llamada de John, que ya había regresado a Inglaterra. Me dijo que se había encontrado a Tony King en la BBC y le había contado lo que había pasado y cuáles eran nuestros planes. Tony pasó del asombro –«¿Reg? ¿Reg es gay? ¿Os vais a vivir juntos… literalmente?»– a la carcajada divertida cuando se enteró de que yo quería llevar la relación con discreción. «¿Qué quieres decir con que Reg quiere mantenerlo en secreto? ¡Está contigo! ¡Todo el que ha puesto un pie en un club gay de Londres te conoce! Es lo mismo que colgar en la ventana un puto letrero de neón en el que ponga: "Soy gay".»

Yo quería mantenerlo en secreto porque no estaba seguro de cómo reaccionaría la gente cuando se enterara. Pero no tendría que haberme preocupado. A ninguno de los amigos con que trabajaba le importó mucho: Bernie, la banda, Dick James y Steve

Brown. Tuve la sensación de que se sentían aliviados de que yo por fin hubiera tenido relaciones sexuales. Y, fuera de esos círculos, nadie parecía contemplar ni remotamente la posibilidad de que no fuera heterosexual. Ahora parece una locura que nadie arqueara una ceja siquiera, si se piensa en mi forma de vestir y de actuar sobre el escenario, pero entonces el mundo era diferente. Solo hacía tres años que se había despenalizado la homosexualidad en Gran Bretaña: el conocimiento o la comprensión que tenía el gran público acerca del tema era bastante vago. Cuando estuvimos de gira por Estados Unidos, todas las legendarias groupies de esa época –las Plaster Casters y las Sweet Connie de Little Rock– irrumpían en los camerinos, para deleite de los integrantes de la banda y el personal de apoyo. Yo pensaba: «Un momento, ¿qué estáis haciendo aquí? ¡No podéis haber venido aquí por mí! Seguro que alguien os lo ha dicho. Y si no os lo han dicho, acabáis de ver cómo me llevaba por el escenario un culturista vestido con la mitad del suministro mundial de estrás, lentejuelas y plumas de marabú… ¿No os dice algo eso?». Por lo visto, no. Me volví experto en escabullirme y encerrarme en el aseo para escapar de sus atenciones.

Si a alguien le extrañó que me fuera a vivir con John tan pronto, no lo dijo. Y, tal como fueron las cosas, la velocidad a la que avanzó mi relación con John fue solo el primer indicio de cómo era yo. Era la clase de persona que conocía a alguien, se enamoraba perdidamente y enseguida empezaba a hacer planes de futuro. Incapaz de distinguir un enamoramiento del amor verdadero, veía la casita con valla blanca y la eterna felicidad conyugal antes incluso de haber hablado con la persona en cuestión. Más tarde, cuando fui famoso de verdad, eso se convirtió en un problema serio tanto para mí como para el objeto de mis afectos. Yo insistía en que renunciaran a su vida para seguirme durante una gira, siempre con resultados desastrosos.

Pero eso forma parte del futuro. Yo estaba locamente enamorado de John, con el sentimiento intenso, cándido e ingenuo propio del primer amor. Y acababa de descubrir el sexo. Tenía sentido que nos fuéramos a vivir juntos, dadas las circunstancias. Mi modo de vida estaba lejos de ser el ideal en ese momento. Heterosexual o gay, era complicado mantener una relación sexual importante con alguien viviendo en la habitación de huéspedes de tu madre mientras tu compañero compositor intenta dormir en la litera de debajo.

Cuando regresé de Estados Unidos empezamos a buscar un piso para alquilarlo juntos. Encontramos uno en un complejo llamado Water Gardens, cerca de Edgware Road: un dormitorio, un cuarto de baño, una sala de estar y una cocina. Bernie se fue a vivir temporalmente con Steve Brown. Él también se había enamorado en California: de una chica llamada Maxine que asimismo había ido a la famosa excursión de Palm Springs. No me extraña que Bernie tuviera tantas ganas de ir.

A los últimos que se lo dije fue a mi madre y a Derf. Esperé a llevar unas semanas en el nuevo piso para hacerlo. Supongo que necesitaba prepararme mentalmente. Decidí que había llegado el momento una noche que John y yo teníamos entradas para ver a Liberace en el Palladium de Londres. Le pedí a John que fuera solo, porque tenía que llamar a mi madre esa noche. Estaba nervioso, pero la conversación telefónica fue bien. Le dije que era gay y ella no pareció sorprenderse. «Bah, ya lo sabemos. Hace mucho que lo sabemos.» En ese momento atribuí el hecho de que lo supiera al místico poder intangible de la intuición de una madre, aunque, visto en retrospectiva, Derf y ella probablemente se hicieron una vaga idea cuando me ayudaron a trasladar mis cosas a Water Gardens y vieron que iba a vivir en un piso de una sola habitación con otro hombre.

Mi madre no parecía lo que se dice encantada con la idea de que yo fuera gay —dijo algo sobre que me estaba condenando a una vida de soledad, lo cual no es que tuviera mucho sentido, puesto que yo tenía pareja—, pero al menos no me desheredó ni se negó a aceptarlo. Y, por extraño que parezca, cuando John volvió a casa, noté que había pasado una noche mucho más estresante que la mía. En mitad de concierto, a Liberace le había dado por anunciar que había entre el público un invitado muy especial, un cantante nuevo que iba a ser una gran estrella... «y sé qué está aquí esta noche, así que voy a pedirle que se levante y salude, porque es fabuloso... ¡Elton John!». Creyendo que no me levantaba por modestia, Liberace se mostró cada vez más solícito —«Vamos, Elton, no seas tímido, el público quiere conocerte. ¿No desean conocer a Elton John, damas y caballeros? Les aseguro que este hombre será grande... Démosle un gran aplauso, a ver si conseguimos que salude»— mientras un foco enorme recorría en vano las gradas. Tal como me lo contó John, Liberace lo había dicho tres veces, y el público se había ido impacientando hasta enfadarse audiblemente ante mi falta de educación al negarme a saludar. Mientras tanto, la única persona entre los espectadores que sabía de hecho dónde estaba Elton John temió ser la primera persona de la historia en morir literalmente de vergüenza. Al final Liberace se rindió. Según John, no dejó de sonreír, pero algo en el modo como se entregó a la *Rapsodia húngara* de Liszt dejó entrever una ira asesina.

A pesar de que arruiné el concierto de Liberace al quedarme en casa para confesar mi homosexualidad a mis padres, la vida era sensacional. Por fin podía ser quien era, y no tener miedo de mí mismo ni del sexo. Es un cumplido cuando digo que John me enseñó a ser libertino. Como Tony señaló, John conocía bien el ambiente gay de Londres, los clubes y los pubs. Íbamos al Vauxhall

Tavern para ver a Lee Sutton, la gran *drag queen* –«Su nombre es Lee Sutton, DSM, OBE [Dirty Sex Maniac, On the Bed with Everybody: Maníaca sexual pervertida que se acuesta con todos]»–, y al club Sombrero de Kensington High Street. Organizábamos cenas en casa y venían a vernos otros músicos. Una noche fuimos a ver actuar en directo a Neil Young y él se vino después a casa con nosotros, y tras unas copas, decidió tocarnos su siguiente álbum entero a las dos de la madrugada. Los que vivían en los pisos contiguos, ya advertidos de que había una fiesta improvisada por el ruido tan desapacible que había hecho mi amiga Kiki Dee al chocar borracha contra una puerta de cristal llevando una bandeja con todas las copas de champán que teníamos, expresaron su deleite ante la interpretación de Neil Young de forma audible. Y así fue como oímos por primera vez el clásico «Heart Of Gold», presentado con un arreglo único de solo de piano, su voz y los golpes intermitentes que daban los vecinos en el techo con el palo de una escoba mientras imploraban a Neil Young que se callara.

Mi carrera de pronto cobró verdadero impulso. No éramos tan grandes en Gran Bretaña como en Estados Unidos, pero habíamos regresado con una meta. En Estados Unidos nos habían validado; nos había dado su aprobación tanta gente que sabíamos que teníamos algo. Lo ocurrido en Los Ángeles llegó hasta Gran Bretaña y la prensa de pronto se mostró interesada. Una revista hippy llamada *Friends* mandó a un periodista para que me entrevistara. Le toqué dos temas que ya habíamos grabado para el siguiente álbum, *Tumbleweed Connection*, y el artículo que publicó a continuación se mostró tan entusiasta como Robert Hilburn: «Creo que, junto con su letrista, podría convertirse en el cantante mejor y más popular de Inglaterra y, con el tiempo, del mundo». Tocamos en el Royal Albert Hall como teloneros de Fotheringay, un grupo formado por la excantante de Fairport Convention, Sandy Denny. Como el público del Troubadour, los del grupo creían que habían contratado a un cantante sensible, el complemento perfecto de su música, que era un folk rock nostálgico, y se encontraron con rock and roll, el vestuario de Mr Freedom y pinos sobre el teclado del piano. No podían seguirnos de tanta adrenalina y aplomo como rezumábamos. Como es natural, en cuanto la adrenalina se agotó, comprendí lo que habíamos hecho y me sentí fatal. Sandy Denny estaba entre mis héroes, era una cantante asombrosa. Se suponía que ese concierto era su gran oportunidad para lucirse y yo se la había arruinado. Me fui a toda prisa, muy arrepentido, antes de que ellos salieran al escenario.

Pero parecía que había llegado el momento. Los años sesenta habían terminado. The Beatles se habían separado y una nueva ola de artistas estábamos empezando al mismo tiempo: Rod Stewart, Marc Bolan, David Bowie, yo. Musicalmente todos éramos muy distintos, pero teníamos algo en común. Todos éramos londinenses de clase trabajadora, todos habíamos pasado la década de los sesenta con la cara pegada al cristal, trabajando en el mismo circuito de clubes, sin llegar nunca a donde queríamos ir. Y todos nos conocíamos. Nuestros caminos se habían cruzado entre los bastidores de los clubes de rhythm and blues y en los conciertos del Roundhouse. Yo nunca tuve una gran amistad con Bowie. Me encantaba su música y habíamos coincidido un par de veces, en el Sombrero con Tony King y en una cena en Covent Garden cuando él ensayaba para la gira de Ziggy Stardust, pero él siempre tenía un aire distante e indiferente, al menos respecto a mí. Con franqueza, no sé cuál era el problema. Años después siempre comentaba cosas desagradables de mí: lo más famoso fue cuando dijo que yo era «el maricón del rock and roll», aunque hay que reconocer que cuando lo dijo estaba hasta arriba de coca.

Pero yo adoraba a Marc y a Rod. No podrían haber sido más diferentes. Marc parecía venido de otro planeta, algo en él no era de este mundo, como si solo estuviera aquí en la Tierra de paso en ruta hacia otro lugar. Se notaba en su música. «Ride A White Swan» no paraba de sonar en la radio cuando nos mudamos a Water Gardens, y no se parecía a nada, era imposible saber de dónde salía. Y así era él en persona. Exuberante —era heterosexual pero muy amanerado—, amable y educado en grado sumo. Era evidente que tenía un gran ego, pero nunca parecía tomarse a sí mismo en serio. De algún modo lograba ser totalmente encantador y desvergonzadamente fanfarrón a la vez. Decía las cosas más escandalosas con cara seria. «Querida, he vendido un millón de discos esta mañana.» Yo pensaba: «Marc, nadie en la historia de la música ha vendido un millón de discos en una mañana, y menos tú». Pero había algo tan cautivador y entrañable en él que nunca lo decías en voz alta. Más bien te sorprendías dándole la razón: «¿Un millón, Marc? ¡Felicidades! ¡Eso es fabuloso!».

A Rod lo conocía desde hacía años a raíz de mi relación con Long John Baldry, pero solo llegué a tratarlo después de que versionara «Country Comfort», una de las nuevas canciones que toqué para el periodista de *Friends*. Él cambió la letra, algo de lo que me quejé por extenso en la prensa: «¡Parece que se la invente sobre la marcha! ¡No se habría apartado más del original si hubiera cantado "Camptown Races"!». Eso marcó bastante la tónica de nuestra amistad. Teníamos mucho en común. A los dos nos encantaba el fútbol y coleccionar arte. Los dos habíamos crecido después de la guerra, en familias de pocos medios, por lo que no nos cortábamos un pelo a la hora de disfrutar de los frutos de nuestro éxito, como quien dice. Pero lo que de verdad teníamos en común era el sentido del humor. Para un hombre con una obsesión bien documentada por las rubias de piernas bonitas, Rod tenía un humor sorprendentemente amanerado. Cuando empezamos a ponernos apodos *drag* en los años setenta, él se apuntó encantado. Yo era Sharon, John era Beryl, Tony era Joy y Rod, Phyllis. Hemos pasado casi cincuenta años tomándonos el pelo e intentando competir. Si la prensa hacía conjeturas sobre mi alopecia y si había empezado a llevar postizo o no, yo suponía que Rod me enviaría como regalo uno de esos secadores en forma de casco que utilizaban las ancianas en la peluquería. Deseoso de devolverle la atención, yo le mandaba un andador cubierto de bombillas de colorines. Todavía hoy, si me entero de que un álbum de Rod se está vendiendo mejor que el mío, sé que antes o después recibiré un correo electrónico: «Hola, Sharon, solo quería decirte que siento que tu disco no esté ni siquiera entre los top cien. Una lástima, querida, cuando el mío está funcionando tan bien. Con afecto, Phyllis».

Esto llegó a una especie de punto crítico a comienzos de los ochenta, cuando Rod actuaba en Earls Court. Lo habían anunciado con un zepelín con su cara que flotaba sobre el edificio. Yo estaba en Londres esa semana y lo veía desde la ventana de mi habitación de hotel. Era una ocasión demasiado buena para desaprovecharla. De modo que hice la llamada pertinente y alguien se encargó de derribarlo de un tiro; al parecer cayó sobre un autobús de dos pisos y la última vez que lo vieron se dirigía a Putney. Al cabo de una hora más o menos sonó el teléfono. Era Rod, balbuceando sobre la desaparición.

«¿Dónde ha ido a parar el puto globo? Has sido tú, ¿verdad? ¡Arpía! ¡Zorra!»

Un año después, yo estaba actuando en el Olympia y los promotores habían colgado al otro lado de la calle un enorme cartel, que de un modo misterioso, alguien cortó poco después de que lo colocaran. La llamada que me informó del sabotaje fue de Rod, que parecía curiosamente bien informado de lo ocurrido.

«Lástima lo del cartel, querida. Tengo entendido que no ha estado colgado ni cinco minutos. Seguro que no has llegado ni a verlo.»

Poco después de que nos instaláramos en Water Gardens volví a Estados Unidos para hacer otra gira. Es un país enorme y en gran parte de él les importe un bledo si en *Los Angeles Times* te han llamado el futuro del rock and roll. Tienes que ir allí y demostrar lo que sabes hacer. Además, teníamos un nuevo disco que promocionar: *Tumbleweed Connection* ya estaba listo. Lo grabamos en marzo de 1970 y salió en el Reino Unido en octubre. Así era como funcionaba todo antes. No se tardaban tres años en hacer un álbum. Se grababa rápidamente y se sacaba enseguida, para mantener el impulso y la novedad. A mí me iba esa forma de funcionar. No soporto perder tiempo en el estudio. Supongo que me viene de la época en que trabajaba como músico de sesión o grababa maquetas en mitad de la noche en DJM: todo era a contrarreloj.

Así pues, atravesamos Estados Unidos, por lo general actuando como teloneros, para Leon Russell, The Byrds, Poco, The Kinks y la nueva banda de Eric Clapton, Derek and The Dominos. Esa era la idea que defendía mi representante, Howard Rose, y una táctica realmente hábil: no ser cabeza de cartel sino pasar a segundo plano, que la gente quiera volver para verte a ti solo. Todos los artistas a los que acompañábamos eran muy amables y generosos con nosotros, pero era duro. Todas las noches salíamos al escenario con la intención de arrasar. Éramos bien recibidos y nos íbamos creyendo que habíamos desbancado a los artistas principales, y todas las noches ellos salían a continuación y tocaban mejor que nosotros. La gente decía que Derek and The Dominos eran un desastre, siempre hasta arriba de heroína y alcohol, pero nadie lo habría dicho jamás si los hubiera visto actuar en directo aquel otoño. Eran magníficos. Yo me quedaba a un lado del escenario, tomando mentalmente nota de toda la actuación. Eric Clapton era la estrella, pero a quien yo no quitaba los ojos de encima era a su teclista, Bobby Whitlock. Era de Memphis, había aprendido el oficio en los estudios Stax y tocaba con ese sentimiento profundo del góspel sureño. Ir de gira con ellos o con Leon era como volver a estar en la carretera con Patti LaBelle o Major Lance en la época de Bluesology: observaba y aprendía de personas con más experiencia que yo.

Aún quedaba mucho camino que recorrer, pero en esa gira ya se vio que estaba corriendo la voz. En Los Ángeles cenamos con Danny Hutton de Three Dog Night y mencionó como de pasada que Brian Wilson quería conocernos. «¿En serio?» Yo había idolatrado a The Beach Boys en los años sesenta, pero su carrera había decaído, y Brian Wilson se había convertido en una figura mítica y misteriosa; según algún cotilleo escabroso, se había vuelto ermitaño o loco, o ambas cosas. «Oh, no –aseguró Danny–, es un gran fan tuyo, le encantaría que fueras a verlo.»

De modo que fuimos en coche a su casa de Bel Air, una mansión estilo español con interfono en la entrada. Danny pulsó el botón y anunció que había llegado Elton John, y hubo un silencio sepulcral al otro lado. Luego llegó una voz inconfundible, la del genio de The Beach Boys cantando el estribillo de «Your Song»: «I hope you don't mind, I hope you don't mind». Al acercarnos a la puerta principal, esta se abrió y apareció Brian Wilson en persona. Tenía buen aspecto; tal vez estuviera un poco más rechoncho que en la cubierta de *Pet Sounds*, pero no había en él nada del huraño excéntrico de los rumores. Nos saludamos. Él se quedó mirándonos y asintió. Luego cantó de nuevo el estribillo de «Your Song». Nos dijo que subiéramos a conocer a sus hijas. Resultó que ya estaban durmiendo. Él las despertó, gritándoles: «¡Este es Elton John!». Sus hijas parecían comprensiblemente perplejas. Entonces les cantó el estribillo de «Your Song»: «I hope you don't mind, I hope you don't mind», y volvió a cantárnoslo a nosotros. Pero a esas alturas la novedad de oír ese estribillo cantado por uno de los grandes genios de la historia del pop empezaba a agotarse. Tuve la descorazonadora sensación de que nos esperaba una velada larga y dura. Me volví hacia Bernie y nos cruzamos una mirada en la que se combinaba miedo, confusión y un intento desesperado de contener la risa ante la situación disparatada en la que nos encontrábamos; una mirada que decía: «¿Qué coño está pasando?».

Era una mirada que se volvió cada vez más frecuente entre nosotros en los últimos meses de 1970. Me invitaron a una fiesta en la casa de «Mama» Cass Elliot en Woodrow Wilson Drive de Los Ángeles, famosa por ser el principal centro de reunión de los músicos de Laurel Canyon, el lugar donde Crosby, Stills & Nash se habían formado, y donde David Crosby había alardeado ante sus amigos de su último descubrimiento, una cantautora llamada Joni Mitchell. Cuando llegamos, estaban todos allí. Era una locura, como si las portadas de los discos que teníamos en la habitación de Frome Court hubieran cobrado vida: «¿Qué coño está pasando?».

Nos cruzamos con Bob Dylan en las escaleras del Fillmore East, y él se detuvo, se presentó y le dijo a Bernie que le encantaba la letra de una canción de *Tumbleweed Connection* que se titulaba «My Father's Gun»: «¿Qué coño está pasando?».

Estábamos sentados en el camerino después de un concierto en Filadelfia cuando la puerta se abrió y entraron cinco hombres sin anunciarse. Era imposible no reconocer a los miembros de The Band: parecían recién salidos de la portada del álbum que habíamos escuchado hasta la saciedad en Inglaterra. Robbie Robertson y Richard Manuel empezaron a decirnos que habían venido en un avión privado desde Massachusetts solo para vernos mientras yo intentaba comportarme como si fuera lo más normal del mundo oír algo así, y de vez en cuando miraba a Bernie, que, como yo, estaba haciendo un intento desesperado de actuar con naturalidad. Hacía un año soñábamos con tratar de componer canciones como las de ellos y ahora los teníamos delante, pidiéndonos que les tocáramos nuestro nuevo álbum: «¿Qué coño está pasando?».

Los miembros de The Band no eran los únicos que querían conocernos. También estaban interesados sus agentes musicales, Albert Grossman y Bennett Glotzer. Eran figuras legendarias en la industria musical estadounidense, sobre todo Grossman, un tipo con fama de duro que había representado a Bob Dylan desde principios de los años sesenta. Ante la adicción a la heroína de otra cliente suya, Janis Joplin, había reaccionado sin intervenir, limitándose a sacarse un seguro de vida a su nombre. Debía de haberse enterado de que en esos momentos yo estaba sin agente. Ray Williams era un hombre encantador y sumamente leal con quien me sentía en deuda —incluso había llamado a su hija Amoreena, como otra de las canciones de *Tumbleweed Connection*—, pero después del primer viaje a Estados Unidos, yo había hablado con el resto de la banda y todos coincidimos en que no era la persona adecuada para llevarnos. Pero tampoco lo eran Grossman y Glotzer, como comprendí en cuanto los conocí. Parecían dos personajes sacados de una película, una película que habría recibido duras críticas por el retrato completamente caricaturizado de dos representantes artísticos estadounidenses agresivos y locuaces del mundo del espectáculo. Sin embargo, ellos eran personas de carne y hueso, y sus esfuerzos aunados para camelarme lograron asustarme de verdad. Mientras el puesto estuviera vacante, no me dejarían en paz.

«Voy a seguirte a todas partes hasta que me contrates», me dijo Glotzer.

Hablaba en serio. No parecía haber forma de deshacerse de él como no fuera poniendo una orden judicial de alejamiento. Una vez más no pude resistir la tentación de encerrarme en el aseo.

Debió de ser mientras me escondía de Bennett Glotzer cuando empecé a pensar en que John me representara. Cuanto más lo consideraba, más sentido le veía. Era joven y ambicioso, y rezumaba adrenalina. Había crecido en la pequeña ciudad obrera de Paisley entre los años cincuenta y sesenta, y eso lo había hecho lo bastante fuerte para enfrentarse con todo lo que la industria de la música le deparara. Ya éramos pareja, lo que significaba que defendería mis intereses. Era una persona trabajadora por naturaleza, tenía mucha labia y era muy bueno en su trabajo. No solo era un entendido en música, también tenía intuición. Poco antes ese año había convencido personalmente a Motown para que lanzara como single un tema de un álbum de hacía tres años de Smokey Robinson and The Miracles, y fue testigo de cómo «Tears Of A Clown» se convertía en número uno a ambos lados del Atlántico. Se vendió tanto que Smokey Robinson tuvo que aplazar sus planes de retirarse de la música.

Todos aprobaron la idea, incluido John. Él dejó EMI y Motown a finales de año, y ocupó un escritorio en la oficina de Dick James –inicialmente, al menos, sería un empleado de DJM, y cobraría un sueldo por hacer de enlace entre la compañía y yo–, y eso fue todo. Para celebrarlo, cambiamos mi Ford Escort por un Aston Martin. Era el primer lujo que me permitía, el primer indicio de que estaba ganando mucho dinero con la música. Lo conseguimos a través de Maurice Gibb de The Bee Gees y era el coche de un artista pop de verdad: un DB6 morado, llamativo y precioso. Y nada práctico, como descubrimos cuando John tuvo que ir a recoger a Martha and The Vandellas a Heathrow. Era uno de los últimos encargos que hacía para Motown y fuimos orgullosos en el Aston Martin. Martha and The Vandellas parecieron impresionadas hasta que tuvieron que sentarse en el asiento trasero. Los diseñadores habían dedicado bastante más tiempo a sus líneas elegantes y contornos evocadores que a preocuparse de si en el asiento trasero podría acomodarse un legendario trío de soul. De algún modo lo lograron. Tal vez en la famosa Charm School o escuela de encanto de Motown daban clases de contorsionismo. Mientras conducía de vuelta a la ciudad por la A40, miré por el retrovisor. Era como un metro de Tokio en hora punta. Un momento, Martha and The Vandellas estaban apretujadas en el asiento trasero de mi coche, que era un Aston Martin. Eso habría parecido muy extraño doce meses atrás, cuando conducía un Ford Escort en el que no había indicios de superestrellas de Motown. Pero al cabo de un año lo extraño se estaba convirtiendo en un concepto relativo.

No tuve mucho tiempo para cavilar sobre los cambios que se habían producido en mi vida. Trabajaba demasiado. El año 1971 transcurrió de gira en gira entre Estados Unidos y Gran Bretaña, a las que siguieron las giras de Japón, Nueva Zelanda y Australia. Ahora éramos cabeza de cartel, pero todavía seguíamos los consejos de Howard Rose y tocábamos en locales con menos aforo del que éramos capaces de llenar, o dábamos un solo bolo en una ciudad cuando podríamos haber llenado el local dos noches seguidas. Hicimos lo mismo en Gran Bretaña; seguíamos tocando en las universidades y clubes de rock aunque podríamos haber llenado teatros. Es una estrategia hábil, no ser avaricioso y consolidar poco a poco una carrera, y eso era típico de Howard, que era brillante y siempre daba buenos consejos; por algo sigue siendo mi agente. Tuve mucha suerte con las personas con que trabajé cuando empecé a abrirme camino en Estados Unidos. Allí los jóvenes británicos caen fácilmente en manos de explotadores, pero yo me rodeé de gente que se desvivía para que me sintiera parte de una familia: no solo Howard, también mi editor, David Rosner, y su mujer, Margo.

Cuando no actuaba estaba en el estudio. Grabé cuatro álbumes en Estados Unidos en 1971: *Tumbleweed Connection*, que no salió hasta enero allí; la banda sonora de una película llamada *Friends* en marzo, que no tuvo mucho éxito pero funcionó mejor que la propia película, que fracasó estrepitosamente; un álbum de una actuación en directo que habíamos grabado en mayo del año anterior, *11-17-70*, y *Madman Across the Water* en noviembre. Este último lo grabamos en cuatro días; se suponía que iban a ser cinco, pero perdimos uno entero por culpa de Paul Buckmaster. Se había quedado levantado la noche anterior para retocar los arreglos –sospecho que con ayuda de sustancias químicas– y luego se le cayó un tintero sobre la única partitura. Me puse furioso. Fue un error caro y tardamos décadas en volver a trabajar juntos. Aunque también me quedé silenciosamente impresionado cuando volvió a escribir toda la partitura en veinticuatro horas. Incluso cuando la cagaba, lo hacía de un modo que te recordaba que era un genio.

Y me encanta *Madman Across the Water*. En aquel entonces tuvo mucho más éxito en Estados Unidos que en Gran Bretaña: allí estuvo en el top diez, mientras que aquí solo alcanzó el puesto 41. No era particularmente comercial, no salieron singles superventas de él, y las canciones eran mucho más largas y complejas que las que había compuesto antes. Algunas de las letras de Bernie eran como un diario del año anterior. «All The Nasties» trataba de mí, y en ella me preguntaba en voz alta qué pasaría si confesaba abiertamente mi homosexualidad. «If it came to pass that they should ask –what would I tell them? Would they criticize behind my back? Maybe I should let them» («Si por casualidad me lo preguntaran, ¿qué debería decirles? ¿Me criticarían a mis espaldas? Tal vez debería dejar que lo hicieran»). Ni una sola persona pareció fijarse en la letra.

Durante las sesiones en las que grabamos *Madman* pasó algo más. Gus Dudgeon contrató a un guitarrista llamado Davey Johnstone para que tocara la guitarra acústica y la mandolina en un par de temas. Me gustó mucho; era un escocés desgarbado y franco, con un gran gusto musical. Hice un aparte con Gus y le pregunté qué le parecía si lo uníamos a la banda. Yo había estado considerando ampliar el trío e incorporar durante un tiempo un guitarrista. A Gus no le gustó la idea. Davey era un guitarrista extraordinario, pero solo con la guitarra acústica: por lo que él sabía, ni siquiera había tocado una guitarra eléctrica. Había militado en una banda llamada Magna Carta que se inclinaba por el folk bucólico y en el repertorio de Elton John no había mucho de eso.

Era un argumento muy convincente. Pero lo pasé por alto y ofrecí a Davey el puesto de todos modos. Si había aprendido algo en los últimos años era la importancia de seguir el instinto. Uno puede trabajar duro y planificarlo todo con sumo cuidado, pero hay momentos en los que se trata de una intuición, de fiarse del instinto, del destino. ¿Y si nunca hubiera respondido el anuncio de Liberty? ¿Y si hubiera pasado la audición y nunca hubieran llegado a mis manos las letras de Bernie? ¿Y si Steve Brown no hubiera aparecido por DJM? ¿Y si Dick no hubiera estado seguro de que debía ir a Estados Unidos cuando parecía una idea tan mala?

De modo que cuando fuimos a Francia para grabar el siguiente álbum en el Château d'Hérouville, Davey se vino con nosotros. Yo había hecho muchos cambios; era la primera vez que intentaba grabar un álbum con la banda con que hacía las giras en lugar de con músicos de estudio expertos; la primera vez que Davey cogía una guitarra eléctrica; la primera vez que yo tenía dinero para grabar en el extranjero, en un estudio-hotel nada menos, pero me sentía seguro. Poco antes de salir hacia Francia había adoptado legalmente el nombre de Elton John. Elton Hercules John. Siempre había pensado que los segundos nombres eran un poco ridículos, de modo que hice lo más ridículo que se me ocurrió y tomé el mío del caballo del trapero de la serie *Steptoe and Son*. En pocas palabras, me había hartado del revuelo que se armaba en las tiendas cada vez que el cajero me reconocía, pero no me asociaba con el nombre que aparecía en mi talonario. En realidad, parecía un gesto más simbólico que práctico, como si por fin y de una vez por todas dejara atrás a Reg Dwight y me convirtiera de pleno en la persona que se suponía que era. No sería tan simple, pero en ese momento fue una sensación agradable.

Me encantó la idea de trabajar en el Château, aunque se le asociara cierta reputación. Se suponía que estaba embrujado, y parecía ser que los lugareños habían empezado a desconfiar de la clientela del estudio a raíz de que los miembros de The Grateful Dead se alojaran en él, se ofrecieran a dar un concierto gratis y luego se encargaran de abrir la mente de la población francesa rural echando LSD en las bebidas de los espectadores. Pero era un edificio bonito, una mansión del siglo XVIII –acabamos dándole su nombre al álbum: *Honky Château*–, y me emocionaba la idea de tener que componer canciones en el lugar mismo.

No soy de esos músicos que se pasean con melodías en la cabeza todo el tiempo. No corro al piano en plena noche cuando me llega la inspiración. Ni siquiera pienso en componer cuando no estoy haciéndolo. Bernie escribe las letras y me las pasa, yo las leo, toco un acorde y algo toma el control y sale de mí a través de mis dedos. La musa, Dios, la suerte: se le puede poner el nombre que se quiera, pero no tengo ni idea de qué es. Simplemente sé al instante hacia dónde irá la melodía. A veces tardo en escribir la canción lo mismo que cuando la escucho. Así es como salió «Sad Songs (Say So Much)»: me senté, leí la letra y la toqué, casi como si escuchara el disco. A veces tardo un poco más. Si al cabo de unos cuarenta minutos no me gusta lo que he hecho, me rindo y paso a otra cosa. Hay letras de Bernie a las que nunca he conseguido poner música. Escribió una letra preciosa titulada «The Day That Bobby Went Electric», sobre la experiencia de oír por primera vez cantar a Dylan «Subterranean Homesick Blues», pero no he logrado dar con una melodía que me convenciera; lo he intentado cuatro o cinco veces. Sin embargo, nunca he sufrido el bloqueo del escritor, nunca me he sentado con una letra de Bernie y no me ha salido nada. No sé por qué. No puedo explicarlo, y tampoco quiero. De hecho, me encanta no poder explicarlo. Lo bonito es la espontaneidad de todo ello.

De modo que Bernie se llevó su máquina de escribir al Château e instalamos varios instrumentos en el comedor, así como en el estudio. Bernie sacaba letras y me las dejaba encima del piano. Yo me despertaba temprano e iba al comedor, veía lo que había hecho Bernie y le ponía música mientras desayunaba. La primera mañana que pasamos allí yo ya había compuesto tres canciones cuando los demás bajaron a desayunar: «Mona Lisas and Mad Hatters», «Amy» y «Rocket Man».

En cuanto Davey se convenció de que no era una broma rebuscada a costa del novato y que yo había compuesto realmente tres canciones mientras él seguía en la cama, cogió la guitarra y me pidió que volviera a tocar «Rocket Man». No añadió ningún solo ni hizo nada que un guitarrista corriente no pudiera hacer. Tocó con un slide unas extrañas notas solitarias que flotaron alrededor de la melodía hasta desvanecerse. Fue asombroso. Como he dicho, a veces lo más importante es el instinto, a veces hay que confiar en el destino.

Los demás miembros de la banda estábamos tan acostumbrados a tocar juntos que había algo casi telepático entre nosotros: sabíamos de forma intuitiva qué hacer con una canción sin que nadie nos lo dijera. Era una sensación increíble, todos sentados en el comedor del Château, oyendo cómo una canción tomaba forma alrededor de nosotros, probando ideas y sabiendo al instante que eran las acertadas. Ha habido períodos en mi vida en los que la música era una evasión, lo único que funcionaba cuando todo lo demás parecía roto, pero en aquel momento no había nada de lo que evadirme. Tenía veinticuatro años, era famoso, estaba establecido y enamorado. Más aún, íbamos a tomarnos el día siguiente libre y pensaba irme a París, donde tenía el firme propósito de *saquear* la tienda de Yves Saint-Laurent.

5

En 1972, John y yo nos mudamos de Londres a Virginia Water, en Surrey, cambiando así el piso de un solo dormitorio por algo un poco más espléndido: compramos un bungaló de tres habitaciones, con piscina propia y una sala de juegos construida en lo que había sido el desván. Le puse por nombre Hercules, a juego con mi segundo nombre. Bernie y Maxine, que se habían casado en 1971, tenían otra casa cerca; mi madre y Derf, que finalmente también se casaron, se mudaron a la misma calle y nos vigilaban el bungaló cuando estábamos de viaje. Esa zona de Inglaterra es conocida como The Stockbroker Belt, el área residencial de los corredores de Bolsa, lo que hace que suene a algo aburrido y como de extrarradio, pero no era eso en absoluto. Por ejemplo, Keith Moon vivía a diez minutos de casa, lo que hacía que el día a día fuera en cierto modo impredecible. Keith era maravilloso, pero su dieta a base de fármacos parecía que había anulado en él toda noción del tiempo. Se presentaba sin avisar a las dos y media de la madrugada, completamente ido –casi siempre con Ringo Starr, otro vecino del barrio, que iba a remolque–, y parecía de verdad sorprendido por haberte sacado de la cama. O se materializaba sin previo aviso en la puerta del garaje a las siete de la mañana el día de Navidad, en un Rolls-Royce descapotable con el *Greatest Hits* de The Shadows sonando a un volumen ensordecedor. «¡Amigo mío! ¡Mira mi nuevo coche! ¡Vente a dar una vuelta! ¡No hace falta que te quites la bata!»

Aun así, la persona más interesante que conocí en Virginia Water no tenía nada que ver con el negocio musical. Coincidí por primera vez con Bryan Forbes al entrar en la librería que tenía en el pueblo, en busca de algo para leer. Se acercó y se me presentó, y me dijo que creía haberme reconocido. No es que aquello fuera improbable, pues por entonces mi presencia extravagante en el escenario se había infiltrado en mi vestuario habitual, de modo que mi idea de vestirme para salir de compras una tarde en una zona residencial de Surrey pasaba por llevar un abrigo de pieles de color naranja brillante y un par de botas de plataforma de veinte centímetros. Pero resultó que no me había reconocido en absoluto: a medida que avanzaba la conversación, se hizo bastante evidente que pensaba que yo era uno de los Bee Gees.

Una vez que dejamos claro que yo no era ninguno de los hermanos Gibb, nos empezamos a llevar muy bien. Bryan era un tipo fascinante. Había sido actor y ahora era novelista, guionista, director y terminaría siendo jefe de un estudio de cine. Estaba casado con la actriz Nanette Newman, y entre los dos parecía que habían conocido a todo el mundo: mitos de Hollywood, guionistas, estrellas de la televisión. Si estabas en Estados Unidos y expresabas un deseo largamente anhelado por conocer a David Niven o a Groucho Marx, Bryan podía mover los hilos, y así es como conseguí un póster de una película de los Hermanos Marx firmado

«Para John Elton, de parte de Groucho Marx»; no le cabía en la cabeza que mi nombre estuviera, tal como me dijo, «al revés». Es divertido, y me acordé de Groucho años más tarde en Buckingham Palace cuando me nombraron caballero, porque así es como el lord chambelán me anunció ante la Reina: «Sir John Elton».

Un domingo de verano, al mediodía, John y yo estábamos sentados en el exterior del bungaló, tomando un refrigerio, cuando vimos a una señora de unos sesenta y pico años que se parecía a Katharine Hepburn que subía por nuestra calle en bicicleta. Resultó que era Katharine Hepburn:

–Me alojo en casa de Bryan Forbes, me ha dicho que no habría problema en usar vuestra piscina.

John y yo asentimos estupefactos. Cinco minutos más tarde reapareció en traje de baño, quejándose de que había una rana muerta en la piscina. Cuando empecé a vacilar, sin saber qué hacer (soy un poco aprensivo para ese tipo de cosas), ella simplemente se lanzó al agua y la cogió con la mano. Le pregunté cómo podía soportar el simple tacto del bicho.

–Hay que tener carácter, jovencito –dijo, asintiendo con severidad.

Si te invitaban a comer a casa de los Forbes, era posible que te tocara sentarte entre Peter Sellers y la dama Edith Evans, y te atiborrabas de sus anécdotas, o descubrías que entre los invitados también estaba la Reina Madre. Bryan conocía a la familia real: era presidente del National Youth Theater, del que la princesa Margarita era patrona. Resultó que a la princesa Margarita le gustaba mucho la música y estar en compañía de músicos. Una vez, terminó invitándome a mí y al resto de la banda a Kensington Palace para cenar después de un concierto en el Royal Festival Hall, lo que acabó siendo algo increíblemente incómodo. No por la princesa Margarita –que era verdaderamente encantadora y amable con todo el mundo–, sino por su marido, lord Snowdon. Todo el mundo sabía que el matrimonio estaba atravesando un mal momento (siempre había rumores en la prensa sobre las infidelidades de uno u otro), pero aun así, nada podía habernos preparado para su llegada. Irrumpió en medio de la comida y le gruñó, literalmente, así: «¿Dónde está mi puta cena?». Tuvieron una bronca de las gordas, y ella salió de la habitación llorando. La banda y yo estábamos allí sentados, atónitos, sin saber muy bien qué hacer. Ya sabéis, ¿cuán rara puede ser la vida si estás en la banda de Elton John? Hay otros músicos que, después de un concierto, se relajan fumando un porro, seduciendo a las *groupies* o destrozando habitaciones de hotel, pero nosotros terminábamos viendo cómo la princesa Margarita y lord Snowdon se daban gritos.

Pero no se trataba de a quién conocía Bryan, sino de lo que sabía, y el hecho de que era un divulgador nato: paciente y generoso con su tiempo, sofisticado en sus gustos y en absoluto pedante, anhelaba que los demás pudieran amar todo aquello que a él le gustaba. Me enseñó mucho sobre arte, e influido por él empecé a coleccionar. Al principio fueron pósteres de art nouveau y art déco, que a principios de los setenta estaban muy de moda –Rod Stewart también los coleccionaba–, y luego pintores surrealistas como Paul Wunderlicht. Comencé a comprar lámparas de Tiffany y muebles de Bugatti. Bryan me inició en el teatro y me recomendaba libros. Nos hicimos íntimos, y empezamos a ir juntos de vacaciones: John y yo, Bryan, Nanette y sus hijas, Emma y Sarah. Alquilábamos una casa en California durante un mes y los amigos venían a visitarnos.

Nanette resultó ser una gran cómplice cuando se trataba de ir de compras, algo que me apasionaba desde que empecé a ganar algo de dinero. En realidad, no es exactamente cierto. Siempre me ha gustado ir de tiendas, desde que era un niño. Cuando recuerdo mis primeros años en Pinner, en lo que pienso es en las tiendas: las bobinas de algodón de diferentes colores en la mercería en la que mi abuela compraba el material para tricotar, el olor de los cacahuetes tan pronto como entrabas en Woolworths, el serrín en el suelo del Sainsbury, donde trabajaba mi tía Win, en el mostrador de la mantequilla. No sé por qué, pero había algo en esos sitios que me resultaba fascinante. Siempre me ha gustado coleccionar cosas, y siempre me ha gustado comprar regalos para la gente, mucho más que recibirlos. Cuando era niño, lo que más me gustaba de la Navidad era pensar en lo que le iba a comprar a mi familia: loción para después del afeitado para mi padre, un gorro para la lluvia para mi abuela, quizá un pequeño florero para mi madre, comprado en el puesto de flores de al lado de la estación de Baker Street, por la que solía pasar cuando iba a la Royal Academy of Music.

Por supuesto, el éxito me permitió proseguir con mi pasión a una escala ligeramente diferente. A veces volvíamos de Los Ángeles con tantas cosas que el suplemento que pagaba por exceso de equipaje podía subir tanto como el billete del avión. Si me enteraba de que mi tía Win tenía el ánimo por los suelos, llamaba a un concesionario y pedía que le enviaran un coche nuevo, para que se animara. Con el paso de los años he tratado con psicólogos que me dicen que mi comportamiento es obsesivo, propio de un adicto, o que estoy intentando comprar el afecto de la gente a base de regalos. Con el mayor de los respetos hacia todos los profesionales de la psiquiatría que me han dicho esta clase de cosas, creo que son una sarta de gilipolleces. No me interesa comprar el afecto de nadie, simplemente me proporciona placer que una persona se sienta querida, o hacerle saber que pienso en ella. Me gusta ver la cara de la gente cuando le haces un regalo.

No necesito que un psicólogo me diga que las posesiones materiales no son un sustituto del amor o de la felicidad personal. He pasado tantas noches solo en una casa repleta de cosas bellas, sintiéndome absolutamente desgraciado, que debería haberme dado cuenta de eso hace ya mucho tiempo. Y, de verdad, no le recomiendo a nadie ir de tiendas al día siguiente de pasar tres días de juerga a base de cocaína, completamente deprimido, a menos que quiera despertarse después rodeado de bolsas y más bolsas llenas de auténtica basura que ni siquiera recuerda haber comprado. O, en mi caso, despertarse a la mañana siguiente después de que suene el teléfono y alguien le informe de que se ha comprado un tranvía. Y no un tranvía en miniatura. Un tranvía de verdad. Un tranvía modelo W2 de la línea principal de Melbourne que, según informa la voz al otro lado del teléfono, va de camino a Gran Bretaña desde Australia, y que solo podrán entregarle en casa con la ayuda de dos helicópteros Chinook.

Así que debo de ser la primera persona que admite haber tomado ese tipo de decisiones tan impulsivas con una tarjeta de crédito en la mano. Seguramente, me las habría apañado bien en la vida sin tener un tranvía en el jardín, o incluso una reproducción en fibra de vidrio a tamaño natural de un tiranosaurio que me ofrecí a quitarle de las manos a Ringo Starr al final de una noche especialmente larga. Ringo estaba intentando vender su casa por entonces, y la presencia de un tiranosaurio de fibra de vidrio a tamaño natural en el jardín empezaba a hacer que las cosas no fueran del todo rodadas con los compradores potenciales. Pero, por lo que recuerdo, coleccionar objetos siempre me ha resultado algo extrañamente reconfortante, y siempre me lo he pasado bien aprendiendo cosas acerca de lo que coleccionaba, ya fueran discos, fotografías, ropa o arte. Y eso nunca ha cambiado, no importa lo que estuviera ocurriendo en mi vida. Me ha resultado reconfortante y lo he disfrutado cuando me he sentido solo y a la deriva, y me ha reconfortado y lo he disfrutado cuando me he sentido querido, satisfecho y con todo en orden. Hay mucha gente que siente lo mismo: el mundo está lleno de apasionados de los trenes en miniatura, de coleccionistas de sellos y aficionados a los discos de vinilo. Yo tengo mucha suerte de disponer del dinero para proseguir con mis pasiones mucho más allá que la mayoría de la gente. Me he ganado el dinero trabajando mucho, y si hay quien piensa que la manera como me lo gasto es excesiva o ridícula, me temo que ese es su problema. No me siento culpable en absoluto. Si esto es una adicción, vale, entonces he sido adicto a otras cosas mucho más dañinas a lo largo de los años que comprar vajillas y fotografías. Esto me hace feliz. Por ejemplo, tengo mil velas en un armario en mi casa de Atlanta, y supongo que eso es demasiado. Pero os diré una cosa: nunca veréis un armario que huela mejor.

Mi adicción a las compras no fue lo único que se incrementó a lo bestia. Todo parecía hacerse más grande, más llamativo, más excesivo. Bernie y yo no habíamos escrito «Rocket Man» con la intención de crear un gran éxito —nos veíamos más como artistas de álbumes—, pero eso fue lo que sucedió: fue número dos en Gran Bretaña, llegando mucho más arriba que cualquiera de nuestros singles anteriores, y alcanzó el triple platino en Estados Unidos. Nos habíamos tropezado con una forma diferente de comercialidad, y su éxito hizo que cambiara nuestro público. Empezaron a aparecer chicas gritonas en las primeras filas de los conciertos y al otro lado de la puerta del escenario, que se aferraban entre lágrimas al coche cuando intentábamos huir de ahí. Me pareció algo peculiar, como si hubieran ido a ver a The Osmonds o a David Cassidy y se hubieran equivocado de camino y hubieran aparecido en nuestro concierto.

Trabajé muy duro, quizá con demasiada intensidad, pero sentía como si me arrastrara una inercia imparable que me impulsaba hacia delante, y daba igual lo cansado que estuviera, con ella superaba cualquier tipo de adversidad. Contraje una mononucleosis infecciosa justo antes de entrar en el estudio para grabar *Don't Shoot Me, I'm Only the Piano Player* en el verano de 1972. Debería haber cancelado las sesiones para recuperarme, pero lo que hice fue irme al Château d'Hérouville y salí del paso a base de adrenalina. Escuchando el disco, nadie diría que lo hice estando enfermo: el tipo que canta «Daniel» y «Crocodile Rock» no suena como si estuviera indispuesto. Unas pocas semanas después de terminarlo, volvía a salir de gira. Seguí llevando el directo al límite, intentando que fuera aún más estrambótico y escandaloso. Empecé a contratar a diseñadores de vestuario profesionales –primero a Annie Reavey, luego a Bill Whitten y Bob Mackie–, los incitaba a hacer lo que les diera la gana, no importaba qué clase de locura fuera: más plumas, más lentejuelas, colores más brillantes, plataformas más altas. «¿Has diseñado un vestido recubierto de bolas multicolores pegadas a unas tiras elásticas que destellan en la oscuridad? ¿Cuántas bolas? ¿Por qué no añades unas cuantas más? ¿Que no podré tocar el piano con eso puesto? Ya me preocuparé yo de eso.»

Entonces fue cuando tuve la idea de contar con «Legs» Larry Smith, que había estado en The Bonzo Dog Doo-Dah Band de gira con nosotros. Legs era batería, pero su otro gran talento era bailar claqué. Cuando estábamos haciendo *Honky Château*, le pedimos que acudiera al estudio para que zapateara por encima de una canción titulada «I Think I'm Going To Kill Myself», y ahora lo tenía ahí, bailando claqué también en el escenario. Sus pasos se volvieron más y más complejos a medida que avanzaba la gira. Legs aparecía en el escenario con un casco protector y una larga cola de un vestido de novia. Luego empezó a salir al escenario acompañado de dos enanos vestidos de marines del ejército de Estados Unidos, mientras llovía confeti desde el techo. Después se le ocurrió un número en el que él y yo hacíamos mímica encima de una escena de *Cantando bajo la lluvia*, con los diálogos y todo. Larry se apoyaba en mi piano y me susurraba: «Ay, Elton, ojalá supiera tocar como tú. Te juro que me llevaría a todos los chicos». Como solía pasar, nadie se inmutó siquiera.

Incluso seguí invitando a Larry cuando me pidieron que actuara en el Royal Variety Performance, lo que generó una gran polémica. Bernard Delfont, que era el organizador del espectáculo, por muy desconcertante que pareciera no quería que hubiera un hombre vestido con una cola de vestido de novia y un casco bailando claqué delante de la Reina Madre. Le dije que se fuera a la mierda, que no tocaría a menos que Larry saliera conmigo, y al final tuvo que ceder. Pienso que fue lo mejor de toda la velada, sin contar con el hecho de que tuve que compartir mi camerino con Liberace. Parecía que se había olvidado totalmente de que un par de años atrás no me había presentado a su actuación en el London Palladium, o ya me había perdonado por ello, y estaba absolutamente divino, era la personificación de la farándula. Empezó a llegar con baúles y más baúles con ropa. Yo creía que mi aspecto era escandaloso –llevaba un vestido de lúrex a rayas con zapatos de plataforma a juego y un sombrero de copa–, pero comparado con lo que él tenía en su vestuario, lo mío parecía como sacado del rincón más cutre de Marks and Spencer. Él llevaba un traje recubierto de pequeñas bombillas que se iluminaban cuando se sentaba al piano. Me firmó un autógrafo –su firma trazaba la silueta de un piano– y luego se pasó toda la tarde ensartando una historia fantástica detrás de otra con un acento *camp* imposible. Un mes antes, me dijo, la plataforma hidráulica que lo elevaba hasta el escenario se había averiado cuando hacía su entrada espectacular; tirando de oficio, tocó durante cuarenta minutos mientras lo único que podía ver el público era su cabeza.

Yo estaba cada vez más obsesionado con realizar también una gran entrada, porque era el único momento en todo el concierto en el que tenía movilidad, si es que no estaba ya pegado al piano. Logramos un pequeño hito cuando tocamos en el Hollywood Bowl en 1973. El escenario estaba ocupado por un montón de bailarinas y decorado con una pintura enorme en la que aparecía yo con un sombrero de copa y chaqué. Tony King apareció en el escenario al empezar y presentó a Linda Lovelace, que por entonces era la estrella del porno más grande del mundo. Luego aparecieron una serie de personajes disfrazados que bajaban por una escalera iluminada flanqueada por palmeras al fondo del escenario: la Reina, Batman y Robin, el Monstruo de Frankenstein, el Papa. Al final aparecí yo, mientras sonaba la sintonía de Twentieth-Century Fox, ataviado con lo que llamo El Increíble Vestido con Forma de Tira de Queso: estaba cubierto por completo con plumas de marabú –tanto los pantalones como la chaqueta– y el sombrero iba a juego. A medida que descendía, se abrían de repente las tapas de cinco pianos de cola en las que estaba escrito el nombre ELTON.

Con tal de complacer a quienquiera que tuviera la sensación de que eso era demasiado sutil y discreto, se suponía, además, que de los pianos de cola tenían que salir cuatrocientas palomas blancas. No sé si se quedaron dormidas o estaban demasiado asustadas para salir, pero no apareció ninguna. Cuando salté encima de mi piano me encontré acompañado en el escenario, cosa que fue por completo inesperada, por John Reid –que, a juzgar por su expresión furiosa, parecía que se había tomado la espantada de las palomas como un insulto personal, como si lo hubieran hecho de manera deliberada para poner a prueba su autoridad gestora– y un Bernie bastante más tímido que iba frenético de un piano a otro cogiendo las palomas y soltándolas para que se echaran a volar.

Números de baile, plumas de marabú, palomas al viento –o no, como terminó ocurriendo– saliendo de pianos de cola con mi nombre escrito en la tapa: a la banda no le gustó demasiado este rollo, y a Bernie tampoco. Opinaba que desviaba la atención de la música. Lo que yo pensaba era que estaba forjándome una personalidad como no había otra en el rock. Y además, me estaba divirtiendo. Tuvimos un montón de desacuerdos ridículos al respecto. Los dos miembros en la colaboración de canciones más importante de su época enzarzados en una pelea en los camerinos del Santa Monica Civic, no por el dinero o la orientación musical, sino por decidir si era buena idea o no que apareciera en el escenario con un muñequito iluminado de Papá Noel colgando de mi polla.

Bernie tenía la razón a veces. El vestuario perjudicaba completamente a la música. Tenía unas gafas con la forma de la palabra ELTON y con luces alrededor. El peso combinado de las gafas y el de las pilas que mantenían las luces encendidas me aplastaba las aletas de la nariz, así que sonaba como si me estuviera tapando la napia. Para ser justos, seguramente aquello minimizaba el impacto de sus letras, compuestas con tanto amor.

El concierto del Hollywood Bowl fue un acontecimiento enorme, una especie de fiesta de lanzamiento de mi siguiente disco, *Goodbye Yellow Brick Road*. Su grabación había sido algo tortuosa, al menos para lo que era habitual en mí. Nos largamos de improviso a los estudios Dynamic Sounds de Kingston, en Jamaica: en aquel tiempo se consideraba que molaba mucho ir a hacer un disco en cualquier lugar que fuera más exótico que Europa. Dynamic Sounds nos pareció un destino evidente. Era donde había grabado Bob Marley. También lo había hecho Cat Stevens. Fue donde The Rolling Stones habían grabado *Goats Head Soup*. Pero al llegar nos encontramos con que había una fábrica de prensado de vinilos anexa al estudio, y que los trabajadores de la fábrica estaban en huelga. Cuando llegabas, abrían de golpe las ventanas del minibús que nos había llevado allí desde el hotel y nos escupían fibra de vidrio machacada con una cerbatana a todos los que estábamos dentro, y eso nos provocaba irritaciones en la piel. Una vez conseguías meterte en el estudio, no funcionaba nada. Si pedías un micrófono diferente, llegaba alguien que asentía lentamente y decía: «Quizá podamos conseguir uno… ¿dentro de tres días?». Era desesperante. No tengo ni idea de cómo consiguieron The Rolling Stones hacer un álbum allí. Igual es que Keith estaba tan colocado que una espera de tres días para lograr un micrófono en buen estado le parecía como si fueran veinte minutos.

Al final nos rendimos, nos fuimos al hotel y llamamos al Château d'Hérouville para reservar unas sesiones de grabación. Mientras esperábamos el avión para marcharnos de allí, la banda se sentó al borde de la piscina, entreteniéndose en lo que parecía una especie de intento concienzudo de batir un récord mundial relacionado con el consumo de marihuana. Cuando llegamos al Château teníamos tantas canciones que *Goodbye Yellow Brick Road* terminó siendo un álbum doble. Cuando se publicó, despegó de una manera que ninguno de nosotros había podido imaginar. Es un disco bastante oscuro en muchos sentidos. Hay canciones sobre la tristeza y la desilusión, canciones sobre borrachos, prostitutas y asesinos, una canción sobre una lesbiana de dieciséis años que muere en el metro. Pero empezó a vender y a vender, y no dejaba de vender, hasta que ya no pude imaginarme quién estaría comprándolo. Y no lo digo a la ligera: de verdad que no tenía ni idea de qué tipo de gente lo estaría comprando. La compañía de discos en Estados Unidos quería forzarme a publicar «Bennie And The Jets» como single y me defendí con uñas y dientes: «Es una canción verdaderamente extraña, no se parece a nada que haya hecho, dura cinco minutos, ¿por qué no sacáis "Candle In The Wind" como hemos hecho en Gran Bretaña?». Entonces me dijeron que todas las emisoras de música negra de Detroit estaban pinchándola. Cuando publicaron el single, se disparó en la lista soul de Billboard: una cosa increíble, mi nombre ahí en medio entre singles de Eddie Kendricks, Gladys Knight y Barry White. Seguramente no fui el primer artista blanco en conseguirlo, pero puedo decir con cierta convicción que sí fui el primero nacido en Pinner.

Tenía tanto éxito por entonces que hice una gira por Estados Unidos volando en el *Starship*, un viejo avión Boeing 720 de aviación civil que había sido transformado en un opulento autobús volante de gira para el uso exclusivo de la élite del rock and roll de los años setenta. Se contaban historias espeluznantes sobre las fiestas que Led Zeppelin se habían pegado allí. Aunque no me preocupaba tanto lo que habían hecho dentro del avión como lo que habían hecho por fuera. El cacharro estaba pintado de color púrpura y oro. Parecía una caja gigante de chocolatinas Milk Tray, pero con alas. No pasaba nada: podíamos pedir que lo pintaran a nuestro gusto. Lo remozamos en rojo y azul con rayas blancas. Con mucho más gusto.

En el interior del *Starship* había un bar decorado en tono naranja y con papel dorado, con un gran espejo detrás, un órgano, mesas para cenar, sofás y una televisión con un grabador de vídeo, en el que mi madre insistió en ver *Garganta profunda* —«Todo el mundo hablaba de ella, ¿no? Vamos a ver de qué va»— mientras almorzaba. Seguro que Led Zeppelin hicieron cosas espantosas a bordo, pero no me cabe duda de que nunca llegaron a entretenerse durante una hora viendo cómo una señora de mediana edad chillaba horrorizada cuando Linda Lovelace hacía sus cosas: «¡Oh, Dios, no! ¿Qué está pasando? ¡Oh! ¡No puedo mirar! ¿Cómo puede estar haciendo eso?».

Al fondo había un dormitorio con una ducha, una chimenea decorativa y mesitas de noche hechas de plexiglás. Ahí dentro podías apartarte de los demás y follar. O cabrearte con el mundo, que es lo que hacía yo una noche cuando mi publicista norteamericana, Sharon Lawrence, empezó a golpear la puerta y a suplicarme que saliera: «Ven al bar, tenemos una sorpresa para ti». Le dije que se fuera a la mierda. Y ella volvía de nuevo. Y yo seguía diciéndole que se fuera a la mierda. Finalmente rompió a llorar –«¡Tienes que venir al bar! ¡Tienes que hacerlo! ¡Tienes que hacerlo!»–, así que abrí la puerta con rabia e hice lo que me pedía, resoplando mucho, poniendo los ojos en blanco y exclamando: «Por el amor de Dios, ¿puedes dejarme en paz de una vez?», mientras avanzaba en mi camino. Cuando llegué al bar, Stevie Wonder estaba sentado frente al órgano, listo para tocar para mí. Se lanzó a cantar «Cumpleaños feliz». Si no hubiera sido porque estábamos volando a cuarenta mil pies de altura, habría rezado para que se abriera la tierra y me tragara.

Desde fuera, todo parecía perfecto: las giras eran cada vez más grandes y espectaculares, los discos se vendían tanto que los periodistas empezaron a decir que yo era el artista pop más grande del planeta. John se estaba ocupando de mi representación por completo: el contrato que yo había firmado con DJM en 1971 había vencido, así que se cambió de oficina y fundó su propia compañía de representación. También habíamos puesto en marcha nuestra propia discográfica, con Bernie y Gus Dudgeon, llamada Rocket: no era para publicar mis discos, sino para encontrar nuevos talentos y darles una oportunidad. A veces éramos mejores detectando talento que desarrollándolo –no supimos cómo hacer que una banda llamada Longdancer alcanzara el éxito, a pesar del hecho evidente de que su guitarrista, un adolescente llamado Dave Stewart, tenía algo, como demostró años más tarde cuando

fundó Eurythmics. Pero también logramos algunos éxitos. Ficha-
mos a Kiki Dee, a quien John y yo conocíamos desde hacía años:
había sido la única artista británica blanca que había fichado por
Motown cuando John trabajaba para el sello. Había estado publicando singles desde principios de los sesenta, pero nunca había
tenido un éxito hasta que publicamos su versión de «Amoureuse»,
un tema de una cantante francesa llamada Véronique Sanson que
había fracasado en Gran Bretaña, pero que había llamado la atención de Tony King, que se la sugirió a Kiki.

Pero bajo la superficie, las cosas empezaban a torcerse. Pasamos
las primeras semanas de 1974 grabando en el Caribou Ranch, un
estudio en plenas Montañas Rocosas, que terminó dándole título
a nuestro nuevo disco, *Caribou*. Resultaba difícil cantar a tanta al-
titud, y por eso agarré un berrinche tremendo mientras grabábamos «Don't Let The Sun Go Down On Me». Después de procla-
mar que no soportaba la canción y que íbamos a interrumpir la
grabación inmediatamente para enviársela a Engelbert Humperdinck —«Y si no la quiere, dile que se la envíe a Lulu, ¡seguro que la
puede meter en una cara B!»—, me persuadieron para regresar a
la cabina de grabación a fin de completar la toma. Entonces le
grité a Gus Dudgeon que ahora que estaba terminada la odiaba
aún más y que pensaba matarlo con mis propias mano si la incluía
en el disco. Aparte de todo eso, lo del Caribou estuvo muy bien. El
estudio era más lujoso que el Château. Dormías en unas hermosas
cabañas hechas con troncos, rebosantes de antigüedades. La cama
en la que yo dormía se suponía que había pertenecido a Grover
Cleveland, un presidente de Estados Unidos del siglo XIX. Había
una sala de proyección para películas, y los músicos que pasaban
por Denver o Boulder solían venir de visita. Habiéndome perdonado por el incidente en el *Starship*, Stevie Wonder se presentó un
día y se subió a una motonieve, insistiendo en manejarla él mismo.

(arriba a la izquierda) Cuando tenía un año, en 1948.

(arriba a la derecha) Con mi madre, Sheila Dwight, en el jardín trasero de la casa de mi abuela, en el número 55 de Pinner Hill Road.

(derecha) En el exterior de Buckingham Palace con mi madre y mi abuelo Fred Harris, en junio de 1950.

Con escuchar una melodía una sola vez, era capaz de tocarla al piano perfectamente de oído.

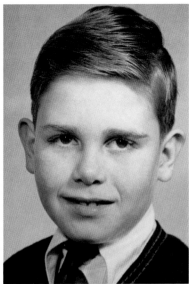

(izquierda) Mi padre y yo, en uno de esos raros momentos en los que no estaba quejándose de los efectos desastrosos que tenía Little Richard en mi aprendizaje moral.

(derecha) Yo, con un aspecto de lo más normal, en la escuela de educación primaria de Pinner.

Bluesology en 1965. Esta foto se incluyó en la partitura de nuestro single «Come Back Baby», impresa con la ilusa esperanza de que hubiera alguien, aparte de Bluesology, que quisiera cantarla.

(izquierda) El hermano que nunca tuve: Bernie, con mi primo Paul y mi bigote, que gracias a Dios me duró muy poco. Mi madre, la tía Win y la tía Mavis están justo detrás.

(derecha) Frome Court, donde vivimos Bernie y yo con mi madre y Derf en el piso de arriba.

Abril de 1969, delante de mi Hillman Husky recién estrenado.

El genial arreglista Paul Buckmaster demostrando lo impresionante que era su estilo durante las sesiones de grabación del disco *Elton John*, en 1970.

Una foto promocional de Bernie y yo, tomada en el verano de 1970, justo cuando empezaba a aumentar el interés por nuestro nuevo disco.

El Troubadour, en 1970. Si hubiera sido por mí, me habría ido a casa mosqueado sin tener la opción de tocar allí jamás.

La noche en que cambió todo. En el escenario del Troubadour, vestido con mi mono amarillo y una camiseta estampada con barras y estrellas.

Mi héroe. Aquí estoy con Leon Russell en Nueva York, 1970. Imaginaos esa cara mirándoos durante el concierto más importante de vuestra vida.

Sharon y Beryl. John Reid y yo, jóvenes y enamorados, en 1972.

Aprendí mucho de arte gracias a Bryan Forbes. Aquí estoy, embarcándome, tal como se ve, en otro viaje de descubrimiento en su librería de Virginia Water.

Entre bambalinas en el Shaw Theatre con la princesa Margarita y su marido, lord Snowdon. La princesa Margarita nos invitó a la banda y a mí a una cena memorable.

Dee, yo, Davey y Nigel en el Château d'Hérouville en 1972. Nótese cuál era mi idea de cómo ir vestido a una sesión de grabación.

Adelantándome a las preguntas de los lectores, diré que no, que no tengo ni idea de cómo pudo Stevie Wonder pilotar una motonieve a través de las Montañas Rocosas de Colorado sin matarse, o matar en el trance a cualquier otra persona, pero el caso es que lo hizo.

Una noche estábamos ya terminando cuando me metí en una habitación que había al fondo del estudio y vi a John jugueteando con algo encima de la mesa. Tenía una pajita y un polvillo blanco. Le pregunté qué era, y me dijo que cocaína. Le pregunté qué te hacía eso, y me dijo «Ah, te hace sentir muy bien». Así que le pedí que me diera un poco, y me dijo que sí. La primera raya que esnifé me provocó arcadas. No me gustó nada la sensación en el paladar, esa extraña combinación de entumecimiento a causa de la droga en sí y esa especie de sequedad polvorienta provocada por cualquiera que sea la mierda con la que han cortado la coca. No podía quitarme esa sensación de encima, daba igual lo mucho que tragara. Salí del baño y vomité. E inmediatamente regresé a la habitación donde estaba John y le pedí otra raya.

¿Qué demonios estaba haciendo? La probé, me dio asco, me hizo potar. ¿Hola? Era como si Dios me estuviera diciendo que lo dejara correr. A menos que hubiera empezado a llover azufre y yo hubiera sufrido una horrible erupción de forúnculos, me cuesta imaginar un aviso más claro de que aquello no era una buena idea. Así que, ¿por qué no lo dejé correr? En parte porque vomitar no hizo que la coca dejara de afectarme, y me gustaba la sensación. Ese subidón de autoestima y euforia, la sensación de que, de repente, podía abrirme, que no me sentía ni apocado ni intimidado, que podía hablar con cualquiera. Aquello era una estupidez, por supuesto. Estaba rebosante de energía, tenía curiosidad, sentido del humor y sed de conocimiento: no necesitaba una droga para poder hablar con la gente. A lo sumo, lo que me dio la cocaína fue un exceso de confianza que redundó en mi beneficio. Si no hubiera estado encocado hasta las trancas cuando The Rolling Stones vinieron a Colorado y me preguntaron si querría actuar con ellos, seguramente habría tocado «Honky Tonk Women», habría saludado al público y me habría ido del escenario. En vez de eso, decidí que todo estaba tan bien que me iba a quedar con ellos e improvisar durante el resto del concierto sin preguntar a los Stones si necesitaban un teclista auxiliar. Durante un tiempo, pensaba que Keith Richards se me quedaba mirando fijamente porque estaba asombradísimo por la brillantez de mis contribuciones improvisadas a su obra. Después de unas cuantas canciones, por fin comprendí que la expresión que había en su cara no sugería ningún tipo de profundo respeto musical. De hecho, tenía pinta de estar a punto de ponerse violento con un músico que se había tomado demasiadas libertades. Me escabullí rápidamente, y mientras me iba me di cuenta de que Keith seguía mirándome con fijeza de una manera que parecía indicar que tendríamos que hablar más tarde, así que decidí que era mejor que no me quedara a la fiesta de después del espectáculo.

Pero la cocaína tenía algo más que la forma en que me hacía sentir. La cocaína tenía cierto caché. Estaba de moda y era exclusiva. Si la esnifabas era como convertirte en un miembro de una pequeña camarilla dentro de la élite, que se daba gusto con algo súper nuevo, peligroso e ilícito. Era muy patético, pero me atraía. Me había convertido en alguien exitoso y popular, pero nunca me sentí alguien guay. Incluso cuando estaba en Bluesology, yo era el que tenía pinta de empollón, el que no tenía aspecto de estrella pop, el que no sabía vestir bien y pasaba el tiempo en tiendas de discos mientras el resto de la banda estaba por ahí follando y drogándose. Y la cocaína me parecía guay: aquellas sutiles conversaciones codificadas para averiguar quién tenía, o quién quería –quién formaba parte del grupo selecto y quién no–, las visitas furtivas a los baños de los clubes y los bares… Por supuesto, todo aquello también era una tontería. Yo ya formaba parte de un club. Desde que comenzó mi carrera en solitario, solo había recibido amabilidad y amor por parte de otros artistas. Desde el primer momento en que llegué a Los Ángeles, los músicos a los que adoraba y reverenciaba –personas que en un tiempo habían sido nombres míticos en las portadas de discos y en los sellos discográficos– se habían rebajado para ofrecerme su amistad y su apoyo. Pero cuando por fin llegó mi éxito, lo hizo tan rápido que, a pesar de la cálida bienvenida, no pude más que sentirme ligeramente fuera de lugar, como si no fuera uno de ellos.

Tal como era de esperar, esnifar una raya de coca y ponerme otra inmediatamente después era algo muy propio de mí. Nunca fui ese tipo de drogadicto que jamás podía irse a la cama sin meterse un tiro, o que necesitaba consumir a diario. Pero una vez que empezaba, no podía parar hasta que no estuviera seguro de que ya no quedaba más cocaína en los alrededores. Me di cuenta al poco tiempo de que necesitaba tener a alguien a mi lado –un técnico de sonido, o un operario– para que me vigilara la coca: no porque me sintiera demasiado importante o demasiado asustado para ser el que guardara la merca, sino porque si yo estaba al cargo de las reservas de coca para una noche determinada, cuando llegara la hora del té ya no quedaría nada. Mi apetito por ese rollo era increíble, lo suficiente para que se comentara en los círculos en los que me movía. Dado que era una estrella del rock que pasaba mucho tiempo en Los Ángeles en los setenta, era una hazaña nada despreciable. Insisto, es lógico creer que eso debería haberme dado material para reflexionar, pero me temo que los siguientes dieciséis años estuvieron plagados de esos incidentes que habrían hecho que cualquier persona racional se hubiera replanteado su drogadicción, como descubriremos en un rato. Ese era el problema. Como tomaba coca, ya no era un ser humano racional. Te dices que todo va bien, argumentando como prueba el hecho de que el consumo de droga no está afectando a tu carrera. Pero no puede ser que te metas esa enorme cantidad de coca de una manera saludable y correcta. Te conviertes en alguien irresponsable, con quien no se puede razonar, obsesivo contigo mismo, eres quien dicta las normas. Si no lo haces por las buenas, lo harás por las malas. Es una droga de mierda.

En mi vida he tomado las peores decisiones, pero entonces no me daba cuenta. En contraste con esto, los problemas en mi relación con John empezaban a mirarme cara a cara. Antes dije que era alguien increíblemente ingenuo acerca de las relaciones homosexuales. Una cosa que yo no sabía era que John pensaba que era más que aceptable tener relaciones sexuales con otra gente, sin que yo lo supiera. Las relaciones abiertas son mucho más habituales entre los hombres gais que entre las parejas heterosexuales, pero no era eso lo que yo quería. Estaba enamorado. Cuando me di cuenta de eso, no le impedí que fuera promiscuo, sino que le hice sentir que estaba siendo desleal. Aquello llevó a toda una serie de escenas humillantes. John desapareció durante una fiesta en Los Ángeles en la casa del director John Schlesinger. Fui a buscarlo y me lo encontré en el piso de arriba, en la cama con un tipo. Mi madre me llamó durante una gira para decirme que había ido a ver cómo estaban las cosas en la casa de Virginia Water y descubrió que John había montado una orgía en mi ausencia. Me enfrentaba a él, nos peleábamos a lo bestia, luego las cosas se calmaban y él se iba para volver a hacer exactamente lo mismo otra vez. O, peor aún, se le ocurría alguna variante de su infidelidad que parecía estar diseñada para volverme aún más histérico. Me enteré de que había ido a un estreno de una película, se ligó a una famosa actriz de televisión y comenzó a tener una aventura con ella.

¡Con ella! Así que también había empezado a follar con mujeres. ¿Qué se suponía que tenía que hacer con respecto a este giro tan especial en nuestra relación?

La cosa seguía y seguía, y era de lo más deprimente. Era como si me pasara la mitad de mi vida llorando por su comportamiento, pero eso no hizo que cambiara nada. ¿Por qué no lo dejaba? En parte, por amor. Estaba completamente colgado por John, y cuando estás así con quien sea, alguien que encima te es infiel, te inventas cualquier excusa, una y otra vez te engañas creyendo que esta vez dice la verdad y que de ahora en adelante todo irá bien. Y, a su manera, John me quería de verdad. Pero era completamente incapaz de mantener la polla dentro de sus calzoncillos si lo dejaba a su aire.

También me quedé porque estaba asustado de él. John tenía un mal carácter que podía derivar fácilmente en un comportamiento violento, sobre todo si había estado bebiendo o esnifando coca. A veces sus arrebatos eran involuntariamente divertidos. Llamaba a las oficinas de Rocket y preguntaba por él: «Ay, no está aquí. Ha tenido un arranque de ira y ha intentado arrojar una máquina de escribir eléctrica por las escaleras. Pero estaba conectada, así que no le ha salido bien. Y eso ha hecho que se enfadara aún más, así que ha despedido a todo el personal y ha salido dando un portazo. Nos estábamos preguntando si deberíamos irnos todos a casa o no». Pero la mayor parte de las veces, no era nada gracioso. Vi cómo John amenazaba a alguien con un cristal roto en una fiesta de Bill Gaff, el representante de Rod Stewart. Golpeó a un portero en el acceso de un hotel de San Francisco después de discutir sobre el aparcamiento de un coche. Le pegó un puñetazo a un ingeniero de sonido en una sala repleta de periodistas norteamericanos durante el lanzamiento de *Goodbye Yellow Brick Road*. Cuando estábamos de gira por Nueva Zelanda en 1974, lanzó un vaso de vino a la cara al tipo de promoción del sello local cuando se acabó el whisky en una fiesta que había organizado. Y cuando una periodista de una gaceta local quiso intervenir, le dio un puñetazo en la cara. Aquella misma noche, un poco más tarde, en otra fiesta, me enzarcé en una discusión con otro periodista local sobre el incidente anterior, del que yo no había llegado a ser testigo directo. John saltó desde la otra punta de la sala, lo tiró al suelo y empezó a patearlo.

A la mañana siguiente, nos arrestaron a los dos y nos acusaron de agresiones. A mí me absolvieron, me impusieron un pago de cincuenta dólares en concepto de tasas judiciales, los pagué y me largué de Nueva Zelanda tan pronto como pude. Me fui sin John, a quien le habían denegado el pago de una fianza y fue sentenciado al cabo de unos días a cumplir veintiocho días en la prisión Mount Eden. Me volví a casa en avión sin él. No había manera de defender su comportamiento, pero aquello ocurrió durante un tiempo en el que la línea que separaba al tipo duro que hacía de representante de estrellas del rock y el matón muchas veces era borrosa –pensemos en Peter Grant y Led Zeppelin–, y mientras esperaba un sábado por la noche a que me llamara desde la cárcel, como hacía cada semana, de alguna manera me monté una versión de los acontecimientos en mi cabeza en la que él era la parte perjudicada, habiendo actuado en mi defensa con nobleza, apoyado en su declaración de que la periodista le había llamado «maricón» antes de que él la golpeara, como si eso lo justificara.

No vi con claridad lo que ocurría hasta que John me pegó a mí. Sucedió en la noche en que habíamos organizado una fiesta en Hercules en la que la gente tenía que acudir vestida de manera elegante. Ya ni recuerdo por qué discutimos, seguramente fue por el último episodio en el amplio catálogo de infidelidades de John, pero empezamos antes de que llegaran los invitados y la cosa se fue acalorando más y más. Hubo gritos, portazos y la quiebra en pedazos de un hermoso espejo art déco que nos había regalado Charlie Watts, de The Rolling Stones. Entonces John me arrastró al baño y me golpeó en la cara, muy fuerte. Retrocedí. Estaba tan estupefacto que ni me defendí. Él se fue y me miré en el espejo del baño. Tenía la nariz ensangrentada y cortes en la cara. Me lavé y la fiesta siguió adelante como si no hubiera pasado nada. Todo el mundo se lo pasó bien: Derf vino vestido con prendas de mujer, Tony King llegó completamente cubierto con pintura dorada, como Shirley Eaton en *Goldfinger*. Pero había sucedido algo y, para mí, fue como si se hubiera activado un interruptor. Ya no podía justificar más el comportamiento de John. No podía seguir con alguien que me pegara.

No creo que John se esperara que le dijera que se había acabado. Incluso cuando se fue, para instalarse en una casa en Montpelier Square, en Knightsbridge, y le pedí a mi madre y a Derf que me ayudaran a encontrar un lugar en el que vivir solo –pues no tenía tiempo para ir a ver pisos–, estaba convencido de que él seguía enamorado de mí. Tenía la sensación de que si le pedía que volviera, habría regresado al segundo. Pero no quería que volviera. Quería que siguiera siendo mi representante, pero todo lo demás en nuestra relación había cambiado. Hubo una variación en el equilibrio de poderes: hasta entonces, él era la personalidad dominante, pero después de romper como pareja me volví más seguro de mí mismo y positivo. Empezó a representar a otros artistas –y no solo a músicos, sino también a cómicos como Billy Connolly y Barry Humphries–, y aun así nuestra relación laboral seguía funcionando, porque sabía que él era astuto y que tenía buen oído para la música. Una mañana, en las oficinas de South Audley Street, dijo que quería ponerme una cosa de uno de sus nuevos clientes que iba a ser un gran éxito mundial. Lo escuché y negué con la cabeza, incrédulo.

–No vas a publicar esto en serio, ¿verdad?

–¿Qué tiene de malo? –dijo, frunciendo el ceño.

–Bueno, para empezar, dura tres horas. Luego, es la cosa más sobreactuada que he escuchado en mi vida. Y el título también es completamente ridículo.

John se mantuvo imperturbable.

–Te lo aseguro –dijo, sacando el acetato de «Bohemian Rhapsody» del tocadiscos–, este va a ser uno de los discos más grandes de todos los tiempos.

Pero si la canción más famosa de Queen al principio no me entró en la cabeza, a Freddie Mercury le pillé el rollo enseguida. Desde el instante en que lo conocí, me gustó. Como era habitual, se había dado a sí mismo un nombre de mujer: Melina, por Melina Mercouri, la actriz griega. Era un tipo magnífico. Increíblemente inteligente y atrevido. Amable, generoso y considerado, pero sumamente divertido. Por Dios, si salías de noche con él y Tony King –eran grandes amigos–, te pasabas la noche entera muriéndote de risa. No se libraba nadie, ni siquiera los otros miembros de Queen: «¿Has visto al guitarrista, querida? ¿La señorita May? ¿Has visto cómo va por el escenario? ¡En chanclas! ¡Unas putas chanclas! ¿Cómo he podido terminar tocando con un guitarrista que va en chanclas?».

Tampoco se libraba Michael Jackson, a quien Freddie llamaba Mahalia, un nombre que dudo de que a Michael le pareciera tan gracioso como se lo parecía a Freddie. Había despertado la ira de Freddie intentando que se interesara, como él, en coleccionar animales, y Freddie había perfeccionado la explicación de la anécdota en un tour de force narrativo que era casi mejor que cualquier otra cosa que hiciera en un escenario. «¡Oh, querida! ¡Esa horrible llama! Voy hasta California para ver a la señorita Jackson y la tía me lleva a su parque zoológico y ahí está la llama. ¡Y va y me pide que le ayude a meter al bicho de vuelta en la jaula! Yo llevaba un traje blanco y acabé cubierto de barro, y tuve que gritarle: "¡Me cago en Dios, Mahalia, aparta tu puta llama de mi vista!"». Y añadía, con un estremecimiento cómico: «Aquello fue una pesadilla, querida».

6

Conocí a John Lennon a través de Tony King, que se había mudado a Los Ángeles para trabajar como gerente principal de Apple Records en Estados Unidos. De hecho, la primera vez que coincidí con John Lennon, él estaba bailando con Tony King. No había nada raro en aquello, excepto el hecho de que no estaban en ninguna discoteca, no estaba sonando música y Tony estaba completamente travestido, caracterizado como la reina Isabel II. Se encontraban en la nueva oficina de Tony en Capitol Records, situada en Hollywood, rodando un anuncio de televisión para el siguiente disco de John, *Mind Games*, y, por algún motivo que solo John conocía, ese era el concepto que se le había ocurrido.

Me acerqué a él inmediatamente. No era solo que hubiera sido uno de los miembros de The Beatles y, por tanto, uno de mis ídolos. Era un Beatle que creía que era una buena idea el promocionar su disco bailando con un hombre disfrazado de la Reina, por el amor de Dios. Pensé: «Nos vamos a llevar de puta madre».

Y estaba en lo cierto. Tan pronto como empezamos a hablar, sentí como si lo conociera de toda la vida.

Empezamos a pasar mucho tiempo juntos siempre que yo estaba en Estados Unidos. Se había separado de Yoko y estaba viviendo en Los Ángeles con May Pang. Soy consciente de que ese momento de su vida se supone que fue realmente tormentoso, incómodo y oscuro, pero tengo que decir la verdad: yo nunca lo vi así. De vez en cuando me llegaba alguna historia; sobre sesiones de grabación que había hecho con Phil Spector y que se habían salido de madre, o sobre una noche en la que se volvió loco y destrozó la casa del productor discográfico Lou Adler. Detectaba cierta oscuridad en algunas de las personas que estaban a su alrededor: Harry Nilsson era un tipo amable, un cantante y compositor con un talento increíble, pero si bebía de más se transformaba en otra persona, alguien a quien más valía tener vigilado. Y sin duda John Lennon y yo nos drogamos mucho juntos y tuvimos algunas noches descontroladas, como podría confirmar el pobre Dr. John. Fuimos a verlo al Troubadour e invité a Lennon a tocar con él en el escenario. John estaba tan furioso que terminó tocando el órgano con los codos. En ese momento decidí que había que sacarlo de allí.

De hecho, no era necesario salir para pasar una noche descontrolada en compañía de John. Una noche en Nueva York nos habíamos refugiado en nuestra suite del hotel Sherry-Netherland, dispuestos a dar buena cuenta de una montaña de coca, y en ese momento alguien llamó a la puerta. Mi primer pensamiento fue que sería la policía: si llevas encima un montón de cocaína y alguien llama a la puerta de manera inesperada, siempre piensas que va a ser la poli. John me hizo un gesto para que fuera a ver quién era. Observé a través de la mirilla. Sentí una mezcla peculiar de alivio e incredulidad.

—John —le susurré—. Es Andy Warhol.

John empezó a negar con la cabeza de manera frenética e hizo el gesto de cortar el cuello.

–Ni de coña. Ni se te ocurra abrir –me dijo en voz baja.

–¿Cómo? –le susurré–. ¿Qué quieres decir con que no abra? Es Andy Warhol.

Volvieron a llamar a la puerta. John puso los ojos en blanco.

–¿Has visto si lleva encima su puta cámara? –me preguntó.

Volví a espiar por la mirilla y asentí. Andy siempre iba a todas partes con su cámara Polaroid.

–Vale –dijo John–. ¿Y quieres que entre aquí a tomar fotos cuando tienes estalactitas de coca colgando de la nariz?

Tuve que admitir que no me apetecía.

–Ni se te ocurra responder –susurró John, y retrocedimos lentamente para volver a lo que teníamos entre manos, intentando ignorar que el artista pop más famoso del planeta estaba aporreando la puerta sin parar.

En cualquier caso, nunca me topé con ese aspecto destructivo, desagradable e intimidante de John Lennon del que habla la gente, esa inteligencia cáustica y cortante. No es que esté intentando dibujar un retrato póstumo santificador, en absoluto, y por supuesto que sabía que existía esa parte de él, lo que pasa es que nunca la vi en persona. Todo lo que vi fue amabilidad, educación y simpatía, tanta que hasta me llevé a mi madre y a Derf para que lo conocieran. Fuimos a cenar, y cuando John se fue al baño, Derf pensó que sería la hostia sacarse los dientes postizos y meterlos en la copa del Beatle: había algo contagioso en el sentido del humor de John que incitaba a la gente a hacer ese tipo de cosas. Por Dios, qué divertido era. Siempre que estaba con él –o todavía mejor, con él y Ringo–, reía, reía y no podía parar de reír.

Nos hicimos tan amigos que cuando su exmujer Cynthia apareció con su hijo Julian en Nueva York para verlo, nos pidió a Tony y a mí que los acompañáramos en su viaje. Viajamos a Estados Unidos en el SS *France*, un estupendo barco antiguo, en la que sería su última singladura desde Southampton hasta Nueva York. La mayor parte de mi banda y sus parejas también vinieron con nosotros. El resto de pasajeros nos observaba con cierta displicencia –aquellas mujeres norteamericanas enormes y ricachonas que decían cosas del tipo: «Se supone que es famoso, pero nunca he oído hablar de él» siempre que pasábamos a su lado–, pero debo decir que me había teñido el pelo de un verde brillante y había llevado conmigo varias maletas repletas de trajes diseñados por Tommy Nutter que eran tan llamativos que podrían dañarte la vista de manera permanente. No podía quejarme por llamar la atención, fuera de manera adversa o no. Les caí incluso peor cuando gané una tarde en el bingo, y lo peor de todo no fue mi sobreexcitación ni que gritara «¡Bingo!» con todas mis fuerzas. Más tarde descubrí que la manera correcta de indicar que habías ganado en el SS *France* era murmurar, de manera gentil y recatada, la palabra «casa». Pero bueno, así no es como te enseñan a jugar al bingo en Pinner, querida.

Todo me daba igual. Me lo estaba pasando bomba: jugando a squash, acudiendo a espectáculos de cabaret terribles que, por la razón que fuera, terminaban siempre con una conmovedora versión karaoke de «Hava Nagila». A mitad del viaje recibí una llamada desde tierra para comunicarme que mi último disco, *Caribou*, que se había publicado en junio de 1974, había sido de platino. Y estaba componiendo ya la continuación. Bernie llegó con un conjunto de canciones sobre nuestros primeros años juntos: estaban escritas a modo de secuencia y de alguna manera explicaban nuestra historia. Eran letras hermosas. Canciones que trataban sobre intentar escribir canciones. Sobre rechazos a nuestras canciones. Una canción sobre mi intento fallido de suicidio en Furlong Road y otra sobre la extraña relación que habíamos desarrollado. La última se llamaba «We All Fall In Love Sometimes». Me sentaba bien porque era verdad. No estaba físicamente enamorado de Bernie, pero lo quería como a un hermano, era el mejor amigo que había tenido.

Las letras eran más fáciles de lo habitual en cuanto a componer a partir de ellas, lo cual estaba bien, porque solo me dejaban utilizar la sala de música un par de horas al día durante el almuerzo. El tiempo restante lo ocupaba la pianista de repertorio clásico del barco. Cuando yo llegaba, ella se iba con un gran despliegue de altruismo fastidioso, se dirigía a una habitación que estaba justo encima e inmediatamente volvía al ataque. A veces con ella había una cantante de ópera, que era la estrella del horrible cabaret al que me he referido antes. De modo que me pasaba dos horas intentando acallarlas. Así fue como compuse *Captain Fantastic and the Brown Dirt Cowboy*. Escribía una canción –o a veces dos– a diario durante la pausa para comer, con el acompañamiento de una pianista agraviada cuyo martilleo atravesaba el techo. Y tenía que acordarme de las canciones. No llevaba una grabadora conmigo.

En Nueva York, nos alojamos en el hotel Pierre de la Quinta Avenida. John Lennon estaba en la suite justo encima de la mía, y un día me llamó. Quería ponernos la versión sin mezclar de su nuevo disco. Es más, quería que yo tocara en dos canciones, «Surprise Surprise» y «Whatever Gets You Thru The Night». La segunda pieza sonaba a éxito, y aún más cuando un par de noches después fuimos al estudio Record Plant East, justo al lado de Times Square. El ingeniero de mezclas era Jimmy Iovine, quien terminó siendo uno de los magnates de la industria musical más grandes del mundo, pero fue John quien se produjo el disco y trabajó a gran velocidad. Todo el mundo cree que John era un tipo que se tiraba años experimentando en el estudio, por lo que hizo en *Sgt. Pepper's* y «Strawberry Fields», pero era rápido y se aburría con facilidad, que era lo que me pasaba también a mí. Cuando terminamos, yo estaba convencido de que sería número uno. Pero John no lo creía: Paul había grabado singles que habían llegado al número uno, George había grabado singles que habían llegado al número uno, Ringo había grabado singles que habían llegado al número uno, pero él nunca lo había conseguido. Así que le dije que apostáramos: si alcanzaba el número uno, él tendría que tocar conmigo en un escenario. Yo quería verlo tocar en directo, algo que apenas había hecho desde que The Beatles se separaron; un par de apariciones en galas benéficas y nada más.

Dice mucho en su favor que nunca intentara escurrir el bulto con la apuesta cuando «Whatever Gets You Thru The Night» llegó al número uno, ni siquiera cuando acudió a un concierto en Boston con Tony para ver en lo que se había metido. Yo salí al escenario para el bis llevando algo que, básicamente, se parecía a una cajita de bombones con forma de corazón con una túnica adherida, y John se dirigió a Tony, con cara de espanto, y le dijo: «Hostia puta, ¿en esto se ha convertido el rock and roll?».

Pero aun así, tocó con nosotros en el Madison Square Garden el Día de Acción de Gracias de 1974, con la condición de que nos aseguráramos de que Yoko no asistiera: todavía estaban muy distanciados. Por supuesto, Yoko acabó presentándose –lo que, debo decir, era algo muy propio de ella–, aunque Tony se aseguró de que sus asientos estuvieran lejos de donde alcanzaba la vista desde el escenario. Antes del concierto, le envió una gardenia a John, que él llevó en el ojal de su chaqueta cuando subió al escenario. No estoy seguro de si fue eso lo que hizo que se pusiera nervioso antes de empezar, o el hecho de que no supiera qué se iba a encontrar ahí fuera. Fuera lo que fuese, de repente se asustó. Vomitó antes del concierto. Incluso intentó que Bernie subiera al escenario con él, pero no lo consiguió: Bernie siempre había detestado los focos y ni siquiera un Beatle desesperado iba a conseguir que cambiara de opinión.

En toda mi carrera, y lo digo de verdad, nunca he tenido un público que hiciera tanto ruido como cuando lo presenté. El ruido aumentaba, y aumentaba y aumentaba. Sabía cómo se sentían. Yo estaba tan emocionado como ellos, y también lo estaba el resto de la banda. Seguramente, el hecho de tener a alguien como él en el escenario contigo era el instante cumbre de nuestras carreras hasta ese momento. Las tres canciones pasaron volando, y se marchó. Volvió para tocar un bis, esta vez arrastrando a Bernie consigo, los dos tocando la pandereta en «The Bitch Is Back». Fue fabuloso.

Después del concierto, Yoko se pasó por el camerino. Terminamos en el hotel Pierre; John, Yoko, John Reid y yo. Estábamos en un reservado tomando unas copas y –como si la situación en sí no fuera lo bastante peculiar– de repente apareció Uri Geller de no se sabía dónde, se acercó a nuestra mesa y empezó a doblar todas las cucharas y los tenedores que había allí. Entonces se puso a hacer su número de mentalista. Fue un día muy extraño. Pero, al final, ayudó a que John volviera con Yoko llevándose a Sean –mi ahijado– con ellos, para iniciar una vida de felicidad doméstica en el edificio Dakota. Yo estaba contento por ellos, a pesar de que se me ocurrían sitios mejores para retirarse a llevar una vida de felicidad doméstica que el Dakota. En ese edificio había algo que me resultaba siniestro, no me gustaba su arquitectura. Con solo mirarlo, ya me daba escalofríos. Si Roman Polanski decidió rodar allí *La semilla del diablo*, por algo sería.

La grabación de *Captain Fantastic* resultó ser tan sencilla como su composición. Las sesiones fueron pan comido: habíamos regresado a Caribou en el verano de 1974 y grabamos las canciones en el orden en el que aparecen en el álbum, como si estuviéramos explicando la historia a medida que iba sucediendo. Habíamos dado también con un par de singles, una versión de «Lucy In The Sky With Diamonds», en la que John tocaba la guitarra y cantaba las segundas voces, y «Philadelphia Freedom», que es una de las pocas canciones que encargué a Bernie que me escribiera. Lo habitual era que yo le dejaba escribir letras sobre lo que él quisiera –nos habíamos dado cuenta de que no podíamos escribir a las órdenes de nadie en aquellos días en que intentamos componer singles para Tom Jones o Cilla Black, y que fueron un absoluto fracaso–, pero Billie Jean King me había pedido que le escribiera una canción para su equipo de tenis, los Philadelphia Freedoms. No pude decir que no: adoro a Billie Jean. Nos habíamos conocido en una fiesta en Los Ángeles un año antes, y se convirtió en una de mis mejores amigas. Puede parecer una comparación extraña, pero ella me recordaba a John Lennon, y John Lennon a ella. Eran dos personas con mucha iniciativa, las dos amables, a las que les gustaba reír y tenían la fuerte convicción de que podían utilizar su fama para cambiar algunas cosas. John estaba comprometido políticamente, Billie fue una de las grandes pioneras del feminismo y de la lucha por los derechos de los homosexuales y por los derechos de las mujeres en el deporte, y no solo en el tenis. Todas las grandes jugadoras de tenis de hoy deberían ponerse de rodillas y darle las gracias, porque ella fue la que tuvo las agallas de darse la vuelta cuando ganó el Open de Estados Unidos y decir: «Hay que concederles a las mujeres el mismo premio en metálico que a los hombres, o no volveré a jugar el año que viene». La quiero a más no poder.

De manera seguramente comprensible, Bernie no estaba demasiado entusiasmado con la idea de escribir sobre tenis –no es lo que se dice el tema ideal para una canción pop–, así que, en su lugar, escribió sobre la ciudad de Filadelfia. Aquello funcionaba perfectamente, porque el sonido de la canción estaba influido por la música que se hacía en la ciudad en aquel momento: The O'Jays, MFSB, Harold Melvin and The Blue Notes. Esa era la música que yo escuchaba cuando iba a los clubes de ambiente en Nueva York: Crisco Disco, Le Jardin y 12 West. Me encantaban, incluso a pesar de que una vez no me dejaron entrar en Crisco Disco. Estaba con Divine, por cierto, la legendaria *drag queen*. Lo sé, lo sé: Elton John y Divine, ¿rechazados en la puerta de un club gay? Pero él llevaba un caftán, yo iba con una chaqueta de colores brillantes y nos dijeron que nuestro atuendo era demasiado exagerado: «Pero ¿qué os creéis que es esto? ¿Una puta fiesta de Halloween?».

A esos sitios no ibas a ligar con gais, o al menos no era lo que yo hacía. Iba simplemente a bailar, y si encontraba a alguien al final de la noche, pues entonces bien. No tomaba drogas, quizá con la única excepción del *popper*. No eran necesarias. La música era suficiente: «Honey Bee», de Gloria Gaynor, «I'll Always Love My Mama», de The Intruders. Discos fantásticos, inspiradores de verdad, música valiente. Contratamos a Gene Page, que había sido el arreglista de todos los discos de Barry White, para que se encargara de las cuerdas en «Philadelphia Freedom», y así conseguimos que el sonido y el estilo fueran los correctos. Seguro que sí: unos pocos meses después de que saliera la canción, MFSB hicieron una versión y titularon así el álbum que apareció después.

«Philadelphia Freedom» fue disco de platino en Estados Unidos, pocos meses más tarde *Captain Fantastic* se convirtió en el primer disco de la historia que entraba directamente en el número uno en las listas norteamericanas. En 1975, yo estaba por todas partes. No solo en la radio: en todas partes. Estaba en las salas de máquinas recreativas: Bally diseñó una máquina del millón inspirada en *Captain Fantastic*. Estaba en la televisión negra: fui uno de los primeros artistas blancos que salieron en *Soul Train*. Me entrevistó el excepcionalmente relajado Don Cornelius, que se quedó deslumbrado con otra de las creaciones de Tommy Nutter que yo llevaba, esta vez con solapas enormes y rayas marrones y doradas. «Oye, tío, ¿de dónde has sacado ese traje?»

Tenía ganas de seguir cambiando. Decidí cambiar a toda la banda y dejar que Dee y Nigel se fueran. Yo mismo llamé. Se tomaron la noticia bastante bien. (Dee estaba algo más molesto que Nigel, pero no hubo ninguna discusión ni acritud por parte de nadie). Era yo el que tendría que estar destrozado en su lugar: habían sido un elemento importante durante años y estábamos en la cima de nuestras carreras. Por entonces siempre miraba hacia delante, y sentía en lo más hondo que necesitaba darle un nuevo impulso a nuestro sonido: que se condujera con más dureza y espíritu funk. Llamé a Caleb Quaye para que tocara la guitarra y a Roger Pope para la batería, con quienes había tocado en *Empty Sky* y *Tumbleweed Connection*, y a dos músicos de sesión norteamericanos, James Newton Howard y Kenny Passarelli, para que se encargaran de los teclados y el bajo.

Hice también una prueba con otro guitarrista de Estados Unidos, pero no salió bien. Primero, porque musicalmente no cuajábamos, y en segundo lugar, porque empezó a rayar al resto de la banda contándonos que le gustaba que le follaran metiéndole una cabeza de pollo por el culo y que luego le cortaran el cuello al pollo. Por lo que parece, cuando haces eso, el esfínter se contrae y hace que te corras. Yo no tenía claro si el tipo tenía un sentido del humor completamente horrendo o la que era horrenda era su vida sexual. Hay pocas reglas en el rock and roll, pero sí algunas: sigue tu más profundo instinto musical, asegúrate de leer la letra pequeña antes de firmar nada y, en la medida de lo posible, no montes una banda con alguien que se mete pollos por el culo y luego los decapita. O que incluso hable de ello. Sea lo que sea, en cualquier momento te pondrá de los nervios si tienes que compartir con él una habitación de hotel.

Había otra complicación. El matrimonio de Bernie y Maxine se había roto, y ella empezó a tener una aventura con Kenny Passarelli. Así que mi nuevo bajista se estaba acostando con la mujer de mi socio compositor. Era evidente que a Bernie le dolía en lo más profundo, pero ya tenía bastantes complicaciones en mi vida para que las relaciones de los demás me la hicieran más difícil.

Me llevé a la nueva banda a Amsterdam para ensayar. Los ensayos eran fantásticos –éramos una banda buenísima de cojones–, pero los días libres eran demenciales: resultó que también éramos buenísimos de cojones consumiendo drogas. Tony King apareció con Ringo Starr y nos fuimos a dar una vuelta en barca por los canales, lo que poco a poco acabó degenerando en una mastodóntica orgía de drogas. Era una completa perversión. Me temo que nadie se fijó aquel día en el encanto estético del Grachtengordel. Todos estábamos demasiado ocupados en meternos rayas y soplar el humo de los porros de una boca a otra. Ringo estaba tan colocado que llegó un momento en el que nos preguntó si podía unirse a la banda. Al menos, eso me dijo la gente luego, yo no se lo oí decir. Si lo hizo, seguramente se olvidó a los noventa segundos de que esas palabras salieran de su boca.

Uno de los motivos por los que tomaba tantas drogas era que tenía el corazón partido. Me había enamorado de una persona que era hetero y que no me quería. Me pasé mucho tiempo en mi habitación gimoteando y escuchando la canción «I'm Not In Love» de 10CC, de la que Tony tenía un disco hecho de oro y que me había regalado: «Para Elton, y que reproduzcas "I'm Not In Love" un millón de veces».

De hecho, desde que había roto con John, mi vida personal

había sido más o menos un desastre. Me enamoraba de hombres hetero todo el rato, perseguía algo que no podía tener. A veces eso duraba meses y meses, esa locura de creer que aquel sería el día en que recibiría una llamada telefónica en la que me dirían: «Ah, por cierto, te quiero», a pesar de que ya me habían dicho que eso no iba a suceder nunca.

O puede que viera a alguien que me gustara en un bar gay y antes de empezar a hablar ya me había enamorado de manera apasionada, convencido de que ese era el hombre con el que estaba destinado a compartir el resto de mi vida, y a empezar a diseñar mentalmente un futuro maravilloso. Era siempre el mismo tipo de hombre: rubio, de ojos azules, apuesto y más joven que yo, de modo que pudiera asfixiarlos en una especie de amor paternal (el tipo de amor que supongo que echaba de menos cuando era un crío). No era tanto que los eligiera, sino que los tomaba como rehenes. «Vale, deja lo que estés haciendo, vente de gira, da la vuelta al mundo en avión conmigo.» Les compraba el reloj, la camisa y los coches, pero llegado el momento esos chicos no tenían ninguna razón de ser, excepto la de estar conmigo, y yo estaba atareado, de modo que los dejaba al margen. No me daba cuenta en el momento, pero les estaba robando la existencia. Y después de tres o cuatro meses empezaban a tomárselo mal, yo me aburría de ellos y acabábamos todos llorando. Y entonces me buscaba a alguien para que me los quitara de encima y volvía a empezar de nuevo. Era un comportamiento absolutamente terrible: podía ocurrir que estuviera dejando a uno en el aeropuerto mientras otro ya venía de camino.

Fue una época decadente y muchas otras estrellas del pop se comportaban de una manera parecida. Por ejemplo, a veces, Rod Stewart les hacía saber a las chicas que había terminado con ellas simplemente dejándoles un billete de avión en la cama, así que él tampoco va a ganar ningún premio a la caballerosidad. Pero algo en mi fuero interno me decía que eso no estaba bien.

Yo necesitaba un acompañante guapo, pero a la vez, alguien con quien pudiera hablar. No podía estar solo. No había ni soledad ni reflexión. Tenía que estar rodeado de gente. Era increíblemente inmaduro. En el fondo, seguía siendo un crío de Pinner Hill Road. Los eventos, los conciertos, los discos, el éxito, todo eso estaba muy bien, pero cuando estaba lejos de ello no era un adulto, sino un adolescente. Me equivoqué cuando pensaba que cambiarme el nombre significaba que cambiaría como persona. Yo no era Elton, sino Reg. Y Reg era el mismo de hacía quince años, escondido en su habitación mientras sus padres se peleaban: inseguro, acomplejado por mi aspecto y alimentado por mi propio odio. No quería volver con él a casa por las noches. Si lo hacía, el sufrimiento me consumiría.

Una noche, mientras estaba grabando con la nueva banda en los estudios Caribou, me tomé una sobredosis de Valium antes de irme a la cama. Doce pastillas. No recuerdo con exactitud qué me impulsó a hacerlo, aunque lo más probable es que fuera algún asunto de amores que había acabado mal. Cuando me desperté al día siguiente, sufrí un ataque de pánico, bajé a toda prisa y llamé a Connie Pappas, que trabajaba con John Reid, para decirle lo que había hecho. Mientras hablaba con ella, me desmayé. James Newton Howard oyó cómo me derrumbaba y cargándome por las escaleras me llevó hasta mi habitación. Llamaron a un médico, que me recetó unos tranquilizantes. Con la perspectiva que da el tiempo, aquello me parece bastante raro, teniendo en cuenta que intenté matarme con un puñado de tranquilizantes, pero igual me ayudaron, al menos a corto plazo, pues por lo menos pude completar las sesiones de grabación.

El primer concierto con la nueva banda fue en el estadio de Wembley de Londres, el 21 de junio de 1975. Era algo más parecido a un festival de un solo día que a un concierto, se llamaba Midsummer Music. Yo elegí el cartel: una banda que había firmado por nuestro sello, Rocket, llamada Stackridge, Rufus con Chaka Khan, Joe Walsh, The Eagles y The Beach Boys. Todos eran fantásticos. El público los adoraba. En mi actuación principal toqué *Captain Fantastic and the Brown Dirt Cowboy* de principio a fin, las diez canciones. Fue el concierto más grande en el que toqué. Todo estaba perfecto: el sonido, los teloneros, incluso el clima. Y fue un absoluto desastre.

Y aprendí una cosa. Si decides salir al escenario justo después de The Beach Boys –cuyo concierto consistía en prácticamente todos y cada uno de los éxitos del más increíble y admirado de los catálogos de éxitos de la historia de la música pop–, es una mala, malísima idea salir a tocar diez canciones nuevas de un tirón que nadie del público conoce todavía, porque el álbum del que provienen se ha publicado apenas hace un par de semanas. Por desgracia, aprendí esta lección tan vital cuando llevaba tres o cuatro canciones de la actuación de Wembley y noté cierta inquietud entre el público, esa inquietud que sienten los estudiantes durante una clase especialmente larga. Seguimos adelante. El sonido era fantástico (como he dicho antes, tocábamos bien de cojones). La gente empezó a irse. Estaba aterrorizado. Hacía años que el público no me abandonaba. Aquella sensación que tenía en los escenarios de los clubes cuando Long John Baldry insistía en tocar «The Threshing Machine», o hacía su imitación de Della Reese, regresó toda de golpe.

Lo más obvio habría sido cambiar de rumbo y empezar a tocar los éxitos. Pero no podía. Primero, era una cuestión de integridad artística. Y segundo, cuando salí al escenario había dado un discurso altisonante explicando que íbamos a tocar todo el disco. No podía ponerme a tocar de repente «Crocodile Rock» a mitad del concierto. Mierda. Tenía que mantener mi palabra. Ya estaba imaginándome cómo iban a ser las críticas y solo llevaba media hora actuando. Seguimos adelante. Las canciones seguían sonando maravillosamente. Se fue aún más gente. Empecé a pensar en la gran fiesta de celebración después del concierto que había planeado. Iba a estar rebosante de estrellas que se suponía que estarían deslumbradas con mi actuación: Billie Jean, Paul McCartney, Ringo Starr. Genial. Esto es maravilloso de cojones. Estaba metiendo la pata hasta el fondo delante de 82.000 personas y la mitad de los Beatles.

Pasado un tiempo fuimos a por los éxitos, pero fueron demasiado pocos y demasiado tarde, como las críticas indicaron con acierto. Volvimos a Estados Unidos habiendo recibido una lección sobre los peligros de la integridad artística y acerca de que, por mucho éxito que hayas tenido, siempre puedes cagarla.

Cada vez pasaba más tiempo en Estados Unidos, tanto que parecía oportuno alquilar una casa en Los Ángeles, que al final terminé comprando. Encontré una en la parte alta de Tower Grove Drive. Era una casa de estilo colonial español que habían construido para la estrella del cine mudo John Gilbert, donde vivió mientras mantuvo su relación con Greta Garbo. Había una cabaña en el jardín al lado de una cascada, y supuestamente allí dormía Greta Garbo cuando quería estar sola.

Era un barrio agradable, aunque una casa cercana se quemó al poco de mudarme. El fuego comenzó, se supone, porque el propietario estaba cocinando crack, algo que me parecía lo peor. Cuando elaboras drogas en casa significa que eres un yonqui, algo que –con la ayuda de cierta lógica interna extraordinariamente retorcida– yo había decidido que no era, a pesar de algunas pruebas bastante evidentes de todo lo contrario. Solía pasarme toda una noche despierto consumiendo coca, y luego no la tocaba durante seis meses. Así que no era un adicto. Yo estaba bien.

Era una casa bonita, y contraté a un ama de llaves llamada Alice para que estuviera al cuidado de ella y también de mí, cuando estaba de resaca. La llené con todos los objetos que estaba coleccionando —art nouveau, art déco, mobiliario Bugatti, lámparas Gallé, Lalique, pósteres increíbles—, pero yo solo vivía en tres habitaciones: mi dormitorio, el salón de la televisión y la sala del billar. De hecho, para lo que más usaba la sala del billar era para seducir a los tíos. ¡Billar al desnudo! El truco parecía funcionar, sobre todo después de un par de rayas de coca.

Ese fue otro motivo por el que consumía tanta coca: descubrí que era un afrodisíaco, algo extraño, porque a la mayoría de la gente le anula cualquier posibilidad de mantener una erección. Diría que para mí nunca fue un problema. Todo lo contrario. Si tomaba la coca suficiente, podía tenerla dura durante días. Y era una fantasía que me gustaba: encocado, hacía cosas que nunca habría tenido valor de hacer en caso contrario. La coca desinhibe a la gente. A veces, incluso a los tíos hetero. Les ofreces un par de rayas y hacen cosas que no harían ni en un millón de años. Luego se arrepienten por la mañana, me imagino… o a veces incluso vuelven a por más.

Pero nunca me gustó demasiado lo de follar. Yo era un observador, un voyeur. Ajustaba mis perversiones de algún modo, tenía a dos o tres tíos haciendo cosas para que yo mirara. Era de ahí de donde extraía el placer sexual, consiguiendo que un grupo de personas que nunca habrían follado unas con otras hicieran eso, follar unas con otras. Pero yo no participaba, en realidad. Me limitaba a mirar, sacaba Polaroids, organizaba todo. El único problema era que estaba increíblemente orgulloso de mi casa, así que terminaban follando en la mesa de billar mientras yo gritaba cosas como: «¡Cuidado! ¡No te corras encima del tapiz!», lo que cortaba un poco el rollo. Ese poco interés que tenía por el sexo es lo que explica que nunca contrajera el VIH. Si lo hubiera pillado, ahora estaría muerto.

Tower Grove Drive se convirtió en una gran casa para fiestas, el lugar al que todo el mundo iba después de salir de noche. Los Ángeles era el epicentro de la industria musical a mediados de los setenta. Además, en Los Ángeles había unos clubes de ambiente alucinantes: el After Dark y el Studio One. En el primero ponían disco, era bastante underground, y el segundo era un cabaret. Fue ahí donde vi a Eartha Kitt, que me gustaba desde que era un niño, aunque siendo fiel a la verdad, en realidad no vi a Eartha Kitt actuando. Fui hasta el camerino para conocerla antes del concierto, y las palabras con que me recibió fueron: «Elton John. Nunca me ha gustado nada que tenga que ver contigo». Ah, ¿en serio? Bueno, gracias por tu franqueza y tu evaluación honesta. Creo que me vuelvo a casa.

Si Dusty Springfield estaba por ahí, íbamos a la pista de *roller derby* para ver a los LA Thunderbirds. Era una cosa hortera y fabulosa, todo guionizado, como en la lucha libre, pero a las lesbianas les encantaba; básicamente, eran un montón de bolleras que daban vueltas por la pista sobre patines y se peleaban entre sí. Y dábamos unas comidas y unas cenas estupendas. Franco Zeffirelli vino una vez a almorzar y me confesó que sus amigos más íntimos lo llamaban Irene. Simon and Garfunkel venían a cenar algunas noches y luego jugábamos a las adivinanzas. Eran malísimos. Lo mejor que puedo decir de ellos es que eran mejores que Bob Dylan. Él ni siquiera pillaba el rollo de «¿Cuántas sílabas tiene?». Si lo pienso, tampoco sabía hacer lo de «Suena como». Uno de los mejores letristas del mundo, el mayor poeta en la historia del rock, ¡y parecía que no sabía decirte si una palabra constaba de una o dos sílabas, o con qué rimaba! No tenía remedio, así que empecé a tirarle naranjas. O eso me dijo Tony King al día siguiente, partiéndose de la risa. No es el tipo de llamada telefónica que te gusta recibir cuando estás en plena resaca. «Buenos días, querido; ¿te acuerdas de cuando le tiraste naranjas a Bob Dylan la noche pasada?» Dios mío.

Por Los Ángeles también corría una oscura y rara corriente subterránea. La resaca por los asesinatos de Manson aún se notaba pasados seis años. Habían dejado una sensación extraña de que allí nunca se estaba del todo seguro, incluso en una casa grande en Beverly Hills. En la actualidad, todo el mundo tiene personal de seguridad y cámaras de vigilancia, pero antes no las tenía nadie, ni siquiera los antiguos Beatles, razón por la cual me levanté una mañana y me encontré a una chica sentada en el extremo de mi cama, mirándome fijamente. No podía levantarme, porque siempre duermo desnudo. Todo lo que podía hacer era quedarme sentado gritándole que se fuera de una puta vez. No me dirigió la palabra, simplemente me miraba, lo cual era aún peor que si hubiera hablado. Llegó un momento en que apareció el ama de llaves y la sacó de allí. Me acojonó muchísimo, no había manera de averiguar cómo diantres se había metido en la casa.

En cualquier caso, uno no necesitaba que hubiera ningún merodeador por ahí para estar en guardia ante el lado oscuro de Los Ángeles. Una noche fui a ver tocar a la Average White Band al Troubadour. Eran tan maravillosos que acabé subiendo al escenario para tocar con ellos, arrastrando conmigo a Cher y a Martha Reeves. Después del concierto, me llevé a la banda a un lugar llamado Le Restaurant, en el que servían una comida estupenda y no se extrañaban ante comportamientos extravagantes: la gerencia ni siquiera había palidecido durante la fiesta de cumpleaños de John

Reid, lo que dice mucho de su tolerancia, ya que un amigo de John acudió montado en un caballo que le traía como regalo, y que nada más entrar se cagó en el suelo. Estuvimos allí hasta las seis de la mañana. Pasar tiempo con ellos era encantador, eran una joven banda británica a punto de dar el gran salto, que estaban de residentes en el Troubadour y a los que se les nublaba el pensamiento cuando imaginaban lo que sería triunfar en Estados Unidos: me recordaban a mí cinco años antes. Pero dos días más tarde John Reid me llamó por teléfono para decirme que el batería de la Average White Band, Robbie, estaba muerto. Habían ido a otra fiesta a la noche siguiente, en Hollywood Hills, y se habían metido la heroína que les había pasado un indeseable, creyendo que era cocaína. Murió en su habitación de hotel, unas horas después.

Supongo que aquello podría haber pasado donde fuera, pero su muerte parecía engrosar la cuenta de Los Ángeles. A veces parecía un sitio en el que la expresión manida sobre los sueños que se convierten en realidad no era solo eso, sino la expresión de una certeza. Era la ciudad en la que, más o menos, me había convertido en una estrella, en la que había estado de fiesta con mis ídolos, en la que no sé cómo un día terminé tomando el té con Mae West (que, para mi satisfacción, deambulaba por ahí con una sonrisa lasciva diciendo: «Oh, mis vistas preferidas: una habitación llena de hombres», y puesto que los hombres allí presentes éramos John Reid, Tony King y yo, daba la impresión de que sería una velada decepcionante para ella). Pero si no procedías con inteligencia –si dabas un paso equivocado o te rodeabas de malas compañías–, Los Ángeles podía devorarte.

El alcalde de Los Ángeles, Tom Watson, declaró que del 20 al 26 de octubre de 1975 sería la Semana de Elton John. Entre otras cosas, se iba a añadir mi estrella al Paseo de la Fama de Hollywood, justo a la salida del Grauman's Chinese Theater. Se habían cerrado dos conciertos en el estadio de los Dodgers con 55.000 entradas vendidas para cada uno. Había tocado para públicos más numerosos –en el estadio de Wembley llegó a haber 82.000, por lo menos hasta que muchos decidieron que ya era suficiente y empezaron a salir por la puerta–, pero los conciertos en el estadio de los Dodgers parecían una especie de cumbre. Era el primer artista al que se le permitía tocar ahí desde el concierto de The Beatles de 1966, aquel en el que el promotor no contrató suficiente personal de seguridad. Hubo una especie de pequeña revuelta al final del concierto de The Beatles, y desde entonces los dueños habían decidido que allí no se harían más conciertos de rock. Para mí, era como una especie de regreso a casa, puesto que mi carrera había arrancado de verdad en el Troubadour cinco años antes.

Así que contraté un vuelo directo en un Boeing 707 a través de Pan Am y me llevé a mi madre y a Derf, a mi abuela y a un montón de amigos desde Inglaterra, junto con todo el personal de Rocket, periodistas, medios de comunicación y el equipo de rodaje para un documental de televisión pensado para su emisión en el programa de Russell Harty. Coincidimos en la pista de despegue junto con Tony King y una flota de Rolls-Royce y Cadillacs: ese tipo de bienvenida que había esperado la primera vez que fui a Estados Unidos, en vez de ese puto autobús de dos plantas. Supongo que fue una acción algo ostentosa, pero quería que mi familia lo viera, quería que todos se divirtieran como nunca, quería que estuvieran orgullosos de mí.

La Semana de Elton John pasó volando. Mi familia hizo excursiones a Disneyland y a los estudios Universal. Hubo una fiesta en el yate de John Reid, *Madman*, para celebrar el lanzamiento de *Rock of the Westies*. El gran descubrimiento de mi estrella en el

Paseo de la Fama de Hollywood resultó ser un poco hortera. Yo llevaba un vestido de Bob Mackie de un verde lima estampado con los nombres de otras estrellas del Paseo de la Fama, con un sombrero hongo a juego. Tenía que llegar hasta allí en un carrito de golf dorado con un par de gafas con bombillas y una pajarita colocada en la parte delantera. Soy consciente de que cuando estoy en el escenario no me caracterizo por mi timidez, pero hay un límite para todo. Puede verse el vídeo en YouTube, y si uno se fija en su expresión, verá con claridad lo maravillosa que me parecía la idea. No sé si alguna vez te han conducido lentamente atravesando una multitud de fans histéricos, a plena vista de los medios de comunicación de todo el mundo, en un carrito de golf dorado con un par de gafas iluminadas y una pajarita en la parte delantera, pero si nunca te ha pasado, puedo deciros que es una experiencia martirizante.

Sentí una incomodidad increíble e intenté aligerar la situación poniendo caras raras durante los parlamentos y haciendo bromas cuando me tocó el turno de palabra —«¡Doy por inaugurado este supermercado!»—, pero estaba deseando que se acabara para marcharme. Un poco más tarde me dijeron que en la historia del Paseo de la Fama había sido la primera vez en la que se habían presentado tantos fans al descubrimiento de la estrella que tuvieron que cerrar por completo el acceso a Hollywood Boulevard.

Al día siguiente, invité a mi familia a almorzar en Tower Grove Drive. Como ya había hecho *Captain Fantastic*, *Rock of the Westries* alcanzó directamente el número uno en las listas de discos más vendidos de Estados Unidos. Nadie lo había logrado antes –ni Elvis ni The Beatles–, y yo ya lo había conseguido dos veces en el lapso de seis meses. Tenía veintiocho años y era, en aquel momento, la estrella pop más grande del mundo. Estaba a punto de dar los dos conciertos más prestigiosos de mi carrera. Mi familia y mis amigos estaban allí, felices de compartir mi éxito. Y entonces fue cuando decidí que iba a intentar suicidarme otra vez.

Como la vez anterior, no recuerdo exactamente qué me llevó a hacerlo, pero mi familia estaba comiendo, yo me levanté de la mesa que estaba en el borde de la piscina, me fui al piso de arriba y me tragué un puñado de Valiums. Entonces bajé, vestido solo con un albornoz, y les dije que me había tomado un montón de pastillas y que me iba a morir. Y entonces me tiré a la piscina.

No recuerdo cuántas pastillas me tragué exactamente, pero eran muchas menos de las que me tomé aquella noche en los estudios Caribou (señal de que, en el fondo, no tenía ninguna intención real de morirme). Este hecho se me hizo evidente cuando sentí que el albornoz empezó a tirar de mí con su peso. Aunque se supone que estaba en pleno proceso de acabar con todo –y que en teoría estaba convencido de que la vida ya no podía ofrecerme nada más y deseaba una liberación misericordiosa a través de la muerte–, de repente vi que no me apetecía ahogarme. Empecé a nadar de manera frenética hasta el otro extremo de la piscina. Alguien me ayudó a salir. Lo que recuerdo más claramente es la voz de mi abuela: «Ah», dijo. Y entonces, en un tono bastante resentido –sin duda era la voz de una anciana dama de clase media de Pinner que se estaba dando cuenta de que sus maravillosas vacaciones en California estaban peligrosamente a punto de terminarse–, añadió: «Deberíamos volvernos de una vez a casa».

No pude evitar reírme. Quizá esa fuera la respuesta que necesitaba. Yo esperaba un «oh, pobrecito», pero en su lugar lo que recibí fue un: «Te estás comportando como un auténtico gilipollas».

Era una buena pregunta: ¿por qué me estaba comportando como un auténtico gilipollas? Imagino que estaba haciendo algo muy teatral para atraer la atención. Me di cuenta de que, en cierto modo, suena a estupidez, pues estaba viviendo en una ciudad que había declarado aquella semana la Semana de Elton John, estaba a punto de tocar ante 110.000 personas y había un equipo del canal de televisión ITV que estaba realizando un documental sobre mí. ¿Cuánta más atención necesita uno? Pero yo buscaba un tipo de atención distinta. Estaba intentando que mi familia entendiera que algo iba mal, con independencia de lo bien que fuera mi carrera: podría parecer que todo iba genial, podría parecer que mi vida era perfecta, pero no lo era. No podía decirles que creía que estaba tomando demasiadas drogas, porque nunca lo entenderían del todo, no sabían ni lo que era la cocaína. Yo no tenía valor para decirlo: «Mirad, es que no me siento bien del todo, necesito un poco de amor», porque no quería en absoluto que vieran las grietas en la fachada. Yo era demasiado testarudo –y temía demasiado su reacción– para hacer con mi madre un aparte y decirle: «Mira, mamá, necesito hablar contigo, de verdad; no estoy bien, necesito ayuda, ¿qué te parece?». En vez de hacer eso, me lo fui guardando, y me lo seguí guardando todo, hasta que finalmente cuanto llevaba dentro entró en erupción como si fuera el Vesubio y representé ese ridículo intento de suicidio. Así soy yo: todo o nada. No era culpa de mi familia en absoluto y tampoco era culpa mía. Yo era demasiado orgulloso para admitir que mi vida no era perfecta. Era algo patético.

Llamaron a un médico. Rechacé ir al hospital para que me hicieran un lavado de estómago, así que me dio un líquido horrendo, que me hizo vomitar. Tan pronto como eché la papa, me sentí bien: «Vale, ahora estoy mejor. Además, tengo que dar dos conciertos». Sonaba ridículo –era ridículo, de hecho–, pero me levanté muy rápido de mi lecho de muerte: «Vale, he intentado suicidarme, ya está, ¿y ahora qué?». Si alguien allí pensó que todo era muy extraño, se cuidó mucho de decirlo. Y veinticuatro horas más tarde, ya estaba en el escenario del estadio de los Dodgers.

Los conciertos fueron un éxito absoluto. Ahí está la gracia de tocar en directo, al menos para mí. Incluso ahora, con independencia de la situación personal tormentosa que esté pasando, todo queda a un lado. Por entonces, cuando estaba en el escenario me sentía distinto a cuando me bajaba. Era el único momento en el que notaba que tenía el control de lo que hacía.

Fueron acontecimientos importantísimos. Cary Grant estaba entre bambalinas, y era increíblemente guapo. Invité a cantar conmigo a un coro de góspel, el James Cleveland's Southern California Community Choir. Le pedí a Billi Jean King que saliera a cantar coros en «Philadelphia Freedom». Los guardias de seguridad vestían unos chándales ridículos de una sola pieza, de color lila y con volantes. Hice que el responsable del concesionario de coches de segunda mano más famoso de California, un tipo llamado Cal Worthington, se subiera al escenario con un león (a saber por qué, pero supongo que aquello contribuía al regocijo general). Incluso Bernie salió a saludar al público, algo que nunca sucedía.

Yo llevaba el uniforme y la gorra de los Dodgers pero con lentejuelas, un diseño de Bob Mackie. Me subí encima del piano y daba golpes al aire con un bate de béisbol. Martilleé las teclas del piano hasta que mis dedos se abrieron y sangré. Tocamos durante tres horas y me encantó. Sabía cómo llevar el espectáculo gracias a todos aquellos años que pasé en los clubes, en la banda de Major Lance o tocando con Bluesology para veinte personas; tenía experiencia, así que mis conciertos nunca bajaban de cierto nivel. Pero a veces sucede algo en el escenario: desde el primer minuto empiezas a tocar sintiendo que nada puede salir mal. Como si tus manos se movieran de manera independiente de tu cerebro, no tienes que concentrarte, te sientes libre como un pájaro, puedes hacer lo que quieras. Esos son los conciertos que más deseas, y los del estadio de los Dodgers fueron así, los dos días. El sonido era perfecto, y el clima también. Recuerdo que estaba allí, sintiendo la adrenalina por todo mi cuerpo.

Fue mi momento cumbre, y era lo suficientemente listo para saber que aquello no podía durar, al menos no en ese terreno. El éxito a cierto nivel nunca dura: no importa quién seas o lo grande que seas, tus discos no van a estar entrando directos en el número uno durante toda la vida. Sabía que aparecería alguien más, o que algo pasaría. Esperaba a que llegara ese momento, y pensarlo no me daba miedo. Fue casi una liberación cuando el segundo single de *Rock of the Westies*, «Grow Some Funk Of Your Own», no llegó a convertirse en un gran éxito. Primero, porque estaba cansado: cansado de giras, cansado de conceder entrevistas, cansado de la catástrofe permanente en que se había convertido mi vida. Segundo, porque nunca me interesó tener singles de éxito. Yo era un artista de álbumes, que hacía discos como *Tumbleweed Connection* y *Madman Across the Water*, y de manera inesperada me convertí en una máquina de fabricar singles, consiguiendo éxito tras éxito, ninguno de los cuales se había compuesto con esa intención.

De hecho, una de las pocas veces en que me senté con la intención de escribir un éxito fue a finales de 1975. Estaba de vacaciones en Barbados con un gran grupo de amigos: Bernie estaba allí, Tony King, Kiki Dee, un montón de gente. Se me ocurrió que podía componer un dueto para que lo cantáramos Kiki y yo. Bernie y yo creamos dos canciones. Una se llamaba «I'm Always On The Bonk»: «I don't know who I'm fucking, I don't know who I'm sucking, but I'm always on the bonk» («No sé a quién me estoy tirando, no sé a quién se la estoy chupando, pero siempre estoy follando»). La otra era «Don't Go Breaking My Heart». Compuse la melodía en el piano, se me ocurrió el título y entonces Bernie terminó la letra. No le gustaba nada el resultado, y no es que pueda echarle la culpa: a Bernie no le gustaba, ni le gusta, nada que se parezca al pop superficial. Pero incluso él debe admitir que tenía muchísimo más potencial comercial que «I'm Always On The Bonk».

7

Acepté conceder una entrevista a *Rolling Stone* solo porque estaba mortalmente aburrido. Se suponía que la gira mundial de Elton John de 1976 iba a ser un espacio exento de periodistas. No necesitaba aparecer en los medios para promocionarla, porque todas las fechas se habían agotado al instante. Pero iba a estar atrapado durante dos semanas en una suite del Sherry-Netherland en Nueva York –íbamos a dar una serie de conciertos en el Madison Square Garden– y, salvo estar en el escenario, ya no me quedaba nada más que hacer.

Salir del hotel era difícil. Era agosto, y en Manhattan hacía un calor insoportable, pero aun así había una multitud de fans permanentemente instalada en la puerta. Si conseguía abrirme camino a través de ellos, fuera a donde fuera, también sería un caos. Había llegado a ver señoras ancianas arrojadas al suelo y pisoteadas por la gente que intentaba tan solo verme de refilón, y ver esas cosas no te reconcilia particularmente con la fama. Aun así, intentaba entretenerme de alguna manera. Iba al encuentro, o recibía visitas, de quienquiera que estuviera en la ciudad. Fui a un club de la calle Doce Oeste y visité una emisora de radio llamada WNEW. Me ofrecieron champán, un gesto de cortesía del que rápidamente me arrepentí cuando salimos en antena justo en ese momento y me puse a obsequiar a los oyentes con mi consideración franca, total y completa sobre un crítico de rock llamado John Rockwell, que había escrito una mala crítica de uno de mis conciertos: «Me apostaría lo que fuera a que le huelen los pies. Me apostaría lo que fuera a que sus fosas nasales son como los agujeros de un campo de golf». Me fui de tiendas, aunque ya me había dado cuenta de que había agotado cualquier posibilidad terapéutica de las compras cuando me descubrí comprando un reloj de cuco que, en vez de un cuco, tenía un enorme pene de madera que entraba y salía del agujero cada hora. Se lo di a John Lennon cuando fui a visitarlo. Me pareció que sería un buen regalo para un hombre que ya lo tenía todo. John y Yoko eran incluso peores que yo cuando iban de tiendas. Los diversos apartamentos que poseían en el Dakota estaban tan atiborrados de obras de arte de valor incalculable, antigüedades y ropa que una vez les envié una tarjeta en la que había reescrito la letra de «Imagine»: «Imagine six apartments, it isn't hard to do, one is full of fur coats, another's full of shoes». («Imagina seis apartamentos, no es tan difícil, uno está lleno de abrigos de pieles, otro está lleno de zapatos»). Por el amor de Dios, si hasta eran propietarios de rebaños de vacas. Años más tarde pregunté qué había pasado con ellas. Yoko se encogió de hombros y dijo: «Ah, me las quité de encima. No paraban de mugir».

El caso es que, habiéndole entregado a John Lennon un reloj de cuco con un pene, ya no me quedaba nada más que hacer, o al menos nada que quisiera hacer sin que hubiera necesidad de que hospitalizaran a una anciana durante el proceso. Empecé a dar vueltas por el hotel. La banda no tenían ningunas ganas de pasar el rato conmigo, porque los había despedido a todos la noche anterior, justo después de bajar del escenario.

Había sido una gira rara. A nivel comercial, había resultado un gran éxito y, en ciertos aspectos, había sido divertida. Kiki Dee había venido con nosotros para cantar «Don't Go Breaking My Heart», la cual, a pesar de las profundas dudas que le provocaba a Bernie, había alcanzado aquel verano el número uno a ambos lados del Atlántico. En Gran Bretaña viajamos en coche, visitamos lugares turísticos entre concierto y concierto, nos parábamos para comprar helados y nos metíamos discretamente en los pubs para comer. En Estados Unidos, los conciertos habían sido acontecimientos de gran magnitud: con estrellas de Hollywood entre bambalinas, una gran actuación en Massachusetts para celebrar el Bicentenario de Estados Unidos, el Cuatro de Julio, donde me vestí a modo de la Estatua de la Libertad, y una aparición de Divine como invitada, que estuvo dando vueltas entre los músicos a pesar de que uno de sus altos tacones se había roto justo al entrar en el escenario.

Y conocí a Elvis Presley, en el camerino del Capital Centre en Landover, estado de Maryland, un par de noches antes de que yo tocara allí. Me llevé a Bernie conmigo, y también a mi madre. Creo que tenía su lógica: mamá me descubrió la música de Elvis, así que iba a presentarle ahora a Elvis en persona. Nos acompañaron hasta un camerino lleno de gente: era el que usaban esas estrellas del rock que iban por los sitios tan acompañadas como un jefe de la mafia, pero nunca había visto nada parecido al séquito de Elvis. Estaba rodeado por sus primos, por viejos amigos de Memphis, por gente que parecía haber sido contratada específicamente para acercarle bebidas y toallas. Cuando me abrí camino entre todos para darle la mano, se me rompió el corazón. Algo en él estaba mal, era algo perceptible y desolador. Tenía sobrepeso, estaba canoso y sudaba mucho. Ahí donde deberían estar sus ojos lo que había era dos agujeros negros inexpresivos. Se movía como un hombre que se hubiera despertado de una anestesia general, de manera rara y letárgica. Un churrete de tinte negro le recorría la frente. Estaba completamente ido, no parecía articular con coherencia.

Nuestro encuentro fue tan breve y poco natural que me causó dolor. Estaba deslumbrado y horrorizado a la vez, lo cual no es una buena combinación para tener una charla chispeante. Y Elvis... bueno, nunca llegué a saber si es que Elvis no tenía ni idea de quién era yo –tenía pinta de que no sabía quién era nadie allí–, o si lo sabía perfectamente y no le apetecía verme. Todo el mundo sabía que a Elvis le disgustaba la competencia; corría por ahí un rumor muy loco según el cual, cuando visitó a Richard Nixon en la Casa Blanca, se quejó de The Beatles delante del presidente de Estados Unidos, y, un par de años antes, me contactó su exmujer Priscilla para decirme que su hija Lisa Marie era una gran admiradora mía, y me preguntó si querría conocerla a modo de regalo de cumpleaños. Tomamos juntos el té en mi casa de Los Ángeles. Quizá estuviera enfadado por eso.

Le pregunté si iba a tocar «Heartbreak Hotel» y masculló de una manera que significaba que, con toda certeza, eso no iba a pasar. Le pedí un autógrafo y me fijé en cómo le temblaban las manos mientras sujetaba el bolígrafo. La firma era apenas legible. Entonces nos fuimos a ver el concierto. A veces se percibían cosas brillantes, destellos del artista increíble que fue en su día. Era algo que se daba durante un par de versos de una canción y que se desvanecía al momento. Lo que más recuerdo es cuando le dio pañuelos a las mujeres del público. En el pasado había sido famoso por arrojar pañuelos de seda desde el escenario, un gesto magnificente digno del Rey del Rock and Roll. Pero los tiempos habían cambiado claramente, y aquellos pañuelos eran baratos, como de nailon, no tenían pinta de que fueran a durar mucho. Ni tampoco Elvis, como me indicó mi madre.

«El año que viene estará muerto», me dijo, cuando nos íbamos. Tenía razón.

Durante las siguientes semanas, no pude evitar que el recuerdo de nuestro encuentro me viniera una y otra vez a la cabeza. No era solo que él estuviera mal, aunque eso por sí mismo ya era increíble: lo último que habría esperado cuando conocí por fin a Elvis era sentir pena por él. Era que podía entender muy fácilmente por qué había terminado así, aislado del mundo exterior. Quizá hubiera pasado demasiado tiempo atrapado en hoteles caros sin nada que hacer. Quizá hubiera visto a una señora anciana pisoteada y decidiera que el mundo exterior ya no merecía la pena.

Gracias al éxito de la gira, esta me había resultado demasiado familiar: los estadios, el *Starship*, los famosos, incluso el repertorio que tocamos. Habíamos grabado un nuevo disco, un álbum doble titulado *Blue Moves*, pero no se iba a publicar hasta el otoño, y en el concierto de Wembley del año anterior ya había aprendido la lección de lo que sucede cuando tocas material nuevo ante un público que no lo espera. Estaba muy orgulloso del disco, pero la música era compleja y difícil de tocar, algo experimental e influida por el jazz. Y su tono era muy sombrío e introspectivo: Bernie se estaba abriendo en canal a cuenta de su divorcio de Maxine, y yo tenía que acompañar eso con música. Incluso escribí algunas letras yo mismo, los primeros versos de «Sorry Seems To Be The Hardest Word», sobre las secuelas de otro encaprichamiento desastroso por un hombre hetero: «What can I do to make you love me? What can I do to make you care?» («¿Qué puedo hacer para que me quieras? ¿Qué puedo hacer para que te importe?»). Es un gran disco, pero no es exactamente el trabajo de dos personas que gesticulasen de manera ostensible por la calle, desbordados por los placeres de la vida.

Y ese era el auténtico problema de la gira. Las vacaciones en Barbados habían sido geniales, pero ya eran como un recuerdo lejano. Estaba de vuelta en el mismo punto emocional en el que me hallaba cuando me lancé a la piscina en Los Ángeles. Mi madre y Derf me habían buscado una nueva casa, llamada Woodside. Sonaba bien, sin duda —era una casa enorme de falso estilo georgiano en Old Windsor, con quince hectáreas de terreno—, pero no puedo decir con seguridad cómo era de bonita porque apenas pasé tiempo ahí desde que me mudé. Casi al momento le pedí a Derf que me construyera unas estanterías para mi colección de discos y para instalar una pequeña residencia para mis mascotas: un conejo llamado Clarence, una cacatúa llamada Ollie y Roger, un pájaro miná al que alguien había enseñado a decir «¡Vete a la mierda!», una frase que arruinaría su reputación cuando la utilizó delante de la princesa Margarita una vez que la invité a almorzar. Pero tan pronto como llegó Roger y le dijo a todos los presentes que se fueran a la mierda, acepté su consejo: siempre había sesiones de grabación y giras por hacer.

Seguía disfrutando de la música en directo, pero estaba físicamente agotado. Empecé a sufrir ataques, muy parecidos a las convulsiones epilépticas: no a menudo, pero sí lo bastante a menudo para asustarme. Me hicieron una resonancia magnética cerebral, pero el neurólogo dijo que no detectó en mí nada raro, aunque estoy seguro de que si le hubiera dicho qué era lo que me metía por la nariz con regularidad, habría podido dar con un diagnóstico mucho más acertado al momento. Bernie tampoco tenía mucho mejor aspecto. Desde que se divorció, el único momento en que lo veía sin una cerveza en la mano era cuando se echaba una raya de coca. Empecé a sugerirle que se pusiera a escribir canciones para otra gente aparte de para mí. No es que hubiera nada extraño en nuestra relación, ni a nivel personal ni profesional, pero quizá un cambio de aires nos vendría bien a los dos.

Todo esto alcanzó un punto crítico la penúltima noche de la residencia en el Madison Square Garden. En el camerino le dije a la banda que ya no podía seguir. Les pagaría los honorarios de un año a modo de indemnización, pero ya no habría más giras en un futuro inmediato. Hacia el final del concierto murmuré algo sin intención sobre irme durante un tiempo. Justo en el momento de decirlo, ya no sabía si iba en serio o no. Por una parte, estaba claro que no podía seguir así, arrastrándome por el mundo. Me había convencido de que esa era la raíz de todos los problemas. Lo que explicaba por qué estaba reventado, por qué no funcionaban mis relaciones y por qué era infeliz. Por otra parte, me seguía gustando mucho tocar en directo. Y había estado de gira desde los dieciocho años. Era mi trabajo. No conocía ningún otro tipo de vida adulta sin él. ¿Qué haría durante todo el día? ¿Ver a Derf montar estanterías y escuchar a un pájaro miná que me mandaba a la mierda cada diez minutos?

Así que tenía el ánimo por los suelos cuando el periodista de *Rolling Stone* llegó a mi hotel. Se llamaba Cliff Jahr y llevaba varias semanas dando el coñazo para conseguir una entrevista. Yo no tenía ni idea de que Cliff era un gay orgulloso de su sexualidad que había salido del armario, y que además estaba decidido a descubrir la verdad sobre mi tendencia sexual. No creo que se lo tomara como una cuestión política (sacar a la gente del armario, por entonces, aún no se veía como una forma de golpear a una sociedad represiva). Me parecía que era un autónomo hambriento que buscaba una exclusiva.

Supe más tarde que Cliff había diseñado un plan muy elaborado para sonsacarme la información. Consistía en decir una palabra secreta a modo de código durante la conversación que serviría como señal para que el fotógrafo abandonara la habitación, y en ese momento desplegaría todo su oficio periodístico para conseguir que le confesara mi más oscuro secreto. Pobrecillo, ni siquiera tuvo la oportunidad de poner en marcha su plan meticuloso. Yo saqué el tema antes que él. Me preguntó si estaba enamorado de alguien, que era la peor pregunta que alguien podía hacer en aquel tiempo, a menos que tuviera varias horas libres y el ardiente deseo de llenarlas mientras me escuchaba lamentándome por el estado terrible en el que se hallaba mi vida personal. Empecé contándole lo desesperado que estaba por encontrar a alguien a quien querer. Me preguntaba en voz alta, con cierta desesperación, si las relaciones con las mujeres acaso me durarían más que las que había tenido con hombres. Parecía desconcertado por ello, y en un gesto que le honra, me preguntó si quería que apagara la grabadora y habláramos de manera confidencial. Le dije que no. A la mierda. En verdad, no me parecía gran cosa. Todo el mundo a mi alrededor ya hacía años que había aceptado que yo era gay. Todo el mundo en la industria musical sabía de mi relación con John Reid. Y seguramente no fue una gran sorpresa tampoco para Cliff Jahr, puesto que antes ya le había explicado aquella historia en la que nos expulsaron a Divine y a mí de Crisco Disco. Fijémonos en las pruebas circunstanciales: había intentado entrar en un club gay, que tenía el nombre de un lubricante anal muy popular, con el travesti más famoso del mundo. Que yo no fuera heterosexual no podría decirse que fuera un acontecimiento imprevisto.

Me preguntó si era bisexual y le dije que sí. Habrá quien piense que con aquello estaba esquivando el problema, pero la verdad es que había tenido una relación con una mujer con anterioridad, y tuve una relación con una mujer un tiempo después. Me preguntó si Bernie y yo habíamos sido pareja alguna vez y le dije que no. Surgió el nombre de John Reid y entonces mentí un poco y le dije que nunca había tenido una relación seria con nadie. Tampoco es que fuera de mi interés empezar a sacar a cualquiera del armario en *Rolling Stone*. Le dije que pensaba que todo el mundo debería ser libre para irse a la cama con quien le diera la gana. «Aunque habría que marcar una línea roja con las cabras», añadí.

En ese instante, John Reid asomó la cabeza por la puerta de repente y preguntó si todo iba bien. No sé si es que lo hizo en el momento más oportuno, o si es que había estado escuchando a través de la puerta en un estado de pánico creciente y, por fin, cuando yo había empezado a hacer chistes sobre bestialismo, ya no pudo aguantar más. Quizá él también había establecido su línea roja con las cabras. Le dije a John que todo iba bien. Y lo decía en serio. No me sentía ni aliviado, ni nervioso, ni orgulloso, o cualquiera de esas cosas que pudieras esperar cuando sales del armario públicamente. En realidad, no sentía nada. Ya me había preocupado todo lo que me tenía que preocupar por mi sexualidad y por lo que la gente pudiera pensar de ella hacía muchos años. Me daba igual.

La gente a mi alrededor no compartía mi actitud. No es que nadie me dijera nada a la cara. Por respeto a la cantidad de dinero que ganaban gracias a mí, y con cuidado de no despertar a nuestro viejo amigo El Mal Genio de la familia Dwight para que hiciera una de sus apariciones estelares, ni siquiera se hubieran atrevido. Pero en el momento en el que salió el tema, tuve la sensación de que tanto John Reid como mi compañía de discos norteamericana estaban en un estado de ansiedad, esperando a ver qué impacto desastroso iban a tener estas revelaciones en mi carrera.

Con el tiempo, las aguas volvieron a su cauce y quedó claro cuál había sido el asombroso alcance del daño que había causado. No pasó nada. Un par de tarados irrumpieron en *Rolling Stone* y dijeron que iban a rezar para que mi alma pervertida sufriera la ira de Dios y una condenación eterna. Unas pocas emisoras de radio en Estados Unidos anunciaron que nunca más volverían a pinchar mis discos, pero aquello no me molestó lo más mínimo: aun a riesgo de sonar arrogante, tenía la sólida sospecha de que mi carrera saldría adelante de alguna manera sin su ayuda. La gente decía que el artículo en *Rolling Stone* había conseguido que bajaran mis ventas de discos en Estados Unidos, pero es que mis ventas de discos ya habían empezado a bajar antes. *Rock of the Westies* puede que llegara al número uno, pero había vendido bastante menos que *Captain Fantastic*.

En Gran Bretaña, mientras tanto, *The Sun* canceló un concurso en el que se podían ganar copias de *Blue Moves* con la excusa de que en la portada –un bonito cuadro que yo tenía de Patrick Procktor en el que salía gente sentada en un parque– no aparecía ninguna mujer y que, por tanto, eso era algún tipo de aterradora propaganda homosexual de la que había que proteger al público. Según su lógica, si un lector de *The Sun* veía un cuadro en el que aparecían hombres sentados en un parque, entonces se arrancaría su anillo de boda, abandonaría a su mujer y a sus hijos, y se iría corriendo al bar gay más próximo cantando «I Am What I Am» por el camino. Eso es lo más lejos que llegaron las reacciones negativas.

De hecho, la prensa británica parecía menos interesada en lo que estaba pasando con mi vida sexual que en lo que me estaba sucediendo en la cabeza. En cierto sentido, no puedo echarles la culpa:

en el último año eso también estaba llamando mucho mi propia atención. Mi pelo había empezado a clarear a principios de los setenta, pero un tinte indebido que me hice en Nueva York propició, de repente, que la cosa empezara a desaparecer en masa. Impresionado por la manera como la diseñadora de moda Zandra Rhodes variaba su color de cabello para que fuera a juego con sus vestidos, me había estado tiñendo el mío de todos los tonos posibles en una peluquería de Londres durante años sin que aparecieran efectos indeseados. No tengo ni idea de qué me puso la peluquera de Nueva York, pero al poco tiempo el pelo se me caía a puñados. Cuando llegó la gira de 1976, prácticamente no me quedaba nada ahí encima.

Me desagradaba mi aspecto. Hay gente que nace bendecida por un tipo de cara que tiene buen aspecto cuando se queda calva. Pero yo no soy ese tipo de persona. Sin pelo, tengo un aspecto perturbador muy parecido al del personaje de dibujos animados Shrek. Pero parecía que había una solución a mi alcance. Me recomendaron visitar a un hombre llamado Pierre Putot en París, que por lo visto era un gran pionero en el arte de los trasplantes capilares. En aquel momento, los trasplantes de pelo eran tan nuevos que cualquier médico que se preocupara por hacerlos ya contaba como un gran pionero, pero me aseguraron que él era el mejor. Si me sometía a una simple operación, me dijeron, abandonaría su clínica de París convertido en un hombre nuevo, jaleado por las exclamaciones de *Incroyable!* y *Sacre Bleu!* por parte de los transeúntes asombrados con mi nueva melena leonina.

No fue exactamente así. Primero, no era un procedimiento sencillo en absoluto. La cosa nos llevó cinco horas. Ya lo había hecho un par de veces, y en las dos me dolió muchísimo. La técnica que utilizaban llevaba el nombre nada atractivo de «cosecha en tiras»: te sacaban tiras de pelo de la parte trasera de la cabeza

174

con un bisturí y las pegaban a la coronilla. El sonido del pelo cuando lo extraían era desconcertante, como el de un conejo al roer lentamente una zanahoria. Abandoné la clínica tras el primer tratamiento tambaleándome por la agonía, di un mal paso cuando intentaba entrar en un coche que me estaba esperando y me golpeé la cabeza contra el marco de la puerta. Fue en ese momento cuando descubrí que por mucho que doliera un trasplante de pelo, no era más que un alfilerazo comparado con la sensación de golpearte la cabeza contra un coche justo después de haberte hecho un trasplante de pelo. Apretándome con fuerza un pañuelo contra el cuero cabelludo sangrante, hice lo único que creía que podía ayudarme a aliviar el dolor que sentía. Le ordené al conductor que me llevara de tiendas.

Para agravar aún más la cosa, el trasplante capilar no funcionó. No tengo claro por qué, pero el pelo no arraigó. No era culpa del médico. Quizá tuviera algo que ver con la cantidad de drogas que yo estaba consumiendo. Quizá tuviera algo que ver con el hecho de que me dijeran que lo único que no debía hacer durante las semanas posteriores a la operación era llevar sombrero, consejo que decidí ignorar por completo basándome en que, sin sombrero, me parecía a ese tipo de cosas que aparecen hacia el final de las películas de terror y que empiezan a cosechar a tiras con un hacha a unos excursionistas adolescentes. Mi cabeza estaba cubierta por costras y cráteres raros. Supongo que podría haber encontrado una solución intermedia, y llevar algo más ligero que un sombrero, como un pañuelo, pero aparecer en público vestido como un adivino gitano me parecía ir demasiado lejos, incluso en mi caso.

Cuando las noticias de aquellos sucesos recientes en la clínica de *monsieur* Putot llegaron a la prensa, se desató la locura. Nada de lo que había hecho en mi carrera hasta esa fecha parecía resultarles tan fascinante como el hecho de que me hubiera sometido a un trasplante de pelo. Los paparazzi se obsesionaron con conseguir una foto mía sin el sombrero puesto. Podría pensarse que estaba custodiando el secreto de la vida y la felicidad eterna ahí abajo, más que una ligera caída del cabello. Los paparazzi no tuvieron suerte, pues seguí llevando sombrero en público de manera más o menos permanente durante la siguiente década o así. A finales de los ochenta, justo antes de dejar el alcohol, decidí que ya era suficiente, me teñí el poco pelo que me quedaba de rubio platino, y aparecí de ese modo en la portada de mi disco *Sleeping with the Past*. Después de dejar el alcohol, me hice unas extensiones, una técnica en la que te añaden más pelo al pelo que te queda. Estrené mi nuevo aspecto en el concierto de homenaje a Freddie Mercury. Un cronista indicó que parecía que llevara una ardilla muerta en la cabeza. Fue un comentario miserable, pero tuve que aceptar de mala gana que también tenía parte de razón.

Con el tiempo me rendí y me puse un bisoñé, creado por la misma gente que elaboraba las pelucas para las películas de Hollywood. Es una cosa extrañísima. La gente estuvo completamente obsesionada con mi pelo, o la falta del mismo, durante años. Luego empecé a llevar peluquín y desde entonces nadie ha vuelto a sacar el tema. Dicho esto, tampoco es que un peluquín carezca de inconvenientes. Hace unos años, estaba durmiendo en mi casa de Atlanta y me despertaron unas voces dentro del apartamento. Estaba seguro de que alguien había entrado a robar. Me puse mi bata y salí sigilosamente para ver qué pensaba. Estaba ya a mitad del pasillo cuando me di cuenta de que no llevaba puesto mi pelo postizo. Volví corriendo al dormitorio, diciéndome a mí mismo que si tenía que morir apaleado por unos allanadores de moradas, al menos que no fuera mostrando mi calvicie. Puesto el peluquín, fui hasta la cocina y me encontré ahí con dos obreros que habían venido a reparar una filtración de agua. Se deshicieron en disculpas por haberme despertado, pero a pesar de mi alivio, no pude evitar darme cuenta de que me estaban mirando fijamente. Quizá estaban deslumbrados por mi estrella, pensé, mientras me volvía a la cama. Me detuve en el baño y me di cuenta de que los obreros no se habían quedado impresionados ante la visión del legendario Elton John. Estaban impresionados ante la visión del legendario Elton John con su peluquín puesto del revés. Tenía un aspecto ridículo, como Frankie Howerd después de una noche muy ventosa. Me quité la cosa aquella y volví a la cama.

El mundo entero parecía tomarse las noticias sobre mi sexualidad bastante bien, pero yo empecé a preguntarme si quizá hubiera podido encontrar un momento mejor para hacerla pública. Un consejo que le daría a cualquiera que esté planeando salir del armario sería este: que intente asegurarse de que no lo hace justo después de que lo nombren vicepresidente de un club de fútbol británico, a menos que quiera pasar las tardes de sábado escuchado a miles de aficionados del equipo contrario cantando –con la melodía de «My Old Man Said Follow The Van»– la frase: «No te sientes cuando Elton esté cerca, o te meterá la polla por el culo». Supongo que aquí debería incluir un sermoneo deplorando la homofobia de los fans del fútbol a mediados de los setenta, pero tengo que ser honesto. A mí me hacía gracia. Era mortificante, pero divertido. No me sentí ni amenazado ni asustado por ello; sin duda lo hacían con intención jocosa, hay que saber encajar los golpes. Ellos cantaban, y yo simplemente sonreía y les saludaba con la mano.

De hecho, en lo que respecta al Watford FC, tenía problemas mucho más importantes de los que preocuparme que de lo que pudieran cantar los aficionados del equipo rival. Fue un periodista seguidor del Watford quien vino a entrevistarme en 1974 y me dijo por primera vez que el club tenía problemas, y no únicamente en el terreno de juego. Yo aún seguía al equipo con pasión, seguía yendo al campo a verlos jugar siempre que podía, seguía haciéndolo desde The Bend, el mismo lugar en la grada de Vicarage Road donde veía los partidos con mi padre cuando era un niño. Ver los partidos ahí de pie no era lo único que me traía recuerdos de infancia. El Watford continúa siendo un equipo sin remedio, como lo había sido en los años cincuenta, siempre hundido en el último puesto de la clasificación de su liga. Apoyar al equipo me recordaba a cuando era miembro de Bluesology: los quería mucho, pero sabía que nunca llegarían a ninguna parte.

Gracias a ese periodista, ahora sabía que el club también tenía problemas financieros. No tenía dinero porque nadie estaba interesado en ir a verlos perder cada semana. Estaban buscando de manera desesperada alguna manera de conseguir ingresos. Los llamé y les sugerí que quizá podría dar un concierto benéfico en el campo. Estuvieron de acuerdo, y a cambio me ofrecieron la posibilidad de adquirir una participación en el club y convertirme en vicepresidente. Para el concierto, me vestí con un disfraz de abeja —era lo más cercano que pude encontrar a la mascota del club, un avispón de dibujos animados llamado Harry— y me traje a Rod Stewart para que cantara conmigo. Cuanto menos, todo esto le proporcionó a Rod una tarde de risas constantes a costa del césped terrible del campo del Watford —debo admitir que era un vertedero agujereado, todavía con un canódromo que rodeaba la cancha—, de la diferencia abismal entre sus resultados deportivos y los de sus amados Celtic y, sobre todo, de mi nuevo papel como vicepresidente.

«¿Y tú qué cojones sabes de fútbol, Sharon? —me preguntó—. Si tuvieras la menor idea, no apoyarías a estos matados.»

Le dije que se fuera a la mierda. El resto de la directiva tampoco pudo darme una bienvenida mejor. Si les molestaba que estuviera con ellos el único vicepresidente de la liga de fútbol que se presentaba en las reuniones con el pelo teñido de verde y naranja, alzado por encima de todos gracias a sus suelas de plataforma, nunca llegaron a decírmelo. Pero mi presencia tampoco es que significara nada especial en el Watford en sí: el equipo seguía sin tener solución, y el club estaba arruinado. Había un pensamiento que no me podía quitar de la cabeza. Si dar mi apoyo al Watford me resultaba tan frustrante como estar en Bluesology, entonces quizá, como en Bluesology, era yo quien tenía que hacer algo al respecto.

Así que cuando el presidente, un empresario local llamado Jim Bonser, se ofreció a venderme directamente el club en la primavera de 1976, le dije que sí. John Reid estaba furioso, no dejaba de insistir en la sangría que la propiedad de un club de fútbol iba a provocar en mis finanzas. Le dije también que se fuera a la mierda. Era algo que quería hacer. Siempre he tenido un lado competitivo, ya fuera jugando al squash, al tenis de mesa o al Monopoly. Incluso hoy, si juego al tenis, no me basta con golpear unas bolas y hacer algo de ejercicio. Quiero jugar un partido y quiero ganarlo. Así que aceptar el trabajo de presidente se adecuaba a ese aspecto de mi carácter. Me gustaba el reto. Y es más, estaba harto de que se me estropearan los fines de semana porque había perdido el Watford.

Y amaba el club. Ser hincha del Watford era algo que atravesaba toda mi vida, mientras que todo lo demás había cambiado hasta resultar casi irreconocible. Vicarage Road estaba a unos ocho o diez kilómetros de donde yo había nacido. Conectaba con mis raíces, me recordaba que daba igual lo exitoso que fuera, o cuánta fama tuviera, o cuánto dinero hubiera ganado, yo era un chico de clase trabajadora nacido en una casa de alquiler subvecionado en Pinner.

Pero había algo más. Me gustaba estar en el club, porque todo allí era muy distinto del mundillo musical en el que me movía. No había ninguna clase de glamour, ni lujo, ni limusinas, ni el *Starship*. Ibas en el tren de Grimsby junto con los jugadores, veías el partido, escuchabas a la afición rival cantar sobre tu supuesto deseo insaciable de meterle el pene a quien hubiera por ahí cerca por el culo, y entonces volvías a casa en tren portando una caja de pescado local que los directivos del Grimsby te habían regalado al final del partido.

Allí no había falsedad. Cuando alcanzabas cierto nivel de éxito en el negocio de la música, te dabas cuenta de que mucha gente a tu alrededor empezaba a decirte lo que creía que querías escuchar, más que lo que ellos realmente pensaban. Nadie quería molestarte, nadie quería que se hundiera el barco. Pero en Watford la cosa no era así. El personal y los jugadores eran amables y respetuosos, pero no tenían ningún interés en masajearme el ego. Me decían sin problemas si mi último disco les había dado igual —«¿Por qué no haces otra canción como "Daniel"? A mí me gustaba esa»— o si les parecía que el abrigo que llevaba me daba un aspecto ridículo. Me quedó claro que no se me trataba con ningún miramiento especial solo porque fuera Elton John el día que decidí apuntarme a un partidillo de cinco contra cinco con el equipo. Cada vez que pillaba la pelota, venía un jugador del Waftord del equipo contrario y me hacía una entrada, y al momento volvían a tener la posesión de la pelota mientras yo volaba por los aires a gran velocidad, de espaldas, a modo de preludio de un duro aterrizaje de culo.

No había ningún mal comportamiento, ni ningún agasajo de diva hacia mí. Tenía que aprender a perder, a dar la mano a los capitanes del equipo contrario cuando nos ganaban. No podía perder los nervios, ni bajar la cabeza, ni podía beber ni drogarme, porque no estaba ahí en mi condición de gran estrella a la que había que conceder todos sus deseos, sino como representante del

Watford Football Club. Solo infringí las reglas una vez. Me presenté durante el partido del 26 de diciembre con resaca tras una noche entera esnifando coca y empecé a servirme whisky del que había en la sala de juntas. Al día siguiente, me regañaron como nunca, ese tipo de reprimenda que nadie se habría atrevido a darme: «¿Pero tú qué coño te crees que haces? Te estás abandonando y estás dejando tirado al club».

El hombre que había hablado era Graham Taylor, el nuevo entrenador, a quien había convencido personalmente para que se uniera al Watford en abril de 1977. Tenía treinta y dos años cuando lo conocí –era joven para ser un entrenador de fútbol– y me recordaba a Bernie. Como Bernie, era de Lincolnshire. Como Bernie, quiso asumir un riesgo conmigo. Para ser entrenador de un equipo tan menor como el Watford, Graham estaba bastante bien pagado, pero a nivel profesional, aceptar el trabajo era para él como bajar un escalón. Había conseguido que su equipo anterior, el Lincoln City, subiera a tercera división, y se suponía que su siguiente paso sería hacia un equipo más grande, y no de regreso al fondo. Pero, como pasó con Bernie, conecté con él al momento y, como con Bernie, no interferí en lo que él hacía, simplemente le dejaba que hiciera su trabajo.

Y, como con Bernie, cuando las cosas empezaron a ir bien, fueron mejor de lo que jamás hubiéramos imaginado. Graham era un entrenador increíble. Unió un vestuario fantástico a su alrededor. Bertie Mee vino del Arsenal para ser su ayudante, un veterano que había sido jugador en los años treinta y que se sabía todos los secretos del juego. Eddie Plumley llegó desde el Coventry como director ejecutivo. Graham contrató a nuevos jugadores y dio oportunidades a varias jóvenes promesas alucinantes. Fichó a John Barnes, de dieciséis años: uno de los grandes jugadores de Inglaterra, y Graham lo consiguió por el precio de un nuevo uniforme de fútbol. Convirtió a juveniles como Luther Blissett y Nigel Callaghan en jugadores estrella. Les hacía entrenar más duro que nunca para que jugaran un fútbol emocionante: dos delanteros centro grandes, dos extremos veloces, un gran ataque, muchos goles; lo que significaba que la gente quería venir al campo a vernos. Hizo quitar la pista del canódromo y construyó nuevas gradas y un espacio familiar, un lugar específicamente diseñado para que los padres pudieran llevar a sus hijos a ver el partido con toda seguridad. Todos los equipos tienen uno ahora, pero el Watford lo hizo primero.

Todo esto costaba dinero, lo que significaba que John Reid seguía quejándose. Me daba igual. Yo no era un empresario que estuviera poniendo dinero en el club a modo de inversión financiera. Yo llevaba al Watford en la sangre. Estaba obsesionado hasta tal punto que incluso me volví supersticioso –si teníamos una racha ganadora, ni me cambiaba de ropa ni vaciaba los bolsillos– y era tan locamente entusiasta que incluso convencía a la gente para que se hiciera seguidora del Watford. Logré que mi viejo amigo Muff Winwood dejara de ser aficionado del West Brom para que entrara en la directiva del Watford. Fui a diferentes plenos del ayuntamiento e intenté sin resultado que nos permitieran construir un nuevo estadio en las afueras de la ciudad. Después de los partidos, iba hasta el Club de Aficionados, un pequeño edificio al lado de la construcción principal, me reunía con hinchas del Watford y escuchaba lo que me tuvieran que decir. Quería que supieran que me preocupaba de verdad por el club, que contábamos con ellos, que sin los aficionados el Watford no era nada. Organicé grandes fiestas para los jugadores, el equipo técnico y sus familias en Woodside, con partidillos de cinco contra cinco y carreras de esas en las que llevas una cuchara en la boca y haces equilibrios con un huevo. Compré un Aston Martin, hice que lo pintaran con los colores del Watford –amarillo con una raya roja y otra negra justo en la mitad– y acudía en él a los partidos fuera de casa: lo llamé el Coche del Presidente. No me di cuenta de cuánto había llamado la atención hasta que me presentaron al príncipe Felipe. Estábamos manteniendo una conversación educada, cuando de repente él cambió de tema.

–Tú vives cerca del castillo de Windsor, ¿verdad? –me preguntó–. ¿Has visto alguna vez a ese maldito idiota que va por la zona con ese coche horrible? Es de color amarillo brillante, con una raya ridícula. ¿Lo conoces?

–Sí, alteza. De hecho, soy yo mismo.

–¿En serio?

No me dio la impresión de que la noticia le hubiera pillado por sorpresa. De hecho, parecía satisfecho de haber encontrado al fin al idiota en cuestión, pues así podría darle un consejo: «¿Cómo demonios se te ocurre? Es ridículo. Te hace quedar como un puto loco. Quítatelo de encima ya».

Si el Coche del Presidente no podía hacerme llegar a los partidos a tiempo, entonces alquilaba un helicóptero. Si no podía ir a los partidos porque estaba en el extranjero, llamaba al club y conectaban mi llamada a la emisora del radio del hospital local, que retransmitía el partido: en algún lugar de Estados Unidos, antes de un concierto, la banda podía oír mis gritos en el camerino, yo solo, histérico porque habíamos ganado al Southampton en una eliminatoria de la Copa. Si estábamos en Nueva Zelanda, me levantaba en plena noche a escuchar la radio. Si el partido coincidía con el comienzo de un concierto, retrasaba la hora de salida. Me encantaba: la emoción de los partidos, el sentimiento de compañerismo, de ser parte de un equipo en el que teníamos la sensación de que todos remábamos en la misma dirección, tanto los jugadores como las señoras que preparaban el té. Nunca podría haberme comprado la felicidad que me proporcionó el Watford, aquello no tenía precio.

Además, tampoco estaba arrojando el dinero a un pozo sin fondo. Podía ver los resultados de mis gastos. El Watford empezó a ganar y seguía ganando. Una temporada después, ya estábamos en tercera división. Después de dos temporadas, subimos a segunda. En 1981, el Watford subió a primera división por primera vez en su historia. Al año siguiente fuimos subcampeones, el segundo mejor equipo de Gran Bretaña. Eso significaba que íbamos a jugar la Copa de la UEFA contra los mejores equipos de Europa: el Real Madrid, el Bayern de Munich, el Inter de Milán. Aquello era lo que le había dicho a Graham que quería para el club durante nuestra primera reunión. Él me miró como si estuviera loco y empezó a decirme que bastante suerte tendríamos si aguantábamos en cuarta división con el equipo que teníamos –«Tienes una puta jirafa de delantero centro»–, antes de darse cuenta de que yo lo decía muy en serio y que estaba preparado para poner mi plan en práctica. Sacamos la conclusión de que seguramente nos llevaría unos diez años. El Watford lo hizo en cinco.

Y entonces, en 1984, llegamos hasta la final de la FA Cup. Se trata de la competición más antigua y prestigiosa en Gran Bretaña: juegas en el estadio de Wembley, ante 100.000 aficionados. Estaba acostumbrado a que al Watford le fueran bien las cosas –es curioso cómo te acostumbras al éxito tras varias décadas de fracasos–, pero antes del inicio del partido vi con claridad lo lejos que habíamos llegado, pasando de ser un pequeño club sin remedio al que nadie iba a ver jugar, y del que se reía la gente, a terminar siendo lo que éramos. La banda de música se arrancó con «Abide With Me», el himno tradicional de la FA Cup, y ahí sucedió: me puse a llorar ante las cámaras de la BBC. Al final, aquel fue el momento cumbre del día. El Everton nos ganó 2 a 0. Tendría que haber sido un partido con un resultado más ajustado, deberían haberles anulado un gol, pero también es cierto que jugaron mejor que nosotros. Yo estaba cabreado, pero aun así dimos una fiesta para el equipo: había sido una gesta fantástica.

Mientras observaba al público de Wembley antes de que empezara el partido, me sentí igual que cuando me subí al escenario del estadio de los Dodgers. Y, como en los conciertos del estadio de los Dodgers, creía saber que aquello iba a ser algún tipo de momento culminante, que ya nunca sería mejor que aquello. Estaba en lo cierto. Un par de años más tarde, Graham se fue para convertirse en entrenador del Aston Villa. Fiché a un entrenador llamado Dave Bassett para sustituirlo, pero no funcionó: no había química, no encajó en el equipo. Empecé a pensar que yo también debería haber dejado el Watford cuando lo dejó Graham. Seguía queriendo al club, pero haber estado juntos había sido un acto mágico, un momentáneo golpe de buena suerte, y ya no podía volver a conjurar la misma magia sin él.

Llegado cierto momento, vendí el Watford a Jack Petchey, un multimillonario que había hecho su fortuna con los coches. Siente años más tarde, volví a recuperar un montón de acciones del club y me erigí en presidente de nuevo. Jack era más un empresario que alguien que sintiera de verdad los colores, y me parecía que estaba haciendo un destrozo en el club; el Watford había bajado a segunda división. Lo hice solo porque Graham aceptó volver también como entrenador. El equipo fue bien, pero no fue igual que la primera vez, ya no teníamos por delante aquel reto increíble de levantarnos desde lo más hondo. Al final, Graham volvió a marcharse y, esta vez, yo también me fui. Dimití como presidente para siempre en 2002. De una forma extraña, nuestra colaboración continuó de manera silenciosa. Justo hasta su muerte, en 2017, seguía llamando todo el rato a Graham para hablar sobre el equipo: cómo estaban jugando, qué pensaba del último entrenador. Por muchos éxitos que consiguiera Graham Taylor en el fútbol, nada le hizo dejar de querer al Watford.

Estoy enormemente orgulloso de lo que logramos juntos, pero le debo al Watford mucho más de lo que el equipo me debe a mí. Fui presidente durante el peor período de mi vida: años de adicciones e infelicidad, relaciones fracasadas, negocios ruinosos, juicios, una zozobra continua. Mientras pasaba todo eso, el Watford era para mí una fuente constante de felicidad. Cuando sentía que no había amor en mi vida personal, sabía que tendría el amor del club y de los aficionados. Me dio algo más en lo que concentrarme, una pasión que podía apartar mi atención de todo lo que iba mal. Por razones obvias, hay momentos de los ochenta de los que no guardo ningún recuerdo –si ya me cuesta recordar lo que pasó el día anterior, imaginaos lo que pasó hace treinta años–, pero todos los partidos del Watford que vi están permanentemente fijados en mi memoria. La noche en que eliminamos al Manchester United de la Copa de la Liga en Old Trafford, cuando aún estábamos en tercera: dos goles de Blissett, los dos de cabeza, y los periódicos que nunca se molestaban en escribir acerca del Watford llamándonos al día siguiente «los Rocket Men de Elton John». La noche de noviembre de 1982 cuando jugábamos como visitantes ante el Nottingham Forest en la Milk Cup. Nos ganaron 7 a 3, pero me pareció que había sido uno de los mejores partidos de fútbol que había visto en mi vida, y el legendario entrenador del Forest, Brian Clough, estaba de acuerdo conmigo, antes de dirigirse a Graham para decirle que él nunca permitiría que el presidente de su club se sentara en la puta línea de banda como yo lo había hecho. Si no hubiera tenido el club de fútbol, Dios sabe qué hubiera sido de mí. No exagero cuando digo que estoy convencido de que el Watford quizá me salvó la vida.

8

Cuando volví a casa en otoño de 1976, y en teoría ya retirado de los conciertos, me preparé para comenzar con la rehabilitación de Woodside. Había una casa en la misma zona en la que estaba Old Windsor que databa del siglo XI —se construyó originalmente para el médico de Guillermo el Conquistador–, pero sufría continuos incendios: la última versión la levantó Michael Sobell en 1947, que hizo una fortuna produciendo radios y televisores. Se construyó en un estilo falso georgiano, pero cuando emprendí las reformas decidí evitar cualquier tipo de decoración estilo regencia o palaciega en favor de un estilo conocido entre los especialistas en diseño de interiores como Estrella del Pop de Mediados de los Setenta Drogado Se Vuelve Loco. Había máquinas del millón, gramolas, palmeras de bronce y demás objetos curiosos por todas partes. Había lámparas de Tiffany al lado de un par de botas Doc Marten de más de un metro de alto que había llevado cuando canté «Pinball Wizard» en la película de The Who, *Tommy*. En las paredes, aguafuertes de Rembrandt peleaban por su espacio entre discos de oro y cosas que me habían enviado. Tenía una cancha de fútbol cinco contra cinco construida en el mismo terreno y una discoteca completamente equipada justo a la salida de la sala de estar, con luces, bola de espejos y cabina de DJ, además de un par de altavoces enormes. Una habitación acogía una réplica del trono real de Tutankamón. Tenía altavoces puestos de cualquier manera en el exterior de la casa, conectados con el equipo de sonido que había en mi dormitorio. Cuando me despertaba, hacía sonar una fanfarria por los altavoces para que cualquiera que estuviera en la casa supiera que yo estaba al caer. Me pareció que era algo divertidísimo, una broma con un no sé qué teatral, pero, por lo que fuera, los invitados que no estaban preparados para semejante fanfarria tendían a reaccionar con expresión pensativa, como valorando la posibilidad de que el éxito hubiera afectado a mi juicio.

En el terreno había un invernadero de naranjos que se había transformado en un piso independiente con su propio jardín, y ahí decidí instalar a mi abuela. Su segundo marido, Horace, había muerto y no me gustaba la idea de que viviera sola a sus setenta años. Se pasó el resto de su vida allí, hasta su fallecimiento en 1995. Me pareció que aquello implicaba cierta belleza circular. Yo había nacido en su casa, ella murió en la mía, aunque su vida fue muy autosuficiente. Siempre fue una mujer independiente y no quería privarle de eso. Ella vivía tras las puertas de Woodside, así que sabía que estaría segura, pero llevaba su propia vida, tenía sus propios amigos. Me podía pasar de visita siempre que quisiera, pero también podía mantener la locura de mi vida al margen, y protegerla de todos aquellos excesos y estupideces. Y parecía ser feliz allí, deambulando por el jardín. Estaba quitando las malas hierbas de las lindes cuando llegó la Reina Madre a Woodside para almorzar; nos caímos muy bien cuando nos conocimos en la casa de Bryan Forbes, y me habían invitado a cenar en el Royal Lodge de Windsor. Te lo pasabas bomba con ella. Después de comer, insistió en que bailáramos mientras sonaba su disco preferido, que resultó ser una vieja canción irlandesa de borrachos titulada «Slattery's Mounted Fut»: creo que Val Doonican llegó a grabar una versión.

Así que, habiendo disfrutado de la experiencia surrealista de haber bailado una canción irlandesa de borrachos con la Reina Madre, no me pareció que fuera peligroso que la invitara a almorzar. Me dijo que había sido amiga de la familia que había vivido en Woodside antes de la guerra, y me pareció que le gustaría volver a ver la casa. Cuando aceptó, decidí que sería divertidísimo evitar decirle a mi abuela quién iba a aparecer. Simplemente, le pedí que se acercara:

–Ven aquí, abuelita, hay alguien que quiere conocerte.

Por desgracia, a mi abuela no le pareció divertido en absoluto. Y cuando la Reina Madre se marchó, se puso como una furia.

–¿Cómo has podido hacerme esto? ¡Tenerme ahí, hablando con la Reina Madre con esas malditas botas de agua puestas y los guantes de jardinería! ¡Nunca en mi vida me había sentido tan avergonzada! ¡No me vuelvas a hacer algo así nunca más!

Contraté personal para el mantenimiento de Woodside. Un tipo que se llamaba Bob Halley fue, en un principio, mi chófer, y su mujer Pearl era el ama de llaves: una mujer encantadora, pero, como descubrí más tarde, incompetente en la cocina. Había un par de limpiadores y un asistente personal llamado Andy Hill. Era el hijo del propietario de Northwood Hills, el pub en el que tocaba el piano cuando era un muchacho, y lo contraté sobre todo porque me parecía atractivo; cuando se me pasó el capricho, me di cuenta de que no era la persona adecuada para el trabajo. Supongo que aprendí una lección. Más tarde le di el trabajo de asistente personal a Bob Halley.

Le pedí a mi madre que viniera para que gestionara la casa, lo que resultó ser un terrible error. Era muy buena llevando las cuentas, pero manejaba el lugar con puño de hierro. Percibí un cambio en su comportamiento. Todavía era feliz con Derf, pero parecía como si estuviera regresando a su manera de ser antes de conocerlo: temperamental, de trato difícil, siempre estaba discutiendo, para ella nada estaba bien nunca. Pensaba que si me la traía a trabajar conmigo nos acercaríamos de nuevo, como habíamos estado en Frome Court cuando Bernie y yo empezamos a trabajar. Pero no. Era como si la felicidad que le había dado mi éxito se hubiera extinguido. Era como si odiara cualquier cosa que yo hiciera. Había un constante chorreo de críticas molestas por su parte: no le gustaba cómo vestía, ni mis amigos ni la música que hacía. Y había muchas discusiones por el dinero. Supongo que haber vivido la guerra y el racionamiento había hecho que arraigara en ella una manera de ser frugal y el deseo de no malgastar nada. Pero, como supongo que ya ha quedado suficientemente claro, no es así como yo me comporto a la hora de gastar. Me empecé a cansar de que se me cuestionara por cualquier nueva adquisición, de tener que discutir con ella cada vez que le compraba un regalo a alguien. Sentía como si no pudiera librarme de ella, como si no tuviera vida privada. Te levantas por la mañana después de haber dormido con alguien, y la primera persona con la que te topas acompañado por tu última conquista es con tu madre, blandiendo una factura delante de tus narices y preguntándote: «¿Por qué te has gastado tanto dinero en un vestido para Kiki Dee?». Es sencillamente raro. Le quita todo el brillo a lo que queda de la atmósfera de felicidad poscoital. O peor aún, tenía el mal hábito de ser sumamente maleducada con el resto del personal de la casa, los trataba como mierda, como si ella fuera la dama de la mansión y ellos sus sirvientes. Yo siempre tenía que estar arreglando las cosas cuando perdía los nervios y le gritaba a alguien. Con el tiempo, la situación se hizo demasiado claustrofóbica y tensa. Ella y Derf se mudaron a la costa sur, lo cual fue, si he de ser sincero, un alivio.

Estaba solo en la cama en Woodside, un domingo por la mañana, medio viendo la televisión, cuando un tipo con el pelo de un naranja brillante apareció de repente en la pantalla y dijo que Rod Stewart era un viejo cabrón inútil. No estaba prestando demasiado atención, pero aquello captó mi interés de inmediato: si alguien estaba tratando a Rod como escoria, eso no me lo podía perder. Se llamaba Johnny Rotten, llevaba una ropa alucinante, y me pareció que era la hostia (como un cruce entre un joven airado y una reinona rencorosa, en verdad ácido e ingenioso). Lo estaba entrevistando una mujer llamada Janet Street-Porter para hablar sobre la boyante escena punk en Londres. Ella también me gustaba, era irónica y atrevida. Siendo del todo justo con Rod, me pareció que a Johnny Rotten no le gustaba nada, y estaba más que seguro que yo también le parecería un viejo cabrón inútil. En cualquier caso, tomé nota mental de que tendría que llamar a Rod más tarde, solo para asegurarme de que estaba al corriente. «Hola, Phyllis, ¿has visto la televisión esta mañana? Salía esta nueva banda llamada Sex Pistols y, no te lo vas a creer, han dicho que eres un viejo cabrón inútil. Esas fueron las palabras exactas: "Rod Stewart es un viejo cabrón inútil". ¿No te parece terrible? Si solo tienes treinta y dos años... Qué desconsideración».

En realidad, me daba igual lo que pensaran de mí. Me encantaba el punk. Me encantaba su energía, su actitud y su estilo, y me encantaba que mi viejo amigo Marc Bolan declarara inmediatamente que él ya lo había inventado veinte años atrás; esa era la respuesta más propia de Marc que pudiera imaginarme. El punk no me causó ninguna conmoción –había vivido el escándalo y la convulsión social que había provocado el rock and roll en los cincuenta, así que era virtualmente inmune a la idea de que la música pudiera causar indignación–, y no me sentí amenazado y tampoco obsoleto por su irrupción. No me imaginaba que los fans de Elton John fueran ahora a quemar sus copias de *Captain Fantastic* para ir al Vortex y escupir a The Lurkers. E, incluso si así fuera, aquello ya estaba fuera de mi alcance: no era una moda musical a la que tuviera intención de apuntarme. Eso sí, me parecía que The Clash, Buzzcocks y Siouxsie and The Banshees eran fantásticos. Me parecía que Janet Street-Porter también era fantástica. El día después del programa la localicé por teléfono y la invité a almorzar, y ya está: hemos sido buenos amigos desde entonces.

Aunque el punk no me afectó de manera directa, sí que lo sentí como si fuera una señal de que las cosas estaban cambiando. Otra señal más de que las cosas estaban cambiando. Empezaban a aparecer muchas. Había dejado de trabajar con Dick James y DJM. Mi contrato con ellos venció justo después de la publicación de *Rock of the Westies*. Aún conservaban el derecho de publicar un disco en directo, que se tituló *Here and There* y lo detestaba (no porque la música fuera mala, sino porque estaba hecho a partir de viejas grabaciones de 1972 y 1974, y su única razón de ser era la de hacer dinero). Y eso fue todo. Decliné firmar un nuevo contrato con ellos y me centré en mi propio sello, Rocket. John Reid murmuraba con tristeza que Dick nos había estado estafando durante años. Pensaba que los contratos que Bernie y yo habíamos firmado en los años sesenta eran abusivos, que los porcentajes de regalías que recibíamos eran muy bajos, que había algo que olía mal en cuanto al reparto de los beneficios por las ventas en el extranjero. Cuando DJM, sus administradores y sus subsidiarios en otros países se habían hecho con su parte, Bernie y yo solo recibíamos quince libras de cada cien que ganábamos. Esa era exactamente la práctica habitual en el negocio musical por entonces, pero las prácticas habituales de aquel entonces no estaban bien. Todo terminó derivando en un juicio a mediados de los años ochenta, que ganamos. Detestaba tener que llegar hasta ahí, porque quería a Dick, nunca podré decir nada malo sobre él a nivel personal. Y aun así, sentía que era lo correcto: la industria tenía que cambiar su manera de tratar a los artistas. Dick sufrió un infarto poco tiempo después, y su hijo Steve me hizo responsable de su muerte. Fue algo muy feo, muy triste. No era así como tenía que haber terminado mi relación con Dick.

Además de dejar DJM, Bernie y yo acordamos tomarnos un descanso en nuestro trabajo conjunto. No hubo ninguna discusión, ni ningún desencuentro. Nos parecía que era lo mejor que podíamos hacer. Habíamos estado vinculados el uno al otro durante diez años, y era bueno que parásemos antes de que nuestra sociedad se convirtiera en una rutina improductiva de la que no pudiéramos escapar. No quería que termináramos como Bacharach y David, que trabajaron juntos hasta que ya no se pudieron soportar más. La única vez que Bernie había hecho algo sin mí fue cuando grabó un disco en solitario, en el que leía sus poesías por encima de un fondo musical tocado por Caleb Quaye y Davey Johnstone. Lo publicó Dick James, y justo después nos convocó para una reunión ridícula en la que no dejaba de insistir en que debería contar con Bernie como telonero en mi siguiente gira por Estados Unidos: «¡Es muy bueno leyendo sus poemas! ¡A la gente le va a encantar!». Yo no comprendía cómo podía pensar Dick que esa era una buena idea, a menos que hubiera contratado en secreto una póliza para asegurar la vida de Bernie y tuviera la esperanza de recibir una cuantiosa indemnización cuando lo asesinaran en el escenario. El público de rock norteamericano en los años setenta podía ser muchas cosas, pero no estaba preparado para escuchar a un hombre recitando sus poemas acerca de su infancia en Lincolnshire durante cuarenta y cinco minutos, por muy maravillosos que fueran los poemas. Hice hincapié en lo duro que le resultaba a Bernie salir al escenario para saludar al final de los conciertos para encima tener que actuar en solitario como telonero con un proyecto de poesía experimental, y gracias a Dios abandonamos la idea.

En cualquier caso, Bernie ya había empezado a volar en solitario. Hizo un disco con Alice Cooper, un gran trabajo conceptual sobre el alcoholismo de Alice y su reciente paso por la desintoxicación. Contó con la participación de nuestro antiguo bajista, Dee Murray, y Davie Johnstone tocó la guitarra. Era un buen disco. Me dejó impresionado. Así que ¿por qué me sentía tan raro cuando miraba los créditos y veía el nombre de Alice Cooper al lado del de Bernie, en vez del mío? En realidad, no había nada raro en lo que sentía. Estaba muy claro. Detestaba tener que admitirlo, pero lo que sentía eran celos.

Me quité aquello de la cabeza. Después de todo, tenía un nuevo socio en la composición, Gary Osborne, a quien había conocido cuando escribió la letra en inglés de «Amoureuse», la canción francesa con la que Kiki Dee consiguió por fin un éxito. Era todo lo contrario que trabajar con Bernie –Gary quería que yo escribiera la música antes de que él empezara con la letra–, pero nos salieron muy buenas canciones juntos: «Blue Eyes», «Little Jeannie», una balada titulada «Chloe». Y nos hicimos muy buenos amigos. Tan cercanos éramos que fue a Gary y a su esposa, Jenny, a quienes llamé un día de Navidad, llorando, cuando mi novio de entonces perdió misteriosamente el vuelo desde Los Ángeles que le había reservado. Fue otra elección de pareja desastrosa incluso para lo que en mí era habitual: este decidió que, en el fondo, no era gay y se fugó con una azafata que trabajaba en el *Starship*. Y nunca me dijo nada. Simplemente, se esfumó. Su avión aterrizó en Heathrow, él no estaba dentro, y jamás volví a saber de él. Quizá debería haberlo visto venir, pero, si he de ser sincero, no me pareció que fuera demasiado hetero cuando estaba en la cama conmigo. Yo me hallaba en un estado lamentable, solo en casa, sentado con un montón de regalos sin abrir a mi alrededor y un pavo todavía por asar como única compañía: en previsión de unas navidades tranquilas y románticas, le había dado la semana libre a todo el personal de Woodside. Gary y Jenny hicieron un cambio de planes y acudieron en coche desde Londres para estar conmigo. Eran una pareja encantadora.

Y, sin duda, no trabajar con Bernie también tenía sus ventajas. Podía experimentar con la música de maneras completamente nuevas. Volé a Seattle para grabar unas cuantas canciones para un EP con el productor Thom Bell, el hombre que había hecho los discos de soul de Filadelfia que me habían inspirado para «Philadelphia Freedom». Me hizo cantar en un registro más grave del que había utilizado hasta entonces y envolvió las canciones en lujosos arreglos de cuerdas. Veintisiete años más tarde, uno de los temas que grabamos, «Are You Ready For Love», llegó a ser número uno en Gran Bretaña, lo cual dice mucho de lo atemporal que es el sonido de Thom. Después de aquello escribí unas cuantas buenas canciones con el cantante new wave Tom Robinson. Una se llamaba «Sartorial Eloquence», un título que mi compañía de discos norteamericana decidió que el público de Estados Unidos no iba a entender porque era muy tonto, así que insistieron en retitularla como «Don't Ya Wanna Play This Game No More», que la verdad es que carecía de la misma calidad poética. Otra de las piezas de Tom, «Elton's Song», distaba mucho de lo que Bernie habría hecho, era una representación melancólica de un colegial gay enamorado de uno de sus amigos. La escribí con Tim Rice, que había estado batiendo récords y ganando premios durante todos los setenta con *Jesus Christ Superstar* y *Evita*, los musicales que había escrito con Andrew Lloyd Webber. En aquel momento solo se publicó una de las canciones que compusimos –«Legal Boys», que apareció en 1982 en mi álbum *Jump Up!*–, pero décadas más tarde terminó siendo una de las colaboraciones musicales más importantes de mi carrera.

Y, en una ocasión, compuse completamente yo solo por primera vez. Un domingo en Woodside, apagado y con resaca, escribí una pieza instrumental que reflejaba mi estado de ánimo en la que no dejaba de repetir una única frase por encima: «Life Isn't Everything» («La vida no lo es todo»). A la mañana siguiente me enteré de que un chico llamado Guy Burchett que trabajaba para Rocket había muerto en un accidente de moto prácticamente en el mismo momento en el que yo estaba escribiendo la canción, así que la titulé «Song For Guy». Era muy distinta a todo lo que había hecho antes, y mi sello norteamericano rechazó publicarla como single –aquello me enfureció–, pero fue un gran éxito en Europa. Años más tarde, cuando conocí a Gianni Versace, me dijo que era su canción favorita de entre todas las mías. No dejaba de decirme que le parecía maravillosamente valiente. Me pareció que estaba exagerando; sin duda era diferente, pero tampoco la habría descrito como valiente. Al cabo de un rato empezó a quedarme claro que Gianni pensaba que era maravillosamente valiente porque había leído mal el título y creía que se titulaba «Song For A Gay».

Algunos de mis experimentos, de todos modos, quizá debieron haberse quedado en el laboratorio. Los videoclips todavía eran muy nuevos en el pop a principios de 1978, y decidí meterme de lleno sin dudarlo. Por supuesto que sí: iba a hacer el vídeo pop más increíble, caro y lujoso de todos los tiempos para una canción titulada «Ego». Nos gastamos una fortuna contratando al director

Michael Lindsay-Hogg. Lo rodamos como si fuera una película. Había decenas de actores, platós, antorchas llameantes, escenas de asesinato, regresiones rodadas en tono sepia. Estaba tan comprometido con el proyecto que incluso acepté quitarme el sombrero ante la cámara en un momento dado. Alquilamos una sala de cine en el West End para el estreno, sin darle importancia al hecho de que si la gente acude a un estreno confía, al menos, en que la película dure algo más de tres minutos y medio. Al final, hubo unos tímidos aplausos y en la sala flotaba esa sensación inconfundible en plan «¿Esto es todo?», como si hubiera invitado al público a una cena de gala y les hubiera ofrecido solo una chocolatina. Así que pedí que volvieran a poner el vídeo, con lo que conseguí cambiar la atmósfera totalmente: pasamos de «¿Esto es todo?» a una sensación también inconfundible en plan «Otra vez no». Para mejorar las cosas aún más, nadie quiso emitir el maldito vídeo —eso ocurrió años antes de que empezara la MTV, y en los programas de televisión no había todavía espacios para los videoclips—, así que el single fue un fiasco. Por lo menos, aquello le dio a John Reid la excusa para echarle al personal de la oficina una de sus famosas broncas, despidiendo a la gente por su incompetencia para, al poco tiempo, volver a contratarla. Desde entonces, detesto grabar videoclips.

Y luego estuvo el álbum disco, una idea inspirada en parte por el mucho tiempo que pasaba en Studio 54, donde iba siempre que visitaba Nueva York. Era algo alucinante, diferente de cualquier club en el que hubiera estado antes. El tipo que lo dirigía, Steve Rubell, estaba bendecido con la habilidad de crear un entorno asombroso, lleno de camareros guapos con pantalones cortos y otros personajes extraordinarios. Y no me refiero a los famosos, aunque había muchísimos. Me refiero a gente como Disco Sally, que debería tener unos setenta años y siempre parecía estar pasándoselo bomba, o Rollereena, un tipo vestido como Miss Havisham de *Grandes esperanzas* y que iba por la pista montado en unos patines. De manera aún más impresionante, Steve Rubell era capaz de crear ese entorno increíble mientras parecía estar siempre, a causa de los barbitúricos, con la cabeza en otra parte. Tenías la sensación de que Studio 54 era un espacio mágico en el que podía suceder cualquier cosa, y a veces sucedía. Una vez hicimos una fiesta Rocket allí y, en un momento dado, vi a Lou Reed y a su amante trans, Rachel, enzarzados en una conversación con ni más ni menos que Cliff Richard. Molaba ver a tanta gente que se identificaba con maneras tan diferentes de ver la vida, por decirlo de forma cuidadosa, todos departiendo tan tranquilos entre sí, pero me aturullaba un poco solo de pensar de qué demonios estarían hablando.

Había un sótano en el que los famosos podían ir y esnifar coca de una máquina del millón. Sin duda era toda una experiencia bajar allí –una noche me interceptó Liza Minnelli, ostensiblemente colgada, y me preguntó si quería casarme con ella–, pero lo que más me atraía del club era algo que nunca nadie dice sobre Studio 54: la música. Bueno, la música y los camareros, pero los camareros eran un caso perdido. Intenté hablar con algunos de ellos, pero no salían de trabajar hasta las siete de la mañana. Por supuesto, yo les habría esperando encantado hasta las siete, pero llegados a ese punto los excesos de la noche ya estarían pasándome factura y no habría funcionado. Es difícil mentalizarse para seducir cuando cada uno de tus ojos mira hacia una dirección y necesitas tres intentos para salir con éxito por la puerta.

Así que el verdadero encanto estaba en la música. La música disco me gustaba tanto como cuando la había escuchado en los clubes gais de Los Ángeles. Ese era el verdadero motivo por el que había construido una discoteca en Woodside, para poder pinchar cuando viniera gente a pasar unos días, para impresionar a todos con mi enorme colección de maxi-singles. Pero debo reconocer que los DJ de Studio 54 tenían colecciones mejores que la mía, y un equipo de sonido a su disposición que hacía que los altavoces que me había hecho enviar especialmente de los estudios Trident en Londres sonaran como un transistor al que se le estuvieran agotando las pilas. Hacían que bailara todo el mundo, incluso Rod Stewart, lo cual ya era una hazaña (por algún motivo, Rod se resistía siempre, como si lo de bailar estuviera prohibido por su religión). Siempre necesitaba que lo azuzaran un poco para salir a la pista, que era donde podía tener a mano las ampollitas de nitrato de amilo que yo me solía llevar. El popper era muy popular en los locales de ambiente de los setenta: lo inhalabas y te daba un subidón breve, legal y eufórico. La marca que yo compraba, y siento decirlo, se llamaba Cum (Lefa), y parecía que tuviera un efecto especialmente transformador en Rod. Le ofrecí un poco y, de repente —después de horas resistiéndose a levantar el culo de su asiento— ahí estaba, bailando durante el resto de la noche. La única vez que paró fue para inhalar un poco más: «Esto... ¿te queda algo de Lefa, Sharon?».

Uno de los productores disco más importantes era Pete Bellotte, a quien conocía de los años sesenta: Bluesology había tocado junto con su banda, The Sinners, en el Top Ten Club de Hamburgo. Me alegré de volver a verlo, y el álbum que hicimos juntos podría haber funcionado, de no haber sido porque decidí que no iba a escribir nuevas canciones, y que solo cantaría lo que aportaran Pete y sus colaboradores. Sospecho que el razonamiento tras esta idea estaba influido por el hecho de que le debía un par de álbumes a mi sello norteamericano, Uni. Todavía estaba enfadadísimo con ellos por no haber publicado «Song For Guy», y decidí que quería desvincularme del contrato tan pronto como me fuera posible y con el mínimo esfuerzo. No es que todo en *Victim of Love* fuera espantoso –si el tema que daba título al disco hubiera sonado en Studio 54, yo lo habría bailado–, pero hacer un álbum de mala fe, como lo era este, nunca es una buena idea. No importa lo que hagas, siempre afectará a la música: se nota que no está hecho con honestidad. Además, se publicó a finales de 1979, justo cuando en Estados Unidos comenzaba el rechazo masivo a la música disco, con una especial inquina reservada hacia los artistas rock que se habían atrevido a chapotear en el género. *Victim of Love* se hundió como una piedra en ambos lados del Atlántico. Una vez más, en las oficinas de Rocket resonaron los gritos de John Reid mientras despedía a todo el mundo, para luego, dócilmente, contratarlos a todos de nuevo.

Como sospeché en el mismo momento en que lo anuncié sobre el escenario del Madison Square Garden, retirarme de los conciertos no era un plan al que pudiera aferrarme. O, al menos, hubo veces en que no pude. Era incapaz de decidir si era la jugada más inteligente que había hecho nunca, o la más estúpida. Mi opinión fue variando con el tiempo, dependiendo de mi estado de ánimo, con resultados previsiblemente enloquecedores. Un día podía estar tan feliz en casa, diciéndole a quien me quisiera escuchar lo fantástico que era no tener que alterar tu vida por el eterno ciclo de las giras, deleitándome en el tiempo libre que me permitía concentrarme en ser presidente del Watford FC, y al siguiente podía estar llamando por teléfono a Stiff Records, un pequeño sello independiente en el que grababan Ian Dury y Elvis Costello, para ofrecerles mis servicios como teclista en su próxima gira conjunta, y encima aceptaban. Esa súbita necesidad de estar otra vez delante del público se veía reforzada por el hecho de que estaba encaprichado de uno de sus artistas, Wreckless Eric, quien, por desgracia, no era tan imprudente como indicaba su nombre, y no quería liarse conmigo.

Así que junté un nuevo equipo de músicos de acompañamiento que habían tocado en China, la banda que había formado Davey Johnstone cuando le dije que ya no saldría más de gira. Pasamos tres semanas ensayando de manera frenética para preparar un concierto solidario en Wembley en el que me había comprometido a tocar porque tenía relación con la organización benéfica que estaba detrás, Goaldiggers. Durante los ensayos empecé a emitir tímidas señales de que quería volver a salir de gira con ellos. Luego, aquella misma noche, decidí que la idea era un error terrible y volví a anunciar mi retirada de los escenarios, esta vez sin decírselo antes a nadie. John Reid estaba que echaba chispas. La sincera discusión que mantuvimos en el camerino después del concierto aparentemente se pudo oír al completo no solo en Wembley, sino en todo el norte de Londres.

Con el tiempo, me di cuenta de que si quería volver a tocar en directo, tenía que ser algo distinto, un reto. Decidí salir de gira con Ray Cooper, a quien había conocido antes de ser famoso. Tocaba en una banda llamada Blue Mink, que formaba parte de la escena alrededor de DJM (su cantante, Roger Cook, era también uno de los compositores que había firmado por la editorial de Dick James, y prácticamente todos los miembros de Blue Mink habían terminado ayudándome en mis primeros discos). Ray había estado entrando y saliendo de mi banda como percusionista, pero en esos conciertos estaríamos solo él y yo, y tocaríamos en teatros en vez de en estadios. Habíamos dado algunos conciertos así un tiempo atrás, un par benéficos en el Rainbow de Londres, el primero de los cuales había estado aderezado por la presencia de la prima de la Reina, la princesa Alexandra. Se mantuvo en su asiento educadamente durante todo el concierto y luego vino al camerino, e inició la conversación empezando fuerte, sonriendo y preguntándome: «¿De dónde sale toda esa energía que transmites en el escenario? ¿Consumes mucha cocaína?».

Fue uno de esos momentos en los que parece detenerse el tiempo mientras tu cerebro intenta comprender qué demonios estaba pasando. ¿Era una persona increíblemente ingenua y no comprendía de verdad lo que estaba diciendo? O, lo que es peor, ¿sabía muy bien de lo que estaba hablando? Por Dios, ¿lo sabía? ¿Habían llegado de verdad las noticias de mi colosal voracidad cocainómana (algo que, por entonces, era un asunto muy en boga en el negocio musical) hasta el palacio de Buckingham? ¿Era algo de lo que se hablaba en la cena? «Madre, me han dicho que fuiste a almorzar a casa de Elton John y que conociste a su abuelita. ¿Sabías que el tipo es una absoluta aspiradora?» Me las apañé para recomponerme lo suficiente y murmurar una negativa temblorosa.

Aun así, los conciertos del Rainbow habían sido de verdad emocionantes, más allá de las preguntas inesperadas de los miembros de la familia real acerca de mi afición por las drogas. Eran aterradores en el buen sentido de la palabra (si solo estás tú con un percusionista en el escenario, no tienes margen para desconectar un rato y dejar que la banda acapare toda la atención). Tienes que estar concentrado en todo momento, y tienes que tocar al borde de la perfección. Y cuando salimos de gira, la cosa funcionaba. Los conciertos recibieron unas críticas fabulosas y, cada noche, sentía esa combinación perfecta entre miedo y excitación, que es exactamente como se debe sentir un músico antes de salir al escenario. Era liberador, desafiante y satisfactorio, porque era algo muy distinto a cualquier cosa que hubiera hecho antes: no solo las canciones que tocábamos sino la manera como se presentaban, incluso los lugares donde actuábamos. Tenía interés en ir a países que nunca había visitado, aunque allí no me conocieran mucho: España, Suiza, Irlanda, Israel. Y así es como terminé tomando un vuelo en Heathrow, tumbado de espaldas y con las piernas levantadas, en dirección a Moscú.

Estaba tumbado de espaldas y con las piernas levantadas porque volábamos con Aeroflot, y en el momento en que despegamos nos dimos cuenta de que la aerolínea nacional rusa no se había molestado en atornillar los asientos al suelo del avión. Y ya puestos, tampoco había mascarillas de oxígeno en previsión de una emergencia… Lo que sí había en abundancia en el avión era un olor característico: antiséptico y fuerte, me recordaba un poco al jabón carbólico con el que me lavaba mi abuela cuando era niño. Nunca supe qué era exactamente, pero era a lo que olía Rusia en 1979; todos los hoteles olían igual.

Le había propuesto tocar en Rusia al promotor Harvey Goldsmith, medio en broma. Nunca creí que pudiera darse el caso. El rock occidental estaba más o menos prohibido bajo el comunismo –las casetes de los álbumes iban de mano en mano como si fueran de contrabando– y la homosexualidad era ilegal, así que las posibilidades de que aceptaran unas horas de entretenimiento a cargo de una estrella del rock abiertamente gay eran casi nulas. Pero Moscú iba a albergar los Juegos Olímpicos de 1980, y me daba que estaban buscando algo de publicidad positiva previa. No querían que la Unión Soviética se viera como un estado gris y monolítico en el que estaba prohibido divertirse. Harvey tramitó una petición a través de Asuntos Exteriores y los rusos enviaron a un oficial de la promotora musical nacional para asistir a un concierto que íbamos a dar Ray y yo en Oxford. En cuanto constataron que no éramos los Sex Pistols y habiéndonos juzgado poco peligrosos para la moral de la juventud comunista, nos dieron luz verde para la gira. Me llevé a mi madre y a Derf, a un puñado de periodistas norteamericanos y británicos y un equipo de filmación liderado por los guionistas Dick Clement e Ian La Frenais para rodar un documental. Nos parecía que iba a ser un viaje auténtico y muy excitante hacia lo desconocido, aunque también podía terminar en cualquier momento si moríamos asfixiados a causa de la pérdida de presión del avión.

Un grupo de dignatarios nos recibió en el aeropuerto de Moscú, dos chicas que iban a ser nuestras traductoras y un exmilitar llamado Sasha. Me dijeron que él sería mi guardaespaldas. Todos en la expedición dimos por hecho de inmediato que nos estaría espiando para el KGB. Decidí que podría espiarme todo lo que quisiera; era sumamente guapo, aunque, para mi decepción, se mostraba muy dispuesto a hablarme sobre su mujer y sus hijos. Nos subimos a un tren nocturno en dirección a Leningrado. Hacía calor –me había vestido como si fuera a pasar el invierno en las estepas siberianas y resultaba que Moscú estaba en plena y sofocante ola de calor–, y era todo muy incómodo, aunque eso no era culpa de los rusos. Me incomodaba más que, a través de la fina pared del coche-cama, podía oír con toda claridad a John Reid dándolo todo, supuestamente, para seducir a un periodista del *Daily Mail*.

El hotel en Leningrado no tenía un aspecto demasiado prometedor. La comida era indescriptible: cincuenta y siete variedades de sopa de remolacha y patatas. Si esto era lo que servían en los mejores hoteles, ¿qué demonios comía la gente normal? Cada planta estaba vigilada por una mujer anciana con cara severa, una verdadera *babushka* rusa, al acecho de cualquier mala conducta occidental. Pero resultó que aquel sitio era la hostia. Ya en la primera mañana, el equipo de gira se presentó a desayunar con un aspecto deslumbrante y maravillado, pues habían descubierto que si eras occidental y tenías algún tipo de conexión con el rock and roll, aunque solo fuera transportar los altavoces, aquello te hacía sexualmente irresistible a las camareras. Se ve que se metían en tu habitación, abrían el grifo de la bañera para desviar la atención de las siempre atentas *babushkas*, luego se desnudaban por completo y se abalanzaban sobre ti. El bar del hotel era como una fiesta sin fin, lleno de gente que había viajado desde Finlandia con la única intención de emborracharse todo lo posible a base de vodka ruso barato. Esa cosa era mortal. En cierto momento, alguien se me acercó y, para mi incredulidad, me pasó un porro. Aquí, en medio de la represiva Rusia comunista, el equipo de gira se lo había montado para conseguir algo de hierba. Parecían unos tipos con suerte. Quizá se me pegó algo, porque al cabo de un rato se presentó Sasha y me sugirió que subiéramos a mi habitación. Me pilló tan por sorpresa que sin querer saqué el tema de su mujer y sus hijos. No, me dijo, está todo bien: «En el ejército todos los hombres mantienen relaciones sexuales entre sí, porque nunca vemos a nuestras esposas». Así que terminé aquella noche borracho, colocado y follando con un soldado. No sé qué esperaba exactamente de mis primeras cuarenta y ocho horas en Rusia, pero sin duda no era eso.

En cualquier caso, me habría enamorado igualmente de Rusia aunque ninguno de sus ciudadanos se hubiera acostado conmigo. La gente no podía ser más amable y generosa. Por raro que parezca, me recordaban a los norteamericanos: tenían ese mismo sentido instantáneo del afecto y la hospitalidad. Nos enseñaron el Hermitage y el Palacio de Verano, la cabaña de madera de Pedro el Grande y el Kremlin. Vimos colecciones de arte impresionista y huevos de Fabergé tan impresionantes que te olvidabas de que tenías que comer. Allí donde fuéramos, la gente intentaba darnos regalos: barras de chocolate, juguetes, cosas para las que seguramente habían tenido que ahorrar. Te las ponían en la mano en plena calle o te las metían por la ventana del tren a medida que salía de la estación. Aquello hizo llorar a mi madre: «Esta gente no tiene nada de nada, y aun así te da cosas».

Los conciertos fueron en Leningrado y en Moscú, y acabaron siendo fantásticos. Digo acabaron siendo, porque siempre empezaron mal. Los mejores asientos estaban adjudicados a oficiales de alto rango del Partido Comunista, para asegurarse de que las reacciones no fueran más allá de un aplauso educado. La gente que de verdad quería verme estaba apretujada al fondo. Pero nadie contaba con Ray Cooper. Ray es un músico fabuloso que toca los instrumentos menos atractivos de la forma más atractiva posible. Es como el Jimi Hendrix de la pandereta, un líder nato atrapado en el cuerpo de un percusionista. Y en Rusia tocó como si cualquier otra actuación salvajemente extravagante que hubiera ofrecido en los años anteriores hubiera sido un simple calentamiento. Incitó al público a dar palmas y a acercarse hasta el borde del escenario, pidiéndole a gritos que se pusiera en pie. Funcionó. Los chicos del fondo llegaron corriendo hasta el escenario. Nos tiraban flores y nos pedían autógrafos entre las canciones. Me habían pedido que no cantara «Back In The USSR», y por supuesto la canté. Si el KGB me había estado espiando, estaba claro que no habían espiado lo bastante bien para saber que una de las maneras más eficaces de conseguir que yo haga algo es decirme que no lo puedo hacer.

Después del concierto de Moscú, había miles de personas esperando fuera del recinto, coreando mi nombre (muchas más de las que pudiera haber dentro de la sala). Desde la ventana del camerino, les lancé las flores que me habían dado antes. Mi madre echó un vistazo. «Mejor sería que les arrojaras un tomate –dijo, aún con el recuerdo fresco de nuestro último festín a base de sopa de remolacha y patatas–. Es probable que nunca hayan visto uno».

Si mi visita a la Unión Soviética había sido una acción de lavado de imagen para el país, entonces fue una pérdida de tiempo. Seis meses más tarde invadieron Afganistán, y cualquier simpatía internacional que pudieran haber despertado dejándome cantar «Bennie And The Jets» ya no contaba mucho después de aquello. Pero para mí fue el comienzo de un amor duradero por Rusia y por los rusos. Nunca he dejado de ir allí, incluso cuando la gente me ha dicho que no debería hacerlo. Si acaso, las cosas están ahora peor para los homosexuales rusos bajo el control de Vladimir Putin de lo que estaban en 1979, pero ¿qué iba a conseguir yo boicoteando el país? Mi posición en Rusia es muy privilegiada. Siempre me han aceptado y me han recibido bien, a pesar de que saben que soy gay y, por tanto, no tengo miedo de hablar claro cuando estoy allí. Puedo hacer declaraciones que saltan a los periódicos, puedo reunirme con gente gay y con gente del Ministerio de Sanidad para promocionar el trabajo que hace allí la Fundación Elton John contra el Sida. Nunca volví a ver a Sasha, pero más tarde me enteré de que fue una de las primeras personas en Rusia que murió de sida. Rusia sigue siendo a día de hoy uno de los países del mundo en los que la epidemia del VIH y el sida crecen más rápido. Esto no va a cambiar si antes no se negocia, si no nos sentamos a hablar. Y el debate tiene que empezar en algún momento. Así que he seguido volviendo, y cada vez que vuelvo, digo algo en el escenario sobre la homofobia o los derechos de los homosexuales. A veces hay gente que se marcha, pero la gran mayoría me aplaude. Le debo al pueblo de Rusia la posibilidad de seguir haciéndolo. Me lo debo a mí mismo.

Si algo me enseñaron los conciertos con Ray Cooper fue que no podía vivir sin el escenario. Mi vida privada seguía consistiendo en el mismo caos de novios y drogas. Una vez me tuvieron que llevar de urgencias al hospital desde Woodside por lo que, se dijo, había sido un infarto, pero en realidad aquello no tenía nada que

ver con mi corazón, sino con mi decisión de jugar al tenis con Billie
Jean King justo después de otro atracón de coca. Dejando a un lado
Victim of Love, mis discos se vendían bien (el siguiente, *21 at 33*,
fue disco de oro en Estados Unidos en 1980), pero se notaba claramente que ya no vendían tanto como antes, aunque hubiera vuelto a trabajar con Bernie, eso sí, de manera tentativa, solo un par de
canciones en cada disco. A veces, las letras que me pasaba eran
muy oportunas. No hay que ser un genio para imaginar a dónde
quería llegar cuando me mandó una canción titulada «White Lady
White Powder», el retrato de un adicto a la cocaína sin remedio.
Tuve los santos cojones de cantarla como si estuviera hablando de
otra persona.

Pero en el escenario, todos los problemas desaparecían durante
un par de horas. Después de la publicación de *21 at 33*, me em-
barqué en otra gira mundial. Había reunido a la Elton John Band
original –Dee, Nigel y yo– y la aumenté con un par de guitarristas
de sesión estelares, Richie Zito y Tim Renwick, además de James
Newton Howard a los teclados. En los conciertos con Ray me
vestía de manera normal, dejando que él llevara toda la parte teatral, pero ahora había llegado el momento del gran regreso. Con-
tacté con mi sastre de toda la vida, Bob Mackie, y con un diseñador llamado Bruce Halperin, y les dije a los dos que pensaran en
las peores ideas: como la moda había ido cambiando, evidentemente abandonamos las plataformas y los brillos excesivos, pero a
Bruce se le ocurrió algo que se asemejaba al uniforme de un general del ejército cubierto de relámpagos y flechas rojas y amarillas,
con solapas que parecían el teclado de un piano y una gorra con
visera a juego.

Los conciertos fueron más multitudinarios que nunca. En septiembre de 1980 toqué delante de medio millón de personas en
Central Park, el público más numeroso ante el que he actuado

jamás. Para el bis, Bob me había preparado un disfraz del Pato Donald. En teoría, era una idea fantástica, pero su función práctica dejaba bastante que desear. En primer lugar, no me podía poner bien aquella maldita cosa. Estaba en el camerino, con un brazo metido en uno de los orificios para las piernas, y una pierna metida donde debía ir un brazo, llorando de risa cada vez que alguien me exigía que me moviera. «¡Ahí fuera hay 500.000 personas y van a pensar que no hay bis! ¡Van a pensar que se ha acabado el concierto y se irán a casa!» Cuando conseguí salir al escenario me di cuenta de que tendría que haber hecho algunas pruebas de vestuario para ver si el disfraz me iba bien. Si lo hubiera hecho, habría descubierto que había dos problemas poco importantes. Primero, que no podía andar bien (tenía unos enormes pies de pato, como si fueran aletas de buceador). Y segundo, que tampoco me podía sentar (porque tenía un enorme culo acolchado que implicaba que lo mejor que podía hacer era apoyarme suavemente en el taburete). Intenté tocar «Your Song», pero no lograba parar de reír. Cada vez que cruzaba una mirada con Dee —en la que veía una expresión de resignación hastiada, la mirada de un hombre que había vuelto cinco años después para descubrir que todo aquello era más ridículo que nunca—, se me escapaba una risa floja. Una vez más, la tierna balada de Bernie sobre el florecimiento de un amor joven sufrió un grave menoscabo por causa de mi elección de vestuario.

Pero dejando a un lado el disfraz de pato, fue un espectáculo fantástico: un clima de otoño en Nueva York perfecto, miembros del público subidos a los árboles para conseguir mejores vistas. Toqué «Imagine» y se la dediqué a John Lennon. No le había visto en varios años. Había sentado cabeza después del nacimiento de Sean (seguramente, lo último que quería era que le recordaran aquella locura intoxicada de 1974 y 1975). Después del concierto hubo una gran fiesta en el *Peking*, un barco convertido en un museo flotante en el East River, y se presentaron Yoko Ono y él, de forma totalmente inesperada. John se comportó con la misma simpatía de siempre, estaba muy emocionado por volver a hacer otro disco, pero yo estaba exhausto y no pude quedarme mucho tiempo. Les dije que volveríamos a vernos la próxima vez que regresara a Nueva York.

La gira fue avanzando, cruzando Estados Unidos y saltando a continuación hasta Australia. Nuestro avión acababa de aterrizar en Melbourne cuando oímos la voz de una azafata por megafonía diciendo que la comitiva de Elton John aún no podía desembarcar y que teníamos que permanecer a bordo. Es extraño, porque en el momento en que dijo eso, se me paró el corazón; sabía que aquello significaba que había muerto alguien. Mi primer pensamiento fue que habría sido mi abuela. Cada vez que me iba del país y me pasaba por el invernadero para decirle adiós, me preguntaba si seguiría allí cuando yo volviera. John Reid fue hasta la cabina para averiguar qué estaba pasando, y volvió llorando, completamente aturdido. Me dijo que habían asesinado a John Lennon.

No me lo podía creer. No era solo el hecho de su muerte, era la manera tan brutal en la que había sucedido. Había tenido otros amigos que murieron jóvenes, primero Marc Bolan, en 1977, y luego Keith Moon, en 1978. Pero no habían muerto de la misma manera que John. Marc se mató en un accidente de coche y Keith había muerto de un caso incurable de una enfermedad llamada «ser Keith Moon». Ninguno de los dos habían sido asesinados, a manos de un completo desconocido, en la puerta de su casa, sin razón aparente. Era inexplicable. Era inconcebible.

No sabía qué hacer. ¿Qué podía hacer? En vez de flores, le mandé a Yoko un enorme pastel de chocolate. A ella siempre le había gustado el chocolate. No había ningún funeral al que asistir, y aún estábamos en Melbourne cuando el homenaje público que había solicitado Yoko tuvo lugar, el domingo justo después de su muerte. Así que alquilamos la catedral local y tuvimos nuestra propia misa a la misma hora exacta en la que la gente se reunía en Central Park. Cantamos el salmo 23, «El Señor es mi pastor», y todo el mundo lloraba: la banda, el equipo técnico, todo el mundo. Más tarde, Bernie y yo escribimos una canción dedicada a él, «Empty Garden». Era una letra buenísima. En absoluto empalagosa o sentimental –Bernie también conocía a John y sabía que habría detestado cualquier cosa así–, simplemente airada, sin prejuicios y triste. Es una de mis canciones favoritas, pero casi nunca la toco en directo. Es demasiado difícil de tocar, demasiado emotiva. Décadas después de la muerte de John Lennon, presentamos «Empty Garden» en uno de mis espectáculos en Las Vegas y la acompañamos en pantalla con unas bellas imágenes suyas que nos había facilitado Yoko. Todavía lloraba cada vez que la cantaba. Quería de verdad a John, y cuando quieres tanto a alguien, creo que nunca eres capaz de superar su muerte.

Un par de años después de la muerte de John, recibí una llamada de Yoko. Me dijo que necesitaba verme, que era urgente, que yo tenía que ir a Nueva York de inmediato. Así que me subí a un avión. No tenía ni idea de lo que estaba pasando, pero su voz sonaba desesperada. Cuando llegué al Dakota, me dijo que había encontrado un montón de cintas con canciones sin terminar en las que John había estado trabajando justo antes de morir. Me preguntó si querría completarlas, para que así se pudieran publicar. Fue muy halagador, pero no quería hacerlo bajo ningún concepto. Me pareció que aún era demasiado pronto, no era el mejor momento. En realidad, nunca pensé que pudiera haber un buen momento. Solo con pensar en ello, entraba en pánico. Ponerme a imaginar cómo podría intentar acabar una canción que John Lennon había empezado a escribir: nunca sería tan presuntuoso. Y la idea de cantar en un mismo disco con él me pareció del todo horrible. Yoko insistía mucho, pero yo también.

De modo que fue una reunión muy incómoda. Me sentí fatal cuando me fui. Yoko creía que así estaba honrando el legado de John, al intentar completar su deseo, y yo estaba negándome a ayudarla. Sabía que tenía razón, pero no por eso la situación era menos deprimente. (Al final, publicó las canciones tal como estaban, en un álbum titulado *Milk and Honey*.) En busca de algo con lo que alejar mis pensamientos de todo aquello, me fui al cine y vi una película de Monty Python, *El sentido de la vida*. Terminé riéndome como nunca con Mr. Creosote, ese hombre asqueroso que come hasta que explota. Luego pensé en lo divertido que le habría parecido aquello a John. Ese era exactamente su sentido del humor: surrealista, mordaz y satírico. Casi podía oír su risa, esa carcajada que me resultaba tan vital. Así era como quería recordarlo. Y así es como lo recuerdo.

9

Me despertaron unos golpes en la puerta de la suite donde me alojaba. No pensé en quién podía ser porque no podía pensar. Tenía una de esas resacas que crees que no es resaca pues es imposible encontrarse tan mal por muchos excesos que hayas cometido, así que debe de ser algo más grave. No solo me dolía la cabeza sino todo el cuerpo, sobre todo las manos. ¿Desde cuándo las resacas dejan las manos doloridas? ¿Y por qué no se largaba quienquiera que estuviera aporreando la puerta, a pesar de que yo no paraba de ordenarle que se marchara?

Pero continuaron los golpes mientras una voz me llamaba por mi nombre. Era Bob Halley. Me levanté. Esa resaca era increíble. Me encontraba peor que después de la fiesta de Nochevieja de Ringo Starr de 1974, y eso que había empezado a las ocho de la tarde y había acabado a las tres y media de la tarde siguiente. Peor que un par de años antes en París, cuando alquilé un piso con vistas al Sena con el pretexto de hacer unas grabaciones, y luego recibí un envío de cocaína de grado farmacéutico y me negué a ir al estudio. John Reid apareció una mañana con la intención de llevarme a rastras a una sesión, y se encontró con que yo seguía despierto desde la noche anterior y tan colocado que tenía alegres alucinaciones en las que bailaba con los muebles de la cocina. Debió de ser durante esa estancia en París cuando decidí afeitarme en mi estado alterado, totalmente fuera de mí, porque me entusiasmé tanto con la idea que me rasuré las cejas además de la barba. Todos esos sucesos tienden a fundirse en uno solo.

Abrí la puerta y me encontré a Bob escudriñándome, como si esperara que dijera algo. Al ver que yo no abría la boca, dijo:

—Creo que debes venir a ver una cosa.

Lo seguí por el pasillo hasta su habitación. Cuando la abrió, apareció ante nosotros una escena de destrucción total. No había un solo mueble intacto, aparte de la cama. Todos los demás estaban de lado, del revés o hechos pedazos. Entre las astillas había un sombrero de cowboy que a Bob le gustaba llevar. Estaba del todo plano, como el de Sam Bigotes cuando Bugs Bunny deja caer un yunque sobre su cabeza.

—Joder —dije—. ¿Qué ha pasado?

Hubo un largo silencio.

—Lo que ha pasado eres tú, Elton —respondió él por fin.

¿Qué quería decir? ¿De qué coño hablaba? No entendía qué pintaba yo en todo aquello. Lo último que recordaba era que lo estaba pasando de maravilla. ¿Por qué iba a querer destrozarlo todo?

—Yo estuve en el bar —repliqué indignado—. Con los de Duran Duran.

Bob volvió a mirarme como si intentara averiguar si hablaba en serio o no. Luego suspiró.

—Sí —dijo finalmente—. Al principio de la noche.

Todo había ido increíblemente bien. Era junio de 1983 y estábamos en Cannes filmando un vídeo para «I'm Still Standing», que iba a salir como primer single de mi siguiente álbum, *Too Low for Zero*. Desde el desastre de «Ego», había intentado involucrarme lo menos posible en la filmación de los vídeos, pero esta vez decidí no escatimar esfuerzos. Por un lado, porque el director era Russell Mulcahy, con quien había trabajado antes, y me caía muy bien. Russell era el hombre a quien acudir a principios de los años ochenta si uno quería conseguir un vídeo vistoso y exótico de aspecto caro (fue él quien hizo volar a Duran Duran hasta Antigua y los filmó cantando «Rio» en un yate). Por el otro, también porque me interesaba mucho que «I'm Still Standing» y *Too Low for Zero* fueran éxitos comerciales. Bernie y yo volvíamos a componer juntos a tiempo completo. Durante el período de prueba en que nos habíamos separado sacamos varias canciones buenas, pero nos dimos cuenta de que necesitábamos hacer un álbum completo juntos si queríamos que la colaboración funcionara. Yo me había divertido tocando con Dee y Nigel, así que junté de nuevo a mi vieja banda en el estudio, con Davey a la guitarra y Ray Cooper a la percusión. Mi amiga de la Royal Academy of Music, Skaila Kanga, vino para tocar el arpa, como había hecho en *Elton John* y *Tumbleweed Connection*.

Volamos al estudio de George Martin en la isla de Montserrat, en el Caribe, donde el productor Chris Thomas había reunido a un equipo realmente bueno de técnicos de sonido y operadores de cinta: Bill Price, Peggy McCreary, que llegaba directamente de trabajar con Prince, y una chica alemana llamada Renate Blauel. Yo había grabado allí parte de mi álbum anterior, *Jump Up!*, en 1981, pero esta vez era diferente. Bernie estaba allí y era el primer álbum que reunía a la banda inicial desde *Captain Fantastic*, en 1975. Era como una máquina bien engrasada que vuelve a ponerse en marcha, pero los resultados no se parecían a los álbumes que habíamos hecho en los años setenta, sino que sonaban realmente novedosos. Yo había estado experimentando con el sintetizador, además de con el piano. Las canciones tenían chispa: «I Guess That's Why They Call It The Blues», «Kiss The Bride», «Cold As Christmas». Y «I'm Still Standing» era como la tarjeta de presentación de todo el álbum. La letra hablaba de una de las ex de Bernie, pero pensé que también podía interpretarse como un mensaje a mi nueva compañía discográfica norteamericana, que estaba resultando ser, con toda franqueza, un auténtico coñazo.

Geffen Records era un sello relativamente nuevo (se había fundado en 1980), pero se estrenó fichando a las estrellas más grandes que pudo conseguir: no solo a mí, sino a Donna Summer, Neil Young, Joni Mitchell y John Lennon. A todos nos había atraído la reputación de David Geffen –había conducido al éxito a The Eagles y a Jackson Browne en los años setenta– y la promesa de tener libertad artística absoluta. Sin embargo, el primer álbum que hice con ellos en 1981, *The Fox*, no se vendió mucho. Con *Jump Up!* mejoraron las ventas, pero el único de los grandes fichajes que había logrado un gran éxito hasta entonces era John Lennon, y su asesinato había contribuido a ello. Antes de su muerte su álbum con Yoko, *Double Fantasy*, había recibido malas críticas y no se había vendido mucho. Despidieron al productor de Donna Summer, Giorgio Moroder, que había concebido literalmente cada single superventas que ella había sacado. Pusieron a Joni Mitchell en el estudio con un genio del sintetizador llamado Thomas Dolby, lo que era casi tan apropiado como un coro tirolés de los Alpes. E intentaron demandar a Neil Young por ser impredecible, lo que, si uno sabe algo de su carrera, era como demandarlo por ser él mismo. A mí no me gustaba todo aquello, y pensé que «I'm Still Standing» era como un serio aviso.

Era una canción que les decía, toda arrogante y segura: iros a la mierda.

Era necesario acompañarla de un vídeo igual de arrogante y seguro, y Russell nos lo proporcionó en forma de gran producción, con tomas aéreas desde helicópteros y legiones de bailarines con pintura corporal y disfraces. Llevaron mi Bentley descapotable a Niza para que me paseara en él por la Croisette. Había una coreografía en la que yo debía participar, al menos de entrada. Visiblemente atónita por la demostración de los pasos que yo había perfeccionado en las pistas de baile de Crisco Disco y Studio 54, la coreógrafa Arlene Phillips palideció y redujo terminantemente mi papel, hasta que al final lo único que tenía que hacer era chasquear los dedos y caminar por el paseo marítimo al son de la música. Tal vez temía que eclipsara a los profesionales, y lo que dijo más tarde sobre que yo era el peor bailarín con el que había trabajado no era más que un brillante engaño concebido para ahorrarles el bochorno.

El rodaje empezó a las cuatro de la madrugada y duró todo el día. Al atardecer hicieron un descanso y regresé a mi hotel, el Negresco, para refrescarme antes del rodaje nocturno. En el vestíbulo me encontré a Simon Le Bon. Se hallaba en la ciudad con Duran Duran y estaban yendo al bar. ¿Quería apuntarme? Yo no lo conocía muy bien, pero pensé que una copa rápida podría animarme. No sabía qué pedir, y Simon me preguntó si había probado el martini con vodka. «No, nunca. Tal vez debería probarlo.»

Hay varias versiones sobre lo que ocurrió a continuación. Me temo que no puedo confirmarlas ni negarlas porque no recuerdo nada aparte de pensar que Duran Duran eran una compañía fabulosa y advertir que el martini con vodka había bajado con singular facilidad. Según cuál se crea, me tomé seis u ocho más en una hora, a lo que siguió un par de rayas de coca. Luego parece ser que regresé al plató, ordené que empezaran a filmar, me desnudé íntegramente y empecé a rodar por el suelo. John Reid estaba allí de extra, vestido de payaso. Me reprendió, y su intervención me sentó muy mal. Tan mal que le pegué un puñetazo en la cara. Los que lo vieron luego dijeron que daba la sensación de que le había roto la nariz. Eso explicaba por qué me dolían las manos, pero estaba perplejo. Nunca había pegado a nadie en toda mi vida de adulto, y nunca he vuelto a hacerlo. Aborrezco la violencia física, hasta el punto de que ni siquiera puedo ver un partido de rugby. Claro que, puestos a romper un hábito de toda la vida y partirle la cara a alguien, más valía que fuera a John Reid; podía tomárselo como una revancha por los puñetazos que me pegó cuando éramos pareja.

John salió del plató en tromba con las llaves del Bentley y desapareció en la noche. Nadie supo de él hasta el día siguiente, cuando llamó a la oficina de Rocket y les gritó que llamaran a Alcohólicos Anónimos. Había conducido toda la noche hasta Calais, había embarcado en el ferry a Dover y de inmediato había tenido una avería. Cuando llegaron los de la grúa se quedaron comprensiblemente desconcertados al encontrar un Bentley descapotable conducido por un hombre vestido y maquillado de payaso, y cubierto de sangre.

Una vez que John Reid se hubo ido, alguien logró vestirme —según me contaron, en varios intentos— y Bob Halley me llevó precipitadamente arriba. Yo puse de manifiesto que no aprobaba su intervención destrozando su habitación del hotel. A modo de escena final le pisoteé el sombrero y volví a mi suite, donde perdí el conocimiento.

Bob y yo estábamos sentados en la cama, desternillándonos. No había nada que hacer aparte de reír a carcajadas ante el horror de lo ocurrido y luego hacer varias llamadas de disculpa. Ese día debería haberme parado a pensar en mi forma de actuar. Pero, como cualquiera supondrá, no lo hice. La primera consecuencia de los acontecimientos de Niza en mi vida fue (¡atención!) mi decisión de beber más martinis con vodka. En adelante así empezaría cualquier salida nocturna, con cuatro o cinco martinis con vodka, luego un restaurante –tal vez L'Orangerie si me encontraba en Los Ángeles–, donde caería una botella y media de vino durante la cena, y de vuelta a casa para empezar con las rayas y los porros. Se convirtieron en mi bebida preferida, en parte porque tenían una ventaja añadida: perdía el conocimiento y luego no podía recordar lo horrible que había sido la noche anterior. De vez en cuando alguien se sentía obligado a llamarme por teléfono para recordármelo y yo me disculpaba. Recuerdo una llamada furiosa de Bernie después de una noche en Le Dome, un restaurante de Los Ángeles del que yo era inversor, donde me emborraché y pronuncié lo que me pareció que era un discurso tronchante, durante el cual logré insultar a la madre de John Reid. Pero había algo reconfortante en no saberlo de primera mano. Eso significaba que podía engañarme diciéndome que tal vez no había sido tan horrible como la gente decía, o que se trataba de un incidente aislado. Después de todo, la mayoría de las veces nadie se atrevía a decirme nada por ser quien era. Es lo que tiene el éxito. Le da licencia a uno para obrar mal, una licencia que no se revoca hasta que el éxito se ha extinguido por completo, o uno se arma de coraje y decide entregarla él mismo. Y, por el momento, no había peligro de que nada de todo eso me sucediera a mí.

Me pasé el resto de 1983 viajando. Me fui de vacaciones con Rod Stewart, lo que se estaba convirtiendo en algo habitual. Antes habíamos ido a Río de Janeiro para el carnaval, que fue divertidísimo. Para asegurarnos de que nos reconocíamos en medio de la multitud, nos habíamos comprado trajes de marinero en una tienda de disfraces. Salimos con ellos puestos y nos enteramos de que acababa de atracar en el puerto un enorme buque naval, y que las calles estaban abarrotadas de marineros uniformados; era como si en la ciudad hubiera una reunión de la marina real británica. En esta ocasión nos fuimos de safari a África. Convencidos de que allí todo el mundo nos tomaría por estrellas del rock desaliñadas y rudas, nos empeñamos en bajar a cenar todas las noches vestidos de etiqueta rigurosa, pese al calor achicharrante. Nuestros compañeros de safari –que llevaban ropa apropiada para el clima–, lejos de tranquilizarse, no pararon de lanzarnos miradas de preocupación, como si se hubiera unido un par de locos al grupo del safari.

Luego fui a China con el Watford, que volaba allí en una gira postemporada; era el primer equipo de fútbol británico al que invitaban. Fue una experiencia extraña y no carente de atractivo, estar en un país donde literalmente nadie sabía quién era yo, aparte de la gente con la que iba. Y China me fascinó. Eso fue antes de que el país se abriera a Occidente. Volví con el Watford un par de años después y ya se veía cómo poco a poco iba introduciéndose la influencia occidental. Había personas en bicicleta con un microondas sujeto a la espalda y en los bares sonaban los discos de Madonna. Pero, en ese momento, todavía era como visitar un mundo aparte. Por razones que solo conocía el Partido Comunista chino, no estaba permitido animar durante los partidos de fútbol, de modo que estos se desarrollaban en medio de un silencio inquietante. Visitamos la tumba de Mao y lo miré en su ataúd de cristal, lo que fue una experiencia extraña. Yo había visto el cuerpo de Lenin en Rusia y tenía buen aspecto, pero sin duda algo no estaba bien en el de Mao, o mejor dicho, en lo que le habían hecho para conservarlo. Era del mismo color rosa brillante que esas gominolas en forma de gamba que comían los niños. No quiero poner en entredicho a sus embalsamadores, pero Mao daba la impresión de estar pudriéndose.

Y en octubre volé a Sudáfrica y toqué en Sun City, una ocurrencia de lo más estúpida. La campaña en contra todavía no había cobrado impulso –solo empezó después de la actuación de Queen, en 1984–, pero aun así había suficiente polémica en torno a tocar en Sudáfrica para que se avivaran mis dudas. John Reid me aseguró que todo iría bien. En Sun City habían actuado artistas negros: Ray Charles, Tina Turner, Dionne Warwick, incluso Curtis Mayfield. ¿Cómo podía ser tan malo si el gran poeta del movimiento en pro de los derechos civiles había accedido a tocar allí? No era propiamente Sudáfrica, sino Bofutatsuana. Allí no se segregaba al público por cuestión de raza.

Pero es evidente que no fue una buena idea. Lo mismo hubiera dado que segregaran al público por el color de su piel; al precio que estaban las entradas, los sudafricanos negros no habrían podido permitirse acudir, aunque hubiesen querido. Si me hubiera molestado en indagar un poco, habría averiguado que cuando Ray Charles tocó allí, los sudafricanos negros se pusieron tan furiosos que apedrearon el autobús en el que viajaba y tuvo que cancelar el concierto en Soweto. Pero no lo hice. Sencillamente metí la pata. Eso no era como ir a Rusia y hacer frente a la oposición. En Sudáfrica, la gente que sufría como consecuencia del apartheid no quería que los artistas boicotearan el país. No se sacaba nada bueno yendo allí. De modo que no tiene sentido justificarlo. Hay veces que uno la pifia, y tiene que levantar la mano y admitirlo. Todos esos artistas negros que he mencionado lamentaron su decisión con amargura más tarde, al igual que yo. Al regresar firmé una petición pública elaborada por los que hacían campaña contra el apartheid en la que me comprometía a no volver a ir.

Cuando regresé a Inglaterra, mi padre estaba gravemente enfermo. Uno de mis hermanastros me había buscado entre bastidores en un concierto de Manchester y me había dicho que tenía un problema cardíaco, y que iban a operarlo para un bypass cuádruple. Yo había guardado las distancias con los años, pero lo telefoneé a su casa y me ofrecí a pagar para que lo operaran en un hospital privado. Se negó en redondo. Fue una lástima, tanto por sus otros hijos y mi madrastra como por todo lo demás; él los quería y ellos le correspondían, y habría sido preferible intentar resolver sus problemas de salud de la forma más rápida posible. Pero él no quiso que yo lo ayudara. Le propuse que nos viéramos en Liverpool cuando el Watford jugara allí. No quedaba muy lejos para él. Accedió. El fútbol era lo único que teníamos en común. No recuerdo que fuera a verme tocar en directo o que habláramos de música alguna vez. Era evidente que lo que yo hacía no era de su agrado.

Antes del partido, lo llevé a comer al Adelphi Hotel. Estuvo bien. Nos limitamos a hablar cordialmente de cosas sin importancia. De vez en cuando se nos acababa la conversación y se hacía un silencio incómodo, lo que ponía de relieve que no nos conocíamos muy bien. Yo seguía enfadado con él por el modo como me había tratado, pero no lo saqué a relucir. No quería un gran enfrentamiento porque nos habría arruinado el día; además, él todavía me daba miedo: mi vida había cambiado mucho con los años, pero nuestra relación seguía paralizada en 1958. Vimos el partido desde el palco de honor. El Watford perdió por 3 a 1 —llevaban poco tiempo en primera división y parecía que los intimidaba jugar en un estadio tan enorme como Anfield—, pero sigo pensando que lo pasó bien, aunque con él nunca se sabía. Supongo que, en el fondo, esperaba que le impresionase el hecho de que yo fuera el presidente del club al que él me había llevado de niño, y que los seguidores del Watford cantaran «Viva el ejército Taylor de

222

Elton John» cuando metíamos un gol o avanzábamos por el campo. Si con mi música nunca me había caído un «Enhorabuena, hijo, me siento orgulloso de ti», tal vez lo consiguiera con mis logros con el Watford. Pero nunca llegó. He pensado mucho en ello desde entonces, y no logro averiguar si tenía un problema para expresar lo que sentía hacia mí o se sentía avergonzado de haberse equivocado sobre las decisiones que yo había tomado contra su voluntad. Aun así, nos despedimos de forma cordial. Nunca volví a verlo. No tenía sentido. No había una relación real que reconstruir. Nuestras vidas habían discurrido por separado durante décadas. No había bonitos recuerdos de la niñez que rescatar y evocar.

En diciembre de 1983 regresamos a la isla de Montserrat. *Too Low for Zero* había sido un gran éxito, el álbum más importante que había hecho en casi una década –platino en Gran Bretaña y en Estados Unidos, y cinco veces platino en Australia–, así que para el siguiente decidimos repetir la fórmula: Bernie escribiría todas las letras, la vieja banda de Elton John compondría la música y Chris Thomas la produciría. De hecho, el único cambio real en el equipo fue que Renate Blauel ascendió de operadora de cinta a ingeniera de sonido. Era concienzuda y caía bien a todos: a los demás músicos, al equipo técnico y a Chris. Era callada pero fuerte y dueña de sí misma. En aquella época los estudios de grabación eran un mundo de hombres, no se veía a casi ninguna mujer trabajando en ellos, pero ella estaba forjándose una carrera solo a base de ser increíblemente buena en lo que hacía; había dado un paso al frente y trabajaba como ingeniera para The Human League y The Jam.

Al día siguiente de Navidad tomé un avión y llegué de un humor de perros. Mi madre y Deft habían acudido a Woodside para pasar las fiestas, y ella había adoptado al instante su viejo papel de señora de la casa y se mostró desagradable con el personal. Había tenido una discusión fuerte con una de las asistentas, que dio paso a una discusión fuerte conmigo a distancia, y Derf y ella se habían marchado como una exhalación en plena Nochebuena.

Pero me animé en cuanto llegué a la isla de Montserrat. Tony King había volado allí un día antes que yo y tenía previsto quedarse a pasar la Nochevieja. Ahora vivía en Nueva York, donde trabajaba para RCA con Diana Ross y Kenny Rogers. Había dejado de beber y se había unido a Alcohólicos Anónimos, y tenía muy buen aspecto, aunque contaba historias aterradoras sobre lo que estaba pasando en la comunidad gay de Greenwich Village y en Fire Island como consecuencia de una nueva enfermedad llamada sida. Nos divertimos un rato en el estudio, yo inventando personajes —una aristócrata entrada en años llamada Lady Choc Ice, una cantante lúgubre al estilo de Nico llamada Gloria Doom— y él fingiendo que las entrevistaba. Los dos aprobamos sin reservas al chico que había reemplazado a Renate como operador de cinta, Steve Jackson; era rubio y guapo.

A los pocos días Tony regresó a Nueva York. Un par de semanas después lo llamé y le dije que tenía que darle una noticia.

—Me caso —dije.

Tony se echó a reír.

—¿Ah, sí? ¿Y con quién, si se puede saber? ¿Con ese glamuroso grabador? ¿Vas a pasar a ser la señora Jackson?

—No. Me voy a casar con Renate.

Tony siguió riéndose.

—Tony, hablo en serio. Le he pedido que se case conmigo y ella me ha dicho que sí. La boda será dentro de cuatro días. ¿Puedes tomar un avión a Sidney?

La risa al otro lado del teléfono se interrumpió bruscamente.

La estrella del pop más improbable de Gran Bretaña acepta sus discos de oro. Stephen James, Bernie, yo y Dick James en las oficinas de DJM.

(izquierda) Mi adorable abuela, Ivy Sewell.

(derecha) Esforzándome al máximo por eclipsar a Rod Stewart, como siempre.

(arriba) Su Alteza Real Tony King, con su leal súbdito John Lennon emergiendo bajo sus faldas.

(derecha) Etiquetas de equipaje durante el viaje en el SS *France*, donde escribí *Captain Fantastic and the Brown Dirt Cowboy* durante el día, y gané a todo el mundo jugando al bingo durante la noche.

Ensayando con John en el Record Plant, Nueva York, la víspera del concierto de Acción de Gracias en el Madison Square Garden.

En la pista de despegue con el *Starship*, recién pintado de nuevo según mis indicaciones.

«¿Que no voy a poder cantar vestido así?
Ya me preocuparé yo de eso»: el maestro de la
timidez y la modestia se sube al escenario,
a mediados de los años setenta.

Conduciendo un carrito de golf dorado con unas gafas luminosas y una pajarita en la parte frontal para destapar mi estrella en el Paseo de la Fama de Hollywood. Salta a la vista lo increíblemente contento que estaba con este giro de los acontecimientos.

Con la maravillosa Billie Jean King y Bernie, la inspiradora y el autor de la letra, respectivamente, de «Philadelphia Freedom».

Con Bernie en Tower Grove Drive, Los Ángeles, en los años setenta.
En mi cabeza ya se aprecian los progresivos efectos causados
por un desastroso experimento con el tinte del pelo.

En el escenario con Stevie Wonder, en Wembley, 1977. Sin que nadie lo supiera todavía,
allí estaba a punto de anunciar que me retiraba de los conciertos, una vez más.

(arriba) En Studio 54, en la fiesta de Roberta Flack. Conmigo están Andy Warhol, Jerry Hall y Ahmet Ertegun. Se nota que todavía es una hora temprana de la noche porque mis dos globos oculares siguen apuntando en la misma dirección.

(izquierda) En Leningrado con Ray Cooper, en 1979.

(izquierda) Con el disfraz de Pato Donald, que me impedía caminar y sentarme bien, tocando en Central Park en septiembre de 1980.

(abajo) La otra gran alianza de mi carrera: el entrenador del Watford, Graham Taylor, debate sobre aspectos tácticos con el presidente, en 1983.

Entre bambalinas en el Live Aid con el magnífico Freddie Mercury, que acababa de robarme todo el protagonismo y alegremente me informaba de que, en el escenario, me parecía a la Reina Madre.

George Michael quería dejar atrás la frivolidad de la música pop, así que, como es natural, me presenté en el concierto de despedida de Wham! en junio de 1986 vestido como Ronald McDonald.

Yo había llegado a Montserrat con mi último novio a la zaga, un australiano llamado Gary que había conocido en Melbourne un par de años atrás. Era una más en una interminable sucesión de situaciones de rehén, en este caso uno joven, guapo y rubio. Me había enamorado de él y a continuación había seguido mi plan infalible para amargar la vida de ambos. Lo convencía para que dejara Australia y se fuera a vivir conmigo a Woodside, una vez allí lo agasajaba con regalos, luego me aburría y le pedía a Bob Halley que lo mandara de vuelta a casa. Después volvíamos a ponernos en contacto, yo cambiaba de opinión y le pedía que volviera a Woodside, luego me aburría y le pedía a Bob que le comprara un billete de vuelta a Brisbane. Eso no iba a ninguna parte, solo daba vueltas alrededor del mismo punto. ¿Por qué siempre era así? Yo sabía que era culpa mía, pero era demasiado estúpido para saber en qué me equivocaba. La cocaína es así. Uno se vuelve egoísta y narcisista, y a su alrededor todo tiene que ser como él quiere. También lo vuelve veleidoso, de modo que en realidad no tiene ni idea de lo que busca. Si esta combinación es horrible para la vida en general, cuando se trata de una relación personal resulta letal. Si alguien quiere vivir en un mundo deprimente de infinitas mentiras delirantes, no puedo recomendarle lo bastante la cocaína.

Sin embargo, al volver a Montserrat, las canciones se sucedieron con rapidez, y las sesiones de grabación tuvieron otro efecto positivo. Empecé a pasar cada vez más tiempo con Renate. Disfrutaba mucho de su compañía. Era inteligente, amable y graciosísima; tenía un sentido del humor muy británico. Era muy guapa, pero no daba la impresión de ser consciente de ello, siempre iba con tejanos y camiseta. Parecía un poco aislada y solitaria, una mujer en un mundo de hombres, y así era exactamente como yo me sentía por dentro. Congeniábamos a la perfección, hasta el punto de que cada vez me apetecía más hablar con ella que estar con Gary. Me inventaba pretextos para pasar tiempo con Renate, le pedía que volviera conmigo al estudio después de cenar para que escucháramos lo que habíamos hecho durante ese día, solo para hablar con ella. En más de una ocasión me sorprendí pensando distraídamente que ella era todo lo que habría buscado en una mujer de haber sido heterosexual.

Era, sin duda, un condicionante importante. Tan importante, de hecho, que hacía falta un caudal enorme de pensamiento irracional y enrevesado para no verlo como una barrera del todo infranqueable. Afortunadamente, esa clase de pensamiento era mi punto fuerte en aquella época, y enseguida empezaron las preguntas: ¿y si el problema de mis relaciones no era yo? ¿Y si era el hecho de que fueran relaciones homosexuales? ¿Y si una mujer podía hacerme feliz de un modo como no lograban hacerlo mis relaciones con hombres? ¿Y si el hecho de que disfrutara tanto en compañía de Renate no se debía a un simple vínculo emocional entre dos personas solas que se encuentran muy lejos de su casa, sino a un despertar repentino e inesperado del deseo heterosexual? ¿Y si había pasado los últimos catorce años acostándome con hombres solo porque aún no había encontrado a la mujer ideal? ¿Y si por fin la había encontrado?

Cuantas más vueltas le daba, más me convencía de que era cierto. Era un argumento peliagudo que no resistía un examen minucioso o de cualquier tipo. Pero por peliagudo que fuera, era más fácil que enfrentarse al problema real.

Estábamos los dos borrachos en un restaurante llamado The Chicken Shack cuando mencioné por primera vez la idea de que nos casáramos. Renate, como es comprensible, se rio, creyendo que hablaba en broma. Hasta ese momento no había habido entre nosotros ningún indicio de romance, ni un beso siquiera. Si yo hubiera tenido sentido común, lo habría dejado así. Pero a esas alturas estaba totalmente convencido de que era lo correcto. Era lo que yo quería, y resolvería todos mis problemas de golpe. A mi manera, estaba enamorado: de la idea de casarme, de la compañía de Renate. La echaba de menos cuando no estaba. Tenía todos los visos de un enamoramiento.

De modo que cuando toda la comitiva se trasladó de Montserrat a Sidney –la banda y yo para empezar una gira por Australia, y Renate y Chris Thomas para mezclar el álbum–, la invité a cenar en un indio y volví a pedirle que se casara conmigo. La amaba y quería pasar el resto de mi vida a su lado. Teníamos que casarnos. Lo haríamos allí mismo, en Australia. Era el 10 de febrero de 1984: ¿y si nos casábamos el día de San Valentín? Yo podía conseguirlo. Era una locura, pero sonaba romántico. Renate dijo que sí.

Regresamos a toda prisa al hotel donde estábamos alojándonos, el Sebel Townhouse, y reunimos a todos en el bar para darles la noticia. «¡A que no lo adivináis!» Nos encontramos con un montón de caras horrorizadas, entre ellas la de Gary, que había viajado a Australia con nosotros y de pronto volvía a verse convertido en exnovio. Les pedí a John Reid y a Bernie que fueran mis padrinos de boda. En la fiesta improvisada que siguió se batió el récord de dinero gastado en una noche en el bar. Todos necesitábamos un trago fuerte para asimilar lo que acababa de ocurrir.

Los días siguientes transcurrieron en un estado de confusión. Hubo que organizar un banquete, buscar una iglesia y conseguir un permiso de matrimonio con muy poca antelación. Hablé con el padre de Renate por teléfono para pedirle la mano de su hija. Era un hombre de negocios de Munich y se mostró muy cordial, teniendo en cuenta que acababan de comunicarle, sin preámbulos, que al cabo de menos de cuatro días su hija iba a casarse con una estrella del rock famoso por su homosexualidad. Llamé a mi madre y a Derf para decírselo. Parecieron igual de desconcertados que todos, aunque, como todos, desistieron de intentar detenerme. Era inútil. En esa fase de mi vida, siempre se hacía lo que yo decía, y si alguien intentaba llevarme la contraria, había gritos y volaban objetos inanimados por el aire. No es algo de lo que estar orgulloso, pero así eran las cosas. Algunos amigos intentaron entender mi modo de actuar y en general llegaron a la conclusión de que me casaba porque quería tener hijos. Dejé que lo pensaran –con franqueza, era una explicación más verosímil que la verdadera–, pero nada podría haber estado más lejos de mi mente. Con casi cuarenta años, y más que capaz de portarme como un crío, lo último que necesitaba era meter a un niño de verdad en la ecuación.

Tal vez si Renate hubiera tenido más tiempo para reflexionar, habría cambiado de opinión. Pero no creo que lo hubiera hecho.

La boda en sí fue todo lo sencilla que puede ser una boda en la que uno de los padrinos del novio es el examante con quien perdió su virginidad. Renate lució un vestido de encaje blanco con un colgante de diamante y oro que yo le había comprado de regalo de boda. Llevaba flores en el pelo. Estaba guapísima. Ni mis padres ni los de Renate asistieron a la ceremonia, pero muchos amigos volaron hasta allí: Tony King, Janet Street-Porter. La nueva mujer de Bernie, Toni, fue una de las damas de honor. Rod Stewart no pudo venir, pero su representante, Billy Gaff, envió un telegrama: «Puede que tú estés de pie, querida, pero los demás estamos en el puto suelo».

En la escalinata de la iglesia nos vimos rodeados de admiradores y paparazzi. La gente vitoreaba y aplaudía. Desde una ventana cercana llegaba a todo volumen la canción «Kiss The Bride» de *Too Low for Zero*, que, a pesar del título, es lo menos apropiado para una boda después de «D.I.V.O.R.C.E.» de Tammy Wynette. Por encima de los compases de «Don't say "I do" – say "bye-bye"», resonó una voz felicitándonos con un estilo muy australiano. «¡Por fin lo has conseguido! –bramaba–. ¡Enhorabuena, viejo maricón!»

El banquete se celebró en el Sebel, y fue todo lo discreto y comedido que cabía esperar. Llegaron rosas blancas de Nueva Zelanda, a donde teníamos previsto ir de luna de miel. El menú consistió en langosta, codornices y chuletas de ternera, Château Margaux y Puligny-Montrachet de reserva, y una tarta nupcial de cinco pisos que sacaron mientras sonaba un cuarteto de cuerda. Como era tradición, hubo discursos y se leyeron telegramas. Y, como también era tradición, John Reid más tarde pegó un puñetazo a un tipo de *The Sun* porque su crónica de la boda le había parecido ofensiva.

Más tarde todos nos trasladamos a la suite de mi hotel, donde siguió corriendo el alcohol y la coca.

Me gustaría aclarar que Renate y yo acordamos que, cuando nos divorciáramos, nunca hablaríamos en público de los detalles íntimos de nuestro matrimonio. Y respeto ese acuerdo. Lo cierto es que no tengo nada malo que decir acerca de ella. Ni yo, ni ninguna otra persona que la conociera. La única que se mostró fría con Renate fue mi madre, y no tuvo nada que ver con ella o su personalidad. Creo que mi madre no soportaba la idea de dejar de tenerme bajo su influencia, que otra persona ocupara el papel principal en mi vida.

El problema era yo. Todavía era capaz de encerrarme, a solas, con un cargamento de coca cada vez que me apetecía. En Woodside todos estaban muy acostumbrados a mi adicción y la trataban como una triste realidad de la vida. Recuerdo que Gladys, una de las asistentas, me llevó discretamente a un lado una mañana para decirme: «He encontrado su medicina blanca especial en el suelo mientras limpiaba su habitación, y la he puesto en el cajón de la mesilla de noche», y allí seguía, todavía en el espejo donde había estado cortando rayas. Supongo que yo pensaba que mantener una relación estable pondría fin de algún modo a esa clase de comportamiento. Pero no fue así. Todo lo contrario.

10

Cabe puntualizar que Renate no solo se casó con un drogadicto gay, lo que ya habría sido bastante malo, sino con un drogadicto gay cuya vida estaba a punto de desmoronarse a unos niveles que él jamás habría creído posible. Los primeros años fueron bastante normales, al menos para mis parámetros. Fuimos testigos de la derrota del Watford en la final de la FA Cup. Saqué otro álbum que se llamó *Ice on Fire*. Lo produjo Gus Dudgeon, con quien no había vuelto a trabajar desde mediados de los años setenta. En Gran Bretaña el gran éxito fue «Nikita», una canción sobre un amor ruso a quien Bernie, sin querer o con malicia, le había puesto nombre de hombre. En el Live Aid monté una zona con césped artificial y barbacoa para que pasaran a saludar otros artistas. Llegó Freddie Mercury, todavía con el subidón de la actuación de Queen, que había acaparado todos los aplausos, y elogió muy en su estilo el sombrero que yo había escogido para actuar: «¿Qué coño te has puesto sobre la cabeza, querida? ¡Pareces la Reina Madre!». Fui al concierto de despedida de Wham! en el estadio de Wembley del verano de 1986, en el que, para conmemorar la decisión trascendental de George Michael de dejar atrás la frivolidad de la música pop y proclamarse como cantautor maduro, aparecí al volante de un Reliant Robin vestido de Ronald McDonald. George quería cantar «Candle In The Wind» como prueba de su nueva faceta seria, pero una vez en el escenario empecé a tocar una versión al piano al estilo pub de «When I'm Sixty-Four».

Más tarde ese año las cosas empezaron a descarrilar para mí. La primera vez que me noté algo raro en la voz fue durante una gira por Estados Unidos. Fue muy extraño. Estaba tocando en el Madison Square Garden y canté bien, pero descubrí que no podía hablar más que en susurros. Decidí que la mejor medida era descansar la voz entre actuación y actuación, y tomarlo a broma. Me hice con una peluca y una gabardina de Harpo Marx, que me ponía entre bastidores a la vez que tocaba una bocina en lugar de hablar.

Pero mi voz empeoró cuando llegué a Australia. Mi visita coincidió con el lanzamiento de mi nuevo álbum. Se llamaba *Leather Jackets*, y estaba más cerca de ser un desastre absoluto que todo lo que había sacado hasta entonces. Siempre había intentado ser estricto con la norma de no consumir drogas en el estudio, pero esta vez la tiré por la borda. La cocaína tuvo el impacto que cabía esperar en mi criterio creativo. Reuní en *Leather Jackets* viejos bodrios desechados. Se suponía que el gran single sería «Heartache All Over The World», una canción floja donde las haya. La acompañaban temas antiguos que en su día no habíamos considerado lo bastante buenos para incluirlos en los álbumes anteriores, pero que, después de unas cuantas rayas, de pronto me parecían obras maestras perdidas que al público le urgía escuchar. Entre ellos había una canción horrible que escribí con Cher, «Don't Trust That Woman», con una letra infumable: «You can rear-end her, ooooh, it'll send her» («Puedes darle por detrás, ooooh, se pondrá cachonda»). Los lectores se imaginarán lo que pensaba sobre la canción si les digo que me negué a firmarla con mi nombre y la atribuí a Cher y al viejo personaje que me había inventado en el estudio, Lady Choc Ice. Y si uno odia tanto una canción para no querer admitir que la ha compuesto, suele ser buena idea no grabarla ni sacarla al mercado. Pero yo estaba tan colocado que cualquier clase de lógica me sobrepasaba.

No todo lo que había en el álbum era malo. «Hoop Of Fire» tenía bastante estilo, sobre todo al lado de lo que acompañaba a esa canción, y había una balada titulada «I Fall Apart» que era otro ejemplo de la asombrosa habilidad de Bernie para poner en mi boca palabras que podría haber escrito yo mismo sobre mi situación personal. Pero hay que reconocer que, en conjunto, no había por dónde cogerlo.

De modo que quería que esa gira fuera algo especial, un acontecimiento tan ambicioso y espectacular que borrara el recuerdo del álbum que lo precedía. Le di a Bob Mackie carta blanca en lo tocante al vestuario, lo que explica que acabara en Australia con una gigantesca peluca color rosa a lo mohicano con los lados de piel de leopardo, basada en el estilo explosivo que Tina Turner había hecho famoso en los años ochenta, y una indumentaria con la que parecía Mozart en una glamurosa banda de rock y que consistía en un traje de lentejuelas blancas a juego con una peluca espolvoreada de talco del siglo XVIII y un lunar pintado. El look de Mozart pretendía ser un comentario irónico sobre la segunda parte del espectáculo, en la que iba a actuar con la Melbourne Symphony Orchestra. Si a alguien le pareció pretencioso que una estrella del rock se las diera de gran compositor clásico, no fue el primero que lo pensó, pues a mí también me lo parecía.

Antes que nosotros, nadie había salido de gira con una orquesta que tocara rock and roll. Eso significaba que por primera vez podía interpretar en directo las canciones de mis primeros álbumes tal como las había grabado, con todos los bonitos arreglos de Paul Buckmaster. Gus Dudgeon llegó en avión para supervisar el sonido. Pusimos un micrófono en cada uno de los instrumentos de la orquesta, cosa que tampoco se había hecho antes, y el efecto fue asombroso: cuando entraban los instrumentos de cuerda en «Madman Across The Water», a uno le estallaba la cabeza. Hacían un ruido infernal –con los violonchelos y los contrabajos tocando a toda potencia, notaba cómo el escenario vibraba bajo mis pies–, lo que no estaba de más, ya que la atracción principal estaba teniendo dificultades para emitir algún sonido.

Para un cantante, era una situación de lo más extraña y desconcertante: cuando abría la boca en el escenario, no tenía ni idea de qué iba a ocurrir. A veces mi voz sonaba normal. Otras veces, me salía áspera y ronca, y resollaba sin alcanzar las notas. Por alguna razón, parecía afectarme más al hablar que al cantar. Intentaba presentar una canción y literalmente no me salía nada. Era como si alguien hubiera atendido las plegarias de ciertos críticos al descubrir una forma de silenciarme.

Estaba claro que tenía un problema. Durante un tiempo mantuve la fe en el viejo remedio para la garganta que me había dado Leon Russell en el camerino del Troubadour en 1970, e hice gárgaras con miel, vinagre de sidra y agua caliente. En vano. Al final, después de un concierto en Sidney en el que los sonidos más fuertes que emití se produjeron entre canción y canción –cuando me daban ataques de tos y escupía un pringue de una variedad de colores tan chillones que los trajes de Bob Mackie eran sobrios en comparación–, se impuso la cordura y accedí a acudir a un otorrinolaringólogo llamado John Tonkin.

Me examinó la laringe y me dijo que tenía quistes en las cuerdas vocales. No sabía aún si aquello era cancerígeno o benigno. Si era cancerígeno, yo estaba acabado; me extirparían la laringe y no podría hablar bien nunca más, y mucho menos cantar. El doctor no lo sabría con seguridad hasta que me practicara una biopsia. Luego me miró y frunció el entrecejo.

—Fuma hierba, ¿verdad? —me preguntó.

Me quedé de una pieza. Había empezado a fumar porros para contrarrestar el efecto de toda la cocaína que me estaba metiendo, pero enseguida descubrí que me gustaban por sí mismos. Era una droga diferente a la cocaína y el alcohol, que creía que me hacían más sociable pese a que cada vez eran más abundantes las pruebas de que me volvían lo más antisocial posible.

Pero la marihuana no me infundía ganas de salir de copas o de quedarme levantado durante días seguidos, solo me soltaba la risa y hacía que la música sonara increíble. Me gustaba especialmente colocarme y escuchar a Kraftwerk: su música era tan simple, repetitiva e hipnótica… Claro que, siendo como soy, no podía limitarme a fumar de vez en cuando un porro escuchando *Trans-Europe Express* o *The Man Machine*. Enseguida me convertí en un fanático de la marihuana, como lo era de todo lo demás. Antes de que empezáramos la gira por Australia, había alguien en el equipo contratado poco menos que para liarme porros. Nos acompañaba a todas partes cargado con una caja de zapatos con toda la parafernalia.

Cuando el doctor Tonkin me preguntó si fumaba hierba, decidí no entrar en detalles y callarme lo del liador de porros del equipo.

—Algún porro —grazné.

El doctor hizo un gesto de exasperación y replicó con firmeza:

—Creo que eso quiere decir muchos. —Y me instó a dejarlo.

Podría haber sido la causa directa de los quistes, y aunque no lo fuera, no ayudaba. No volví a fumar un porro. A esas alturas yo no era lo que se dice un maestro de la determinación personal en lo que se refería al alcohol y las drogas. Había perdido la cuenta de las veces que me había dicho «nunca más» en plena resaca horrible, y en cuanto pasaban los efectos lo olvidaba. A veces me atenía a la decisión durante meses, pero tarde o temprano siempre acababa cayendo. Sin embargo, no hay nada como estar totalmente aterrorizado para dejar un hábito, y no hay nada como la palabra «cáncer» para aterrorizar a alguien. El doctor Tonkin también me dijo que suspendiera el resto de la gira por Australia, pero me negué. Todavía teníamos por delante una semana de conciertos en Sidney y, para empezar, el coste de suspenderlos habría sido astronómico; habíamos contratado a más de cien músicos, y se suponía que estábamos filmando los conciertos y grabándolos en directo para sacar un álbum. Y lo que aún era más importante: si existía una posibilidad de que algún día no volviera a cantar, quería posponerlo todo lo posible.

Decidí que adoptaría esa misma actitud estoica y resuelta cuando se lo comunicara a la banda. Pero cuando entré en el bar del Sebel Townhouse –sí, otra vez– y anuncié con un graznido «Creen que tengo cáncer de garganta», rompí a llorar. No pude evitarlo. Estaba muy asustado. Aunque la operación fuera un éxito y la biopsia descartara el cáncer, todavía era posible que estuviera acabado, al menos como cantante (Julie Andrews se había quedado sin voz a raíz de una operación para extirparle un quiste en una cuerda vocal).

Terminamos la gira. Enfermo y aterrado, me marché del último concierto en el Sydney Entertainment Centre, que iba a ser retransmitido por televisión, unos minutos antes de que comenzara. Al dejar el edificio oí a la orquesta tocando la obertura justo cuando abandonaba a toda prisa el recinto. Me crucé con Phil Collins, que entraba a última hora para evitar a los fans. Se quedó bastante sorprendido al ver a la atracción estelar del concierto yendo en dirección contraria.

–Ah, hola, Elton… Espera, ¿a dónde vas?

–A casa –contesté sin detenerme.

No era la primera vez que me iba de un local como una exhalación cuando se suponía que debía estar en el escenario. Unos años antes había huido de un concierto de Navidad en el Hammersmith Odeon, entre el final de la actuación y los bises. Hasta que el coche llegó a la rotonda de Hogarth no me calmé y decidí regresar; estábamos a unos diez minutos del local, pero al dar la vuelta nos percatamos de que la ruta de regreso iba a ser aún más larga porque teníamos que dar un rodeo. Aunque parezca mentira, cuando regresé el público seguía allí.

En el caso del Sydney Entertainment, antes de llegar al coche siquiera ya había cambiado de opinión. Y resultó ser el mejor concierto de todos. La idea de no volver a cantar nunca más me sostuvo. El momento más destacado fue «Don't Let The Sun Go Down On Me». La voz me salió áspera y ronca, pero creo que nunca he interpretado mejor esa canción; siempre era bastante impactante, con la orquesta tronando a todo volumen, pero esa noche cada palabra de la letra parecía tener un significado nuevo, otro matiz.

Después de la gira ingresé en un hospital de Australia para que me operaran. No pudo ir mejor. No era cáncer, y se limitaron a extirparme los quistes. Una vez recuperado, me di cuenta de que me había cambiado la voz para siempre. Era más profunda y ya no podía cantar en falsete, pero me gustó cómo sonaba. Parecía más poderosa, más madura, tenía otra clase de fuerza. No podía creer lo afortunado que había sido. Pensé que 1987 había empezado con mal pie y que en adelante solo podía mejorar. No podía estar más equivocado.

El primer titular apareció en febrero de 1987 en *The Sun*: «Elton, envuelto en un escándalo con chaperos». Pero, en retrospectiva, que *The Sun* fuera a por mí solo era cuestión de tiempo. Yo era gay, tenía éxito y era obstinado, lo que a los ojos de *The Sun* me convertía en el blanco fácil de una campaña de desprestigio. El editor de entonces se llamaba Kelvin MacKenzie y era un tipo tan tóxico que la Agencia de Medio Ambiente debería haberlo acordonado. Bajo su control, *The Sun*, más que un periódico, era un concurso diario de a ver cuánto racismo, misoginia, xenofobia y, sobre todo, homofobia podía embutirse en sus sesenta y cuatro páginas. Es difícil encontrar a alguien que no recuerde lo horrible que era aquella publicación en los años ochenta. Trataba fatal a toda la gente, famosa o no. Descubrió una laguna en la ley que permitía identificar a las víctimas de una violación si no habían detenido a nadie por el delito. Ofrecía dinero a los homosexuales para que se marcharan de Gran Bretaña: «Levantad el vuelo, gais, y pagaremos». Cuando un actor de televisión llamado Jeremy Brett se moría de una cardiopatía, *The Sun* mandó a periodistas para que se enfrentaran a él en el hospital y le preguntaran si tenía sida, una enfermedad que, según contaba el periódico a sus lectores, no se podía contraer en relaciones heterosexuales.

Leí boquiabierto el artículo que habían publicado sobre mí. Lo irónico era que había montones de hombres en el mundo que podrían haberme puesto en evidencia por sexo y drogas: exnovios o ligues de una noche insatisfechos. Pero a juzgar por su primer *exposé*, *The Sun* había logrado dar con alguien a quien yo nunca había conocido, y que les había contado una orgía en un lugar donde yo nunca había estado: en la casa del representante de Rod Stewart, Billy Gaff.

Aunque, para ser justos, si hubieran encontrado a alguien que realmente se hubiese acostado conmigo, no habrían podido publicar una historia así. Y no porque fuera pura invención, que lo era, sino porque quien lo había inventado parecía estar loco de atar. Se suponía que yo me preparaba para la orgía poniéndome unos «shorts de cuero muy cortos». ¿Shorts de cuero? He llevado alguna prenda ridícula en mis tiempos, pero jamás me he preparado para una noche de pasión embutiéndome en unos shorts de cuero; lo que quiero es acostarme con alguien, no que eche un vistazo y salga pitando en sentido contrario. Además, al parecer «daba vueltas a un juguete sexual» entre los dedos «con cara de Cleopatra». Ah, cómo no, Cleopatra: la última gobernante de la dinastía ptolemaica, amante de Julio César y Marco Antonio, que ha pasado a la historia con un vibrador en la mano y unos shorts de cuero.

Por un lado era tronchante, pero por el otro, no tenía ni pizca de gracia. El artículo daba a entender que los chaperos involucrados eran menores de edad. Si se repite una mentira lo suficiente, la gente acaba creyéndosela, sobre todo si está en letra impresa. ¿Y si la gente se la creía realmente? ¿Qué demonios se suponía que tenía que hacer yo? Lo leerían mi madre y Derf. Tal vez mi abuela. Oh, no, y la tía Win, que tenía un quiosco. Me la imaginé recibiendo el ejemplar de *The Sun* de esa mañana, horrorizada, o vendiéndolo a personas que sabían quién era su sobrino y que se reirían de ella.

Mi primera reacción fue encerrarme en Woodside y pegarle al martini con vodka. Luego recibí una llamada de Mick Jagger. Había visto el artículo y quería darme un consejo: que no intentara demandarlos bajo ningún concepto. Cuando él puso un pleito al *News of the World* por afirmar falsamente que se había jactado de haber consumido drogas en los años sesenta delante de un periodista encubierto, el periódico había reaccionado espiándolo y montando la famosa redada de Redlands: Keith Richards y él habían acabado en la cárcel, hasta que una protesta pública logró que sus sentencias fueran revocadas. Por extraño que parezca, la conversación tuvo el efecto contrario al que pretendía Mick. Tal como le señalé, me traía sin cuidado lo que dijera la prensa de mí. De vez en cuando me llevaba un disgusto por una mala crítica o un comentario hiriente, pero así son las cosas cuando uno está bajo la mira del público. Tiene que aguantarse y superarlo. Pero ¿por qué iba a permitir que contaran mentiras sobre mí?

Podía demostrar que lo que decían no era cierto. El día que se suponía que estaba en casa de Billy Gaff, vestido como un extra de un vídeo de Village People y agitando un vibrador como una majorette, yo había estado en Nueva York, comiendo con Tony King y hablando de los detalles de mi peluca a lo Tina Turner con Bob Mackie. Había facturas de hotel, cuentas de restaurantes y billetes de avión que lo demostraban. Tenía dinero para llevarlos a los tribunales. A la mierda. Iba a demandarlos.

Después de mi primer pleito, *The Sun* publicó más noticias repletas de más mentiras; cada vez que aparecía una, volvía a demandarlos por difamación. Algunas de las mentiras eran en verdad desagradables –afirmaban que había pagado a chaperos para que me dejaran orinar sobre ellos– y otras eran simplemente estrafalarias. En una se afirmaba que tenía rottweilers con las laringes cortadas: «Los asesinos silenciosos de Elton». El único problema de esa historia es que yo solo tenía dos pastores alemanes, y entre los dos casi ensordecieron a los de la asociación en defensa de los animales RSPCA cuando aparecieron para comprobar cómo estaban. *The Sun* no paró ni siquiera cuando se hizo evidente que el público no quería saber más. Estaba claro que su campaña no había afectado en nada a mi popularidad: las noticias se difundían por todo el mundo, pero el álbum que había grabado en directo durante la gira por Australia fue un gran éxito, fue platino en Estados Unidos, y la versión de «Candle In The Wind» que se lanzó como single estuvo en el top diez a ambos lados del Atlántico. El que salió perdiendo fue *The Sun*. Cada vez que sacaba una noticia sobre mí, las ventas del tabloide caían. No sé si la gente se dio cuenta de que todo eran patrañas, si lo vio como una campaña de desprestigio contra mí y no le pareció justo, o simplemente se aburrió de oír hablar de ello.

Sabiéndose en un apuro, *The Sun* estaba cada vez más desesperado por conseguir algo sobre mí, lo que fuera que les quedara grabado a sus lectores. Me seguían a todas partes. Cuando me alojé en el Century Plaza de Los Ángeles, pusieron micrófonos ocultos en la suite del ático. Nuestros abogados nos habían avisado de que podía ocurrir –era la suite donde el presidente Reagan siempre se alojaba–, de modo que pedimos al FBI que la registrara. Alguien intentaba asustarme para que pidiera a mis abogados que desistieran. Se ofrecieron a pagar quinientas libras al chapero que afirmara que se había acostado conmigo. Como era de esperar, llovieron los candidatos, pero se hizo tan evidente que todos se lo inventaban que ni siquiera *The Sun* se atrevió a utilizarlos.

Lo más que consiguieron fue hacerse con varias Polaroids que habían robado de mi casa. Eran de hacía diez años, y en una de ellas salía yo haciendo una mamada a un tío. Las publicaron en el periódico, lo que fue bochornoso. Intenté consolarme pensando que al menos volvía a ser pionero en algo en mi carrera: el primer artista de la historia que debutaba en el top de las listas de Estados Unidos con dos éxitos consecutivos, el primer artista de la historia que tenía siete números uno seguidos en Estados Unidos, el primer artista en la historia que aparecía fotografiado en un periódico nacional haciendo una mamada. Además, se vio como un signo de desesperación por parte de *The Sun*. Los gais chupan penes; no era exactamente una primicia digna del Premio Pulitzer. Por otra parte, no pude evitar pensar que el modo como estaba redactado hablaba más del periodista que de mí. Todo era «repugnante» y una «perversión privada». Hay que tener una vida sexual muy aburrida para que una mamada cuente como el colmo de la depravación.

Aquello se prolongó durante muchos meses y llegué a ponerles diecisiete demandas por difamación. Me encantaría decir que nunca flaqueé en mi convicción de que los derrotaría, pero no es cierto. Algunos días me sentía bien, justificadamente indignado y preparado para acabar con ellos. Otros lloraba de total desesperación e incluso de vergüenza. Yo no había hecho ninguno de los actos que me atribuían, pero sabía que me había expuesto a que ocurriera algo así. Mi drogadicción era un secreto a voces. Nunca me había acostado con ningún menor de edad, por supuesto, pero no había sido muy selectivo al elegir pareja. Unos años atrás alguien con quien me había acostado se llevó un anillo de diamantes con zafiros, un reloj y dinero en efectivo. Me preocupaba el juicio, ver cómo mi vida privada era diseccionada en público, y de lo que sería capaz *The Sun* para desprestigiarme.

Solo pensar en ello me llevaba a hacer lo que siempre hacía cuando las cosas me superaban. Me encerraba en mi habitación, como cuando era niño y mis padres se peleaban, e intentaba ignorar lo que ocurría. Con la diferencia de que ahora me encerraba con una generosa provisión de alcohol y drogas. No comía en tres días, y me despertaba tan hambriento que me atiborraba. Luego me entraba el pánico de engordar y me provocaba el vómito dando saltos hasta que lo echaba todo. Había empezado a presentar síntomas de bulimia, aunque en ese momento no sabía qué era. Solo sabía que era más fácil vomitar unos alimentos que otros. Todo lo pesado, como el pan, costaba más, y uno acababa doblado sobre el retrete, provocándose arcadas y más arcadas. Me di cuenta de que tenía que limitarme a comer alimentos blandos, por lo que mi dieta se volvió extraña. Cuando me atracaba, mi idea de una comida se convertía en dos tarros de berberechos del Sainsbury y un helado de manteca de cacahuete Häagen-Dazs. Me lo zampaba y luego lo echaba todo de nuevo, creyendo que nadie se daría cuenta de que me escabullía para provocarme el vómito. Como es natural, se daban cuenta –uno regresa oliendo a vómito y parece que haya estado llorando, porque vomitar te deja con los ojos llorosos–, pero nadie se atrevía a encararse conmigo por miedo a las consecuencias. Todo, desde lo que comía a mi modo de actuar, parece atroz ahora, pero entonces era lo más normal para mí, simplemente era así.

De cualquier modo, cuando las cosas se ponían realmente feas, me obligaba a salir, consolándome con dos pensamientos. El primero era que, por lo que se refería a *The Sun*, yo tenía toda la razón: si una sola palabra de lo que habían dicho hubiera sido verdad, nunca me habría atrevido a demandarlos. Y el segundo era que, por muy deprimente que me pareciera todo, conocía a personas que estaban mucho, muchísimo peor que yo, personas que habían encontrado la fuerza para sobrellevar problemas que hacían que los míos, a su lado, se volvieran insignificantes. Un par de años antes había leído en la sala de espera de un médico un artículo de la revista *Newsweek* sobre un adolescente estadounidense llamado Ryan White. La historia me horrorizó a la vez que me inspiró. Era un hemofílico de Illinois que había contraído el sida por una transfusión de sangre, y el sida era una enfermedad que había estado ocupándome mucho espacio mental. El asistente personal de John Reid, Neil Carter, era el primer conocido que había muerto de esa enfermedad; se la diagnosticaron y tres semanas más tarde se moría. A partir de entonces, las compuertas parecieron abrirse. Cada vez que hablaba con Tony King en Estados Unidos, donde más avanzada estaba la epidemia, me mencionaba a un viejo amigo o un amigo de un amigo que estaba enfermo. La secretaria de John Reid, Julie Leggatt, fue la primera mujer en Gran Bretaña a la que le diagnosticaron el sida. Mi exnovio Tim Lowe había dado positivo. También otro ex, Vance Buck, un encantador rubio de Virginia al que le gustaba mucho Iggy Pop y cuya foto salía en la guarda interior de mi álbum *Jump Up!*, justo debajo de la letra de «Blue Eyes», la canción que Gary Osborne y yo habíamos escrito pensando en él. Fue horrible, pero cualquier gay que haya vivido en los años setenta y ochenta estará de acuerdo: todos perdimos a alguien, todos recordamos el clima de miedo.

Sin embargo, no se trataba solo del hecho de que Ryan White tuviera sida, sino de lo que sucedió a raíz de contraer la enfermedad. Lo habían condenado al ostracismo en su pueblo natal, Kokomo. El inspector del distrito escolar se negó a dejarlo ir a clase por si contagiaba a sus compañeros. Él y su madre, Jeanne, se embarcaron en una larga batalla legal. Cuando el departamento de educación de Indiana falló en favor de Ryan, un grupo de padres solicitaron un mandamiento judicial para impedir que regresara, y la escuela les dejó realizar una subasta con la que recaudar fondos para mantenerlo alejado. Cuando eso fracasó, abrieron una escuela alternativa para que sus hijos no tuvieran que acercarse a él. Lo insultaban por la calle, en su taquilla de la escuela apareció la palabra «marica» pintada con espray y destrozaron sus pertenencias. Rajaron los neumáticos del coche de su madre y una bala atravesó la ventana delantera de la casa de su familia. Cuando el periódico local lo apoyó, recibieron amenazas de muerte. Hasta la Iglesia metodista les dio la espalda; cuando llegó la celebración de Pascua, ningún feligrés estrechó la mano de Ryan y le dijo «la paz sea contigo».

Durante todo ese tiempo, Ryan y su madre se comportaron con una dignidad, un coraje y una compasión impresionantes. Como cristianos que abrazaban realmente las enseñanzas de Cristo, perdonaron a las personas que hacían su vida ya difícil aún más infernal. Nunca las condenaron y solo intentaron educar. Ryan se convirtió en un portavoz locuaz, comprensivo e inteligente de los enfermos de sida en una época en que la enfermedad seguía siendo demonizada como la venganza de Dios sobre los gais y los drogadictos. Cuando descubrí que le gustaba la música y que quería conocerme, me puse en contacto con su madre y los invité a un concierto en Oakland, y al día siguiente los llevé a Disneylandia. Me parecieron encantadores. Jeanne me recordaba a las mujeres de mi familia, sobre todo a mi abuela: de clase obrera, franca, trabajadora, amable pero sin duda hecha de un acero inquebrantable. Y Ryan era totalmente único. Estaba tan enfermo que tuve que llevarlo por Disneylandia en silla de ruedas, pero no estaba enfadado ni amargado, nunca se venía abajo. No quería compasión ni lástima. Hablando con él tuve la impresión de que sabía que no le quedaba mucho tiempo de vida, y no quería malgastarlo compadeciéndose o enfadándose con los demás; la vida era literalmente demasiado corta. Era un chico encantador, que intentaba llevar una vida lo más normal posible. Era una familia increíble.

Después seguimos en contacto. Yo los llamaba, les enviaba flores, les preguntaba si podía ayudar en algo. Cuando podía, iba a ver a Ryan. Cuando ya no pudieron quedarse más tiempo en Kokomo, le presté a Jeanne el dinero para mudarse con su familia a Cicero, una ciudad pequeña situada en las afueras de Indianápolis. Intenté regalarle el dinero, pero ella insistió en que era un préstamo; incluso preparó un contrato para que yo lo firmara. Cada vez que me sentía impotente en la situación en que me encontraba, pensaba en ellos. «Eso era verdadero coraje frente a algo realmente atroz. Así que deja de autocompadecerte. Simplemente sigue adelante.»

De todos modos, tuve un perfil público bajo hasta que Michael Parkinson se involucró. Había acudido a su programa de entrevistas en la década de los setenta —acabé tocando un piano de un pub mientras Michael Caine cantaba «Maybe It's Because I'm A Londoner»– y nos hicimos amigos. Se puso en contacto conmigo cuando aparecieron los primeros artículos de *The Sun* y me dijo que tenía un nuevo programa de entrevistas en la ITV que se llamaba *One to One* y que dedicaba por entero a un solo invitado. ¿Por qué no iba a Leeds y salía en él? Le dije que no estaba seguro, pero insistió.

«No lo hago por ti, lo hago por mí. Sé cómo son los de *The Sun*. No has hecho ninguna declaración pública y es necesario. Si no dices nada, la gente dará por hecho que tienes algo que esconder.»

Al final acudí al programa. Si se ven los vídeos en YouTube, se advierte el efecto que los acontecimientos estaban teniendo en mí: aparezco sin afeitar, vestido de cualquier modo, pálido y demacrado. Pero fue bien. El público se puso claramente de mi parte. Michael me preguntó por *The Sun* y le dije que acababa de enterarme de que habían intentado sobornar a la recepcionista de mi médico para que les entregara mi historial clínico.

«Creo que quieren examinar mi esperma –añadí–. Lo que no deja de ser extraño, porque a juzgar por las noticias que ellos mismos han estado publicando, ya han visto cubos llenos.»

Poco después, el chapero que había hecho las primeras declaraciones en *The Sun* dijo en otro tabloide que se lo había inventado todo y que no me conocía. «Ni siquiera me gusta su música», añadió. La mañana en que iba a celebrarse el primer juicio, *The Sun* cedió del todo. Ofreció un millón de libras para resolverlo. Era la mayor indemnización por difamación en la historia británica, aunque suponía un buen acuerdo para el diario; si lo hubiera llevado a los tribunales, habría acabado pagándome millones. Esa noche, en lugar de prepararme para subir al estrado, fui a ver a Barry Humphries en el Theatre Royal, en Drury Lane, y me reí a carcajadas con Dame Edna Everage. Después dimos vueltas por el

West End haciendo tiempo para ver la primera edición del periódico de la mañana en los quioscos. Cuando se veía obligado a disculparse por haberse inventado algo, *The Sun* tenía fama de imprimir la noticia en la letra más pequeña posible y esconderla en la página 28. Pero yo insistí en que la disculpa tenía que ser un titular en portada y en el mismo tamaño que las acusaciones iniciales: «Perdón, Elton».

La gente diría luego que fue una victoria histórica que cambió a los periódicos británicos, pero no estoy seguro de que cambiara mucho a *The Sun*. Dos años después publicaron las más flagrantes mentiras de su historia sobre el comportamiento de los hinchas del Liverpool durante la tragedia de Hillsborough, así que no puede decirse que comprobar la veracidad de los datos se convirtiera de pronto en una gran prioridad para ellos. Lo que cambió fue el modo como los periódicos en general se comportaron conmigo a partir de entonces, porque comprendieron que los demandaría si se inventaban algo. Volví a hacerlo varios años después, cuando *The Daily Mirror* afirmó que se me había visto en una fiesta de Hollywood diciendo que había descubierto una nueva dieta prodigiosa mientras masticaba algo y, en lugar de tragarlo, lo escupía. «La dieta de la muerte de Elton», rezaba el titular. Ni siquiera había estado en Estados Unidos por esas fechas. Recibí 850.000 libras, que di a obras benéficas. No era cuestión de dinero, sino de dejar algo muy claro. Se puede decir lo que se quiera sobre mí. Cualquiera puede afirmar que no tengo talento o que soy un viejo maricón calvo, si esa es su opinión. Yo puedo pensar que es gilipollas por decirlo, pero si fuera ilegal dar opiniones subidas de tono sobre la gente, llevaría años encerrado. Sin embargo, nadie puede contar mentiras sobre mí. O se las verá conmigo en los tribunales.

Renate y yo nos divorciamos a principios de 1988. Habíamos estado casados cuatro años. Era lo correcto, pero me sentía fatal.

Había roto el corazón de alguien a quien quería y que me quería incondicionalmente, alguien intachable en todos los sentidos. Ella podría haberme dejado pelado y no me habría extrañado: solo yo tenía la culpa de todo lo que había salido mal. Pero Renate era demasiado digna y decente para eso. Pese a tanto dolor, no había resentimiento. Durante años, cada vez que me pasaba algo, la prensa se presentaba en su puerta esperando que ventilara secretos, y ella nunca lo hizo; les decía que la dejaran en paz.

La vi una vez después de que nos divorciáramos. Se fue de Woodside para instalarse en una bonita casa de campo en un pueblo.

A pesar de todo lo ocurrido, todavía había un amor muy real entre nosotros. Cuando tuve hijos, la invité a Woodside, porque quería que los conociera, quería verla, quería que formara parte de nuestras vidas y que nosotros formáramos parte de la suya, de algún modo. Pero Renate no quiso y yo no insistí. Tengo que respetar cómo se siente.

11

El estado en que se encontraba la pista de squash me llevó a comprender que mi pasión por el coleccionismo tal vez se me había ido un poco de las manos. La pista de squash era una de las cosas que me habían gustado de Woodside cuando me mudé. A todos los que me visitaban los desafiaba a jugar un partido. Pero hacía bastante que nadie jugaba a squash en Woodside porque ya no se podía entrar en la pista. Estaba llena de cajas de embalaje repletas a su vez de cosas que había comprado: en una gira, en vacaciones, en subastas, donde fuera. Ni siquiera había podido sacarlas de las cajas porque no había literalmente espacio en la casa para ponerlas. Cada palmo de pared estaba cubierto de cuadros, pósteres, discos de oro y platino, premios enmarcados. Los discos de mi colección se amontonaban por todas partes. Yo tenía una habitación especial que parecía un laberinto, con pasillo tras pasillo de estantes del suelo hasta el techo en los que guardaba todos los que había comprado desde niño; todavía tenía los discos de 78 rpm que había adquirido con mi dinero en el Siever de Pinner, con «Reg Dwight» escrito a bolígrafo en las etiquetas y fotos de los artistas que había recortado de revistas y pegado en las fundas. Pero había logrado que la habitación se me quedara pequeña al comprar la colección de discos de otra persona. Se trataba de un productor de radio de la BBC llamado Bernie Andrews que había trabajado en *Saturday Club* y con John Peel, y tenía todos los singles que se habían publicado en Gran Bretaña entre 1958 y 1975, y eran miles. Por supuesto, muchos eran malos: incluso en los años más milagrosos del pop, los buenos discos terminaban sepultados por los malos. Pero la idea de tener todos los singles que se habían publicado en Gran Bretaña atrajo a mi mente de coleccionista. Era como si una loca fantasía de la niñez se hubiera hecho realidad.

Si solo hubiera coleccionado discos, tal vez habría podido manejarlo, pero coleccionaba de todo: arte, antigüedades, ropa, sillas, joyas, copas. Había bonitos jarrones art déco y lámparas de mesa Gallé y Tiffany en el suelo, porque no quedaba espacio en ninguna de las mesas, una situación curiosa dado el número de muebles que había logrado meter en cada habitación. Pasear por la casa era como participar en la carrera de obstáculos más cara del mundo. Si alguien ponía el pie donde no debía o se volvía demasiado deprisa —sé por experiencia que es muy fácil que ocurra cuando se pasa una parte significativa de la vida borracho o drogado—, podía hacer añicos algo que valía miles de libras. Eso no contribuía a crear un entorno muy relajante donde vivir. Invitaba a gente y me pasaba la mitad del tiempo gritándoles que miraran por dónde iban y tuvieran cuidado con lo que hacían. De vez en cuando metía la cabeza en la pista de squash —había el espacio justo para ello, si tomaba aire antes— y sentía una extraña desesperación. Desde que era niño tener cosas me había hecho feliz, pero ahora solo me abrumaba. ¿Qué iba a hacer con todo aquello?

Unos meses después de que Renate y yo nos separásemos, se me ocurrió una solución radical. Lo vendería todo. Todos los cuadros, todos los recuerdos, todos los muebles, todos los objetos de arte. Toda la ropa, las joyas, las copas, los regalos que me habían enviado los fans. Todo lo que había en la casa menos los discos. Me puse en contacto con Sotheby's, que no hacía mucho había organizado una gigantesca venta póstuma de los bienes de Andy Warhol, y les dije que quería subastar todo. Enviaron expertos a Woodside para husmear. Cuando se marcharon parecían un poco mareados. No pude averiguar si estaban anonadados por la cantidad de cosas que yo quería vender –uno me susurró que tenía la colección privada de mobiliario de Carlo Bugatti más grande del mundo– o solo impactados por la absoluta fealdad de muchas de ellas. Me gustaba creer que había desarrollado un buen ojo para el arte y los muebles, pero también tenía un umbral de tolerancia singularmente alto para lo kitsch chabacano. En mi casa había objetos al lado de los cuales mi viejo vestuario para salir al escenario parecía lo último en buen gusto sobrio. Entre ellos, una escultura de una hembra de bonobo con un vestido eduardiano que me había enviado un admirador con una nota en la que explicaba que representaba la futilidad de la guerra; una radio en forma de muñeca con una negligé transparente que tenía los diales y los mandos del volumen montados sobre los pechos, o un par de grifos de latón con unos testículos de metacrilato pegados.

Decidí que debía quedarme varios guiones originales de *Goon Shown* junto con unas notas manuscritas de Spike Milligan, que había comprado en una subasta, y cuatro cuadros: dos Magrittes, un retrato de Francis Bacon de su amante George Dyer que todos habían intentado disuadirme de comprar por 30.000 libras en 1973, y *The Guardian Readers*, el cuadro de Patrick Procktor que aparecía en la cubierta de *Blue Moves*. Todo lo demás podía irse.

Antes de que los lectores se formen una idea equivocada, quisiera añadir que no tenía ninguna intención de llevar una vida más sencilla y llena de sentido, desprovista del yugo del consumismo y libre de la carga de las posesiones materiales. Si alguien lo pensó, se desengañó rápidamente la primera vez que fui a Sotheby's para hablar sobre la subasta inminente, pues se suponía que estaba allí para desprenderme de mis bienes terrenales y acabé comprando dos cuadros de los artistas vanguardistas rusos Igor y Svetlana Kopystiansky. Lo que pretendía era más bien empezar de nuevo. Quería reformar y redecorar completamente Woodside. No quería seguir viviendo en la mansión de una estrella pop enloquecida. Quería convertirlo en un hogar.

Sotheby's necesitó tres días para trasladarlo todo de Woodside a su almacén de Londres. Había tantas cosas que vender que lo harían en cuatro subastas independientes. Una para la ropa y los recuerdos, otra para las joyas, una tercera para los objetos de art déco y art nouveau, y una cuarta que se llamaría «Colecciones diversas» y en la que habría de todo, desde las serigrafías de Warhol hasta maletas y escarcelas escocesas (por lo visto, en algún momento me había comprado dos).

Utilicé una foto de varios de los lotes para la cubierta de mi nuevo álbum, que llamé *Reg Strikes Back*: parecía el título adecuado, después de los acontecimientos de 1987. Sotheby's organizó una exposición antes de la subasta. En ella solo se exhibía una cuarta parte de lo que había en venta, pero llenó el Victoria and Albert Museum. Curiosamente, el ex primer ministro, Edward Heath, acudió a echar un vistazo; tal vez andaba buscando un par de grifos con testículos de metacrilato pegados. Las subastas fueron un gran éxito. Tuvieron que poner barreras de seguridad fuera para hacer frente a la avalancha de gente. Los cuadros se vendieron por el doble del precio previsto, y cosas que pensé que querrían comprar los fans por unas pocas libras salieron por miles. Se vendió todo: la bonobo que representaba la futilidad de la guerra, las escarcelas, la radio en forma de muñeca en negligé. Hasta vendieron las pancartas que colgaban fuera de Sotheby's para anunciar la subasta.

Yo no fui. Me marché de Woodside el mismo día que llegó el camión de la mudanza. Tardé dos años en volver a poner un pie allí. Entonces no lo sabía, pero cuando regresé, mi vida habría cambiado mucho más que mi casa.

Decidí irme a vivir a Londres mientras vaciaban Woodside. Al principio me alojé en un hotel, el Inn On The Park, donde tenía lugar la famosa anécdota en la que llamaba a la oficina de Rocket y exigía que hicieran algo con el viento, que no me dejaba dormir. Ojalá pudiera afirmar de una vez por todas que esa historia es una leyenda urbana, que nunca se me fue tanto la olla como para pedir algo así a mi discográfica, que solo quería cambiar mi habitación por otra más silenciosa porque me molestaba el viento. Por desgracia, no puedo decirlo, porque la anécdota es totalmente cierta. Perdí la cabeza por completo y fui lo bastante iluso para llamar al director internacional de Rocket, Robert Key, y pedirle que hiciera algo con el viento que soplaba fuera de mi hotel. No quería cambiar de habitación. Eran las once de la mañana, llevaba levantado la noche entera y había drogas por todas partes: lo último que necesitaba era que el personal del hotel irrumpiera en la habitación para ayudar a trasladarme a otra planta. Le expliqué la situación a Robert, furioso. Debo reconocer que él rechazó mi petición de plano. Al otro lado de la línea, oí cómo decía al resto de la oficina, con una mano en el auricular: «Dios mío, al final se ha vuelto loca. —Luego se dirigió de nuevo a mí—. Joder, Elton, ¿estás loco? Cuelga y vete a la cama.»

Alquilé una casa al oeste de Londres, pero pasaba la mayor parte del tiempo de gira o en Estados Unidos. Me había enamorado de un tipo llamado Hugh Williams que vivía en Atlanta. Aunque también estuve en Indianápolis. Ryan White había sido más feliz desde que se habían trasladado a Cicero, pero nada podía detener el avance de su enfermedad. En la primavera de 1990 Jeanne, su madre, me telefoneó. Lo habían llevado al Riley Hospital for Children con una infección respiratoria severa y estaba conectado a una máquina que le mantenía las constantes vitales. Tomé un avión inmediatamente. Durante la siguiente semana intenté ser de alguna utilidad en el hospital mientras Ryan perdía y recobraba el conocimiento. Yo no sabía qué más hacer para ayudar. Le limpiaba la habitación. Le llevaba sándwiches y helado. Puse flores en los jarrones y compré peluches para los otros niños de la sala. Hice de secretario de Jeanne, protegiéndola de las llamadas telefónicas y realizando el trabajo que hacía Bob Halley para mí. Ryan había sido un defensor visible de los enfermos de sida y se había convertido en una celebridad. Cuando se difundió la noticia de que se estaba muriendo, Jeanne se vio abrumada por los ofrecimientos de personas que querían ayudarlos, y fue demasiado para ella. Yo sostuve el teléfono al oído de Ryan cuando lo llamó Michael Jackson. Lo único que podía hacer Ryan era escuchar. Estaba demasiado débil para responder.

Mientras regresaba a mi hotel, pensé en Jeanne y en su hija Andrea. Estaban viendo morir lenta y dolorosamente a Ryan. Habían rezado pidiendo un milagro, pero nunca llegó. Tenían motivos de sobra para estar furiosas y resentidas. Pero no era así como se mostraban, sino estoicas, indulgentes, pacientes y amables. Aun en las circunstancias más duras estar cerca de ellas era un placer. Pero hicieron que me avergonzara como nunca de mí mismo. Me he pasado la mitad de la vida furioso y resentido por cosas que no importaban. Yo era la clase de persona que cogía el teléfono desde el hotel de Park Lane y chillaba a la gente porque no me gustaba el tiempo que hacía fuera. Por muchos problemas que hubiera tenido en mi niñez, no me habían educado para actuar de ese modo. ¿Cómo coño me había convertido en alguien así? Siempre había logrado justificar mi comportamiento ante mí mismo, o bromear sobre él, pero ya no podía seguir haciéndolo: la vida real había invadido la burbuja de la fama.

Al enterarse de que estaba en Indianápolis, me pidieron que actuara en el concierto del Hoosier Dome en favor de Farm Aid, una organización benéfica fundada por Neil Young, Willie Nelson y John Mellencamp. Fue un gran acontecimiento en el que actuaron todos, desde Lou Reed hasta Carl Perkins pasando por los Guns 'N' Roses. Yo había aceptado encantado, pero ahora no lo veía claro porque no quería apartarme de la cabecera de Ryan; sabía que no le quedaba mucho tiempo. Acudí allí a toda velocidad y subí al escenario literalmente con la misma ropa que había llevado en el hospital. Toqué sin banda de apoyo y a toda prisa «Daniel» y «I'm Still Standing», le dediqué «Candle In The Wind» a Ryan y me marché corriendo. En menos de una hora volvía a estar en el hospital, y allí seguía cuando Ryan murió a la mañana siguiente, el 8 de abril, a las 7.11 de la mañana. Tenía dieciocho años. Solo le faltaba un mes para graduarse.

Jeanne me había pedido que fuera uno de los portadores del féretro y que actuara en su funeral. Canté «Skyline Pigeon» con una foto de Ryan encima del piano. Era una canción de mi primer álbum, *Empty Sky*, uno de los primeros temas buenos que Bernie y yo habíamos compuesto, y parecía adecuado para la ocasión: «Dreaming of the open, waiting for the day that he can spread his swings and fly away again» («Soñando con el cielo abierto, esperando el día en que él pueda extender las alas y echar de nuevo a volar»). Acudió mucha gente al funeral. Llegaron fotógrafos de prensa de todas partes del mundo y cientos de personas se quedaron fuera bajo la lluvia. Entre los asistentes se encontraban algunos que habían amargado la vida a los White en Kokomo; habían ido a disculparse y Jeanne los perdonó.

Ryan descansaba en un ataúd abierto. Después de la celebración, la familia y los amigos íntimos pasamos en fila para despedirnos. Llevaba su cazadora tejana desgastada y unas gafas de sol de espejo; la ropa con que había querido que lo enterraran. Yo le puse las manos en la cara y le dije que lo quería.

Volví a mi hotel en un estado anímico extraño. No era solo dolor, había algo más bullendo por debajo: estaba enfadado conmigo mismo. No paraba de darle vueltas a todo lo que Ryan había hecho en tan poco tiempo para ayudar a las personas con sida. Un chico que no tenía nada y que había cambiado la percepción pública. Ronald Reagan, que había hecho lo posible por ignorar el sida mientras era presidente, había escrito un artículo que *The Washington Post* publicaba esa mañana, elogiando a Ryan y condenando «el miedo y la ignorancia» que rodeaban la enfermedad. Yo era la estrella del rock gay de más renombre del mundo. Había pasado la década de los ochenta viendo morir a colegas y examantes de una forma horrible; años después, hice grabar todos sus nombres en placas y las puse en la pared de la capilla de Woodside. Pero ¿qué había hecho? Casi nada. Me había asegurado de someterme a las pruebas del VIH cada año y de forma milagrosa cada vez habían salido negativas. Había tocado en un par de conciertos benéficos y colaborado en la grabación de un single benéfico, una versión de «That's What Friends Are For» de Burt Bacharach, con Dionne Warwick, Stevie Wonder y Gladys Knight. Tuvo mucho éxito; fue el single que más se vendió ese año en Estados Unidos y recaudó 3 millones de dólares.

Y había asistido a varios de los actos recaudatorios de Elizabeth Taylor, porque hacía años que la conocía. Su imagen resultaba imponente, pero en la vida real era increíblemente amable y cercana, además de muy graciosa; tenía un sentido del humor inglés muy obsceno. Aunque debías vigilar las joyas cuando ella andaba cerca. Eran su obsesión. Si llevabas algo que le gustaba, lograba engatusarte para que se lo dieras; entrabas en su camerino con un reloj Cartier y salías sin él, y nunca estabas muy seguro de cómo había logrado sacártelo. Supongo que se servía de las mismas dotes para recaudar dinero. Tuvo las agallas de levantarse y hacer algo, y contribuyó a poner en marcha la Fundación para la Investigación sobre el Sida, obligando a Hollywood a prestar atención pese a que todo el mundo le decía que involucrarse en esa causa perjudicaría a su carrera.

Yo debería haber estado haciendo lo mismo. Debería haberme encontrado en primera línea de la lucha. Debería haber puesto en juego mi cabeza como había hecho Liz Taylor. Debería haber marchado con Larry Kramer y ACT UP. Todo lo que había hecho hasta entonces –singles benéficos, actos de celebridades para recaudar fondos– parecía superficial y propio de la farándula. Debería haber estado utilizando mi fama como plataforma para obtener atención y cambiar las cosas. Me sentí fatal.

Encendí el televisor y vi el funeral en las noticias, lo que solo empeoró las cosas. Había sido una celebración bonita y mi actuación parecía apropiada. Pero cada vez que la cámara me enfocaba me quedaba horrorizado. Tenía un aspecto horrible que no guardaba relación alguna con la trágica muerte de Ryan y sí con la vida que llevaba. Estaba hinchado y ceniciento. Tenía el pelo blanco. Se me veía desgastado, exhausto, enfermo. Tenía cuarenta y tres años y aparentaba setenta. En menudo estado me encontraba. Algo tenía que cambiar.

Pero todavía no. Dejé Indianápolis y la vida volvió a lo que yo entendía por normalidad. Había grabado un nuevo álbum antes de que Ryan se pusiera grave y ahora tenía que promocionarlo, algo que había pasado de hacer para estar con él. Habíamos grabado *Sleeping with the Past* en un estudio de la Dinamarca rural llamado Puk. Creo que lo hicimos en parte para huir de la prensa, que estaba en todas partes a raíz de mi divorcio de Renate, pero también para evitar que se repitieran los incidentes ocurridos durante la grabación de *Leather Jackets*. En cierto sentido funcionó. Ni siquiera yo averigüé cómo conseguir drogas en lo más profundo de la campiña danesa. Estábamos en pleno invierno, hacía un frío glacial y el paisaje era desolador; habría tenido más posibilidades de encontrar un camello de coca en la luna. Pero todas las noches íbamos al pueblo más cercano, Randers, e irrumpíamos en los pubs, y nos maravillábamos de cómo bebían los daneses. Eran personas encantadoras y muy afables, siempre dispuestas a apelar a mi naturaleza competitiva desafiándonos a jugar una partida de dardos… Pero cuando corría el alcohol, el viejo legado vikingo salía a relucir. No debería haber intentado ponerme a su altura, pero allí también pudo más mi naturaleza competitiva. El licor que bebían los lugareños era letal; por algo lo llamaban «North Sea Oil», el petróleo del mar del Norte. Me acostumbré a despertarme en el suelo de una habitación que no era la mía, con la lengua pegada al paladar, convencido de que esa clase de envenenamiento por alcohol resultaría fatal. Otros miembros del equipo técnico salieron aún peor parados que yo; para el cumpleaños del productor, Chris Thomas, contraté una banda de música para que fuera a su puerta a primera hora de la mañana y tocara «Happy Birthday To You». Es fácil imaginar lo bien que sonó en los oídos de un hombre con una resaca monumental.

El licor, los pubs, las resacas: vale la pena puntualizar que estoy describiendo la semana laboral allí. Los fines de semana me soltaba un poco la melena. Volaba a París y me divertía. En la rue de Caumartin había un club gay que me encantaba, Boy. La verdad es que pensaba que ya era un poco mayor para las discotecas, pero la música de Boy hacía que volviera allí. Laurent Garnier y David Guetta eran los DJ. El house y el tecno empezaban a tomar los clubes nocturnos de París, y sonaban tan novedosos, vibrantes y audaces como la música disco en los años setenta. Cuando oigo «Good Life», de Inner City, recuerdo cómo la pista de baile de Boy enloquecía.

Pese a mis idas a París y la cantidad de North Sea Oil que se consumió durante su producción, *Sleeping with the Past* salió bastante bien. La idea era hacer un álbum influido por el viejo soul, la clase de música que yo tocaba en los clubes nocturnos en los años sesenta, de ahí el título. Se percibe muy bien en canciones como «Amazes Me» y «I Never Knew Her Name». De hecho, el único tema del que no estaba seguro era una balada titulada «Sacrifice». Haciendo gala de nuevo del infalible instinto comercial que me había llevado a amenazar a Gus Dudgeon con estrangularlo si publicaba algún día «Don't Let The Sun Go Down On Me», dije que no la quería en el álbum. Me persuadieron de lo contrario, pero luego la discográfica quiso lanzarlo como single, lo que me pareció una estupidez –¿quién iba a querer escuchar una balada de cinco minutos?– y, de entrada, lo pusieron en la cara B, reservando la A para una canción llamada «Healing Hands», que me pareció mucho más comercial. El single pasó sin pena ni gloria hasta que casi un año después, en junio de 1990, el DJ Steve Wright ignoró lo que ponía en la funda y empezó a poner la cara B en su programa de Radio One. Y de pronto despegó: en tres semanas obtuve mi primer número uno en solitario en Gran Bretaña.

Recordando cómo me había sentido acerca de mi respuesta a la crisis del sida después del funeral de Ryan, decidí donar todos los royalties a las cuatro organizaciones británicas que luchaban contra el sida, y anuncié que haría lo mismo con cada single que sacara en el futuro. Di dinero a Stonewall, una nueva organización sin ánimo de lucro que luchaba por los derechos del colectivo LGTBQ a raíz de la Sección 28, una ley reciente que prohibía a los gobiernos y escuelas locales de Gran Bretaña «promover» la sexualidad. Cuando aparecí en los International Rock Awards, una ceremonia televisada, desafié al presentador, un cómico homófobo llamado Sam Kinison cuya especialidad eran las bromas sobre el sida. Una semana después del funeral de Ryan se había burlado de él en el programa de radio de Howard Stern. Le dije que me encontraba allí a regañadientes, porque era un cerdo y nunca deberían haberlo contratado para presentar la ceremonia de los premios. Su reacción fue increíble. Empezó a gimotear diciéndome que le debía una disculpa y que eso estaba «fuera de lugar». Un hombre que iba por ahí mofándose de los «maricones» que se morían, cuyo supuesto talento especial era injuriar y decir lo impronunciable, y ahora se las daba de ofendido porque alguien le había soltado un improperio. Él podía repartir golpes a diestra y siniestra, pero no era capaz de recibirlos. Ya podía esperar sentado una disculpa.

Y toqué en varios actos benéficos en favor de la organización sin ánimo de lucro de Ryan, en el casino recién inaugurado de Donald Trump en Atlantic City. Jeanne White acudió como mi invitada, pero no fueron buenos conciertos. Yo me estaba sosteniendo con alcohol y drogas y cometí errores en el escenario. Nada demasiado grave, algún que otro lapsus en las letras o notas equivocadas en el piano. Dudo de que lo notara alguien del público y ningún miembro de la banda lo mencionó. Nunca he sido muy partidario de esos análisis postconcierto en los que todos se reúnen y hablan de lo que ha salido mal; díselo a tus músicos cuando han tocado bien, y no te quedes ahí sentado sacándoles faltas durante horas, déjalas pasar. Pero en el fondo yo sabía que había infringido una de mis normas no escritas. Más de una vez había abandonado el escenario a toda prisa al final de un concierto, patéticamente desesperado por una raya, pero me había propuesto no meterme nunca nada antes de empezar. Me parecía que era defraudar al público.

Cuando volví a Atlanta, Hug tenía una noticia que darme. Estaba harto de beber y drogarse. Sabía que no podía parar sin ayuda, de modo que iba a ir a un centro de desintoxicación. Se había apuntado a un programa de tratamiento internado en Sierra Tucson, el mismo centro que había tratado el alcoholismo de Ringo Starr hacía un par de años. Se marchaba ese mismo día.

Uno pensaría que, después de lo ocurrido en Indianápolis –lo avergonzado que me había sentido en compañía de la madre y la hermana de Ryan, lo horrorizado que me había quedado al verme en el funeral–, habría encajado bien la noticia. Debería haberle preguntado si podía acompañarlo. Pero me puse hecho una furia. Estaba indignado. Hugh era mi más reciente cómplice: si él admitía que tenía un problema, eso significaba que yo también lo tenía. Indirectamente, me estaba acusando de ser drogadicto.

No era la primera persona que insinuaba que yo necesitaba ayuda. Cuando dejó de trabajar para mí, mi asistente personal, Mike Hewitson, me había escrito una carta muy cuerda y sensata –«tiene que acabar con este disparate y dejar de meterse esa maldita sustancia por la nariz»– y yo había reaccionado negándome a hablar con él durante un año y medio. Tony King había intentado mantener una conversación conmigo. Había ido a verme con Freddie Mercury, y este le había comentado que yo parecía en apuros y que debería intervenir. «Tienes que cuidar de tu amigo.» Viniendo de Freddie, que no era ningún santo en lo tocante al alcohol y las drogas, ese juicio debería haber tenido mucho peso. Pero rechacé lo que Tony tenía que decirme como el sermón moralista de un alcohólico en fase de desintoxicación. Y un par de años antes, George Harrison había intentado hablar conmigo en una fiesta disparatada que yo había organizado en una casa que estaba alquilando en Los Ángeles. Había colgado luces en el jardín, le había pedido a Bob Halley que encendiera la barbacoa y había invitado a toda la gente que conocía en la ciudad. Hacia media tarde, cuando yo ya estaba totalmente fuera de mí, un tipo de aspecto desaliñado al que no reconocí apareció en la fiesta. ¿Quién demonios era? Debía de ser alguien del personal, un jardinero. Le pregunté en voz alta qué hacía el jardinero sirviéndose una copa. Se hizo un silencio conmocionado que solo la voz de Bob Halley rompió:

—Joder, Elton, no es el jardinero. Es Bob Dylan.

Drogado hasta las cejas y deseoso de desagraviarlo, me acerqué corriendo a él y lo agarré, y empecé a conducirlo hacia la casa.

—¡Bob! ¡Bob! No podemos tenerte así vestido, querido. Sube conmigo y te dejaré algo de ropa enseguida. ¡Vamos!

Bob se quedó mirándome, horrorizado. Su expresión daba a entender que no había nada que le apeteciera menos que vestirse como Elton John. Era a finales de los años ochenta, y uno de mis looks más recientes consistía en un traje rosa y un sombrero de paja con una torre Eiffel encima, así que no me extraña. Pero lleno de la confianza que da la coca no desistí de mi propósito. Mientras seguía sacándolo del jardín, oí la voz inconfundible de George, mordaz y con acento escocés, que me llamaba.

—Elton —me dijo—, creo que debes tener cuidado con los viejos polvos blancos.

Bob logró disuadirme de que lo vistiera con mi ropa, pero eso no cambiaba el hecho de que uno de los Beatles me estuviera diciendo en público que hiciera algo con mi afición a la cocaína. Simplemente me lo tomé a broma.

Pero esta vez, con Hugh, no me lo tomé a broma. Toda la fuerza del Mal Genio de la familia Dwight se desató, tal vez con más fuerza que antes, porque después de Indianápolis sabía con seguridad que él tenía razón. La pelea que siguió fue horrible. Grité y vociferé. Le solté las cosas más hirientes y dolorosas que se me ocurrieron, la clase de comentarios horribles que luego vuelven literalmente para atormentarte: de pronto los recuerdas años después, de forma completamente inesperada, y aprietas los dientes y te estremeces. Nada de todo eso cambió nada. Hugh estaba decidido. Se marchó a Arizona esa tarde.

Aunque parezca increíble después de cómo nos despedimos, Hugh más tarde me pidió que fuera a verlo al centro de tratamiento. Craso error. Llegué y me fui en menos de veinte minutos, los suficientes para montar una buena escena. Volví a explotar: ese lugar era espantoso, los terapeutas ponían los pelos de punta, le estaban lavando el cerebro, tenía que marcharse enseguida. Al ver que no lo hacía, me marché yo y regresé en avión a Londres.

Cuando llegué, fui directo a la casa que alquilaba por entonces y me encerré en ella. Me pasé dos semanas escondido en mi habitación, esnifando cocaína y bebiendo whisky. Las pocas veces que comía, me provocaba de inmediato el vómito. Estuve despierto días enteros, viendo porno y colocándome. No contestaba el teléfono. No abría la puerta. Si alguien llamaba, me quedaba sentado en un silencio total, rígido de paranoia y miedo, aterrado de moverme por si había alguien fuera espiándome.

A veces escuchaba música. Me ponía «Don't Give Up», de Peter Gabriel y Kate Bush, una y otra vez, llorando con la letra: «No fight left or so it seems, I am a man whose dreams have all deserted» («No me queda fuelle, o eso parece, soy un hombre al que sus sueños lo han abandonado»). A veces me pasaba días haciendo listas inútiles de los discos que tenía, las canciones que había compuesto, la gente con la que me gustaría trabajar, los equipos de fútbol que había visto jugar: cualquier cosa con tal de llenar el tiempo, darme un motivo para drogarme más y evitar dormir. Se suponía que tenía una reunión de la junta directiva del Watford, pero llamé y dije que no me encontraba bien. No me lavaba, no me vestía. Me pasaba el día allí sentado, con una bata manchada de mi propio vómito, haciéndome pajas. Era sórdido. Horrible.

A veces no quería volver a ver nunca más a Hugh. Otras veces estaba desesperado por hablar con él, pero no podía ponerme en contacto. Se había trasladado a un centro de reinserción social, y después de la escena que le había montado en el centro de desintoxicación, nadie quería decirme dónde estaba. Al final me puse tan enfermo que comprendí que ya era suficiente. No podía soportarlo más. Si seguía así un par de días más me moriría de verdad, de sobredosis o de un ataque al corazón. ¿Era eso lo que quería? Sabía que no. Pese a mi comportamiento autodestructivo, yo no quería ser realmente autodestructivo. No tenía ni idea de cómo vivir, pero no quería morir. Logré localizar al exnovio de Hugh, Barron Segar, quien me dijo que estaba en el centro de reinserción social de Prescott, una ciudad a cuatro horas al norte de Tucson. Llamé a Hugh. Parecía nervioso. Accedió a que nos viéramos, pero puso condiciones. Yo tenía que hablar con su terapeuta antes. Quería verme, porque había ciertas cosas que quería decirme, pero no lo haría si no era delante de un terapeuta. No lo dijo, pero sospeché que iba a haber alguna clase de mediación. Titubeé un momento, pero había dejado de autoconvencerme de que, aunque las cosas se pusieran feas, yo era lo bastante inteligente, lo bastante famoso y lo bastante rico para solucionarlas por mí mismo. Me sentía demasiado desgraciado y avergonzado para intentarlo siquiera. De modo que acepté: haría lo que hiciera falta.

Me acompañó Robert Key, y Connie Pappas fue a recogernos al aeropuerto de Los Ángeles. Telefoneé al terapeuta de Hugh y me dijo que la reunión tenía que ser parte de la terapia de Hugh. Cada uno haría una lista de las cosas que no nos gustaban del otro y nos las leeríamos. Me quedé aterrado, pero lo hice.

Al día siguiente me encontré en una diminuta habitación de un hotel de Prescott, mirando a Hugh. Estábamos sentados tan cerca que nos rozábamos las rodillas, cada uno con su lista en las manos. Empecé yo. Le dije que no me gustaba que fuera desordenado. Siempre dejaba la ropa por todas partes. No guardaba los CD en sus cajas después de escucharlos. Por la noche, se olvidaba de apagar las luces cuando salía de una habitación. Tonterías molestas e irritantes, la clase de cosas que te ponen nervioso de tu pareja si convives con ella todos los días.

Le llegó el turno a Hugh. Noté que temblaba. Estaba más aterrado que yo.

—Eres drogadicto —dijo—. Eres alcohólico. Eres adicto a la comida y bulímico. Eres adicto al sexo. Eres codependiente.

Eso fue todo. Hubo un largo silencio. Seguía temblando. No me miró. Esperaba que yo estallara de nuevo y me marchara furioso.

—Sí —respondí—. Es cierto, lo soy.

Hugh y su terapeuta me miraron.

—Entonces, ¿quieres ayuda? —me preguntó el terapeuta—. ¿Quieres ponerte bien?

Me eché a llorar.

—Sí —respondí—. Necesito ayuda. Quiero ponerme bien.

12

Lutheran Hospital,
Park Ridge,
Illinois,
10 de agosto de 1990

Hace dieciséis años que vivimos juntos, tú y yo, y, caray, hemos pasado muy buenos momentos. Pero es hora de que me siente y te diga lo que siento realmente por ti. Te he querido tantísimo... Al principio éramos inseparables; parecíamos encontrarnos cada dos por tres, en mi casa o en la de otros. Al final nos cogimos tanto cariño que decidí que no podía vivir sin ti. Quería que fuéramos una gran pareja, y al demonio lo que pensaran los demás.

Cuando te conocí, fue como si sacaras todo lo que había estado reprimido en mí. Por primera vez en mi vida podía hablar sobre cualquier cosa. Había algo en tu modo de ser que derribó todas mis barreras y muros. Lograste que me sintiera libre. Nunca me puse celoso por tener que compartirte con otros. De hecho, me gustaba conseguir que otras personas sucumbieran a tus encantos. Me doy cuenta de lo estúpido que debía de ser, porque yo nunca te he importado realmente. Siempre ha sido una relación descompensada. A ti solo te importa la cantidad de personas que puedes atrapar en tu red.

Mi cuerpo y mi cerebro han sufrido mucho por mi amor por ti, me has dejado cicatrices físicas y mentales permanentes. ¿Recuerdas esa frase tan romántica: «Moriría por ti»? Bueno, pues yo casi lo he hecho. Aun así, no es fácil librarse de ti, señora. Hemos roto muchas veces, pero yo siempre volvía a tu lado, aun sabiendo que era un error. Cuando no había nadie más para consolarme, bastaba con hacer una llamada de teléfono para encontrarte a cualquier hora del día o la noche. Nunca dejabas de asombrarme; he mandado coches para recogerte, he enviado hasta aviones para que pudiéramos pasar unas horas o días juntos. Y cuando por fin llegabas, estaba eufórico de abrazarte una vez más.

Dábamos grandes fiestas. Manteníamos largas conversaciones apasionadas sobre cómo íbamos a cambiar el mundo. Nunca hicimos nada, por supuesto, pero ¡por hablar que no fuera! Nos acostábamos con personas a las que apenas conocíamos y que en realidad no nos importaban. A mí me traía sin cuidado quiénes eran con tal de que se acostaran conmigo. Pero, por la mañana, cuando se habían ido, volvía a estar solo. Tú también te habías ido. A veces te deseaba de una forma tan insaciable…, pero tú habías desaparecido. Contigo a mi lado, era capaz de todo, pero si te ibas volvía a ser un niño triste.

Nunca le gustaste a mi familia. De hecho, mis familiares odiaban el hechizo bajo el que me tenías. Lograste separarme de ellos y de muchos de mis amigos. Yo quería que ellos entendieran lo que sentía por ti, pero nunca me escuchaban, y me sentía dolido y enfadado. Me sentía avergonzado porque me importabas más tú que los de mi propia sangre. Lo único que me importaba éramos tú y yo. De modo que me encerré en mí mismo. Al final ya no quería compartirte.

Quería que estuviéramos solos. Me sentía desgraciado, porque tú regías mi vida, tú eras mi Svengali.

Intentaré llegar al motivo de esta carta. He tardado dieciséis años en darme cuenta de que estar contigo no me ha conducido a ninguna parte. Cuando intentaba tener una relación con otra persona, siempre te llevaba conmigo en algún momento. De modo que no me cabe ninguna duda de que era yo el que te utilizaba. Sin embargo, no encontraba compasión ni amor, el amor que sentía por cualquiera siempre era superficial.

Había llegado a cansarme de mí mismo y a odiarme, hasta que no hace mucho conocí a alguien, alguien a quien quiero y en quien confío, y esa persona se ha mostrado firme en que lo nuestro tiene que ser un amor a dos bandas, no a tres. Me ha mostrado lo egocéntrico que me he vuelto, me ha hecho pensar en mi vida y en mis valores. Mi vida ha llegado a un punto muerto. Ahora tengo la oportunidad de cambiar mi forma de vivir y de pensar. Estoy preparado para aceptar la humildad y tengo, por tanto, que decirte adiós por última vez.

Has sido mi puta. Me has mantenido alejado de toda clase de espiritualidad y no me has dejado descubrir quién soy realmente. No quiero que nos entierren juntos. Cuando me vaya quiero que sea de muerte natural, en paz conmigo mismo. Quiero vivir el resto de mi vida con honestidad y afrontando las consecuencias en lugar de escondiéndome detrás de mi condición de famoso. Aunque, después de dieciséis años contigo, me siento como si estuviera muerto.

Una vez más, blanca dama, adiós. Si te encuentro en alguna parte —seamos realistas, eres una mujer de mundo—, te ignoraré y me iré de inmediato. Me has visto lo suficiente durante todos estos años y estoy harto de ti. Has ganado la batalla, me rindo.

Gracias pero no, gracias.

ELTON

En cuanto salieron de mi boca las palabras «necesito ayuda», me sentí diferente. Era como si hubieran vuelto a encender algo dentro de mí, una especie de luz piloto que se había apagado. De algún modo supe que me recuperaría. Pero no fue tan sencillo. En primer lugar, no parecía haber ninguna clínica en todo Estados Unidos donde me aceptaran. La mayoría estaba especializada en una sola adicción y yo tenía tres: cocaína, alcohol y comida. Yo no quería que las trataran por separado, lo que habría supuesto pasar unos cuatro meses yendo de un centro a otro. Quería que las trataran todas a la vez.

Al final dieron con una. Cuando la vi, casi me negué a entrar. El centro donde estaba Hugh –que, como los lectores tal vez recuerden, declaré en voz alta que era un lugar espantoso– en realidad era muy lujoso. Se encontraba en el campo que rodeaba Tucson y disfrutaba de unas vistas increíbles de las montañas de Santa Catalina. Tenía una piscina enorme, alrededor de la cual se impartían clases de yoga. El Lutheran, en cambio, era un hospital general corriente, en un barrio de Chicago llamado Park Ridge. Un gran edificio gris monolítico, con ventanas de vidrio espejado. No parecía un lugar donde se impartieran clases de yoga junto a la piscina. La única vista que ofrecía era la del aparcamiento de un centro comercial. Pero Robert Key seguía a mi lado y me dio demasiada vergüenza salir huyendo. Además, no tenía a donde ir. Me acompañó a la recepción, me dio un abrazo y luego regresó a Inglaterra. Yo me registré con el nombre de George King el 29 de julio de 1990. Me dijeron que tenía que compartir habitación, lo que no me sentó muy bien, hasta que me presentaron a mi compañero. Se llamaba Greg, y era gay y muy atractivo. Al menos habría algo en lo que recrearse la vista en aquel sitio.

Me fui seis días después. No porque fuera duro, que lo era. No podía dormir; me quedaba despierto toda la noche, esperando que sonara la alarma diaria a las seis de la mañana. Me entraban ataques de pánico. Sufría cambios de humor: más que de euforia a depresión, de depresión a más depresión, una bruma de abatimiento y ansiedad más o menos espesa, pero que nunca se aclaraba. Tenía náuseas todo el tiempo. Estaba débil. Me sentía solo. No estaba permitido hacer llamadas telefónicas ni hablar con nadie del mundo exterior. Me dejaron romper esa norma una vez, cuando me enteré por la televisión de que el guitarrista Stevie Ray Vaughan se había matado en un accidente de helicóptero. Estaba de gira con Eric Clapton en ese momento y su helicóptero formaba parte de un convoy que había despegado con el artista y todo su equipo técnico. Ray Cooper estaba en la banda de Eric Clapton. La noticia que oí era confusa –en un momento dado informaron erróneamente de que Eric también había muerto– y no tenía ni idea de si Ray iba en el helicóptero que se había estrellado. Después de muchos ruegos llorosos me permitieron averiguarlo; Ray estaba bien.

Pero, sobre todo, me sentía avergonzado. No de mis adicciones, sino porque esperaban que lo hiciéramos todo por nosotros mismos –limpiarnos la habitación, hacernos la cama– y yo no estaba acostumbrado. Había llegado al punto de que me afeitaba y me limpiaba el culo, pero pagaba para que hicieran todo lo demás por mí. No tenía ni idea de cómo poner una lavadora. Tuve que pedirle a otra paciente, una mujer llamada Peggy, que me enseñara. Al ver que no bromeaba, fue amable y solícita, pero eso no cambió el hecho de que yo era un hombre de cuarenta y tres años que no sabía lavarse su propia ropa. Cuando llegó el momento de gastar los diez dólares de la asignación semanal en artículos de papelería o chicles, me di cuenta de que no tenía ni idea de lo que costaba nada. Hacía años que no hacía ninguna compra que no fuera en una casa de subastas o una boutique de un diseñador de alta categoría. Es vergonzosa la burbuja totalmente innecesaria que la fama y la riqueza nos permite construir alrededor, si somos lo bastante necios. Lo veo sin cesar, sobre todo entre los raperos: se presentan en cualquier lugar con séquitos absurdos, mucho más grandes que el que rodeaba a Elvis, que ya me chocó en su día. A menudo lo hacen por espíritu caritativo –están dando empleo a amigos de su tierra natal, cuando este es un lugar donde nadie querría vivir–, pero es un juego peligroso. Creemos estar rodeándonos de gente y haciéndonos la existencia más fácil. Pero en realidad solo nos estamos aislando del mundo real, y al menos por mi experiencia, cuanto más aislados estamos de la realidad –cuanto más nos alejamos de la persona que se supone que somos por naturaleza–, más se complica nuestra vida y menos felices somos. Acabamos inmersos en algo parecido a una corte medieval, donde nosotros somos el monarca y todos los que nos rodean luchan por sus posiciones, temiendo perder su lugar en la jerarquía y peleándose para ver quién logra estar más cerca y ejercer mayor influencia sobre nosotros. Es un entorno grotesco y desmoralizador en el que vivir. Y lo hemos creado nosotros mismos.

No obstante, el verdadero problema fue que el tratamiento estaba basado en el programa de doce pasos de Alcohólicos Anónimos, y en cuanto mi terapeuta empezó a hablarme de Dios, me puse como loco. No quería saber nada de la religión: la religión era dogma, era gazmoñería, era la Mayoría Moral y personas como Jerry Falwell diciendo que el sida era un castigo que Dios mandaba a los homosexuales. Era un escollo para muchas personas. Cuando años después intenté convencer a George Michael para que acudiera a un centro de desintoxicación, se negó en rotundo por la misma razón: «No quiero saber nada de Dios, no quiero unirme a ninguna secta». Intenté explicarle que yo había pensado justo lo mismo, pero eso solo empeoró las cosas; creyó que me mostraba paternalista y prepotente. Pero yo había pasado realmente por eso. Aquella tarde en Chicago, salí furioso de la reunión y regresé a mi habitación, hice la maleta y me marché.

Llegué hasta la acera de la calle. Me senté en un banco con la maleta y me eché a llorar. Podía hacer unas llamadas y largarme de allí sin problema, pero ¿a dónde iba a ir? ¿De nuevo a Londres? ¿Para hacer qué? ¿Para perder el tiempo con una bata manchada de vómito, esnifando rayas y viendo porno todo el día? No era una perspectiva muy atractiva. Regresé discretamente al hospital arrastrando la maleta. Un par de días después estuve a punto de marcharme de nuevo. Mi terapeuta insinuó que no me tomaba en serio la desintoxicación. «No te estás esforzando lo suficiente, viniste aquí solo para aprovechar el viaje.» Con franqueza, perdí los estribos. Le dije que, si no estuviera tomándome en serio la desintoxicación, me habría ido hacía tiempo. Solo me tenía manía porque yo era famoso. Él rechazó mis argumentos; era como si no me escuchara. De modo que lo llamé cabrón. Eso pareció hacerlo reaccionar. Me llevaron ante un comité de disciplina y me reprendieron por el insulto y la actitud.

Pero también decidieron ponerme en manos de otro terapeuta, una mujer llamada Debbie, que no parecía tan preocupada por darme un castigo ejemplar por ser quien era, y empecé a hacer avances. Me gustaba la rutina. Me gustaba valerme por mí mismo. Solo tenía que examinar mi vida, todos los momentos en los que me había dejado guiar por el instinto, o el destino: desde que Ray Williams me había puesto en contacto con Bernie casi en el último momento, hasta que había cogido la revista con el artículo de Ryan White en la sala de espera del médico, pasando por la decisión de vaciar Woodside, que cada vez parecía menos que hubiera obedecido a un impulso temerario y más a una premonición de que mi vida estaba a punto de cambiar. Empecé a asistir a las reuniones de Alcohólicos Anónimos. Al cabo de un tiempo me permitieron recibir visitas: vinieron a verme Billie Jean King y su pareja Ilana Kloss, así como Bernie y mis amigos Johnny y Eddi Barbis. Me hacían escribir continuamente, entre otras cosas una carta a la cocaína –Bernie la leyó cuando vino a verme y se echó a llorar– y una lista de las consecuencias de mi alcoholismo y drogadicción. Al principio me costaba, pero una vez que empezaba no podía parar. Al llegar al hospital, un especialista me había preguntado cómo me sentía y le contesté la verdad: no lo sé, no estoy seguro de haber sentido algo durante años, o si todo era el resultado del continuo vaivén de emociones causado por las drogas y el alcohol. Ahora llegaba todo a borbotones. La lista de las consecuencias ocupaba tres hojas. Odio hacia mí mismo. Depresión grave. Subir al escenario colocado.

Era catártico, pero las reuniones de grupo me hacían ver mis problemas en toda su magnitud. Allí había personas que habían pasado por las cosas más espantosas. En una reunión nos pidieron que contáramos nuestro secreto más horrible y vergonzoso. Yo hablé un poco de mis relaciones anteriores, de mi capacidad para apoderarme de la vida de otra persona por motivos erróneos y egoístas. Luego le tocó a una chica de algún lugar del profundo sur de Estados Unidos, que estaba allí para que la ayudaran con su adicción a la comida. Tardó cuarenta y cinco minutos en contarnos su historia, al principio porque lloraba tanto que no le salían las palabras y luego porque intentaba hacerse oír en medio del llanto de todos los que la escuchábamos. Su padre había abusado de ella desde niña. En la adolescencia se quedó embarazada, y demasiado asustada para decírselo a alguien, empezó a comer y a comer a fin de engordar y disimular el embarazo. Al final dio a luz ella sola, asustada y sin ayuda.

Las reuniones no eran un lugar para los pusilánimes, pero llegaron a gustarme. Me obligaban a ser sincero, después de años de engañar a los demás y a mí mismo. Si otra persona ha tenido el coraje de levantarse y decirte que su propio padre abusaba de ella, te ves obligado a dar un paso adelante y decir la verdad sobre ti; hacer otra cosa es un insulto a su valentía. Cuando uno es adicto, todo es mentir, cubrir las pistas, decirse a uno mismo que no tiene ningún problema, decir a los demás que no cuenten con él porque se encuentra mal, cuando en realidad está ciego o con resaca. Ser sincero es duro, pero es liberador. Uno se desprende de todo lo que viene con las mentiras: la vergüenza, la deshonra.

Cuando alguien me había ofrecido ayuda, la había rechazado diciéndole que no lo entendía: los demás no eran Elton John, ¿cómo podían saber lo que era estar en mi piel? Pero enseguida vi claro que los demás adictos de las reuniones sí lo entendían. Lo entendían demasiado bien. En una reunión les pidieron a todos que escribieran lo que les gustaba y lo que les desagradaba de mí. Hicieron dos listas en la pizarra: mis cualidades y mis defectos. Yo empecé a hablar de lo que habían dicho, dándole vueltas y aceptando con calma las críticas. Me pareció que lo estaba haciendo bien, pero al cabo de un rato alguien me interrumpió y señaló que me había explayado sobre los comentarios negativos sin mencionar ninguno de los positivos. Dijeron que eso era un signo de baja autoestima. Me di cuenta de que tenían razón. Tal vez por eso me gustaba tanto actuar encima de un escenario. Nos cuesta aceptar los cumplidos, de modo que nuestra vida se convierte en una búsqueda de una alternativa más impersonal: puestos en las listas de éxitos, multitud de caras sin nombre que aplaudan. No me extraña que siempre dijera que mis problemas se diluían encima del escenario. No me extraña que mi vida fuese tan caótica al salir del escenario. Regresé a mi habitación y en la carpeta azul en la que guardaba todos mis escritos escribí: «Valgo la pena, soy buena persona». Era un comienzo.

Al cabo de seis semanas estuve preparado para irme. Regresé en avión a Londres, y una vez allí llamé a las oficinas de Rocket y les comuniqué mi intención de tomarme un período de descanso. Sin conciertos, ni nuevas canciones, ni sesiones de grabación durante al menos un año, tal vez dieciocho meses. Era algo insólito –nunca me había tomado más de unas pocas semanas libres al año desde 1965–, pero todos lo aceptaron. Solo cumpliría con un compromiso inquebrantable: un pequeño concierto benéfico con Ray Cooper en el Grosvenor House Hotel, que fue aterrador, pero salimos adelante. Mientras estaba allí, vi el material gráfico de un recopilatorio de toda mi carrera que había estado preparando antes de la etapa de desintoxicación. Me gustó el título, *To Be Continued...* Parecía positivo y esperanzador, incluso profético, puesto que lo había escogido antes de estar limpio. Pero quería que apareciera una foto actual en lugar de una colección de tomas antiguas de los años setenta y ochenta; así el título parecería un comentario sobre mi vida actual y no sobre mi pasado. Y eso fue cuanto hice ese año, a menos que contemos mi inesperada aparición, vestido de mujer, en uno de los conciertos de Rod Stewart en el estadio de Wembley, donde intentó cantar «You're In My Heart» conmigo sentado en su regazo. Y no, estropearle las cosas a Rod no me ha parecido nunca trabajo, sino más bien un pasatiempo muy agradable.

Pasé un tiempo en Atlanta con Hugh, pero nuestra relación empezó a decaer. Nuestros terapeutas nos habían recomendado que no viviéramos juntos; no pararon de repetir que no funcionaría, que la dinámica de la relación cambiaría de manera irrevocable ahora que estábamos sobrios. Los dos desechamos la idea pensando que era una tontería: la mitad de lo que yo había escrito durante la rehabilitación era sobre lo mucho que quería a Hugh y cuánto lo echaba de menos. De modo que alquilamos un piso y nos instalamos en él, pero no tardamos en descubrir con gran sorpresa que la dinámica de nuestra relación parecía haber cambiado de forma irrevocable ahora que estábamos sobrios, y que no estaba funcionando. No acabamos mal, gritándonos e insultándonos, pero fue triste. Habíamos sufrido mucho juntos. Pero era el momento de pasar página.

Así que pasé la mayor parte de los dieciocho meses en Londres, donde me adapté a una rutina tranquila. Compré la casa que había estado alquilando, en la que me había refugiado para mi última orgía. Vivía solo. No me molesté en buscar servicio, me gustaba hacerlo todo por mí mismo. Me compré un Mini y elegí un perro en la perrera de Battersea, un pequeño chucho llamado Thomas. Todos los días me levantaba a las seis y media y sacaba a Thomas a pasear. Lo adoraba. Es un tópico decir de los exadictos que de pronto reparan en cosas que no veían mientras se drogaban —oh, la belleza de las flores, las maravillas de la naturaleza y todas esas chorradas—, pero solo es un tópico porque es cierto. Estoy seguro de que es una de las razones por las que empecé a coleccionar fotografías. Había estado rodeado de fotógrafos magníficos la mayor parte de mi vida —Terry O'Neill, Annie Leibovitz, Richard Avedon, Norman Parkinson—, pero siempre había visto la fotografía como una forma de publicidad, no como un arte, hasta que dejé de beber y drogarme. Fui al sur de Francia de vacaciones y visité a un amigo mío, Alain Perrin, que vivía en las afueras de Cahors. Él estaba revisando unas fotografías de moda en blanco y negro con la intención de comprar alguna cuando miré distraído por encima de su hombro, y de repente me quedé absorto. Eran de Irving Penn, Horst y Herb Ritts. Conocía a Herb Ritts —la foto de la cubierta de *Sleeping with the Past* era suya–, pero me pareció que veía su obra de una forma totalmente distinta. Me cautivó hasta el menor detalle de las fotos que Alain miraba: la luz, las formas que había creado y distorsionado, todo parecía extraordinario. Acabé comprando doce, y ese fue el comienzo de una obsesión que nunca ha cesado: en el ámbito de las artes plásticas, la fotografía es el amor de mi vida.

Pero fue paseando por Londres cuando advertí por primera vez ese cambio en mi forma de mirar. Un verano caluroso había dado paso a un otoño templado. Era un placer madrugar y salir temprano al aire fresco de un día soleado, pasear a Thomas por Holland Park o por los jardines de la iglesia de Saint James, contemplar cómo las hojas iban cambiando de color. Hasta entonces solo había estado levantado a esa hora de la mañana cuando empalmaba con la noche anterior.

Después de pasear al perro, me subía a mi Mini y me dirigía a la consulta del psiquiatra. Nunca había ido a uno y suponía una curva de aprendizaje empinada. Algunos psiquiatras que me han tratado a lo largo de los años han sido increíbles, me han ayudado mucho a entender cómo soy. Y otros han resultado ser una pesadilla, más interesados en mi fama y en cómo beneficiarse de su relación conmigo. A uno de ellos hasta se le prohibió ejercer por abusar de sus pacientes (los de género femenino, me apresuro a añadir, para que nadie crea que estuve entre sus víctimas).

Me pasaba la mayor parte del tiempo en reuniones. Me había ido de Chicago con instrucciones estrictas de mi padrino de asistir a una reunión de Alcohólicos Anónimos en cuanto hubiera pasado la aduana de Londres. Pero, después de semanas en Estados Unidos privado de fútbol, fui a ver un partido del Watford. Esa noche mi padrino me llamó. Cuando le dije lo que había hecho, me gritó. Trabajaba conduciendo un camión de basura del servicio de limpieza de Chicago y se había pasado la mayor parte de su vida comunicándose con sus colegas en medio del ruido del motor, y de verdad que sabía chillar. Esa noche me habló como si quisiera hacerse oír desde el otro lado del Atlántico sin teléfono. Yo, que estaba más acostumbrado a gritar a la gente que a que me gritaran, me quedé helado, pero también avergonzado. Era un buen hombre –acabé siendo el padrino de su hijo–, pero estaba enfadadísimo, y su enfado era fruto de su preocupación por mí.

De modo que seguí su consejo. Me volví muy estricto en cuanto a asistir a las reuniones: Alcohólicos Anónimos, Cocainómanos Anónimos, Anoréxicos y Bulímicos Anónimos. Acudía a las reuniones de Pimlico, de Shaftesbury Avenue, de Marylebone, de Portobello Road. A veces iba a tres o cuatro reuniones al día. En un mes llegué a asistir a cien. Algunos de mis amigos empezaron a decirme que ahora era adicto a las reuniones sobre las adicciones. Probablemente tenían razón, aunque suponía una mejora importante frente a mis anteriores adicciones. Tal vez hubiera una reunión a la que pudiera ir para abordarla.

En la primera reunión a la que asistí, un fotógrafo se abalanzó sobre mí cuando salía y me hizo una foto. Alguien debía de haberme reconocido y dio el chivatazo, lo que evidentemente iba en contra de las reglas. Apareció en la portada de *The Sun* al día siguiente: «Elton en Alcohólicos Anónimos». Como en esta ocasión se olvidaron de insinuar que había ido en shorts de cuero o agitando un vibrador, lo dejé pasar. No me importaba quién lo supiera. Estaba dando un paso positivo. Seguí acudiendo a las reuniones porque me lo pasaba bien. Me gustaba la gente que conocía en ellas. Siempre me ofrecía a preparar el té e hice amistades duraderas, personas con las que todavía estoy en contacto: gente corriente, que me veía como un adicto que se estaba recuperando y no como el famoso Elton John. Curiosamente, las reuniones me hacían pensar en el Watford FC, donde no recibía ningún trato especial y reinaba ese mismo espíritu de todos a una hacia un mismo fin. Se oían las cosas más extraordinarias. Las mujeres de las reuniones de Anoréxicos y Bulímicos Anónimos contaban cómo cogían un solo guisante, lo cortaban en cuatro y tomaban un cuarto para comer y otro para cenar. Yo pensaba: «Eso es demencial», pero luego recordaba cómo había estado yo cuatro meses atrás, sin lavar y borracho como una cuba a las diez de la mañana, metiéndome una raya cada cinco minutos, y me di cuenta de que ellas debían de haber pensado exactamente lo mismo de mí.

No todo lo que ocurrió en esos primeros meses de sobriedad fue maravilloso. Mi padre murió a finales de 1991. Nunca se había recuperado del todo de la operación de bypass de hacía ocho años. No asistí a su funeral. Habría parecido hipócrita. Además, la prensa habría acudido en masa y todo se habría convertido en un espectáculo. Mi padre no compartía mi fama, ¿por qué exponerlo a ella al final? Por otro lado, yo ya había lamentado bastante mi relación con él y había alcanzado algo parecido a la paz. Me habría gustado que las cosas fuesen diferentes, pero eran como eran. A veces uno tiene que mirar las cartas que le han tocado y abandonar la partida.

Y luego pasó lo de Freddie Mercury. No me había dicho que estaba enfermo; acababa de enterarme por amigos comunes. Fui a visitarlo mucho, aunque nunca podía quedarme más de una hora. Era tan triste…, no creo que quisiera que lo viera en ese estado. Alguien tan vital y necesario, alguien que habría mejorado con los años y cosechado un éxito tras otro, que muriera de esa forma tan horrible y arbitraria… Un año después habrían podido mantenerlo vivo con fármacos antirretrovirales. Pero no pudieron hacer nada por él. Se sentía demasiado débil para levantarse de la cama, estaba perdiendo la vista y tenía el cuerpo cubierto de lesiones del sarcoma de Kaposi, y sin embargo no dejaba de ser Freddie, cotilleando de un modo totalmente escandaloso: «¿Has oído el nuevo disco de la señora Bowie, querida? ¿Qué se cree que está haciendo?». Estaba allí tumbado, rodeado de catálogos de muebles japoneses y de arte, interrumpiendo la conversación para telefonear a casas de subastas y pedirles que pujaran por algo que le había gustado por su apariencia. «Acabo de comprarlo, ¿no es precioso?» No logré averiguar si era consciente de que estaba al borde de la muerte, o si lo sabía perfectamente pero estaba resuelto a no permitir que eso le impidiera ser él mismo. Fuera como fuese, me pareció increíble.

Al final decidió dejar de tomar cualquier medicamento que no fuese para combatir el dolor y murió a finales de noviembre de 1991. El día de Navidad Tony apareció en la puerta de mi casa con algo envuelto en una funda de almohada. Era una acuarela de un artista cuya obra yo coleccionaba llamado Henry Scott Duke, un impresionista que pintaba desnudos masculinos. Había una nota: «Querida Sharon, he pensado que esto te gustaría. Con cariño, Melina. Feliz Navidad». Mientras estaba allí postrado, Freddie lo había visto en uno de sus catálogos de subastas y lo había comprado para mí. Se le ocurrían regalos para una Navidad que en el fondo debía de saber que no vería, pensando en otras personas cuando estaba tan enfermo que no debería haber pensado en nadie más que en sí mismo. Freddie era magnífico.

Muchas personas lo pasan realmente mal cuando dejan una adicción, pero en mi caso fue lo contrario. Estaba eufórico. No quería volver a consumir nada, pues estaba contento de levantarme por las mañanas sin encontrarme fatal. Curiosamente, soñaba a menudo con cocaína. Todavía lo hago, casi cada semana, y eso que hace veintiocho años de la última raya que me metí. Siempre es el mismo sueño: estoy esnifando coca y alguien entra en la habitación, por lo general mi madre. Intento esconder lo que estoy haciendo, pero se me cae y se esparce por todas partes... por el suelo y sobre mí. Pero nunca he tenido el mono de cocaína. Todo lo contrario. Cuando me despierto, casi puedo notar aún esa sensación de entumecimiento que provoca la cocaína en la pared posterior de la garganta —esa era la parte que siempre odiaba— y pienso: «Menos mal que se ha acabado». A veces me apetecería tomar una copa de vino durante la cena o una cerveza con los amigos, pero sé que no puedo. No me importa que la gente beba delante de mí: es mi problema, no el suyo. Pero nunca me entran ganas de meterme una raya, y no soy capaz de soportar estar en un lugar donde haya gente haciéndolo. En cuanto entro en una habitación, lo sé. Noto que la gente va de eso. Por su forma de hablar —hablan un poco más fuerte de lo necesario, sin escuchar de verdad— y su modo de actuar. Sencillamente me voy. No quiero meterme coca, y no quiero rodearme de personas que lo hacen porque, con franqueza, es una droga que mueve a comportarse como un gilipollas. Ojalá me hubiera dado cuenta hace cuarenta y cinco años.

Cada vez que viajaba a un país extranjero para tocar en directo, averiguaba dónde iba a celebrarse la próxima reunión de AA o DA y en cuanto aterrizaba me dirigía allí. Fui a reuniones en Argentina, Francia y España. Fui a reuniones en Los Ángeles y Nueva York. Y fui a reuniones en Atlanta. Aunque había roto con Hugh, seguía entusiasmado con la ciudad. Había hecho un gran círculo de amigos a través de él, gente que no pertenecía a la industria de la música y de cuya compañía disfrutaba. Era una gran ciudad musical con una escena de soul y hip-hop importante, pero, por extraño que parezca, el ambiente era tranquilo; podía ir al cine o al centro comercial de Peachtree Road sin que nadie me molestara.

Estaba pasando tanto tiempo allí que al final decidí comprarme un piso, un dúplex en la planta treinta y seis de un edificio.

Tenía unas vistas preciosas, y no pude evitar fijarme en lo guapo que era el agente inmobiliario que me lo vendió. Se llamaba John Scott. Lo invité a salir y acabamos convirtiéndonos en pareja.

Al final dejé de asistir a las reuniones. Había ido prácticamente todos los días durante tres años —algo tan demencial como mil cuatrocientas reuniones—, y por fin decidí que ya habían hecho todo lo que podían por mí. Llegó un momento en que no quería hablar de alcohol, cocaína o bulimia todos los días. Supongo que el hecho de ser un adicto de perfil alto que había cambiado de vida públicamente, me convirtió en alguien a quien mis colegas podían acudir si tenían un problema. Ha llegado a ser una especie de broma —Elton siempre entrando en acción cuando una estrella del pop tiene un problema con la bebida o las drogas—, pero no me importa. Si alguien está en crisis y necesita ayuda, lo llamo o dejo mi número a su representante, y digo: «Mira, yo he pasado por eso, sé lo que es». Si necesitan ponerse en contacto conmigo, pueden hacerlo. Algunos casos son vox pópuli. Conseguí que Rufus Wainwright hiciera un proceso de desintoxicación; estaba tomando demasiada metanfetamina y llegó un momento en que se quedó temporalmente ciego. Y soy padrino de Eminem en Alcohólicos Anónimos. Cuando lo telefoneo para saber cómo está, siempre me saluda del mismo modo: «Hola, cabrón», lo que imagino que es típico de él. Ayudar a la gente a desintoxicarse es maravilloso.

Pero hay personas que no se dejan ayudar. Es una sensación horrible. Acabas asistiendo a ello como mero espectador, sabiendo lo que pasará y que la historia solo tiene un final. Así ocurrió con Whitney Houston; su tía, Dionne Warwick, me pidió que la llamara, pero o no le llegaron los mensajes que dejé, o no quiso saber nada. Y George Michael no quiso realmente saber nada. Estuve encima de él porque me tenía preocupado y porque amigos mutuos no paraban de ponerse en contacto conmigo para preguntarme si podía hacer algo. George escribió una carta abierta a la revista *Heat* en la que básicamente me decía, de forma bastante extensa, que me fuera a la mierda y me metiera en mis asuntos. Ojalá no hubiéramos discutido, o lo que es más: ojalá siguiera vivo. Quería a George. Tenía un talento increíble, y pasó por mucho, pero era un hombre muy dulce, bueno y generoso. Lo echo mucho de menos.

George fue una de las primeras personas con las que actué, ya limpio. Por mucho que disfrutara el descanso sin conciertos, sabía que no podía prolongarse eternamente, y tampoco quería. Quería volver a trabajar, aunque me asustara. Había empezado a pensar en tocar en directo, y para tantear un poco el terreno acepté aparecer en uno de los bolos de George. Él estaba haciendo una serie de conciertos en el estadio de Wembley. Esta vez no salí vestido de Ronald McDonald al volante de un Reliant Robin. Fui con una gorra de béisbol y cantamos juntos «Don't Let The Sun Go Down On Me», como habíamos hecho en el Live Aid seis años atrás. Fue una sensación increíble. El público se puso como loco cuando anunciaron mi nombre, y cuando sacaron el single del dúo llegó a número uno en ambos lados del Atlántico. Alquilé un estudio en París y sugerí tímidamente grabar un nuevo álbum, que acabó llamándose *The One*.

El primer día de grabación logré quedarme veinte minutos antes de marcharme presa del pánico. No recuerdo ahora cuál era el problema. Supongo que creía que no podía hacer un álbum sin beber ni drogarme, lo que no tenía ningún sentido. Solo hay que escuchar *Leather Jackets* para darse cuenta de que era justo todo lo contrario; había pruebas bastante persuasivas de que no podía grabar un álbum bajo el efecto de las drogas. Regresé al día siguiente y poco a poco me habitué al trabajo. El único problema real llegó con un tema titulado «The Last Song». La letra de Bernie trataba de la muerte de un hombre que estaba muy enfermo de sida y se reconciliaba con su padre, a quien no veía desde que este lo había desheredado al enterarse de que era gay. Era bonita, pero yo no podía cantarla. Tenía demasiado reciente la muerte de Freddie. Y en alguna parte de Virginia, sabía que Vance Buck también se estaba muriendo. Cada vez que intentaba cantarla, me echaba a llorar. Al final lo conseguí y «The Last Song» sirvió luego de colofón de *And the Band Played On*, un docudrama sobre el descubrimiento y la lucha contra el sida. Sonaba de fondo sobre un montaje de fotografías de víctimas destacadas del sida. A la mitad las conocía personalmente: Ryan, Freddie, Steve Rubell, el dueño de Studio 54.

A esas alturas yo ya había creado la Fundación Elton John contra el Sida. Había seguido colaborando en obras benéficas, y cuanto más colaboraba en ellas más comprendía que para mí era una necesidad. Lo que más me conmovió fue trabajar de voluntario en una organización benéfica llamada Operation Open Hand que repartía comida entre los enfermos de sida de todo Atlanta. Lo hacía con mi nuevo novio, John. En algunas casas a las que íbamos, cuando llamábamos solo nos abrían la puerta unos dedos. Estaban cubiertos de lesiones y no querían que nadie los viera, porque el estigma asociado al sida era enorme. A veces ni siquiera nos abrían. Dejábamos la comida delante de la puerta, y mientras nos alejábamos oíamos cómo la abrían, agarraban la comida y cerraban de nuevo la puerta sin hacer ruido. Esas personas estaban muriéndose en condiciones atroces, pero lo peor era que parecían morir de vergüenza, solas y aisladas del mundo. Era horrible, como lo que leemos en los libros sobre la Edad Media. A esos enfermos se les excluía de la sociedad por miedo e ignorancia, pero estaba sucediendo en la década de 1990 en Estados Unidos.

No podía quitármelo de la cabeza. Al final le pedí a John que me ayudara a fundar una organización sin ánimo de lucro que se concentrara en proteger a la gente con sida, así como en proporcionar todo aquello que los afectados necesitan para disfrutar de una vida mejor y más digna: cosas tan básicas como comida, vivienda, medios de transporte, acceso a médicos y psicólogos. Durante dos años John la llevó desde la mesa de la cocina de su casa de Atlanta. Virginia Banks, que trabajaba en mi equipo en Los Ángeles, pasó a ser la secretaria. Contándome a mí, éramos cuatro de personal. No teníamos ninguna experiencia ni entendíamos de infraestructuras, pero yo sabía que debíamos mantener los gastos internos bajos. He visto a demasiadas fundaciones benéficas malgastar dinero, sobre todo las de famosos. Uno acudía a una fiesta organizada para recaudar fondos y se enteraba de que todo el mundo había tomado aviones y se había desplazado con chófer a expensas de la fundación. Incluso ahora, casi treinta años después, nuestros gastos internos son mínimos. Organizamos actos muy vistosos, pero todos son subvencionados. La fundación no paga nada.

Me volqué de lleno en la Fundación contra el Sida. En el centro de desintoxicación, el terapeuta me había preguntado qué pensaba hacer con el tiempo y la energía que tendría en mi nuevo estado sobrio, un tiempo y una energía que había gastado en tomar drogas y en recuperarme de ellas. Lo llamaban «el agujero del donut» y quería saber cómo tenía previsto llenarlo yo. Hablé como un loco de los grandes planes que tenía: aprendería italiano y a cocinar. Naturalmente, nunca lo hice. Supongo que la Fundación contra el Sida fue lo que llenó ese agujero. Me dio un nuevo propósito fuera de la música. Estaba decidido a que fuera un éxito, tan decidido que subasté mi colección de discos para recaudar fondos con que ponerla en marcha. Estaba compuesta de 46.000

singles, 20.000 álbumes e incluso los viejos discos de 78 rpm con «Reg Dwight» orgullosamente escrito a bolígrafo en la funda. Salió en un solo lote, que adquirió un postor anónimo por 270.000 dólares. Persuadí a todo el mundo que me pareció que podía ayudarnos para que se involucrara: empresarios que podían enseñarnos a administrar la fundación de la forma más eficiente posible; gente que trabajaba en mi discográfica; Robert Key de Rocket, o Howard Rose, mi agente de conciertos desde que había puesto un pie en Estados Unidos.

Intenté sonsacar ideas a mis amistades. Billie Jean King e Ilana Kloss propusieron el Smash Hits, un torneo benéfico que se organiza cada año desde 1993; a raíz de la muerte de Arthur Ashe, muchos tenistas estrella se prestaron encantados a participar. Siempre competitivo, yo participo a menudo en él, aunque lo más sonado que he hecho en una cancha de tenis haya sido caerme de culo al intentar sentarme en una silla plegable de lona a pie de pista en el Royal Albert Hall. Otro avance importante fue la fiesta de la Gala de los Oscar. En realidad, nos la ofreció un activista político llamado Patrick Lippert que había fundado Rock the Vote. Siempre organizaba una fiesta después de los Premios Oscar para recaudar fondos para una de sus causas, pero cuando le diagnosticaron sida decidió convertirla en un acto recaudatorio para luchar contra el sida y nos preguntó si queríamos involucrarnos. La primera fiesta se celebró en 1993 en Maple Drive, el restaurante de Dudley More. Asistieron ciento cuarenta personas –las que cabían en el restaurante– y recaudamos 350.000 dólares, lo que nos pareció una enorme cantidad de dinero. El año siguiente lo repetimos y acudieron más estrellas; acabé sentado en un reservado con Tom Hanks, Bruce Springsteen y su mujer, Patti, Emma Thompson y Prince. Pero Patrick ya no estaba. Murió de sida tres meses después de la primera fiesta, a los treinta y cinco años. Como Freddie Mercury, se perdió por muy poco los antirretrovirales que podrían haberle salvado la vida.

Desde entonces, la Fundación Elton John contra el Sida ha recaudado más de 450 millones de dólares y hemos organizado actos increíbles. La última vez que Aretha Franklin actuó en directo fue en la gala de nuestro vigésimo quinto aniversario, en la catedral de San Juan el Divino de Nueva York. Habíamos contado con ella el año anterior, pero había tenido que anularlo por estar demasiado enferma. Estaba muriéndose de cáncer y había anunciado que se retiraba, pero con nosotros hizo una excepción. Cuando llegó me quedé impresionado. Esperaba encontrarla delgada, frágil y con mala cara. Entre bastidores, me sorprendí preguntándole si quería cantar. Supongo que en realidad le preguntaba si se encontraba lo bastante bien para cantar. Ella asintió sonriendo. «No volveré a fallarte.» Creo que debía de saber que esa era la última vez que actuaba, y le gustó que fuera una gala benéfica y que se celebrara en una iglesia, donde había empezado su carrera de cantante. Cantó «I Say A Little Prayer» y «Bridge Over Troubled Water», e hizo retumbar las paredes. La enfermedad no le había afectado la voz y sonó asombrosa. De pie delante del escenario, lloré a lágrima viva mientras veía cantar por última vez a la mejor cantante del mundo.

La Fundación contra el Sida me ha aportado experiencias que jamás habría vivido y me ha llevado a lugares que nunca habría visitado. He tenido que hablar varias veces ante el Congreso para pedir al Gobierno de Estados Unidos que aumente la financiación para el sida, y, por extraño que parezca, no me puse tan nervioso como esperaba. Comparado con intentar convencer al Comité de Planificación del municipio del distrito de Watford para que nos permitiera construir un nuevo estadio de fútbol, fue pan comido. Pensé que me encontraría con un público hostil de los republicanos más de derechas y religiosamente fervientes, pero no; una vez más, comparados con los miembros del Comité de Planificación, fueron el modelo absoluto de la mentalidad abierta, la flexibilidad y el buen sentido.

Y, contra todo pronóstico, el trabajo con la Fundación contra el Sida indirectamente daría pie al cambio más profundo e importante que se ha producido en mi vida. Pero llegaremos a eso más adelante.

13

No quiero sonar místico —o peor aún, presuntuoso—, pero a veces me resultaba difícil librarme de la sensación de que la vida me estaba dando palmaditas en la espalda por haber dejado de beber. *The One* se convirtió en mi disco más vendido en todo el mundo desde 1975. Dos años más tarde terminaron las reformas en Woodside y volví a mudarme allí. Me encantaba. Por fin se parecía a ese lugar en el que podía vivir una persona normal, en vez del absurdo almacén campestre de una estrella del rock cocainómana. Diez años después de haber escrito nuestra última canción juntos, Tim Rice me llamó por teléfono sin previo aviso y me preguntó si estaba interesado en volver a trabajar con él. Al parecer, Disney estaba preparando su primera película de animación basada en una historia original, en vez de en una historia preexistente, y Tim quería que yo participara. Aquello me intrigó. Ya había escrito una banda sonora antes, para *Friends*, una película de 1971 que suscitó unas cuantas críticas capaces de ponerte los pelos de punta. Recuerdo que Roger Ebert dijo de ella que era «un montón estomagante de estiércol apestoso», aunque no a todos los críticos les llegó a gustar tanto. Desde entonces, había dejado de lado las bandas sonoras, pero esto era claramente una cosa distinta. Las canciones tenían que narrar una historia. El plan era que no escribiríamos la típica partitura de Disney, al estilo Broadway, sino que intentaríamos sacar canciones pop que pudieran gustar a los niños.

Fue un proceso raro. Tim escribía de la misma manera que Bernie, primero la letra, y a mí me iba bien así. De hecho, escribir un musical era como escribir el álbum *Captain Fantastic*, había un argumento: había una secuencia específica a la que te tenías que ceñir, siempre sabías por adelantado qué orden llevarían las canciones. Pero mentiría si dijera que nunca tuve dudas con este proyecto o, mejor dicho, qué lugar ocupaba yo en él. Tengo muchos defectos, pero nunca se me podrá acusar de ser un artista que se toma a sí mismo muy en serio. Aun así, había días en los que me encontraba sentado al piano, reflexionando en profundidad sobre el rumbo que parecía estar tomando mi carrera. Me refiero a que escribí «Someone Saved My Life Tonight», escribí «Sorry Seems To Be The Hardest Word», escribí «I Guess That's Why They Call It The Blues». Y no podía eludir el hecho de que ahora estaba escribiendo una canción sobre un jabalí que se tiraba pedos sin parar. Cierto es que, en mi opinión, era una muy buena canción sobre un jabalí que se tiraba pedos sin parar, y aun a riesgo de parecer un tipo engreído, estoy más que seguro de que en una lista de las mejores canciones jamás escritas sobre jabalís pedorros, la mía estaría en un lugar muy próximo a la cima. Aun así, me parecía que aquello andaba lejos de cuando The Band acudían a mi camerino y me pedían escuchar mi nuevo disco, o cuando Bob Dylan nos interceptaba en las escaleras y elogiaba a Bernie la letra de «My Father's Gun». Pero llegué a la conclusión de que aquella situación por completo absurda me resultaba atractiva, y seguí adelante.

Fue una decisión acertada. En mi opinión, la película que salió era extraordinaria. No soy de ese tipo de artistas que invita a la gente para tocarles mi nuevo disco, pero me gustaba tanto *El rey león* que organicé un par de proyecciones privadas para que los amigos pudieran verla. Estaba increíblemente orgulloso de todo en su conjunto; sabíamos que nos habíamos metido en algo muy especial. Incluso así, ni siquiera fui capaz de predecir que terminaría siendo una de las películas más taquilleras de todos los tiempos. Llevó mi música a un público completamente nuevo. «Can You Feel The Love Tonight?» ganó un Oscar a la mejor canción original: tres de las cinco nominaciones en aquella categoría provenían de *El rey león*: una era «Hakuna Matata», la canción sobre el jabalí pedorro. La banda sonora vendió 18 millones de copias, más que cualquiera de los álbumes que había escrito con anterioridad, con la excepción de mi primera colección de grandes éxitos. Además de eso, apartó al *Voodoo Lounge* de The Rolling Stones del número uno en Estados Unidos durante todo el verano de 1994. Intenté no mostrarme demasiado encantado cuando me enteré de que Keith Richards estaba furioso, refunfuñando porque le «había ganado un puto dibujo animado».

Más tarde se anunció que iban a convertirlo todo en un musical para teatros, y nos pidieron a Tim y a mí que compusiéramos más canciones. Demostrando una vez más esa misteriosa habilidad mía que consiste en predecir con exactitud lo que no va a pasar, le decía a todo el mundo que transformar una película de animación en un espectáculo escénico era algo imposible y también condenado al fracaso; no lo veía claro en absoluto.

Pero la directora, Julie Taymor, hizo un trabajo alucinante. El estreno cosechó críticas entusiastas, el musical estuvo nominado a once premios Tony, de los que ganó seis, y se convirtió en la producción teatral de más éxito en la historia de Broadway. Todo en su conjunto tenía un aspecto deslumbrante –el total ingenio con el que habían planteado la escenografía te quitaba el aliento–, pero me pareció que la experiencia de verlo sentado desde fuera era un poco rara. Yo no tenía nada que ver con el espectáculo en sí. Lo que ocurría era que yo componía discos en los que tenía la última palabra, o estaba al cargo de los conciertos. Y ahí lo que había era algo que yo había ayudado a crear pero que, una vez que subía al escenario, se desarrollaba de una manera por completo ajena a mi control. Los arreglos eran distintos a los que había en las canciones grabadas, y también la manera de cantar: en el teatro musical, cada palabra tiene que estar enunciada con claridad, es una forma de cantar muy distinta a cualquier cosa que haga un artista pop o rock. Era una experiencia completamente nueva para mí: alucinante y, a la vez, una pizca desconcertante. Estaba fuera de mi rutina de siempre, lo cual, como me fui dando cuenta poco a poco, era algo bueno para que un artista con cuarenta años de carrera como yo comprendiera con claridad quién era.

En Disney estaban completamente maravillados con el éxito de *El rey león*; tan maravillados que me propusieron un trato. Consistía en una oferta de dinero obscena. Querían que trabajara en el desarrollo de más películas, que hiciera programas de televisión y libros; incluso se llegó a hablar de un parque temático, lo que me dejó anonadado. Solo había un problema. Yo había acordado hacer una película más con Jeffrey Katzenberg, que había sido presidente de Disney cuando hicimos *El rey león*, pero que se fue a los pocos meses del estreno de la película para poner en marcha DreamWorks con Steven Spielberg y David Geffen. Aunque no se fue sin más: su salida provocó una de las guerras más grandes entre directivos de estudios de Hollywood, tan épica que se han escrito varios libros al respecto. El trato con Disney era exclusivo: y exclusivo en particular de cualquier cosa en la que estuviera implicado Jeffrey, que les había demandado por incumplimiento de contrato por un total de 250 millones de dólares, que terminó por cobrarse.

No había nada malo en componer para Jeffrey, pero le había dado mi palabra (al fin y al cabo, era una de las personas que me habían conducido hasta *El rey león*). Así que rechacé con pesar la oferta de Disney. Por lo menos, aquello le evitó al mundo la existencia de un parque temático de Elton John.

Y aunque mi mundo parecía seguir estando rebosante de nuevas ideas y oportunidades, lo único en lo que no me había ayudado dejar de beber era en mi vida amorosa. Mi relación con John Scott se había acabado un poco antes, y desde entonces, nada. Intentaba no pensar demasiado en cuánto tiempo había pasado desde mi última relación sexual, por si acaso asustaba a todo el personal de Woodside con mis aullidos angustiados.

Me di cuenta de que no conocía a ningún hombre gay que estuviera disponible. Cuando dejé de beber, también dejé de ir a ese tipo de sitios en los que me los encontraba. No creía que fuera a tener la tentación de pedirme un martini con vodka si acudía a un club o a un bar, pero tampoco tenía ninguna razón de ser el poner esta teoría a prueba. Y además, incluso antes de acudir a desintoxicación ya había empezado a pensar que era un poco mayor para ese tipo de cosas. Estoy convencido de que la música en Boy habría sido tan estupenda como siempre, pero llega un momento en que, en ese entorno, empiezas a sentirte como el perro faldero de la duquesa en un baile de debutantes, deleitándote en la contemplación de la delicadeza de las nuevas invitadas.

Todo esto llegó a un punto crítico un sábado al mediodía, mientras merodeaba por la casa, hundido en la miseria. Tenía un

ojo puesto en el fútbol, donde el Watford se empeñaba en ponerme de peor humor aún dejándose machacar por el West Brom en
su campo por 4 a 1. Estaba barajando la opción de otra noche
emocionante viendo la tele cuando se me ocurrió una idea. Llamé
a un amigo de Londres y le expliqué mi situación. Le pedí si podía reunir a unos cuantos amigos e invitarlos a venir a cenar esa
misma noche. No había mucho tiempo, pero me ofrecí a enviar
un coche a Londres a recogerlos. A medida que lo decía, me daba
cuenta de que sonaba un poco patético, pero estaba desesperado
por conocer a hombres gais que no estuvieran en Alcohólicos
Anónimos. Ni siquiera quería sexo, es que me sentía solo.

Llegaron a eso de las siete: mi amigo y cuatro tipos a los
que había echado el lazo. Me dijeron que se marcharían pronto
porque tenían que ir luego a una fiesta de Halloween en Londres, pero no me importaba. Todos parecían muy majos. Eran
divertidos y locuaces. Comimos espaguetis a la boloñesa y nos
echamos unas buenas risas; ya casi me había olvidado de lo que
era conversar sobre algo que no tuviera nada que ver ni con mi
carrera ni con mi renuncia al alcohol. El único que daba la impresión de no estar demasiado a gusto era un tipo canadiense
que llevaba un chaleco Armani de tartán llamado David. Estaba
claro que era un tipo tímido y apenas abría la boca, lo que me
parecía una pena: era muy atractivo. Más tarde descubrí que
había oído un montón de rumores en los ambientes gais de Londres sobre lo poco recomendable que era tener algo que ver, por
muy remoto que fuera, con Elton John, a menos que tuvieras el
ardiente deseo de que te bañara en regalos y te obligara a dejar
aparcada tu vida para llevarte de gira y luego dejarte tirado su-
mariamente –por lo general, por cuenta de su asistente personal–
cuando conocía a otra persona, o que pillara un berrinche contigo durante un bajón poscocainómano, o te anunciara que se iba

a casar con una mujer. Debería haberme sentido ofendido por aquello, pero teniendo en cuenta cómo había sido mi comportamiento anterior, había algo de verdad en los rumores de los ambientes gais de Londres.

Al cabo de un rato, nos explicó que le interesaban el cine y la fotografía, lo que ayudó a que la conversación continuara. Me ofrecí a enseñarle la casa y mostrarle mi colección de fotografías. Cuando más hablaba con él, más me gustaba. Era silencioso, pero seguro de sí mismo. Sin duda, era muy inteligente. Me dijo que era de Toronto, pero que se había mudado a Londres hacía unos años. Vivía en Clapham y trabajaba para la agencia de publicidad Ogilvy and Mather en Canary Wharf; tenía treinta y un años, y era uno de los directivos más jóvenes de la junta. Me daba la impresión de que algo se había activado entre los dos, una chispa de química. Pero intenté no pensar en eso. El nuevo Elton John, sobrio y mejorado, no iba a tomar la decisión de que se había enamorado locamente de quien fuera a los pocos minutos de conocerlo.

Aun así, cuando llegó el momento de marcharse, le pedí su número de teléfono de una manera que me pareció casual, con el mero propósito de continuar fingiendo conversaciones más adelante sobre nuestro interés común por la fotografía. Escribió su nombre –David Furnish–, me entregó el papel y se marcharon.

A la mañana siguiente, me encontraba deambulando por la casa, intentando decidir cuál era la mejor hora para llamar a alguien que la noche anterior había estado en una fiesta de Halloween, y sin parecer ese tipo de persona a la que, con el tiempo, se le va a acabar dictando una orden de alejamiento. Llegué a la conclusión de que lo razonable sería a las once y media. David descolgó. Sonaba cansado, pero no del todo sorprendido por mi llamada. Se notaba que mi petición informal de su número de teléfono no le había parecido todo lo informal que yo creía. A juzgar por la reacción de sus amigos, que se habían pasado el viaje entero de vuelta burlándose de él sin piedad y cantando el estribillo de «Daniel», parecía que me hubiera puesto de rodillas, le hubiera agarrado de los tobillos entre lágrimas y no le hubiera dejado marchar hasta que me diera el número. Le pregunté si quería que nos volviéramos a ver, y dijo que sí. Le pregunté qué hacía aquella noche, porque resultaba que yo estaría en Londres. Me comporté como si aquello fuera una coincidencia admirable, pero, lo digo con franqueza, si David hubiera estado en Botsuana, sospecho que yo también hubiera estado allí. «¿En el desierto del Kalahari? ¡Qué suerte! ¡Resulta que mañana tengo una reunión allí mismo!» Le sugerí que se pasara por la casa de Holland Park y le dije que pediría comida china a domicilio.

Colgué el teléfono, le dije a mi chófer que mis planes para el día habían cambiado y que nos íbamos de inmediato a Londres. Llamé al restaurante chino más famoso que se me ocurrió, Mr Chow en Knightsbridge, y pregunté si repartían a domicilio. Luego me di cuenta de que no sabía qué tipo de comida le gustaba, así que jugué sobre seguro y encargué una enorme selección de la carta.

David pareció un poco sobresaltado cuando llegó el repartidor de comida china, o mejor dicho, mientras no paraban de llegar —cuando terminaron de repartir todas las cajas, la casa parecía la pista de squash de Woodside antes de la subasta–, pero más allá de eso, nuestra primera cita fue increíblemente bien. No, de verdad que no eran imaginaciones mías, algo vibraba entre nosotros. No era solo una atracción física, nuestras personalidades encajaban. Una vez que empezamos a hablar, ya no paramos.

Pero David tenía algunas reservas acerca de enrollarnos. Primero, porque no le atraía la idea de que lo vieran como el Último

Novio de Elton John, con toda la atención que eso iba a atraer sobre él. Tenía su propia vida, y no quería que su independencia se viera trastocada por el hecho de estar viéndose con alguien. Y segundo, porque no había terminado de salir del armario. Sus amigos de Londres sabían que era gay, pero su familia no, y tampoco sus compañeros de trabajo, y no quería que se enteraran por medio de una foto en un periódico sensacionalista tomada por los paparazzi.

Así que, durante los primeros meses, nuestra relación fue muy silenciosa y discreta: nos estábamos cortejando, por usar una expresión anticuada. Nuestra base principal era la casa de Holland Park. Cada día laborable por la mañana, David se levantaba e iba a trabajar a Canary Wharf, y yo me marchaba al estudio o a hacer promoción del disco de duetos que acababa de publicar. Hice un vídeo de la versión de «Don't Go Breaking My Heart» que había grabado con RuPaul: por una vez, parecía feliz de verdad durante el rodaje de un vídeo. Parecía, no: estaba feliz. Había algo en la relación que no sabía explicarme. Y luego me di cuenta de lo que era. Por primera vez en mi vida, mantenía una relación completamente normal, en la que me sentía de igual a igual, que no tenía nada que ver con mi carrera o con el hecho de que yo fuera Elton John.

Cada sábado, nos enviábamos una carta para conmemorar el hecho de que nos habíamos conocido un sábado, y (si hace poco que habéis comido, quizá prefiráis saltaros la frase que viene, por si os provoca náuseas) escuchábamos la canción «It's Our Anniversary» de Tony! Toni! Toné! Hubo muchas cenas elegantes y escapadas clandestinas de fin de semana. Si le llamaba al trabajo, tenía que utilizar un nombre falso: George King, el seudónimo que había usado cuando ingresé en el centro de desintoxicación. Me pareció algo tremendamente romántico. ¡Un amor secreto! El único amor secreto que había tenido antes era ese tipo de amor que tienes que mantener en secreto porque a la otra persona, claramente, no le interesas.

Pero aunque me encantaba la idea de vivir un romance secreto, me desesperaban sus aspectos prácticos. Al poco tiempo me resultaba evidente que después de veinticinco años ganándome la vida mostrándome como alguien lo más extravagante y pasado de vueltas posible, mi idea de mantener un perfil bajo entraba en conflicto con la que tendría cualquier otra persona. Si lo que intentas es no atraer la atención hacia tu relación, quizá no sea una buena idea que le envíes a tu pareja con regularidad dos docenas de rosas amarillas de tallo largo al trabajo, sobre todo si trabaja en una oficina diáfana. Con la serenidad que da el tiempo veo que seguramente el reloj de Cartier también fuera un error. Era tan caro que David tenía que llevarlo todo el tiempo. No podía dejarlo en casa, por si le entraban a robar, porque no quería asegurarlo. Cuando sus compañeros de trabajo le preguntaron de dónde había salido el reloj –y si podía estar vinculado en cierta manera al hecho de que su escritorio de repente parecía un puesto del Festival de Flores de Chelsea–, se inventó a una querida abuela en Canadá que había muerto recientemente y le había dejado cierta cantidad de dinero en herencia, y luego se pasó una tarde incómoda soportando toda una serie de sonrisas tristes, abrazos de apoyo y manifestaciones de pésame. Cuando organizamos un fin de semana en París y me ofrecí a recibirlo a la llegada de su avión en el aeropuerto Charles de Gaulle, me hizo saber con todo detalle de su necesidad de que pasáramos inadvertidos para los fotógrafos o los fans que allí hubiera. Mientras esperaba en llegadas, me di cuenta de que la gente no paraba de mirarme y señalarme. Cuando llegó David, mi estado de agitación era considerable.

—Métete en el coche cuanto antes –le susurré–. Creo que me han reconocido.

David sonrió.

—¿En serio? No me lo explico —me dijo, señalando mi atuendo.

La ropa que había decidido que me ayudaría a pasar inadvertido en el aeropuerto consistía en un par de calentadores a cuadros tipo arlequín y una camisa de talla grande decorada con patrones rococó de un color brillante, acompañado todo de un enorme crucifijo adornado con piedras preciosas colgando del cuello. Seguramente, podría haber llamado aún más la atención, pero solo si también me hubiera llevado el piano y hubiera empezado a tocar «Crocodile Rock».

Los calentadores y la camisa de talla grande eran de Gianni Versace, mi diseñador favorito. Llevaba ropa suya todo el tiempo. Había descubierto una pequeña tienda en Milán a finales de los años ochenta y me obsesioné con ella al momento. Creía que me había cruzado con un genio, el más grande de los diseñadores de ropa masculina desde Yves Saint-Laurent. Utilizaba los mejores materiales, pero no había nada estirado o tristón en sus diseños: hacía ropa para hombre divertida de llevar. Mi opinión, que ya era elevada, llegó a niveles estratosféricos cuando conocí al hombre responsable de todo aquello. Conocer a Gianni fue algo bastante raro, como descubrir que tenía un hermano gemelo perdido en el norte de Italia. Éramos prácticamente idénticos: el mismo sentido del humor, la misma pasión por los cotilleos, la misma afición por el coleccionismo, la misma inquietud intelectual. Él era incapaz de desconectar, siempre estaba pensando, siempre se le ocurría una nueva manera de hacer lo suyo, y lo suyo era absolutamente todo. Podía diseñar ropa para niños, objetos de cristal, servicios de cátering para cenas, portadas de discos (le pedí que me diseñara la carátula de *The One*, que le quedó preciosa). Tenía un gusto exquisito. Siempre sabía dónde había una pequeña iglesia en Italia al final de una callejuela y en cuya nave había unos mosaicos preciosos, o un pequeño taller en el que hacían la porcelana más increíble. Y era la única persona que he conocido que podía comprar igual que yo. Era capaz de salir a comprarse un reloj y regresar con veinte.

De hecho, él era peor que yo. Gianni era tan extravagante que, en comparación, yo parecía la viva imagen de la vida frugal y la capacidad de sacrificio. Él pensaba que Miuccia Prada era comunista, porque había diseñado un bolso hecho de nailon, en vez de con piel de cocodrilo, de serpiente o de cualquier otro material disparatadamente ostentoso con que estuviera trabajando aquella temporada. Siempre intentaba animarme para que me comprara las cosas más caras.

–He localizado para ti el más increíble de los manteles, deberías comprarlo, para cenar en Navidad. Lo han hecho unas monjas, les ha llevado treinta años confeccionarlo. Míralo, es maravilloso. Cuesta un millón de dólares.

Incluso yo tuve que negarme. Le dije que, a mi parecer, un millón de dólares era un tanto excesivo para algo que acabaría destruido la segunda vez que alguien derramara un poco de salsa por encima. Gianni me miró con cara de espanto, como si se le hubiera pasado por la cabeza que yo también era comunista.

–Pero Elton –balbuceó–. Si es precioso… Mira qué artesanía.

No acabé comprando el mantel, pero eso tampoco afectó a nuestra amistad. Gianni se convirtió en mi amigo más cercano. Me encantaba descolgar el teléfono y escuchar su voz, emitiendo su saludo habitual: «Hola, putita». Le presenté a David y se cayeron tan bien que aquello iba viento en popa. Por supuesto que sí, era imposible que Gianni no te cayera bien, a menos que fueras diseñador de bolsos hechos de nailon. Tenía un gran corazón y era divertidísimo. «Cuando me muera –decía de manera dramática, entre lágrimas– quiero reencarnarme en alguien más gay. ¡Quiero ser súper gay!» David y yo intercambiábamos miradas de perplejidad, preguntándonos de qué manera sería posible algo semejante. En algunos bares de Fire Island había hombres vestidos de cuero que parecían menos homosexuales que Gianni.

A veces, tener una relación normal me ayudaba a darme cuenta de lo anormal que solía ser mi vida. Organicé un pequeño almuerzo, para que David pudiera conocer a mi madre y a Derf. Por entonces, nuestra relación ya no era ningún secreto. Alguien de la oficina de David nos había visto saliendo juntos de un coche en la puerta del restaurante Planet Hollywood de Piccadilly. Le llamaron para que fuera a ver a su jefe, él se lo contó todo, e hizo planes para volver a Toronto para Navidad y explicárselo todo a su familia. Yo estaba muy nervioso: David me había dicho que su padre era muy conservador, y sabía lo terrorífico que era salir del armario si tu familia no te apoyaba. En Atlanta tuve un lío con un tipo llamado Rob, cuyos padres eran muy religiosos y antigais. Él era un encanto, pero se notaba que el conflicto entre su sexualidad, la religión y las opiniones de sus padres lo reconcomía. Quedamos como amigos, y después de romper vino a verme en mi cumpleaños y me trajo flores. Al día siguiente, se fue a la autopista y se arrojó al paso de un camión.

Resultó que la familia de David no pudo tomarse mejor las noticias —creo que, sobre todo, estaban agradecidos de que ya no les guardara más secretos—, pero yo había pospuesto todo lo que pude la presentación ante mi madre. Desde que rompí con John Reid, ella había adquirido la costumbre de no ser muy simpática con mis parejas, sino de mostrarse fría ante ellos, hacer que sus vidas y la mía fueran más difíciles, como si le ofendiera la presencia de cualquiera que desviara mi atención y me alejara de ella.

Pero el problema de la comida no era exactamente mi madre. Era un problema de otra guisa: se trataba de un psiquiatra que,

301

en el último momento, me informó de que su cliente, Michael Jackson, estaba en Inglaterra, y me preguntaba si podía asistir con él. No creí que fuera la mejor idea del mundo, pero no pude oponerme. Había conocido a Michael cuando él tenía trece o catorce años: después de un concierto que di en Filadelfia, Elizabeth Taylor se presentó en el *Starship* con él cogido del brazo. Era el muchacho más adorable que uno pudiera imaginar. Pero en algún momento a lo largo de los años empezó a alejarse del mundo exterior, y también de la realidad, de la misma manera en que lo había hecho Elvis. Dios sabe qué pasaba por su cabeza, y Dios sabe qué medicamentos le estaban recetando, pero cada vez que lo veía en sus últimos años, terminaba por pensar que el pobre había perdido la chaveta. Y no lo digo de una manera desconsiderada. Estaba mentalmente enfermo de verdad, era una persona perturbadora. Me resultaba increíblemente triste, pero era alguien ya sin remedio: estaba ido, en su propio mundo, rodeado de gente que solo le decía lo que quería oír.

Y resultaba que iba a venir al almuerzo en el que mi novio tenía que conocer a mi madre. Fantástico. Decidí que el mejor plan era llamar a David y dejar caer esta información durante la charla de la manera más despreocupada posible. Acaso, si me comportaba como si no hubiera ningún problema, se lo tomaría a bien. O quizá no, pues no había terminado aún de mencionarle de forma despreocupada el cambio de planes para el almuerzo y ya me había interrumpido con un grito angustioso: «¿Qué puta broma es esta?». Intenté tranquilizarlo mintiendo con la boca pequeña, prometiéndole que la información que pudiera haber leído sobre las excentricidades de Michael se había exagerado mucho. Es posible que no sonara muy convincente, puesto que algunas de las noticias sobre las excentricidades de Michael se las había contado yo. Pero no, insistí, no sería tan extraño como él imaginaba.

302

Al menos en ese sentido, yo tenía razón. La comida no fue tan extraña como me había imaginado. Lo fue aún más. Era un día soleado y tuvimos que sentarnos en el interior de la casa con las cortinas corridas por culpa del vitíligo de Michael. El pobre tenía una pinta horrible, parecía de verdad frágil y enfermo. Llevaba un maquillaje que parecía como si se lo hubiera aplicado un demente: estaba repartido por todas partes. Su nariz estaba cubierta con un emplasto pegajoso que mantenía lo que quedaba de ella adherido a la cara. Se sentó, sin decir nada, enviando simplemente señales de incomodidad de la misma manera que otra gente transmite un aire de confianza. De alguna forma, tuve la impresión de que no había comido con otras personas desde hacía mucho tiempo. Por supuesto, no probó nada de lo que le servimos. Había traído a su propio chef, pero tampoco comió nada de lo que le preparó. Al cabo de un rato, se levantó de la mesa sin mediar palabra y desapareció. Terminamos encontrándolo dos horas más tarde en una cabaña en los terrenos de Woodside donde vivía mi ama de llaves: ella estaba allí sentada, mirando cómo Michael Jackson jugaba a los videojuegos en silencio con el hijo de la mujer, de once años. Por la razón que fuera, no era capaz de soportar la compañía de los adultos. Mientras todo esto sucedía, pude ver a David en la penumbra, sentado al otro lado de la mesa, intentando establecer una conversación de manera valiente con mi madre, que había aportado su granito de arena a aquella atmósfera viciada pasándose casi toda la comida diciéndole que opinaba que la psiquiatría era una pérdida de tiempo y de dinero, en voz lo suficientemente alta para que la oyera el psiquiatra de Michael Jackson. Cada vez que hacía una pausa para tomar aire, veía a David con la mirada perdida, como si estuviera buscando a alguien que le pudiera explicar dónde demonios se había metido.

No hacía falta que Michael Jackson nos visitara de manera inesperada para hacer que el mundo en el que se estaba metiendo le pareciera completamente estrafalario a David. Yo ya era capaz, por mí mismo, de conseguir que lo percibiera así, sin necesidad de que me ayudara el supuesto Rey del Pop. El programa de desintoxicación había mantenido la mayor parte de mis peores excesos a raya, pero no todos: el Mal Genio de la Familia Dwight parecía bastante resistente a cualquier tipo de tratamiento o intervención médica. Aún era perfectamente capaz de agarrar unas rabietas espantosas cuando me sentía así. Creo que la primera vez que David fue testigo de una fue una noche de enero de 1994, en la ceremonia de mi inclusión en el Salón de la Fama del Rock and Roll en Nueva York. Yo no quería ir, porque no le veo la razón de ser al Salón de la Fama del Rock and Roll. Me gustaba la idea que le dio origen –honrar a los verdaderos pioneros del rock and roll, los artistas que abrieron el camino en los años cincuenta que luego seguimos los demás, en especial aquellos a los que timaron en cuestiones de dinero–, pero se había convertido muy pronto en algo completamente distinto, una gran ceremonia televisada con entradas que costaban decenas de miles de dólares. Era todo una cuestión de atraer nombres lo bastante grandes cada año para encajar unos cuantos culos en los asientos.

Lo más inteligente habría sido declinar educadamente la invitación, pero me sentía obligado. Quien me presentaba era Axl Rose, que me cae francamente bien. Empecé a relacionarme con él justo cuando los periodistas comenzaron a destrozarlo: sé cuán solo puedes llegar a sentirte cuando los periódicos empiezan a atacarte, y quería ofrecerle algo de apoyo. Desde el principio nos llevamos bien y acabamos interpretando juntos «Bohemian Rhapsody» en el concierto de homenaje a Freddie Mercury. Me criticaron muchísimo por aquello, porque había una canción de

Guns 'N' Roses titulada «One In A Million» cuya letra era homófoba. Si hubiera creído que esa letra reflejaba sus opiniones personales, ni siquiera me habría acercado a él. Pero no lo pensaba, creo que quedaba más que claro que la canción estaba escrita desde el punto de vista de un personaje que claramente no era Axl Rose. Pasó lo mismo con Eminem: cuando actué con él en los Grammy, la Alianza Gay y Lesbiana contra la Difamación me lo hizo pasar muy mal, pero estaba claro que en sus letras se metía en la piel de otro personaje, un personaje deliberadamente repugnante en cuanto a eso. No creo que ninguno de los dos sean homófobos en mayor medida en que creo que Sting salía de verdad con una prostituta llamada Roxanne, o que Johnny Cash disparó de verdad a un hombre en Reno para verlo morir.

Así que fui hasta el Salón de la Fama del Rock and Roll. Tan pronto como llegué, supe que había cometido un error, me di la vuelta y me fui, soltando pestes durante el camino, diciendo que el lugar era un puto mausoleo. Arrastré a David de vuelta al hotel, donde me sentí culpable de inmediato por haberlo estropeado todo. Así que regresé. Estaban allí actuando The Grateful Dead con un recorte en cartón de la silueta de Jerry Garcia, porque Jerry Garcia no estaba allí: pensaba que el Salón de la Fama del Rock and Roll era una sarta de estupideces y había rechazado presentarse. Decidí que Jerry tenía parte de razón, así que me di la vuelta y me fui de nuevo, con David diligentemente aferrado a mi brazo. Ya me había quitado el traje y estaba enfundado en la bata del hotel cuando una vez más me vi golpeado por un aldabonazo de culpa. Así que volví a ponerme el traje y regresamos a la ceremonia de los premios. Luego me enfadé conmigo mismo por sentirme culpable y volví a salir de manera airada, una vez más aderezando el trayecto de regreso al hotel con un largo discurso, servido de forma deliberada a viva voz, acerca de la pérdida de tiempo que significaba toda esa velada. En ese momento, los movimientos con la cabeza y los murmullos de aprobación de David empezaban a adoptar un tono ligeramente tenso, pero me obligué a creer que solo estaba exasperado ante los errores evidentes que había cometido el Salón de la Fama del Rock and Roll, y no por los míos. Esto hizo que fuera mucho más fácil tomar la decisión —diez minutos más tarde— de que, al fin y al cabo, era mejor si volvíamos a la ceremonia. Los otros invitados parecían bastante sorprendidos de vernos otra vez, pero nadie podía echarles la culpa: nos habíamos ido y habíamos vuelto a nuestra mesa más veces que los camareros.

Me gustaría decir que todo acabó aquí, pero me temo que hubo otro cambio de opinión y un regreso furioso al hotel antes de que al final subiera al escenario y aceptara el premio. Axl Rose leyó un discurso hermoso, entonces le pedí a Bernie que subiera conmigo y le di el premio a él, y luego nos fuimos. Volvíamos en coche al hotel, envueltos en un silencio que en un momento dado rompió David.

«Bueno —dijo con tranquilidad, ha sido una velada bastante dramática. Luego hizo una pausa—. Elton —me preguntó con voz lastimera—. ¿Tu vida siempre es así?»

Sospecho que fueron noches como aquellas las que despertaron a David el interés por rodar *Tantrums and Tiaras*, aunque fue idea mía empezar a hacerlo. Había una productora cinematográfica que tenía interés en rodar un documental sobre mí, pero pensaba que sería más interesante si lo hacía alguien mucho más próximo, que tuviera una clase de acceso que nunca pudiera ofrecerle a nadie más. No quería un montón de charlatanería para lavar mi imagen, sino que la gente viera de verdad cómo era yo: las partes divertidas, los aspectos ridículos. Y tenía la sensación de que David quería que el mundo se enterara de todo lo que él tenía que soportar. Era una forma de encontrar algún sentido a esa vida demencial de la que ahora formaba parte, y que se había convertido también en su vida. Así que se montó una pequeña oficina en el tranvía que me había comprando en Australia –en fin, sabía que algún día me resultaría útil– y empezamos a rodar.

No tenía miedo de que la gente conociera mi lado monstruoso e irracional. Soy perfectamente consciente de lo ridícula que es mi vida y perfectamente consciente del aspecto de capullo que tengo siempre que pierdo los nervios o algo así; paso de la calma a ser una bomba nuclear en cuestión de segundos y luego me tranquilizo con la misma rapidez. Mi mal carácter era, sin duda, herencia de mi padre y de mi madre, pero creo de verdad que cualquier artista creativo, sea un pintor, un director de teatro, un actor o un músico, tienen en algún lugar de su interior esa habilidad de comportarse de una manera del todo irracional. Es como la parte oscura de la mente creativa. Desde luego, prácticamente cualquier otro artista del que haya sido amigo compartía conmigo ese aspecto de su carácter. John Lennon lo tenía, también Marc Bolan y Dusty Springfield. Eran personas maravillosas, y no podía quererlas más, pero todo el mundo sabía que tenían sus prontos. De hecho, Dusty tenía tantos que me decía que había resuelto el secreto del berrinche perfecto: si llegabas a ese punto en el que empezabas a lanzar objetos inanimados por toda la habitación, tenías que asegurarte de que no tirabas nada que fuera caro o difícil de reemplazar. En ese aspecto, cada vez soy más honesto con la gente, y sobre todo ahora. Los sellos discográficos de ahora nos proporcionan a los artistas un entrenamiento para hablar con la prensa, nos instruyen, tal cual, para disimular todos los defectos de nuestro carácter, para no decir nunca nada que esté fuera del guion.

No hay que ser ningún especialista en el tema de mi carrera para saber que provengo de una época distinta, de antes de que cualquiera pensara que a las estrellas del pop había que explicarnos lo que podíamos y no podíamos decir en los medios de comunicación. Yo me alegro, a pesar de haber dicho cosas que han causado mucha polémica y han permitido a los periódicos sacar titulares del tipo EL HIJO DE PERRA HA VUELTO durante décadas. Es posible que fuera un poco cruel cuando dije que Keith Richards se parecía a un mono con artritis, pero, en verdad, él había sido bastante maleducado conmigo, y solo me limité a devolvérsela. La única vez en que causé un verdadero problema fue cuando le conté a un dominical norteamericano llamado *Parade* que creía que Jesucristo seguramente habría sido un gay muy inteligente y súper compasivo. Es decir, nadie sabe nada en realidad sobre la vida personal de Jesucristo, y puedes extrapolar todo tipo de ideas de sus enseñanzas sobre el perdón y la empatía. Pero los pirados religiosos no se lo tomaron de esa manera: la mejor idea que parecían haber extrapolado de las enseñanzas de Jesucristo era que debes ir animando a la gente a matar a cualquiera que diga algo que no te gusta. Acabé con varios agentes de la policía de Atlanta durmiendo en mi habitación de invitados durante una semana. Había manifestantes delante del bloque de apartamentos con pancartas, en una de las cuales se leía: QUE SE MUERA ELTON JOHN. No es precisamente el tipo de cosas que te gustaría ver en la puerta de tu casa cuando vuelves por la noche. El tipo que llevaba la pancarta colgó un vídeo en YouTube en el que me amenazaba de muerte. Terminaron arrestándolo, y se acabaron las protestas.

Aun así, todavía creo que un mundo en el que a los artistas se les enseña a no decir nada que pueda molestar a alguien, y a mostrarse como personajes perfectos, es un mundo aburrido. Es más, también es una mentira. Los artistas no son perfectos. Nadie es perfecto. Por eso odio los documentales en los que las estrellas del rock aprovechan para lavar su imagen, contando qué clase de personas maravillosas son. La mayoría de las estrellas del rock pueden ser a veces terribles. Los músicos pueden ser fabulosos y encantadores y, a la vez, monstruosos y estúpidos, y eso era lo que quería mostrar en *Tantrums and Tiaras*.

No a todo el mundo le pareció una buena idea. George Michael, que vio parte del material montado, estaba escandalizado: no por lo que había visto –él ya sabía cómo era yo–, sino porque yo estaba decidido a hacerlo público. Creía que era un error gravísimo. John Reid dijo que él se apuntaba a la idea, pero luego se fue alejando discretamente, e intentó sabotear el proyecto. Después de que mi madre aceptara que la entrevistáramos, estuvo hablándole a mis espaldas y le dijo que no se involucrara porque aquello iría solo de sexo y drogas.

Eso me enfureció, pero no me importaba lo que pensaran los demás. Normalmente no me soporto si me veo en una pantalla, pero me gustó *Tantrums and Tiaras*, porque era auténtico. David y la productora Polly Steele me estuvieron siguiendo durante mi gira mundial de 1995 con unas pequeñas cámaras Hi-8, y la mayor parte del tiempo ni me acordaba de que me estaban grabando. Era divertidísimo: ahí estaba yo, amenazando a alguien de aquella manera tan ridícula, diciendo a gritos que nunca más iba a volver a Francia porque un fan me había saludado mientras jugaba al tenis, o que nunca volvería a rodar otro vídeo porque alguien había dejado mi ropa sin avisar en el asiento trasero de un coche. Ver aquello fue una catarsis, y creo que el impacto por verme así hizo que cambiara en mi manera de comportarme; bueno, eso y un montón de terapia. Todavía tengo mal genio –no puedes cambiar tu genética–, pero soy más consciente del desperdicio de energía que eso comporta, de lo estúpido que me siento una vez que me he tranquilizado, así que intento mantenerlo a raya: admito que con un éxito relativo, pero al menos me estoy esforzando.

De hecho, lo único de lo que me arrepiento con respecto a *Tantrums and Tiaras* es de la influencia que tuvo. En realidad, fue el origen de un nuevo género de telerrealidad en el que observas la vida de un famoso, o peor aún, la de alguien que se ha convertido en famoso por salir en un *reality* de televisión. Me refiero a que tener bajo tu conciencia *Being Bobby Brown* y *The Anna Nicole Show* no es exactamente la cosa más edificante. En algún sentido, puede que *Las Kardashian* haya sido, en el fondo, culpa mía, por lo que lo único que puedo hacer es arrodillarme ante la especie humana y rogar perdón.

Tantrums and Tiaras se publicó al final en 1997: David estaba regresando de una rueda de prensa en Pasadena para el estreno norteamericano cuando me enteré de que habían asesinado a Gianni Versace. Me había comprado una casa en Niza y Gianni tenía que volar hasta Francia para pasar unas vacaciones conmigo y con David a la semana siguiente –los billetes ya estaban comprados–, y entonces un asesino en serie le disparó a las afueras de su mansión en Miami: ya había matado a algunos hombres en Minnesota, Chicago y Nueva Jersey, y al parecer se había obsesionado con Gianni después de hablar un poco con él en un club nocturno hacía varios años, aunque no creo que nadie sepa de verdad si se llegaron a conocer o no.

Cuando John Reid me llamó por teléfono y me dijo lo que había pasado, me derrumbé por completo. Encendí la televisión del dormitorio y me quedé ahí, lloriqueando, mientras veía las noticias. Gianni había salido para hacer lo de siempre. Se compraba a diario toda la prensa internacional, todas las revistas. Había montañas apiladas por toda la casa, con notas en posits en todas ellas: ideas que le habían llamado la atención, cosas que creía que podrían funcionar, cosas que le parecían inspiradoras. Y ahora estaba muerto. Era como la muerte de John Lennon: no había ninguna explicación, no había nada en todo aquello que ayudara a comprenderlo, no había manera de racionalizarlo, ni siquiera un poco. Otro asesinato porque sí.

Su familia me pidió que actuara en su funeral, en el Duomo de Milán. Querían que cantara a dúo con Sting: una vez más, el salmo 23, la misma pieza que había cantado en la catedral de Sidney después de la muerte de John. El funeral fue un caos. Había paparazzi por todas partes, equipos de televisión y fotógrafos incluso dentro de la catedral. Era claustrofóbico pero, de una manera extraña, era también lo que hubiera querido Gianni. Le encantaba la publicidad, hasta el punto de que era lo único de su carácter que hacía que me subiera por las paredes. Podía ser que estuvieras con él de vacaciones en Cerdeña y, fueras donde fueras, el equipo de relaciones públicas de Gianni se había encargado de antemano de llamar a la prensa para darles el chivatazo. Le dije que aquello yo no lo soportaba, pero él no lo pillaba: «Ay, Elton, pero si les encantas, quieren sacarte una foto, es bonito, ¿no? Te quieren». En la catedral había dos oficiales –monseñores, o cardenales, o lo que fueran– que nos llamaron a Sting y a mí para hablar con la congregación y empezaron a cuestionar nuestra actuación en sí: creo que no querían que cantáramos porque no éramos católicos. Fue algo horrible, como si un profesor te arrastrara delante de toda la escuela reunida, pero en medio de un funeral en una iglesia llena de cámaras de televisión y flashes.

Al final nos permitieron cantar y comenzar la actuación, lo cual fue un milagro. Yo no podía parar de llorar. No creo que nunca haya visto a un ser humano con una mirada de dolor comparable a la de Allegra, la sobrina pequeña de Gianni. Cuando murió, ella tenía once años, y Gianni estaba prendado de la niña, hasta el punto de que le dejó su parte del negocio en su testamento. De algún modo, Allegra se siente culpable de su muerte, porque solía ir con él a recoger los periódicos cada mañana, pero el día que murió ella estaba en Roma con su madre. Creía que si hubiera estado con su tío, no lo habrían matado. Después de su muerte, desarrolló un trastorno alimentario. Desaparecía y se la encontraban escondida en algún armario de la casa, asida a la vieja ropa de Giorgio, prendas que conservaran su olor. Era horrible. Simplemente horrible.

De hecho, la familia Versace al completo se desmoronó tras la muerte de Gianni. Donatella siempre tuvo problemas con la cocaína. Todo el mundo lo sabía, menos Gianni. Era extraordinariamente ingenuo en lo relativo a las drogas. Ni siquiera bebía: si se tomaba una copa de vino, añadía Sprite y cubitos de hielo, lo que supongo que tiene un sabor lo bastante repugnante para alejarte de los misterios del alcohol para siempre. En las galas de Versace, siempre se iba pronto a la cama, y luego era cuando comenzaba la fiesta, bajo la batuta de Donatella. Se daba cuenta de que algo en ella no iba bien, pero no era capaz de averiguar qué. Recuerdo estar paseando por el jardín de Woodside con él, mientras decía: «No comprendo a mi hermana, un día está bien, al otro día está mal, su estado de ánimo cambia todo el rato, no lo entiendo». Le dije que era adicta a la cocaína, que yo había estado esnifando coca con ella muchas veces antes de que me desenganchara. No me podía creer, no tenía ni la más remota idea de cómo era su vida cuando él no estaba.

Pero después de su asesinato, Donatella se descontroló en su consumo de coca. Yo no la veía mucho —ella me evitaba porque sabía que yo reprendía su actitud—, pero entonces, una noche, apareció sin avisar en el camerino durante un concierto que estaba dando en Reggio Calabria, muy colocada. Mientras tocaba, ella se sentó a un lado del escenario llorando a mares. No dejó de llorar durante todo el concierto. O detestaba mi concierto, o era que estaba pidiendo ayuda.

Así que decidimos preparar una intervención. David y el publicista de ella, Jason Weisenfeld, se encargaron de todo, durante la fiesta del dieciocho cumpleaños de Allegra en el viejo apartamento de Gianni en Via Jesù. Yo estaba allí, con David, Jason y nuestra amiga Ingrid Sischy, acompañada por su pareja Sandy, todos esperando en aquella pequeña habitación. Donatella y Allegra entraron, ataviadas con unos vestidos largos increíblemente extravagantes y maravillosos de Atelier Versace, y se sentaron en un diván mientras todos íbamos hablando por turnos. El silencio era terrible. Nunca sabes lo que va a pasar durante una intervención: si la persona está convencida de que no tiene un problema y no quiere admitirlo, entonces se convierte en un desastre. De repente, Donatella habló.

—¡Mi vida es como tu vela al viento! —gritó de manera dramática—. ¡Me quiero morir!

La pusimos al teléfono para que hablara con una clínica de desintoxicación llamada The Meadows, en Scottsdale, Arizona. Solo pudimos oír su parte de la conversación, que fue extraordinaria.

—Sí, sí… Cocaína… Pastillas también… Ah, unas pocas pastillas de aquí, otras pocas pastillas de allí, y si eso no funciona, entonces junto todas las pastillas y me las tomo a la vez… Sí… De acuerdo, voy ahora mismo, pero con una condición: ¡Nada de comida grasienta!

Cuando pareció asegurarse de que la comida grasienta no constaba en el menú, se fue, aún enfundada en aquel vestido. Al día siguiente, recibimos una llamada de Jason Weisenfeld, que nos contó que había sido admitida en la clínica. Al parecer, la norma de la institución que establecía que los pacientes residentes no podían llevar maquillaje había causado un pequeño conflicto, y hubo un poco de alboroto cuando Donatella se dio cuenta de que se había olvidado llevarse el desodorante, pero, por otro lado, ella estaba bien: completó el programa y se desenganchó. Felicitamos a Jason por haberlo conseguido.

–Sí –dijo él con voz triste–. Ahora lo que tengo que hacer es ir por todo Scottsdale a ver si encuentro un puto desodorante Chanel.

Después del funeral, invitamos a la pareja de Gianni, Antonio, para que viniera a vernos a Niza. Estaba angustiado, y nunca llegó a llevarse bien con el resto de la familia de Gianni. Era un verano extraño, triste; estábamos dentro de la casa que nos acabábamos de comprar, y que habíamos decorado bajo la influencia del gusto de Gianni, y que él tanto había deseado conocer para darnos su opinión. Una noche, David dijo muy convencido que había llegado el momento de contratar personal de seguridad profesional. Nunca antes me había preocupado, ni siquiera cuando asesinaron a John Lennon. Tenía en nómina a un tipo llamado Jim Morris que había sido mi guardaespaldas en los años setenta, pero aquello era fruto de mi amaneramiento histriónico más que de otra cosa. Había sido culturista y ganado el concurso de míster Estados Unidos, era abiertamente gay –que no era poca cosa para un tipo duro negro en aquel tiempo–, y pasaba más tiempo llevándome hasta el escenario a hombros que haciendo cualquier otra cosa. Pero ahora parecía que necesitábamos seguridad de verdad. Las cosas habían cambiado.

Y nuestro verano iba a volverse aún más extraño. Un domingo por la mañana, a finales de agosto, nos despertó el sonido de la máquina de fax al encenderse. David fue a mirar y volvió con un trozo de papel con un mensaje escrito a mano de un amigo de Londres: «Siento mucho tan terrible noticia». Ninguno de los dos sabíamos a qué podía referirse. No podía tratarse de Gianni, pues hacía ya seis semanas que había muerto. Con una creciente sensación de miedo, encendí la televisión. Y así fue como me enteré de que la princesa Diana había fallecido.

14

Conocí a Diana en 1981, justo antes de que contrajera matrimonio con el príncipe Carlos. Fue en la fiesta del vigésimo primer cumpleaños del príncipe Andrés en el castillo de Windsor; Ray Cooper y yo teníamos que encargarnos de entretener a los invitados. Fue una velada muy surrealista. Los exteriores del castillo estaban iluminados con luces psicodélicas, y antes de nuestra actuación, la diversión en la sala de baile corría a cargo de una disco móvil. Como la Reina estaba por allí, nadie quería ofender de ninguna manera la sensibilidad regia, y el volumen del sonido de la disco estaba todo lo bajo que se podía sin que llegara a estar apagado. Podías incluso oír el sonido de tus pasos por la sala superpuesto a la música.

La princesa Ana me pidió que bailara con ella «Hound Dog», de Elvis Presley. Bueno, lo de bailar es un decir: acabé arrastrando los pies de forma incómoda, intentando hacer el mínimo ruido posible para no ahogar la música. Si aguzabas el oído y te concentrabas al máximo, podías incluso adivinar que, después de Elvis, el DJ había puesto «Rock Around The Clock». Entonces apareció la Reina, con su bolso colgado del brazo. Se nos acercó y preguntó si podía unirse a nosotros. Así que ahora estaba intentando bailar de la manera más inaudible posible con la princesa Ana y la Reina –que aún sujetaba el bolso– en lo que parecía ser la discoteca más silenciosa en la que había sonado Bill Haley. Por extraño que parezca, me recordó a cuando The Band entraban en mi camerino o Brian Wilson cantaba repetidamente el estribillo de «Your Song» cuando fui por primera vez a Estados Unidos. Habían pasado once años, mi vida había cambiado hasta volverse irreconocible, y ahí estaba, intentando comportarme como fuera de manera normal, mientras todo el mundo a mi alrededor parecía haberse vuelto loco.

Y así fue mi interacción con la familia real. Siempre me han parecido una gente divertida e increíblemente encantadora. Sé que la imagen pública de la Reina no transmite lo que se dice una frivolidad salvaje, y creo que eso tiene mucho que ver con la razón de ser de su trabajo. Mi di cuenta cuando recibí la Orden del Imperio británico y luego me nombraron caballero. Ella tiene que pasarse dos horas y media entregando cosas, mantener breves conversaciones con doscientas personas, una detrás de otra. Cualquiera se sentiría bajo mucha presión si estuviera en su posición, y tuviera que preparar una larga lista de frases ingeniosas. Ella simplemente te pregunta si tienes mucho trabajo, le dices: «Sí, señora», ella te dice: «Me alegro», y sigue adelante. Pero en privado puede llegar a ser muy divertida. En otra fiesta, vi cómo se acercaba al vizconde Linley y le pedía que vigilara a su hermana, que había caído enferma y se había retirado a sus aposentos. Cuando él intentó repetidamente mandarle a paseo, la Reina le dio bofetadas suaves en la cara mientras le decía: «No –paf– discutas –paf–

conmigo –paf–, yo soy –paf– ¡la Reina!». Parece que aquello funcionó. Cuando el vizconde se fue, la Reina vio cómo la miraba yo, me guiñó un ojo y se marchó.

Aun así, da igual lo divertida o lo normal que pueda parecer la familia real, si se quejaban de la mano de pintura de mi Aston Martin o si me preguntaban si consumía coca antes de salir al escenario, o si me guiñaban un ojo después de abofetear a un sobrino en la cara, siempre llegaba un momento, de manera inevitable, en que me encontraba un poco fuera de lugar, y en el que pensaba: «Esto es súper raro. Soy un músico que proviene de una vivienda de alquiler subvencionado en Pinner Road; ¿qué hago aquí?». Pero con Diana no era así. A pesar de su estatus y su abolengo, estaba bendecida con una capacidad increíble de socializar, con la habilidad de hablar con quien fuera, de parecer normal, de hacer que la gente se sintiera cómoda en su compañía. Sus hijos han heredado esa capacidad, sobre todo el príncipe Enrique: es exactamente igual que su madre, no está interesado en ninguna clase de formalismos o grandeza. Aquella famosa foto suya sosteniendo la mano de un enfermo de sida en el hospital Middlesex de Londres: esa era Diana. No creo que tuviera intención de señalar nada, aunque es evidente que lo hizo: en ese momento, cambió la percepción pública del sida para siempre. Simplemente había conocido a alguien que esta sufriendo, muriendo, en plena agonía: ¿por qué no iba a acercarse y tocarlo? Es lo natural, es un impulso humano, el de intentar consolar a los demás.

Aquella noche de 1981, ella llegó a la pista de baile y conectamos de inmediato. Terminamos fingiendo que bailábamos un charlestón mientras abucheábamos por lo flojo que estaba el sonido de la disco. Era una acompañante fabulosa, la mejor invitada a una cena, increíblemente indiscreta, siempre cuchicheando: podías preguntarle lo que fuera, y te contestaba. Lo único peculiar en ella era cómo le hablaba al príncipe Carlos. Nunca lo mencionaba por su nombre, siempre era «mi marido», nunca «Carlos», y jamás le dedicó un apelativo cariñoso. Parecía muy distante, fría y formal, lo que resultaba muy extraño, porque si una cosa no era Diana era formal: siempre se mostraba incrédula ante lo estirados y correctos que podían llegar a ser otros miembros de la familia real.

Pero si Diana me había dejado boquiabierto, eso no era nada comparado con el efecto que podía tener en los hombres hetero. Parecían perder por completo la cabeza en su presencia: se quedaban totalmente hechizados. Cuando estaba haciendo *El rey león*, Jeffrey Katzenberg, el máximo responsable de Disney, viajó a Inglaterra y organizamos una fiesta en Woodside para él y su esposa, Marylin. Le pregunté si había alguien en Gran Bretaña a quien quisiera mucho conocer y, sin dudarlo me dijo que a «la princesa Diana». Así que la invitamos, y también a George Michael, a Richard Curtis y a su esposa, Emma Freud, a Richard Gere y a Sylvester Stallone, que en ese momento estaban en el país. Y tuvo lugar una escena peculiar. Nada más empezar, Richard Gere y Diana parecieron conectar. En ese momento, ella ya se había separado del príncipe Carlos, y Richard había roto con Cindy Crawford; terminaron sentados juntos en el suelo, frente a la chimenea, enfrascados en una conversación absorbente. Mientras el resto seguíamos hablando, no pude evitar darme cuenta de un ligero cambio en la atmósfera de la sala. A juzgar por las miradas que les dirigía todo el rato, parecía que a Sylvester Stallone no le estaba sentando bien la perspectiva de una floreciente amistad entre Diana y Richard Gere. Creo que si había asistido a la cena había sido con la expresa intención de ligarse a Diana, y se encontró con que sus planes se habían frustrado de manera inesperada.

Llegó el momento de servir la cena. Nos trasladamos al comedor y nos sentamos a la mesa. O al menos eso hicimos casi todos. No había rastro de Richard Gere ni de Sylvester Stallone. Esperamos. Seguíamos sin saber de ellos. Al final, le pedí a David que fuera a buscarlos. Volvió con los dos, pero con el rostro blanco como el papel.

–Elton –balbuceó–. Tenemos un... problema.

Resultaba que cuando David se los encontró, Sylvester Stallone y Richard Gere estaban en el pasillo, encarados el uno al otro, al parecer a punto de resolver a puñetazo limpio sus diferencias en lo referente a Diana. David consiguió que la cosa se calmara fingiendo que no se había dado cuenta de lo que estaba pasando («¡Hola, chicos! ¡Ya está la cena!»), pero estaba claro que a Sylvester no le estaba gustando aquello. Después de cenar, Diana y Richard Gere retomaron su lugar frente al fuego y Sylvester se fue a casa desquiciado.

–No habría venido –se quejó mientras David y yo le mostrábamos la puerta– de haber sabido que el puto príncipe azul iba a estar aquí. –Y añadió–: Si la quisiera de verdad, ya la tendría.

Nos aguantamos hasta que su coche se hubo perdido de vista y empezamos a reírnos. De regreso en el salón, Diana y Richard Gere seguían mirándose como en estado de trance. Ella parecía completamente serena. Es posible que no se hubiera dado cuenta de lo que había pasado. O igual es que ese tipo de cosas le pasaban todo el tiempo y ya estaba acostumbrada. Después de su muerte, la gente empezó a hablar de algo llamado el Efecto Diana, que se refería a esa forma que tenía de cambiar la percepción pública hacia la familia real, el sida, la bulimia, la salud mental o lo que fuera. Pero siempre que oigo esa expresión, pienso en aquella noche. Sin duda, había otro tipo de Efecto Diana: ese que podía hacer que las grandes estrellas de Hollywood estuvieran a punto

(arriba) Bernie y yo con Ryan White en 1988. Por entonces no lo sabía, pero conocer a Ryan terminaría salvándome la vida.

(derecha) Desenganchado y sobrio, pero aún con el ánimo de estropearle las cosas a Rod Stewart siempre que fuera posible. Aquí estoy a punto de subirme al escenario sin previo aviso para sentarme sobre sus piernas.

Fotografía tomada por Herb Ritts en 1992. Conocía a Liz Taylor desde hacía años; era divertidísima, y tuvo las agallas de obligar a Hollywood a preocuparse por el sida mucho antes de que yo lo hiciera.

(izquierda) Entre bambalinas en Earls Court con la princesa Diana en mayo de 1993.

(derecha) Trabajando con Tim Rice en *El rey león*. El resultado de la película me pareció extraordinario.

(izquierda) Con David Furnish, locamente enamorados y vestidos de Versace de la cabeza a los pies.

(derecha) David, Gianni Versace, yo y la pareja de Gianni, Antonio D'Amico, en la casa de Gianni en el lago de Como.

La fiesta de los Oscar para recaudar fondos para mi Fundación contra el Sida comenzó en 1993 y se ha convertido en un evento anual. Esta foto es de la décima fiesta, con Denzel Washington y Halle Berry, que ganaron el premio al mejor actor y a la mejor actriz aquella noche.

David y yo, fotografiados por Mario Testino en el Ritz de París, en 1996.

Mi madre y Derf, con David y yo, el día en el que me nombraron caballero, en 1998.

Ingrid Sischy, a quien consideraba mi hermana perdida desde que la conocí, mostrándonos el poder transformador de una de mis pelucas.

(izquierda) El 21 de diciembre de 2005: el día en el que David y yo celebramos nuestro enlace civil. Nunca había sido tan feliz.

(derecha) Me preocupaba muchísimo que hubiera una multitud de manifestantes hostiles en el exterior del Guildhall en Windsor, pero la gente se presentó con pasteles y regalos.

Con mi tía Win en la fiesta posterior a nuestro enlace civil. Mi madre, que siempre ha sido un grano en el culo, no aparece en la foto.

(izquierda) Nuestro hijo Zachary dando sus primeros pasos en 2011, en Los Ángeles.

(abajo) Desayunando con Zachary en Niza. La paternidad fue el acontecimiento más inesperado de mi vida... y el mejor.

(arriba) Pasando el testigo de mi magisterio en ir de compras a los chicos.

(derecha) Lady Gaga, vestida de manera informal, como siempre, ejerciendo de madrina.

Me llevo a los niños al lugar de trabajo. Zachary y Elijah conmigo en el escenario, en el Caesars Palace de Las Vegas.

En el camerino con Aretha Franklin antes de su última actuación en directo en la gala del vigésimo quinto aniversario de la Fundación Elton John contra el Sida en Nueva York, noviembre de 2017.

Entre bambalinas durante la gira de despedida con Bernie, en 2018. Cincuenta años después, sigue siendo un caso de estudio acerca de personalidades opuestas. Y seguimos siendo muy amigos.

de darse de hostias por su culpa en una cena, como un par de tontos adolescentes enamorados.

Fue una amiga muy querida durante años, y luego, de manera inesperada, nos distanciamos. El motivo fue un libro que recopiló Gianni Versace titulado *Rock and Royalty*. Era una colección de retratos hechos por grandes fotógrafos: Richard Avedon, Cecil Beaton, Herb Ritts, Irving Penn y Robert Mapplethorpe. Los beneficios iban a destinarse a la Fundación contra el Sida, y ella aceptó escribir un prólogo. Y luego se echó atrás. Supongo que en Buckingham Palace no gustó la idea de que un miembro de la familia real tuviera algo que ver con un libro en el que aparecían imágenes de tipos desnudos con una toalla en la cintura. Así que Diana retiró su prólogo en el último momento. Dijo que no sabía cuál era el contenido del libro, pero eso no era verdad: Gianni le había enseñado todo el material y ella le dijo que le encantaba. Le escribí de nuevo, la llamé y le grité, le dije que aquel libro le había costado mucho dinero a la Fundación contra el Sida, le recordé que ella ya lo había visto. La carta que recibí era muy formal y severa: «Estimado señor John...». Y aquello pareció ser el final de todo. Estaba enfadado con ella, pero también preocupado. Parecía estar perdiendo contacto con todos sus amigos más cercanos, los que la trataban de manera sincera y le decían la verdad, o los que la escuchaban y negaban con la cabeza cada vez que salía con una de las muchas teorías de la conspiración que había desarrollado sobre la familia real desde que se divorció. Sabía por experiencia personal que aquella situación no era la más saludable.

No volví a hablar con ella hasta el día en que asesinaron a Gianni. Ella fue la primera persona en llamarme después de que John Reid me avisara de que estaba muerto. Ni siquiera sé cómo consiguió mi número, pues no hacía mucho que había comprado la casa de Niza. Ella también estaba en la costa, en St-Tropez, en el yate de Dodi Fayed. Me preguntó cómo estaba, si había hablado con Donatella. Y entonces me dijo: «Lo siento muchísimo. Ha sido un distanciamiento estúpido. Volvamos a ser amigos».

Vino con nosotros al funeral, y su aspecto era increíble: bronceada tras sus vacaciones, con un collar de perlas. Seguía siendo la misma persona cálida, atenta y cariñosa de siempre. Cuando entró, los paparazzi que había en la iglesia se volvieron locos: era como si hubiera llegado la mayor estrella del mundo, que imagino que sería algo así. No dejaron de fotografiarla durante todo el oficio, aunque debo decir que la foto famosa que se publicó en la que supuestamente estaba consolándome –en la que se acerca a mí y me habla, mientras yo tengo la vista empañada y la miro con dolor– corresponde a otro momento del funeral en el que ella no estaba haciendo nada parecido a eso. La pillaron justo cuando se estaba inclinando a mi lado para coger un caramelo de menta que le estaba ofreciendo David. Las cálidas palabras de consuelo que salieron de su boca en ese momento exacto fueron: «Dios mío, necesito un caramelo».

Más tarde le escribí, dándole las gracias, y me respondió ofreciéndose para ser patrona de la Fundación contra el Sida y preguntándome si me gustaría implicarme en su asociación benéfica contra las minas antipersona. Teníamos que reunirnos la próxima vez que estuviéramos los dos en Londres para comer y hablar de todo eso. Pero no hubo una próxima vez.

Un par de días después de su muerte, recibí una llamada de Richard Branson. Me dijo que cuando la gente firmaba el libro de condolencias en el palacio de St. James, muchos escribían citas extraídas de la letra de «Candle In The Wind». Al parecer, la estaban poniendo mucho en la radio británica por entonces: las emisoras habían cambiado su formato musical habitual y estaban emitiendo mucha música que sonara triste, para reflejar el estado de ánimo general. Luego me preguntó si podía prepararme para reescribir la letra y cantarla en el funeral. No me lo esperaba. Creo que la familia Spencer había hablado con Richard porque tenían la sensación de que el funeral tenía que ser algo con lo que la gente pudiera conectar: no querían un acontecimiento real severo y distante, lleno de pompa y protocolo, pues aquello no habría encajado en absoluto con la forma de ser de Diana.

Así que llamé a Bernie. Me pareció que iba a ser un encargo muy duro para él. No solo era que lo que escribiera se emitiría en directo para miles de millones de personas, literalmente —era evidente que el funeral sería un gran acontecimiento televisivo a escala mundial—, sino que tenían que estudiarlo tanto la familia real como la Iglesia de Inglaterra. Pero se comportó de manera fantástica: se comportó como si escribir una canción que tuvieran que repasar antes la Reina y el arzobispo de Canterbury fuera su trabajo habitual. Me envió la letra por fax a la mañana siguiente, se la mandé por fax a Richard Branson, y la letra gustó.

Aun así, cuando fui a ensayar a la abadía de Westminster el día antes del funeral, no tenía ni idea de lo que podía pasar. En mi cabeza aún estaba el recuerdo del funeral en honor de Gianni, y el hecho de que los representantes de la iglesia opinaran que no era apropiado que yo actuara allí. Y lo que había hecho era únicamente cantar un salmo en una ceremonia privada, nada que ver con cantar una canción rock en un funeral de Estado. ¿Y si la gente tampoco quería que yo estuviera allí?

Pero la cosa no pudo ser más distinta. El arzobispo de Canterbury fue increíblemente amable y me dio todo su apoyo. Reinaba un ambiente de auténtica camaradería, de que todos teníamos que poner algo de nuestra parte para sacar aquello adelante. Insistí en que debía tener un *teleprompter* delante del piano con la nueva letra de Bernie. Hasta ese momento, había estado en contra de usarlo. En parte, porque parecía la antítesis del espíritu espontáneo del rock and roll –estoy convencido de que Little Richard no leía las letras de una pantalla cuando grabó «Long Tall Sally»–, y en parte también porque pensé: «Venga, haz bien tu trabajo. En realidad tienes que hacer tres cosas en el escenario: cantar la canción, tocar las notas correctas y acordarte de las palabras. Si solo eres capaz de hacer bien dos de ellas, lo mejor será que te busques otro trabajo», y por eso no me gustan los artistas que hacen *playback* en el escenario. Pero en esta ocasión me pareció que podía flexibilizar las normas un poco. Era una experiencia absolutamente única, nunca habría otra igual. En cierto modo, me parecía que iba a ser el concierto más importante de mi vida; durante cuatro minutos, iba a ser literalmente el foco de atención del mundo entero, y a la vez no se trataba de Elton John, yo no era el protagonista. Era algo muy raro.

Todo lo raro que iba a ser me quedó claro cuando llegamos al día siguiente a la abadía de Westminster. David y yo acudimos con George Michael; fue mucho antes de que nos distanciáramos por culpa de sus problemas con las drogas. Me había llamado para preguntarme si podíamos ir juntos al funeral. Nos mantuvimos sentados en silencio durante el trayecto en coche: George estaba demasiado afectado para poder hablar, no hubo conversación, nada. El sitio estaba lleno de gente conocida: Donatella Versace estaba allí, David Frost, Tom Cruise y Nicole Kidman, Tom Hanks y Rita Wilson. Todo me parecía un poco surrealista, como si fuera un sueño mío, en vez de algo que estaba sucediendo en la vida real. Nos sentamos en el sanctasanctórum de la iglesia, justo cuando llegó la familia real. Guillermo y Enrique parecían completamente conmocionados. Tenían quince y doce años, y me dio la impresión de que el trato que recibieron aquel día fue inhumano. Los obligaron a caminar por las calles de Londres detrás del ataúd materno, les pidieron que no mostraran ninguna emoción y que mantuvieran la cabeza alta. Fue una manera horrible de tratar a dos niños que acababan de perder a su madre.

Pero eso apenas me afectó. No es que estuviera más nervioso que otras veces. Mentiría si dijera que nunca se me pasó por la cabeza que me iban a ver dos 2.000 millones de personas, pero al menos iba a tocar mirando a la parte de la iglesia en la que estaban todos los representantes de las asociaciones benéficas a las que Diana había dado su apoyo, así que ahí también había amigos de la Fundación Elton John contra el Sida: Robert Key, Anne Aslett y James Locke. El miedo escénico que sentía era de otro tipo más específico: ¿qué pasaría si ponía el piloto automático y cantaba la versión equivocada? Había tocado «Candle In The Wind» en cientos de ocasiones. Así que entraba dentro de lo posible que me dejara llevar durante la actuación, me olvidara por completo del *teleprompter* y empezara a cantar la letra original. ¿Cuán terrible sería si pasaba eso? Sería espantoso. Puede que la gente hubiera estado citando versos de la canción en el libro de condolencias del palacio de St. James, pero una buena parte de la letra era completamente inapropiada para la ocasión. Lo iba a pasar muy mal intentando justificar que había cantado algo sobre el encuentro del cadáver desnudo de Marilyn Monroe o sobre sentimientos que a veces iban más allá de lo sexual en un funeral de Estado, delante de una audiencia global de 2.000 millones de personas, o la que hubiera al final.

Y entonces me sucedió algo extraño. Me visualicé lejos del funeral, pensando en un incidente de unos años atrás, durante mi primera gira por Estados Unidos. Me habían contratado para aparecer en *The Andy Williams Show* con Mama Cass Elliot, de The Mamas and The Papas, y con Ray Charles. Cuando llegué, los productores me informaron alegremente de que no íbamos a actuar en el mismo programa, sino que íbamos a hacerlo todos juntos. Les pareció que sería una agradable sorpresa para mí, que me encantaría. Y les pareció mal: Mama Cass, bien, Andy Williams, bien, pero... ¿Ray Charles? ¿Qué broma es esta? ¡Ray Charles! ¡Brother Ray! ¡El Genio! Un artista con el que me había pasado horas fantaseando cuando era niño, escondido en mi habitación con mi colección de discos, imitando lo que sería tocar su *Ray Charles at Newport Live*. Y ahora un idiota había pensado que sería una idea maravillosa que saliera en la televisión nacional cantando conmigo, como si un cantautor inglés desconocido por completo fuera un buen complemento musical para el hombre que había inventado prácticamente en solitario el soul. Si no era la peor idea del mundo, al menos sonaba tan mal que en realidad no había ninguna diferencia. Y yo no podía hacer nada. Mi carrera estaba empezando, era mi primera aparición en la televisión de Estados Unidos. No estaba en la posición de contrariar a unos ejecutivos de televisión norteamericanos poniendo las cosas difíciles. Así que lo hice. Salí y canté «Heaven Help Us All» con Ray Charles: él tocaba un piano blanco y yo un piano negro. Quedó perfecto. Ray Charles estuvo afable, me animó y me trató con amabilidad –«¡Hola, querido, ¿cómo estás?»–, como suelen ser aquellos artistas que no tienen nada que demostrar.

Aquello me enseñó algo importante. A veces tienes que lanzarte, incluso si allí donde te lanzas está demasiado lejos de lo que sabes hacer. Es como profundizar en ti mismo, olvidarte de cualquier emoción que tengas o puedas llegar a tener: «No, yo soy un artista. Esto es lo que hago. A por ello».

Así que fui a por ello. No recuerdo mucho de la actuación en sí misma, pero sí recuerdo el aplauso cuando acabé. Parecía como si empezara fuera de la abadía de Westminster e irrumpiera luego en la iglesia, e imagino que eso era lo que la familia de Diana quería conseguir cuando me pidieron que cantara: conectar con la gente de fuera. Después del funeral, me fui directamente a los estudios Townhouse en Shepherd's Bush, donde me estaba esperando George Martin: iban a publicar una nueva versión de «Candle In The Wind» en formato single para recaudar dinero para un fondo benéfico a nombre de Diana. La canté dos veces, de una toma, con el piano, y me fui a casa, dejando que George Martin mezclara por encima un cuarteto de cuerda. Cuando volví a Woodside, David estaba de pie en la cocina, viendo la emisión por televisión. La comitiva funeraria había llegado a la M1: la gente estaba arrojando flores desde los puentes al paso del coche fúnebre de Diana por la autopista. Entonces por fin me vine abajo. No había sido capaz de mostrar una sola emoción en todo el día. Tenía que hacer un trabajo, y lo que sentía por la muerte de Diana podría haber interferido en mi habilidad para llevarlo a cabo; yo no era el protagonista del funeral, era ella. Así que, hasta llegado a ese punto, no podía permitirme ninguna perturbación.

La reacción ante el single fue una locura. La gente hacía cola en las tiendas de discos, y cuando entraba, cogía los discos a manos llenas y los compraba. Hubo toda clase de estadísticas absurdas relacionadas con aquello. En cierto momento, se dijo que se vendían seis copias por segundo, o que era el single jamás publicado que se había vendido más rápido, o que había sido el single más vendido en toda la historia en Finlandia. Me dieron premios por las ventas en los lugares más insospechados: Indonesia, Oriente Próximo. Y seguía vendiendo. Fue número uno en Estados Unidos durante catorce semanas. Estuvo en el top veinte de

Canadá durante tres años. Una parte de mí no podía entender todo aquello: ¿qué hacía que la gente quisiera escucharla? ¿En qué circunstancias la escuchaban? Yo no lo hacía nunca. La toqué tres veces –una en el funeral y dos en el estudio–, la escuché de nuevo una vez para dar luz verde a la mezcla y ya está: nunca más. Imagino que la gente compraba el single para contribuir económicamente a la asociación benéfica, lo cual estaba muy bien, aunque una buena parte de los 38 millones de libras que recaudó se terminaron desperdiciando.

La asociación benéfica se involucró en la defensa de Diana contra gente que estaba haciendo uso de su imagen en merchandising –platos, muñecas y camisetas–, y el dinero empezó a gastarse en las minutas de los abogados. Perdieron un litigio contra una compañía norteamericana llamada Franklin Mint, y tuvieron que indemnizarla con varios millones, llegando a un acuerdo fuera de los juzgados por un caso de acusación malintencionada. Cualesquiera que fueran los aspectos buenos y malos de aquella situación, me pareció que les hacía quedar mal, como si estuvieran más interesados en utilizar el dinero recaudado en luchar contra las marcas que en eliminar minas antipersona o ayudar a mujeres desprotegidas, o cualquier otra labor que llevaran a cabo.

Al final, llegó un momento en que me empecé a sentir muy incómodo con la repercusión de aquel single benéfico. Su éxito implicaba que hubiera imágenes del funeral de Diana semana tras semana en *Top of the Pops*. Me parecía como si la gente se estuviera regodeando en su muerte, como si el duelo por ella se les hubiera ido de las manos y se negaran a seguir adelante. Me parecía algo insano; morboso y antinatural. Estoy seguro de que eso no es lo que Diana hubiera querido. En mi opinión, los medios habían pasado de reflejar el estado de ánimo popular a avivarlo de manera deliberada, porque eso ayudaba a vender periódicos.

Se estaba convirtiendo en algo ridículo, y yo no quería contribuir a prolongarlo más. Así que, cuando Oprah Winfrey me pidió que fuera a su programa de entrevistas en Estados Unidos para hablar sobre el funeral, dije que no. Tampoco dejé que se incluyera la versión del funeral de «Candle In The Wind» en un CD benéfico que se publicó para conmemorar su muerte. Nunca ha aparecido en ningún recopilatorio de grandes éxitos que yo haya publicado, y nunca se ha reeditado. Incluso dejé de cantar en directo la versión original de «Candle In The Wind» durante algunos años: di por hecho que la gente necesitaba dejar de escucharla por un tiempo. Cuando volví a salir de gira aquel otoño, me mantuve al margen de todo, y recordé a Gianni y a Diana cantando una canción titulada «Sand And Water», de un álbum de la compositora Beth Nielsen Chapman que se había publicado el día que asesinaron a Gianni. Aquel disco lo escuché una y otra vez en Niza: «I will see you in the light of a thousand suns, I will hear you in the sound of the waves, I will know you when I come, as we all will come, through the doors beyond the grave» [«Te veré en la luz de mil soles, te escucharé en el rumor de las olas, te reconoceré cuando pase, como todos pasaremos, a través de las puertas más allá de la tumba»]. Siempre intenté evitar el asunto con los periodistas: al fanático de las listas de éxitos que llevo dentro le encantaba el hecho de haber grabado el single más vendido desde que se empezaron a hacer listas, pero las circunstancias que lo rodeaban hacían que no quisiera pensar en ello. Cuando llegó el vigésimo aniversario de la muerte de Diana, di una entrevista, sobre su trabajo contra el sida, porque el príncipe Enrique me lo pidió personalmente.

Quizá haya algo personal que va unido a mis sentimientos sobre el single. Había sido un verano extraño y horrible. Desde el momento en que murió Gianni, sentía como si el mundo se hubiera salido de su eje y se hubiera vuelto loco: su asesinato, el funeral, la reconciliación con Diana, las semanas en la casa de Francia cuidando de la pareja de Gianni, Antonio, la muerte de Diana, su funeral, la locura alrededor de «Candle In The Wind». No es que quisiera olvidarlo todo; simplemente quería que mi vida volviera a ser algo que reconociera como normal. Así que volví al trabajo. Me fui de gira. Vendí buena parte de mi ropa para la Fundación contra el Sida en una gala llamada «Salir del Armario». Grabé una canción para la serie de dibujos animados *South Park*, que era lo que me parecía que estaría lo más alejado posible de cantar «Candle In The Wind» en un funeral de Estado. Empecé a entablar conversaciones para organizar una gira junto a Tina Turner, una idea que no tardó en convertirse en un desastre. Mientras estábamos en la fase de planificación, ella me llamó a casa, aparentemente con la expresa intención de decirme que yo era terrible en todo y en qué medida tenía yo que cambiar antes de plantearse trabajar conmigo. No le gustaba mi pelo, no le gustaba el color de mi piano –que, por la razón que fuera, tenía que ser blanco– y no le gustaba mi ropa.

–Llevas demasiadas cosas de Versace, y te hace parecer más gordo; tienes que vestir de Armani –me soltó.

Podía oír cómo, ante esa idea, el pobre Gianni se revolvía en su tumba: las casas de Versace y Armani se odiaban cordialmente. Armani decía que Versace hacía ropa realmente vulgar, y Gianni opinaba que Armani era increíblemente desvaído y aburrido. Colgué el teléfono y rompí a llorar:

–¡Sonaba como si fuera mi puta madre! –le grité a David.

Me gustaría pensar que, con los años, yo estaba más curtido, pero escuchar a una de las más grandes artistas de todos los tiempos (una artista con la que deseaba colaborar) explicándome con todo detalle lo mucho que detestaba todo lo que me rodeaba fue una experiencia deprimente.

No era la mejor manera de comenzar una relación laboral, pero, por increíble que parezca, nuestra relación laboral fue a peor. Acordé actuar con ella en una gran gala llamada *VH1 Divas Live*: íbamos a hacer «Proud Mary» y «The Bitch Is Back». Mi banda partió para ensayar dos días antes que yo, a fin de empezar a captar lo que era trabajar con una cantante diferente. Cuando llegué, fui recibido no por la grata visión de un conjunto de músicos bien avenidos alrededor del lenguaje común de la música, sino por la noticia de que si salía de gira con Tina Turner, nadie en mi banda tendría la intención de venir conmigo, basándose en que Tina Turner era «una puta pesadilla». Les pregunté dónde radicaba el problema.

—Ya lo verás —musitó Davey Johnstone de manera que no auguraba nada bueno.

Tenía razón. Tina nunca se dirigía a los músicos por su nombre; simplemente los señalaba con el dedo y bramaba: «Eh, tú» cuando quería reclamar su atención. Empezamos a tocar «Proud Mary». Sonaba muy bien. Tina detuvo la canción, con cara agria.

—¡Eres tú! —gritó, señalando a mi bajista, Bob Birch—. Lo estás haciendo mal.

Él le aseguró que no era culpa suya y empezamos a tocar de nuevo. Una vez más, Tina nos pidió a gritos que parásemos. Esta vez se suponía que la culpa era de mi batería, Curt. Todo esto se repitió durante un rato, empezábamos y cortábamos cada treinta segundos, y cada miembro de la banda recibió la acusación, por turnos, de estar estropeándolo todo, hasta que Tina descubrió cuál era el origen real del problema. Esta vez, su dedo apuntaba hacia mí.

—¡Eres tú! ¡La estás tocando mal!

¿A qué se refería?

—La estás tocando mal —me acusó—. No sabes tocar esta canción.

El debate que siguió a continuación acerca de si yo sabía o no sabía tocar «Proud Mary» subió de tono muy rápidamente, antes de que lo diera por concluido diciéndole a Tina Turner que se metiera su puta canción por el culo y nos piráramos de allí. Me senté en el camerino echando pestes y preguntándome qué mosca le había picado. He echado un montón de broncas en mi vida, pero hay unos límites: hay una regla no escrita que dice que los músicos no tratan a los compañeros músicos como si fueran mierda. Quizá fuera inseguridad por su parte. Al principio de su carrera había recibido un trato humillante, durante años había sufrido plagios, palizas y presiones. Quizá aquello hubiera afectado a su manera de comportarse con los demás. Fui hasta su camerino y le pedí perdón.

Me dijo que el problema era que yo improvisaba demasiado, que no paraba de añadir pequeñas escalas a lo largo del teclado. Yo siempre he tocado así, desde los primeros días de la Elton John Band, cuando alterábamos e improvisábamos las canciones en directo, según donde nos llevara nuestro estado de ánimo. Eso es parte de lo que me gusta de tocar en directo: la música siempre es como un fluido, no está grabada en piedra, siempre hay espacio para maniobrar, unos músicos tocan canciones de otros y eso hace que las cosas siempre suenen nuevas. No hay nada mejor en un directo que escuchar a alguien de tu banda que hace algo inesperado y que suena fantástico en ese momento. Cruzas una mirada, asientes y te ríes; de eso se trata. Pero Tina no opinaba igual. Todo tenía que ser exactamente igual cada vez, se ensayaba hasta el movimiento más imperceptible. Aquello implicaba que la gira conjunta no podría funcionar, aunque hicimos las paces al cabo de un tiempo: vino a cenar a Niza, y dejó un enorme beso de pintalabios en el libro de invitados.

En su lugar, organicé otra serie de fechas en directo con Billy Joel. Habíamos ido de gira juntos desde principios de los años noventa: los dos en el escenario a la vez, tocando las canciones del otro. Me pareció que era una idea fantástica. Los dos éramos pianistas, había una semejanza en nuestra manera de entender la música, aunque Billy es un típico músico estadounidense, un compositor al estilo de la Costa Este, al estilo de Lou Reed o Paul Simon. Todos ellos son muy diferentes, pero percibías que eran de Nueva York incluso sin saber nada sobre ellos. Tocamos juntos durante años, aunque la cosa acabó mal, porque Billy tenía muchos problemas personales por entonces, el mayor de los cuales era el alcohol. Solía tomarse la medicación para una infección de tórax junto con el licor en su camerino, y luego se quedaba dormido en el escenario hacia la mitad de «Piano Man». Luego se desperezaba, saludaba al público y regresaba de inmediato al bar del hotel, donde se quedaba hasta las cinco de la madrugada. Llegó un momento en que le sugerí que necesitaba el mismo tipo de ayuda que había recibido yo, lo que no redundó en mi popularidad. Me dijo que no lo juzgara, pero de verdad que no era lo que yo intentaba hacer. Simplemente, no soportaba ver a un tipo majo como él haciendo aquello por más tiempo. Pero ahora estábamos en el futuro. Al principio, las giras con Billy eran geniales: eran diferentes, te divertías tocando, al público le encantaba y tuvieron mucho éxito.

Así que estaba metido en un montón de cosas, las suficientes para hacerme creer que la locura del verano ya había quedado atrás. Lo que pasa es que el resto del mundo no parecía dejar de estar loco. En la siguiente ocasión en que fuimos a Milán, percibí que allí a donde iba, la gente en la calle se alejaba de mí. Cuando me veían, las mujeres se santiguaban y los hombres se agarraban la entrepierna. Por mi relación con Gianni y Diana, pensaban que estaba maldito, como si me hubieran echado mal de ojo o algo. No me hubieran recibido peor si me hubiera presentado envuelto en un sudario y con una guadaña en la mano.

Y entonces, como si ya no fuera suficiente locura que un montón de italianos se comportaran como si yo fuera el ángel exterminador, sucedió algo absolutamente demencial. Yo estaba en Australia, donde había empezado la gira con Billy Joel en marzo de 1998, cuando recibí una llamada de David, que se hallaba en Woodside. Me dijo que las chicas que nos hacían cada año los arreglos florales de la casa le habían llamado para decirle que no podían trabajar más con nosotros porque llevaban año y medio sin cobrar. Había llamado a la oficina de John Reid para averiguar qué estaba pasando y le dijeron que no habían pagado a las floristas porque no había dinero para tal cosa. Al parecer, yo estaba arruinado.

Aquello no tenía ningún sentido. La postura oficial de John Reid y la de su despacho era que me lo había gastado todo, y más de lo que tenía. Que nadie me malinterprete, sé exactamente cómo soy, y está claro que nadie diría de mí que soy la personificación de la frugalidad y del ahorro en el hogar (bueno, con la única excepción, posiblemente, de Gianni). Yo gastaba mucho dinero –tenía cuatro caballos, personal a mi cargo, coches, compraba obras de arte, porcelanas y ropa de diseño–, y a veces recibía una carta de mis contables más severos diciéndome que redujera gastos, que siempre ignoraba. Pero incluso así, no entendía cómo podía estar gastando más dinero del que ingresaba. Nunca había dejado de trabajar. Actuaba sin parar, las giras eran largas, unos cien o ciento cincuenta conciertos en los recintos más grandes en los que se podía tocar, y siempre se agotaban las entradas. Mis últimos discos habían sido platino en todo el mundo, y había un flujo constante de publicación de recopilaciones, que se vendían tan bien que no paraba de preguntarme quién estaría comprándolas. Me parecía inconcebible que alguien a quien le gustara «Your Song» o

«Bennie And The Jets» no las tuviera ya. La banda sonora de *El rey león* había vendido 16 millones de copias, la película había recaudado cerca de 1.000 millones de dólares, el musical estaba batiendo récords de taquilla en Broadway.

Me daba la sensación de que algo no iba bien, pero no tenía ni idea de qué sería. En verdad digo que el dinero no me interesaba tanto. He tenido una suerte increíble y he ganado muchísimo, pero ganar muchísimo nunca fue una motivación para mí. Como es evidente, mentiría si dijera que no disfrutaba de los frutos de mi éxito, pero la mecánica según la cual ganaba el dinero no me interesaba en absoluto: si me hubiera interesado, me habría apuntado a una academia de contabilidad en vez de unirme a Bluesology. Lo único que quería era tocar y grabar discos. Era competitivo, siempre estaba preguntando cuántos discos o entradas había vendido, y revisaba mis clasificaciones en las listas como un halcón, pero nunca pregunté cuánto dinero había ganado, nunca quise examinar a fondo los contratos y los ingresos por regalías. Nunca he evadido impuestos: soy británico y vivo principalmente en Gran Bretaña. No juzgo a nadie que los haya evadido, pero yo no le veo la razón de ser. Puede que te ahorres dinero, pero no creo que eso resulte de gran importancia o de consuelo cuando eches la vista atrás y te des cuenta de que te has pasado la mitad de tu vida en algún lugar de Suiza, sintiéndote mal, rodeado de otros evasores de impuestos que tampoco quieren estar allí. Y con respecto a lo creativo, me gusta estar donde suceden cosas musicales, y ese lugar no es Mónaco. Estoy seguro de que hay muchos aspectos recomendables en el principado, pero ¿cuándo fue la última vez que escuchasteis a una nueva banda buenísima de Montecarlo?

Además, no necesitaba estar al tanto de mis finanzas. En lo que a mí respecta, ese era el trabajo que John Reid hacía por mí. Era la base del nuevo trato de representación que habíamos hecho en

St-Tropez en los años ochenta. Yo le pagaba el 20 por ciento de mis ingresos brutos –una cantidad enorme en comparación con lo que solían ceder otros artistas– con la condición de que él se encargara de echarle un ojo a todo. Creo recordar que la frase que dije en aquel trato fue «servicio Rolls-Royce». Yo podía llevar una vida feliz, creativa y placentera, despreocupado de molestias insignificantes como el pago de impuestos, revisar las cartas del banco o leer la letra pequeña de los contratos. Tenía sentido para mí porque tenía fe ciega en John. Llevábamos casi toda la vida juntos, de una forma u otra. Era una relación basada en algo más que un acuerdo empresarial: por muy cercana que sea la relación entre otros artistas y sus representantes, dudo de que ninguno haya perdido nunca su virginidad con uno de ellos. Yo confiaba en él, aunque había momentos concretos en los que me preguntaba si aquel servicio Rolls-Royce quizá tuviera que pasar la ITV. Hubo una vez en que un periódico sensacionalista consiguió averiguar muchos detalles sobre mis finanzas, incluida una de las cartas de los contables en la que me pedían que recortara gastos. Estaba seguro de que ellos mismos la habían filtrado, pero resultó que un tipo llamado Benjamin Pell la había encontrado revolviendo entre los cubos de la basura que había cerca del despacho de John Reid. Habían tirado papeles con información confidencial sin destruirlos, lo cual no decía mucho en favor de la compañía de seguridad o de la manera como estaban ocupándose de mis intereses: sin duda, estaba claro que su forma de gestionar datos personales exigía una revisión.

Y luego estaba el plan que se le había ocurrido a John para vender mi colección de másteres. Implicaba que me pagarían gran cantidad de dinero, y que quienquiera que los comprara me pagaría un porcentaje de regalías cada vez que se vendiera uno de mis discos o sonara una canción mía por la radio. Era un trato voluminoso, porque en él estaba implicado no solo todo lo que había grabado en el pasado, sino también todas las canciones que grabara en el futuro. John me trajo abogados y numerarios de la industria musical que me decían que era una gran idea, y yo acepté. Pero la gran cantidad de dinero resultó ser mucho menor de lo que me había imaginado y de lo que creía que valía mi colección de másteres. Parecía como si todo el mundo se estuviera centrando en la cantidad en bruto, en vez de en la cantidad en neto. Después de que John se llevara su comisión y los abogados y Hacienda se hubieran hecho con su parte, el dinero restante no justificaba en absoluto la cesión de todas y cada una de las canciones que había grabado y que grabaría en el futuro. Pero aparté ese pensamiento. Habría sido suficiente para comprar la casa de Niza, llenarla con obras de arte y muebles, y asegurarme de que todo el mundo a mi alrededor se beneficiara de ello. John se llevó su comisión, y decidí que pagarían las hipotecas de un montón de gente que trabajaba para mí: mi asistente personal Bob Halley, Robert Key, mi chófer Derek, Bob Stacey, que había sido mi técnico de gira y el conservador de mi vestuario durante décadas. Y además, no tenía ningunas ganas de pelearme con John.

Pero ahora sí tenía la sensación de que algo no iba bien. David y yo decidimos buscar asesoría profesional de parte de un abogado llamado Frank Presland que había trabajado para mí con anterioridad. Él estaba de acuerdo en que se nos estaba pasando algo por alto y le dije que iba a solicitar una auditoría independiente de John Reid Enterprises. Se lo dije a John y, que conste, me dijo que le parecía una buena idea y que me ayudaría en todo lo que pudiera.

Yo estaba en Australia cuando se hizo la auditoría, y empecé a temer las llamadas de David, en las que me informaba a diario de sus reuniones con Frank Presland y sus contables. Una noche me llamó y su voz sonaba notablemente alterada: Benjamin Pell, el mismo tipo que había estado husmeando en la basura de la oficina de John Reid, se había puesto en contacto con él para decirle que lo estaban vigilando y que nuestros números de teléfono estaban pinchados, así que tenía que ir con cuidado con lo que decía. Ese tipo de prácticas eran habituales en la prensa británica por entonces. ¿Acaso las cosas podían empeorar?

Al final, los auditores detectaron una lista de problemas relativos a la manera en la que se habían gestionado algunos asuntos financieros. Yo eludía todas las llamadas de John y dejé en manos de Frank Presland la organización del litigio. Para abreviar lo que es una historia en extremo dolorosa: John aceptó llegar a un acuerdo sobre la demanda y, teniendo en cuenta su situación financiera en aquel momento, se avino a pagarme 5 millones de libras.

No podría decir cómo me sentí, porque lo que siento cambia todo el tiempo. Estaba desolado. Me sentí traicionado. Fuera lo que fuese lo que hizo legalmente bien o mal, siempre creí en que John velaría por mis intereses y me advertiría de cualquier asunto que me concerniera. Estaba furioso conmigo mismo, tanto como lo estaba con John. Me sentí como un puto imbécil, por haberme desentendido tan rápido de mis propios asuntos financieros. Estaba avergonzado. Pero sobre todo, me sentí como un cobarde. Era una locura: aún sentía pánico ante la idea de enfrentarme a él y hundir el barco. Habíamos estado juntos tanto tiempo que no podía imaginarme mi mundo si no era en compañía de John. Desde el momento en que apareció en la recepción del hotel Miyako, nuestras vidas habían estado entrelazadas por completo. Habíamos sido amantes, amigos, socios, un equipo que había sobrevivido a todo: fama, drogas, peleas, toda la estupidez posible, todas las situaciones extremas que conllevaba haberse convertido en Elton John. Todo lo que se les ocurra a los lectores, todo eso pasó, y lo habíamos pasado juntos: éramos Sharon y Beryl. Cuando alguien me decía que era agresivo, o se quejaba de su mal humor, yo pensaba en aquella frase que decía Don Henley para hablar del representante de The Eagles, Irving Azoff: «Puede que sea Satanás, pero es nuestro Satanás». Y ahora todo aquello había terminado.

John rescindió su contrato de representación y renunció a reclamar su parte de mis ganancias futuras. Cerró John Reid Enterprises y se jubiló de la representación de artistas al año siguiente. Y yo volví a salir de gira. Tenía que pagar mis deudas.

15

Una de las muchas cosas que me gustan de Bernie es que es alguien que no siente ningún remordimiento al decirte que el último disco que hizo contigo –un álbum que vendió millones de copias, llegó al top diez en todo el mundo y dio salida a una larga serie de singles de éxito– había sido un desastre de dimensiones inimaginables, hasta el punto de solicitar una reunión inmediata para tratar la crisis y asegurarse de que aquello no volviera a suceder. Bernie y yo estábamos en racha comercial. Habíamos hecho dos discos, *Made in England* en 1995 y *The Big Picture* en otoño de 1997, y los dos habían ido muy bien: habían sido discos de platino en todas partes, desde Australia hasta Suiza. Pero el problema estaba en *The Big Picture*, en opinión de Bernie. Detestaba todo lo que tuviera que ver con él: las canciones, las letras, la producción, el hecho de que lo habíamos grabado en Gran Bretaña y él había tenido que viajar desde Estados Unidos para asistir a las sesiones. El resultado final era, así me lo dijo, sentado en la terraza de nuestra casa de

Niza tres años más tarde, un montón de mierda aséptica, aburrida y descafeinada. De hecho, prosiguió, ya echando humo, era el peor disco que habíamos grabado.

A mí tampoco me gustaba especialmente *The Big Picture*, pero me parecía que Bernie se estaba pasando bastante. Sin duda, yo no lo consideraba tan malo como *Leather Jackets*, lo que tampoco era decir mucho. *Leather Jackets*, como seguramente recordarán los lectores, no era tanto un álbum como un intento de hacer música mientras tomaba cocaína sin parar hasta que, al final, alcanzaba un estado clínico de demencia. Pero esta es una defensa tan débil que no hay ni que tenerla en cuenta. No, insistía Bernie, *The Big Picture* era incluso peor que aquello.

Yo no estaba de acuerdo, pero él estaba claramente molesto: lo bastante molesto para haber volado desde su casa de Estados Unidos hasta el sur de Francia a hablar del tema. Y sin duda lo que decía tenía su razón de ser. Yo había estado escuchando mucho el disco *Heartbreaker* de Ryan Adams. Era un cantautor clásico de country-rock, de verdad; me lo podía imaginar tocando en el Troubadour en los setenta. Pero había una dureza y una frescura en lo que hacía que conseguía que el sonido de *The Big Picture* pareciera extrañamente pasado de moda y conservador. Quizá me había estado despistando en lo relativo a mis discos en solitario. A partir del éxito de *El rey león*, me había empezado a interesar cada vez más en la música para películas y teatro. Había escrito la banda sonora para una comedia titulada *The Muse*, y una pieza instrumental para *Women Talking Dirty*, una comedia dramática británica producida por David. No estaba escribiendo canciones, sino partituras instrumentales convencionales, que implicaban que tenía que sentarme a ver la película e imaginarme treinta o sesenta segundos de música que encajaran en cada escena determinada. Pensaba que sería algo aburrido, pero me gustaba mucho. Cuando le pillas el punto, es algo increíblemente inspirador, porque ves tal cual el efecto que puede llegar a tener la música: con un trocito diminuto puedes conseguir alterar el ambiente emocional de una escena.

Además, Tim Rice y yo habíamos hecho las canciones para la película de animación de DreamWorks *The Road to El Dorado* (la que le había prometido a Jeffrey Katzenberg que haría), y luego escribimos otro musical, *Aida*. Aquel había sido un trabajo mucho más duro que *El rey león*. Hubo problemas con los decorados, cambiaron a los directores y los diseñadores, y yo me retiré también durante uno de los ensayos generales en Broadway en pleno primer acto, cuando me di cuenta de que habían cambiado los arreglos que había pedido para un par de canciones. Si no me iban a hacer caso cuando pedía las cosas amablemente, quizá sí me escucharían cuando me fuera por el pasillo y saliera del teatro. Pero el trabajo duro –y, sin duda, la salida brusca– tuvieron su recompensa. Estuvo representándose en Broadway durante cuatro años, ganamos un Grammy y un Tony a la Mejor Música Original. Y ya tenía otra idea para un musical bullendo en mi cabeza. Habíamos ido a ver *Billy Elliot* en el festival de cine de Cannes, donde me temo que di un poco el espectáculo. No tenía ni idea de qué iba la película. Di por hecho que íbamos a ver una modesta y simpática comedia británica con Julie Walters. No estaba preparado en absoluto para el efecto emocional que la película iba a tener en mí. La escena en la que su padre lo ve bailando en el gimnasio y se da cuenta de que su hijo tiene un don, aunque aún no lo comprenda; el final, cuando su padre va a verlo actuar y se siente orgulloso y conmovido… Todo se parecía demasiado a mi experiencia. Era como si alguien hubiera cogido la historia de mi padre y la mía y hubiera escrito un final feliz, en vez de lo que ocurrió en la vida real. La situación se me iba de las manos. Estaba tan afectado que

David tuvo que ayudarme a salir del cine. Si no lo hubiera hecho, es muy posible que todavía estuviera allí sentado, llorando a mares.

Me recompuse lo suficiente para ir a la recepción posterior. Estábamos hablando con el director de la película, Stephen Daldry, y con el guionista, Lee Hall, cuando David dijo que, en su opinión, aquello sería un buen musical. Me pareció que era una buena idea. También se lo pareció a Lee, aunque quería saber quién iba a escribir las letras. Le dije que él: era su historia, él era de Easington, que era donde estaba ambientada la película. Se disculpó diciendo que nunca había escrito una letra, pero me dijo que lo intentaría. El material que me pasó me pareció increíble. Lee tenía talento. Nunca tuve que cambiarle una sola palabra de lo que escribió y, mejor aún, sus palabras eran completamente diferentes de cualquier otra con la que hubiera trabajado antes. Sus letras eran duras y políticas: «You think you're smart, you Cockney shite, you want to be suspicious – while you were on the picket line, I went and fucked your missus» («Te crees muy listo, basura cockney, vas por ahí sembrando sospechas; pero cuando estabas con los piquetes yo me estaba follando a tu señora»). Había canciones que mostraban el deseo de que Margaret Thatcher se muriera. Había una canción que no entró en la obra original titulada «Only Poofs Do Ballet». Era un reto completamente nuevo para mí. Quizá pensar en grabar el disco número veintisiete de Elton John me pareciera algo bastante rutinario en comparación.

O quizá hubiera una forma de cambiar aquella rutina. En Niza, Bernie había empezado a hablar con nostalgia sobre cómo hacíamos los discos en los años setenta: cómo grabábamos todo en cinta analógica, sin demasiadas pistas añadidas, y con mi piano al frente, en el centro del sonido. Era curioso, porque yo había estado pensando en lo mismo. Quizá tuviera algo que ver con el hecho de ver la película *Casi famosos*, de Cameron Crowe, que era una especie de carta de amor al rock de principios de los años setenta, encarnada en una banda ficticia llamada Stillwater. En una de las escenas suena «Tiny Dancer»: la banda empieza a cantarla mientras suena en el autobús de gira. De hecho, la escena consiguió que «Tiny Dancer» se convirtiera en una de mis canciones de más éxito de la noche a la mañana. La gente se olvida de que cuando se publicó como single en 1971 fue un fracaso. No llegó a entrar en el top cuarenta en Estados Unidos, y el sello discográfico no la quiso publicar en Gran Bretaña. Cuando apareció en la banda sonora de *Casi famosos*, estoy seguro de que mucha gente no tenía ni idea de qué era, o de quién era. Creo que la película, de manera subconsciente, me metió ciertas ideas en la cabeza, sobre el tipo de artista que había sido en el pasado, sobre la música que hacía y cómo la percibía la gente, antes de convertirme en un artista muy famoso.

No es que quisiera volver atrás en el tiempo. No tenía ningún interés en hacer algo retro. Creo que la nostalgia puede ser una auténtica trampa para los artistas. Cuando recuerdas los viejos tiempos, los percibes, como es lógico, a través del color de un cristal en concreto. En mi caso particular, creo que eso sería perdonable, porque es posible que, de hecho, estuviera llevando unas gafas con los cristales tintados de rosa, con luces parpadeantes y unas plumas de avestruz. Pero si terminas convenciéndote de que en el pasado todo era mejor que ahora, quizá termines por dejar de componer música y retirarte.

Lo que hice fue poner en marcha la idea de recuperar aquel espíritu, aquella franqueza, lo mismo que había escuchado en la música de Ryan Adams: dejar las cosas en lo mínimo, centrándome solo en hacer música en vez de preocuparme por si iba a ser un éxito; dar un paso atrás para tomar impulso.

De modo que así fue como hicimos el siguiente disco, *Songs from the West Coast*. Se publicó en octubre de 2001 y recibió las mejores críticas en mucho tiempo. Bernie escribió unas letras poderosas, sencillas y directas: «I Want Love», «Look Ma», «No Hands», «American Triangle», que era una canción muy airada y angustiada sobre el asesinato homófobo de Matthew Shephard en Wyoming en 1998. Nos servimos de un estudio en Los Ángeles, en el que no habíamos grabado en muchos años, y de un nuevo productor, Pat Leonard, que era conocido por haber trabajado con Madonna, pero que estaba colgadísimo por el rock de los años setenta. Fue increíblemente divertido: era el tipo que coescribió «Like a Prayer» y «La Isla Bonita», pero con lo que estaba obsesionado era con Jethro Tull. Lo que le hubiera hecho más feliz, seguramente, hubiera sido que Madonna tocara la flauta apoyada en una sola pierna.

Terminó siendo un disco con un sonido muy californiano. Es muy distinto cuando escribes allí, en vez de hacer el disco en Londres, donde está lloviendo a mares a diario. Es como si el calor se te metiera hasta el tuétano y te relajara, y de alguna manera la luz del sol refulgiera en tu música. Me gustaba el resultado, y desde entonces he utilizado el mismo método en muchos de mis discos: pensar en lo que había hecho en el pasado, tomar una idea y desarrollarla de manera diferente. La continuación, *Peachtree Road*, fue lo mismo: escarbé entre las influencias country y soul de *Tumbleweed Connection* y de canciones como «Take Me To The Pilot». *The Captain and the Kid* era una secuela de *Captain Fantastic and the Brown Dirt Cowboy*, con Bernie escribiendo sobre lo que nos había pasado desde que fuimos a Estados Unidos en 1970: desde aquel estúpido autobús de dos plantas que nos recogió en el aeropuerto hasta la forma en que se rompió durante un tiempo nuestra colaboración. En *The Diving Board* tocaba únicamente con un bajista y un batería, como en la Elton John Band original, pero haciendo cosas que no había hecho antes, improvisando pasajes instrumentales entre las canciones. En *Wonderful Crazy Night* imagino que estaba pensando más bien en el lado pop de *Don't Shoot Me I'm Only the Piano Player* y *Goodbye Yellow Brick Road*. Lo grabé en 2015, y el resultado fue implacablemente triste, cuando lo que yo quería era algo ligero y divertido, una vía de escape, muchos colores brillantes y guitarras de doce cuerdas.

Aquellos discos no fueron fiascos comerciales, pero tampoco fueron grandes éxitos. Siempre resulta frustrante cuando eso ocurre con un disco que tú crees que es muy bueno, pero tienes que encajar el golpe. No eran discos comerciales, no tenían ningún single de éxito; *The Diving Board* en particular era increíblemente oscuro y deprimente. Pero eran discos que yo quise hacer, álbumes que pensaba que seguiría tocando veinte años después y de los que aún me sentiría orgulloso. Por supuesto, me hubiera gustado mucho que hubieran llegado al número uno, pero aquello ya no era lo más importante. Había tenido mi momento vendiendo trillones de discos, y era fabuloso, pero desde el primer segundo supe que no duraría toda la vida. Si crees que va a ser así, puedes acabar teniendo un grave problema. Pienso de verdad que ese fue uno de los factores que llevaron a Michael Jackson a la desesperación: estaba convencido de que podía hacer un disco aún más grande que *Thriller*, y cada vez que no sucedía se quedaba destrozado.

Justo antes de empezar a trabajar en *The Captain and the Kid*, me pidieron que hiciera una residencia en el Caesar's Palace de Las Vegas. Habían construido un nuevo teatro enorme, el Colosseum. Céline Dion estaba actuando allí, y querían que yo también diera un espectáculo. Mi primer pensamiento fue que no quería hacerlo. En mi cabeza, Las Vegas todavía estaba ligado al circuito de cabaret del que había huido en 1967. Consistía en el Rat Pack y en Donny and Marie Osmond. Era el Elvis que había conocido en 1976 –era evidente que siete años en el Strip de Las Vegas no le habían sentado demasiado bien– y artistas en esmoquin hablando con el público: «Ya saben, una de las cosas más maravillosas del mundo del espectáculo…». Pero entonces empecé a preguntarme si sería posible hacer algo completamente diferente en un espectáculo de Las Vegas. El fotógrafo y director David LaChapelle había dirigido un gran vídeo para uno de los singles de *Songs from the West Coast*, «This Train Don't Stop There Anymore». En él aparecía Justin Timberlake haciendo playback con mi voz, vestido como yo en el camerino en los años setenta, acompañado por un personaje que representaba a John Reid dándole una paliza a un periodista y quitándole el sombrero a un policía de un manotazo. Me gustó mucho y lo llamé para que pudiera encargarse del diseño de todo el espectáculo. Le dije que hiciera lo que le apeteciera, que dejara volar su imaginación, que fuera todo lo desaforado que quisiera.

Quien sepa algo sobre el trabajo de David se dará cuenta de que esta no es una frase que se le diga a la ligera. Es un tipo brillante, pero en aquella fase de su carrera ni siquiera podía sacarle a alguien una foto durante unas vacaciones sin caracterizarlo antes de Jesucristo, de pie sobre un flamenco de peluche gigante y rodeado de letreros de neón y chicos musculosos vestidos con unos tirantes de piel de serpiente. Era un hombre que había fotografiado a Naomi Campbell como si fuera una luchadora con las tetas al aire y con tacones de aguja dándole una paliza a un tío, mientras una multitud de hombres enmascarados y con enanismo observaban atentamente. En una de sus imágenes de moda aparecía un modelo vestido de manera inmaculada al lado del cadáver de una mujer que había muerto aplastada por un equipo de aire acondicionado que había caído por una ventana, con la cabeza desparramada como una masa sanguinolenta por el pavimento. No se sabe cómo, convenció a Courtney Love para que posara como si fuera María Magdalena, con lo que parecía el cuerpo muerto de Kurt Cobain embalsamado en sus rodillas. Para mi espectáculo de Las Vegas, diseñó un decorado lleno de letreros de neón y plátanos, perritos calientes y pintalabios hinchables: no hacía falta tener una imaginación especialmente pervertida para darse cuenta de que todos y cada uno de ellos parecían penes en erección. Dirigió una serie de vídeos para cada canción, con una intención artística salvaje y deliberadamente gay. Había una reconstrucción de mi intento de suicidio en los años sesenta, cuando vivía en Furlong Road: era una dramatización en sentido bastante literal, pues hacía que mi intento de suicidio pareciera muy dramático, en vez de patético hasta el extremo. Había ositos de peluche azules que patinaban sobre hielo y daban de comer miel a unos ángeles homoeróticos. Gente esnifando cocaína directamente del culo desnudo de un chico. Una escena en la que aparecía desnuda la modelo transexual Amanda Lepore, en una silla eléctrica, y las chispas salían directamente de su vagina. El espectáculo se llamaba *The Red Piano*, un título bastante inocuo, dado lo que contenía en realidad.

En mi opinión, aquello era la constatación de que David LaChapelle era un genio. Supe que habíamos dado en el clavo cuando vi que alguna gente se marchaba de la sala con gesto de asco, y también cuando mi madre me dijo que no lo soportaba. Acudió la noche del estreno, manifestó su aversión a lo que estaba sucediendo en el escenario poniéndose unas gafas de sol de manera teatral a los cinco minutos, y luego vino al camerino con la cara desencajada, diciéndole a todo el mundo que aquello era tan terrible que iba a significar el fin inmediato de mi carrera. Sam Taylor-Wood también estaba allí; David y yo la conocíamos del mundillo del arte. Me gustaba mucho el trabajo fotográfico de Sam: me había comprado su versión de *La última cena*, de Leonardo da Vinci, y le pedí que dirigiera otro vídeo extraído de *Songs from the West Coast*, «I Want Love». La fotógrafa no daba crédito ante la reacción de mi madre («Estuve a punto de quitarme un zapato –dijo– y empezar a golpearle con él en la cabeza»), pero la verdad es que no sabía muy bien cómo era ella. La lluvia de críticas que había comenzado a mediados de los años setenta se había mantenido de manera constante desde entonces: a la mujer no le gustaba nada de lo que yo hacía. Yo ya estaba acostumbrado a desconectar, o a reírme, pero los demás se quedaban muy sorprendidos cuando eran testigos de ello.

Hubo personas a las que les disgustó *The Red Piano* porque no recibieron lo que estaban esperando, pero justo ahí estaba la gracia. Sin embargo, lo que esperaban era la demostración de que no habían prestado demasiada atención al resto de mi carrera. Todo estaba sostenido sobre la base de unos conciertos que eran escandalosos y exagerados. La residencia en Las Vegas funcionó porque encajaba con mi personaje y con la manera en que me había presentado en el pasado. No era simplemente un montón de imágenes impactantes en busca de algún tipo de efecto, sino que era otra forma de avanzar a partir de volver atrás, una versión actualizada de mis conciertos de los años setenta, cuando me presentaban ante el público famosas actrices porno y aparecía con Divine vestido de mujer. A pesar de algunas cartas furiosas dirigidas a la dirección del hotel y los terribles insultos de mi madre, los conciertos tuvieron mucho éxito, y creo que también marcaron un antes y un después. Es posible que gracias a ellos cambiara un poco la imagen de Las Vegas, que los conciertos ayudaran a que pareciera menos farandulera y mucho más atrevida: se convirtió en un lugar en el que podían actuar Lady Gaga, Britney Spears o Bruno Mars sin que nadie se inmutara.

En el Reino Unido, estaba cambiando la ley sobre las relaciones homosexuales. A finales de 2005 ya era legal que las parejas del mismo sexo pudieran certificar su estado civil: eran como matrimonios salvo en el nombre, al margen de un par de dificultades técnicas de poca importancia. David y yo habíamos estado hablando acerca de si deberíamos ser, a ese respecto, los primeros de la fila. Llevábamos juntos más de diez años, y aquella ley era muy importante para las parejas gais. Yo había visto a mucha gente perder a su compañero por culpa del sida, y luego descubrir que no tenían ningún tipo de cobertura legal como pareja. La familia de su último novio solía aparecer echando humo, los borraban de la ecuación completamente –ya fuera por avaricia, o porque nunca les había gustado el hecho de que su hijo o su hermano fuera gay– y entonces lo perdían todo. Aunque era un tema del que habíamos hablado de manera muy seria y prudente, aún fui capaz de sorprender una vez más a David. Le propuse matrimonio durante una cena en la que habíamos invitado a Scissor Sisters en Woodside. Lo hice como manda la tradición y me arrodillé. Aunque sabía que diría que sí, de todos modos fue un momento maravilloso. Hicimos que nos volvieran a consagrar los anillos que nos habíamos comprado en París, aquel fin de semana en que pensé que pasaría inadvertido vistiendo la colección completa de primavera-verano de Versace.

La nueva ley se aprobó a comienzos de diciembre, y antes de que entrara en vigor tenía que pasar un período estatutario de quince días. El primer día en el que podíamos convertirnos en pareja de hecho legal fue el 21 de diciembre. Había mucho por hacer. La ceremonia en sí iba a tener lugar en el Guildhall de Windsor, el mismo lugar en el que el príncipe Carlos se había casado con Camilla Parker Bowles. Tenía que ser un evento privado e íntimo: solamente David y yo, mi madre y Derf, los padres de David, nuestro perro Arthur, Ingrid y Sandy, y nuestros amigos Jay Jopling y Sam Taylor-Wood.

La idea de partida era celebrar un convite por la noche en los estudios Pinewood, pero nuestro planificador de bodas nos presentó un presupuesto que incluso a mí me pareció exagerado, un reto que no me podía dejar indiferente. Recuerdo mirar bien el presupuesto y pensar: «Podría volverme loco en el departamento Old Masters de Sotheby's por ese dinero». No había ningún otro lugar en el que pudiéramos celebrar nuestra recepción −era justo antes de Navidad, todo lo demás ya estaba reservado−, así que decidimos que la fiesta sería en Woodside. Montamos tres carpas interconectadas en los terrenos: la primera era una sala de recepción, la segunda un salón para cenar y la tercera una gran pista de baile. Habría espectáculo en directo: iban a cantar James Blunt y Joss Stone. Había seiscientos invitados y David insistió en organizar las mesas él mismo. Fue muy meticuloso. Una de las cosas que más odia es ese tipo de fiestas en el que todo el mundo está revuelto y sin orden y al final te acabas sentando junto a un perfecto desconocido. Además, necesitábamos trabajar con cierto grado de cautela, pues la lista de invitados era de lo más ecléctico: había invitados de absolutamente todas las áreas de nuestra vida. Estaba muy orgulloso del hecho de que en nuestra fiesta tuviéramos como invitados a miembros de la familia real junto con una selección de estrellas de los estudios BelAmi, especializados en cine porno gay, pero nos parecía que igual lo mejor era que no se sentaran juntos. Así que David se encargó de todo con sumo cuidado a partir de lo que llamó «las tribus»: había una mesa para las estrellas del deporte, otra mesa para la gente de la moda, una mesa para los antiguos Beatles y gente cercana a ellos. Y entonces fue cuando dejé mi sello personal al mandar al traste lo que había sido un esfuerzo tan concienzudo.

Hay una teoría muy extendida entre los psicólogos según la cual una persona que tiene la mala suerte de presentar una personalidad adictiva, puede convertirse en adicta a casi todo. Me pasé buena parte de la década de 2000 intentando demostrar esa teoría con la ayuda de una trituradora de papel que me había comprado para el despacho de Woodside. No estoy seguro de cuándo comencé a obsesionarme con ella. En parte, se adquirió por exigencias de seguridad: al fin y al cabo, nuestros documentos bancarios habían terminado apareciendo en las portadas de los periódicos cuando un imbécil del despacho de John Reid los habían arrojado intactos a la basura. Pero sobre todo era porque hay algo increíblemente satisfactorio, y difícil de explicar, en el hecho de manejar una máquina trituradora de papel: el sonido que hace, la visión del papel que se desmenuza al entrar, los ribetes de papel que surgen del otro lado. Me encantaba. Podía estar en una habitación llena de obras de arte de valor incalculable y ninguna me parecería tan perfecta como la observación de un viejo itinerario de gira en pleno proceso de destrucción.

Pero si no sabría decir dónde empezó mi obsesión, sí puedo decir en qué terminó. Fue dos minutos después de ver en qué estado se encontraba la habitación donde David estaba trabajando en la distribución de los asientos –había hojas de papel por todas partes–, así que decidí que era una muy buena oportunidad tanto para ayudarlo a ordenar un poco como para alimentar mi pasión incontrolable por convertir los viejos documentos en confeti. No recuerdo cuántas páginas llevaba destruidas del meticuloso plan que había desarrollado David para distribuir las mesas cuando él entró de nuevo en la habitación, gritando. Nunca en mi vida lo había oído gritar así: David nunca fue una persona dada a explosiones volcánicas de mal genio, pero parecía que a lo largo de nuestros doce años en común había estado tomando apuntes discretamente de un maestro como yo, y esperando a que llegara el momento adecuado para poner en acción cuanto había aprendido. En su arrebato, empezó a describir unas escenas sociales desastrosas e incontrolables en las que las estrellas de BelAmi terminaban departiendo sobre su trabajo en *A ellos les gustan grandes 2* con su madre o con mi tía Win. Gritaba tanto que se le oía por toda la casa. Sin duda se le oía con claridad en nuestro dormitorio, en el piso de arriba. Esto lo sé con toda seguridad porque fue ahí donde decidí esconderme, cerrando la puerta cuidadosamente con llave a modo de precaución. No es que pensara que fuera a estrellarme la trituradora de papel contra la cabeza, pero de todos modos, el ruido procedente de la planta inferior me daba a entender que aquella posibilidad no era descabellada.

Aun así, todo lo demás en los días previos a la ceremonia discurrió de manera notablemente tranquila. Nuestro amigo Patrick Cox nos organizó una despedida de soltero conjunta en el club gay del Soho llamado Too 2 Much. Fue divertidísima, una verdadera representación de cabaret. Paul O'Grady fue el presentador de la velada y cantó un dueto con Janet Street-Porter. Sir Ian McKellen acudió caracterizado como la Viuda Twankey. Bryan Adams cantó una canción y Sam Taylor-Wood hizo una versión de «Love To Love You Baby». Hubo mensajes en vídeo de Elizabeth Taylor y Bill Clinton entre las actuaciones de los famosos travestidos de Nueva York Kiki & Herb y Eric McCormack, que había sido quien interpretó a Will en *Will and Grace*, y que también había sido un viejo compañero de clase de David en Ontario. Jake Shears, del grupo Scissor Sisters, se emocionó tantísimo que terminó quitándose la ropa y mostrando al público una serie de habilidades que había aprendido cuando trabajaba en varios clubes de desnudismo en Nueva York antes de que la banda empezara a tener éxito. ¡Vaya noche!

Nos levantamos el día de la ceremonia y hacía una bonita mañana de invierno, soleada y fresca. Había una especie de atmósfera mágica de Navidad por toda la casa, en medio del bullicio. Teníamos invitados que se habían quedado a dormir: la familia de David había llegado de Canadá, mi viejo compañero del colegio Keith Francis había viajado desde Australia con su mujer.

En el exterior había gente dando los últimos toques a las carpas y revisando que funcionaran las luces distribuidas en los árboles. La noche anterior habíamos visto por televisión la noticia de la primera unión civil que se había realizado en Irlanda del Norte –el plazo de espera allí era más corto– y cómo las parejas habían tenido que soportar protestas al salir de las ceremonias, con grupos de evangelistas cristianos que les gritaban cosas acerca de la «propaganda sodomita», gente que les arrojaba bombas de harina y huevos. Yo estaba muy preocupado: si aquello le ocurría a la gente normal, ¿qué clase de acogida iba a tener una famosa pareja gay? David me aseguró que todo iría bien: la policía estaba avisada de la amenaza y había delimitado un área para las protestas, de modo que no pudieran estropearnos el día.

Sin embargo, según las últimas noticias que nos llegaban de Windsor, las multitudes ocupaban las calles con atmósfera festiva. Nadie quería atacarnos: en vez de eso, la gente se había presentado con carteles, pasteles y regalos para nosotros. Había equipos de informativos de la CNN y la BBC aparcados en el exterior, con periodistas que hablaban ante la cámara.

Apagué la televisión y le dije a David que él tampoco viera nada más. Simplemente quería que disfrutáramos del momento, juntos, sin distracciones. Yo ya había estado casado antes, por supuesto, pero esto era diferente. Ahora podía ser yo mismo, se me permitía expresar mi amor por otro hombre de una manera que hubiera resultado inconcebible cuando me di cuenta de que era gay, o cuando salí del armario públicamente en *Rolling Stone* en 1976, y todo ello en parte porque, por entonces, no me parecía que fuera a ser más capaz de tener una relación duradera que de poder viajar a Marte.

Y ahí estábamos. Lo viví con mucha intensidad: no solo a nivel personal, sino también como un momento histórico, como si fuéramos parte de un cambio del mundo a mejor. No recordaba haber vivido nunca un momento más feliz.

Y entonces fue cuando llegó mi madre, en su característico papel de psicópata salvaje.

La primera señal de que algo iba mal me llegó cuando no quiso salir del coche. Derf y ella habían llegado a Woodside según lo previsto, pero luego se negó de manera categórica a entrar en la casa. A pesar de las muchas súplicas que le dirigí para que viniera con nosotros, se quedó allí fuera sentada, con la cara larga, mientras la familia de David se asomaba a la ventanilla de su coche para saludar. ¿Qué coño le pasaba? No tuve la oportunidad ni de preguntarle. Los protocolos de seguridad para la ceremonia establecían que todo el mundo debería ir conjuntamente en coche hasta el Guildhall en comitiva. Pero mamá anunció que ella no se sumaría a la comitiva, y que tampoco asistiría al almuerzo privado que íbamos a tener en Woodside después de la ceremonia de enlace civil, y de repente arrancó y se fue.

Ah, estupendo. El día más importante de mi vida y tiene que llegar mi madre con uno de sus arrebatos de mal genio, uno de aquellos que me aterrorizaban cuando era más joven. Yo había heredado parte de su habilidad para enfadarse. La diferencia estaba en que yo conseguía calmarme pronto: me daba cuenta de lo que estaba haciendo —«Mierda, no es que me esté comportando como un imbécil, es que me estoy comportando como mi madre»— y al momento me apresuraba a disculparme con todo el mundo. Mi madre nunca conseguía calmarse, nunca parecía estar arrepentida, nunca pareció reflexionar sobre si lo que hacía estaba mal, o se comportaba de manera incorrecta. Lo mejor que podías esperar era una discusión terrible —en la cual, como siempre, ella debía tener la última palabra—, seguida de una calma incómoda, una tregua precaria que duraba hasta que todo volvía a comenzar. A medida que pasaban los años, sus enfados habían alcanzado un nivel superior, casi épico, impresionante. Era la Cecil B. DeMille del mal humor, la Tolstói del berrinche. Solo estoy exagerando un poco. Estamos hablando de una mujer que no le dirigió la palabra a su hermana durante diez años a raíz de una discusión acerca de si la tía Win le echaba leche desnatada al té o no. Una mujer tan entregada a enfadarse que, cuando estaba en un momento álgido, tomaba la decisión de hacer las maletas y rehacer su vida en otro país. Eso había sucedido en los años ochenta: se enfadó a la vez conmigo y con uno de los hijos que tenía Derf de su primer matrimonio, y como resultado, terminó emigrando a Menorca. Prefería irse a otro país que volver y disculparse. No tiene ningún sentido intentar razonar con alguien así.

Vi cómo su coche desaparecía por el camino y deseé que se hubiera quedado en Menorca. O en la luna. En cualquier sitio excepto dirigiéndose a mi ceremonia de enlace civil, respecto a la cual tenía el terrible presentimiento de que haría todo lo posible por estropearla. En realidad, nunca quise que estuviera allí. Tenía un miedo persistente a que hiciera algo así, igual que cuando me casé con Renate. Ese era uno de los motivos por los que insistí en casarme tan rápido, y en Australia, para que mi madre no pudiera estar. Sin embargo, cambié de opinión unas semanas antes, intentando convencerme de que ni siquiera mi madre estaría tan loca para montar semejante numerito. Resulta que estaba equivocado.

A pesar de todo, no nos arruinó el día. No podía hacerlo. Era demasiado mágico, con la multitud en el exterior del Guildhall jaleándonos y, más tarde, la llegada de los coches a Woodside y prácticamente todo el mundo que conocía y quería sumándose a la fiesta, como si fuera la película de mi vida proyectándose ante mis ojos en la mejor de las circunstancias: Graham Taylor y Muff y Zena Winwood, Ringo Starr y George Martin, Tony King y Billie Jean King. Pero, en honor a la verdad, diré que mi madre se esforzó al máximo por conseguirlo. Cuando David y yo intercambiamos nuestros votos, empezó a hablar, a un volumen muy alto, superponiéndose a nuestras voces: se quejó de lo poco que le gustaba el recinto y dijo que nunca se imaginaría casarse en un lugar como ese. Cuando llegó el momento de que los testigos firmaran el acuerdo de enlace civil, ella también firmó, soltó un «Bueno, ya está hecho», arrojó el bolígrafo al suelo y se largó. Fue rarísimo: mi estado de ánimo no dejaba de pasar de la más completa euforia a un estado de miedo cerval por lo que pudiera hacer a continuación. Y lo peor de todo es que yo no podía hacer nada. Sabía por experiencia que intentar razonar con ella sería como intentar desactivar una bomba cortando el cable equivocado con el único resultado de que todo seguiría estando mal o, peor aún, que aquello pasara delante de los medios de comunicación de todo el mundo o de los seiscientos invitados. No me apetecía que la cobertura mediática del enlace civil de más alto nivel de Gran Bretaña consistiera en que Elton John y su madre habían estado dando el espectáculo ante toda la nación discutiendo a gritos en las escaleras del Guildhall de Windsor.

Durante la fiesta, por la noche, hizo gestos de desaprobación, gruñó y puso los ojos en blanco durante los discursos. Se quejó de la distribución de los asientos: al parecer, no estaba lo bastante cerca de mí y de David —«Un poco más y me deportáis a Siberia»—, aunque era difícil de imaginar cómo podría haber estado más cerca de mí sin sentarse en mi regazo. La estuve evitando a medida que discurría la velada, lo cual fue bastante fácil. Había muchos amigos con los que hablar, que nos querían desear lo mejor. Pero con el rabillo del ojo podía ver un flujo constante de gente que iba a hablar con ella y luego se acercaba a mí rápidamente, con cara muy larga. Era desagradable con todo el mundo, sin importar lo inofensivo que fuera el intento de entablar conversación con ella. Jay Jopling cometió el error fatal de decirle:

—Es un día maravilloso, ¿verdad?

Eso al parecer le sentó como una provocación inmisericorde.

—Me alegro de cojones de que te lo parezca —le soltó como respuesta.

Tony King fue a saludarla —conocía a mi madre y a Derf desde hacía mucho tiempo— y, para terminar de perturbarlo, le dijo que empezaba a parecer viejo. En cierto momento, Sharon Osbourne se acercó a mí mientras la miraba.

—Sé que es tu madre —murmuró—. Pero me gustaría matarla.

No me enteré de qué era lo que había provocado todo eso hasta más tarde. Le había contado a los periodistas que estaba molesta porque le habían dicho que, al no llevar sombrero, no podía salir en las fotografías, lo cual era un completo sinsentido. La madre de David quería llevar sombrero durante la ceremonia, él se ofreció a acompañar a su madre y a la mía para comprar uno, pero mi madre había dicho que no lo quería. Parecía bastante evidente que aquello no era ningún problema, dado que terminó apareciendo en todas las fotos familiares. Luego supimos que los padres de David estaban al corriente del problema, pero no quisieron decírnoslo antes de la ceremonia para no alterarnos. Tan pronto como llegaron al Reino Unido le habían llamado por teléfono, pues siempre se habían llevado bien con mi madre y con Derf. Incluso se habían ido juntos de vacaciones. Mi madre les dijo que tenían que colaborar para impedir que se produjera el enlace civil. No estaba de acuerdo en que nosotros «nos casáramos», así lo dijo. Opinaba que no estaba bien que las parejas gais pudieran recibir el mismo trato que las parejas de distinto sexo. Había hablado con mucha gente, y todo el mundo opinaba igual. Aquello sería perjudicial para mi carrera. La madre de David le dijo que estaba loca, que sus hijos estaban haciendo algo maravilloso y que ella nos apoyaba. Mi madre le colgó el teléfono.

Me repitió la misma frase un par de años más tarde, durante otra discusión violenta. No tenía ningún sentido. Mi madre siempre había sido de ideas fijas, pero nunca había sido homófoba. Me apoyó cuando le dije que era gay, y se había mostrado imperturbable cuando los periodistas la acosaron cuando salí del armario en *Rolling Stone*, diciéndoles que pensaba que yo había sido valiente y que le daba igual si era gay o hetero. ¿Por qué iba a pensar, de repente, que mi sexualidad era un problema, treinta años después? Quizá siempre lo había llevado dentro, y de alguna manera había conseguido anular ese sentimiento hasta ese momento. Como siempre, creo que el verdadero problema era que no soportaba que hubiera alguien más cerca de mí de lo que lo estaba ella. Se había mostrado fría con todos mis novios, y fría con Renate, pero esto ya estaba en otro nivel. Sabía que mis novios nunca me darían para una relación larga: yo era demasiado voluble, a causa de toda la coca que tomaba. Incluso cuando me casé con Renate, mi madre creía en lo más profundo de sí misma que no duraría, pues sabía que yo era gay. Pero ahora estaba sobrio y había sentado la cabeza con un hombre del que estaba profundamente enamorado. Había encontrado a mi pareja para toda la vida, y la unión civil lo certificaba. Ella no podía soportar la idea de que el cordón umbilical quedara finalmente cortado: esa idea le había reconcomido tanto por dentro que ya no veía más allá, nada más le importaba, incluido el hecho de que yo por fin fuera feliz.

Bueno, mala suerte para ella. Yo por fin era feliz, y no iba a cambiar aquello por nadie, y me daba igual cuántos cambios de humor fuera a implicar eso. Cuando por fin se diera cuenta, quizá cambiara de opinión.

Tenía muchas cosas que me hacían feliz. No solo en mi vida personal: entre los conciertos de Las Vegas, *Billy Elliot* y los nuevos discos, estaba disfrutando tanto componiendo música que mi entusiasmo se volvió contagioso. David empezó a interesarse por las cosas que me habían inspirado en los inicios de mi carrera, los artistas y los discos que él no pudo conocer de primera mano porque era demasiado joven. Comenzó a elaborar listas de reproducción en su iPod de temas que yo le recomendaba. Se las llevaba para escucharlas en nuestra habitación de hotel cuando íbamos de vacaciones a Sudáfrica, con nuestras amigas Ingrid y Sandy. Si queréis un ejemplo de cómo se puede forjar una amistad profunda y duradera a partir del menos prometedor de los comienzos, os diría que ese ejemplo somos Ingrid y yo. La conocí cuando ella estaba escribiendo un perfil sobre mí para la revista *Interview*, de la que era editora. O mejor dicho, yo había intentado evitarla por todos los medios cuando ella estaba escribiendo un perfil sobre mí: estaba de un humor de perros y cancelé la entrevista. Ella volvió a llamarme y me dijo que de todas formas vendría. Le dije que no se molestara. Insistió en que de todas formas vendría. Le dije que se fuera a tomar por culo. Ella colgó el teléfono y se materializó en la puerta de mi habitación del hotel en lo que pareció cuestión de minutos. Y unos cuantos minutos más tarde, me había enamorado de ella. Ingrid tenía carácter. Ingrid tenía una opinión formada. Y valía la pena escuchar las opiniones de Ingrid, porque era evidente que era inteligentísima. Había sido nombrada editora de la revista *Artforum* cuando tenía veintisiete años y parecía saber todo lo que había que saber —y conocer a todo el mundo que había que conocer— en los mundos del arte y la moda. No se dejaba chulear por nadie, tampoco, como había quedado claro, por mí. Era sumamente divertida. Hacia el final de la tarde, no solo me había entrevistado, sino que me había arrancado el compromiso de que escribiría una columna para su revista, y tuve la misma sensación que cuando conocí a Gianni Versace: si él parecía ser un hermano al que nunca antes había visto, ella era como mi hermana desaparecida. Nos llamábamos sin parar: me gustaba hablar con ella, en parte porque sabía un montón de cotilleos, pero sobre todo porque siempre te decía la verdad, incluso cuando no te apetecía escucharla.

Ingrid provenía de Sudáfrica, pero se fue del país cuando era una niña. Su madre corría el riesgo de ser arrestada por haber estado involucrada en el movimiento anti-apartheid, así que la familia se trasladó a Edimburgo y más tarde a Nueva York. Pero a Ingrid le encantaba Sudáfrica, que es donde Sandy y ella terminaron acompañándonos de vacaciones. Una tarde estábamos preparándonos para salir a cenar mientras de fondo sonaba una de las listas de reproducción de David con canciones de principios de los años setenta. Mientras él se duchaba, sonó «Back To The Island» de Leon Russell. Me pilló con la guardia completamente bajada. Me senté en la cama y empecé a llorar. Leon entrando en el camerino del Troubadour, las giras que hice con él como telonero, y Eric Clapton, y Poco: de repente, me pareció que todo había sido hacía mucho tiempo.

Escuchaba aquella canción una y otra vez cuando vivía en Tower Grove Drive. Todavía veía todo aquello en el recuerdo. La madera oscura del interior, la gamuza de las paredes del dormitorio principal, la manera como la luz del sol caía en la piscina por la mañana. Una multitud trastabillando al salir por la puerta del Whiskey, el Rainbow o Le Restaurant cuando nos echaban, el humo de la embriagadora hierba californiana y los vasos llenos de bourbon, y los ojos azules de un tipo que me atrajo hasta la sala de juegos, que me dijo que era hetero, pero cuya sonrisa parecía sugerir que era fácil de persuadir. Dusty Springfield regresando tras una noche haciendo la ronda por los bares de ambiente de la ciudad y durmiéndose en el coche durante el camino. La tarde en que Tony King y yo probamos la mescalina y terminamos gritando de miedo, después de que alguien en nuestra fiesta asaltara la cocina y decidiera, en su estado alterado, que iba a inventar un nuevo tipo de Bloody Mary con un trozo de hígado crudo ensartado en el borde del vaso. Solo con ver aquello, nos espabilamos.

Pero mis recuerdos de Los Ángeles en los años setenta estaban poblados por fantasmas. Todas las viejas leyendas de Hollywood a las que fui conociendo sobre la marcha habían muerto a edad avanzada. También lo había hecho Ray Charles. Yo fui la última persona en grabar una canción con él, para un álbum de duetos, treinta y cuatro años después de que me invitara a actuar con él en la televisión norteamericana por primera vez. Cantamos «Sorry

Seems To Be The Hardest Word», sentados; él estaba demasiado débil para mantenerse de pie. Les pedí a los ingenieros una copia de la cinta, no tanto por la música, sino por tener una grabación de nuestras conversaciones entre las tomas. Imagino que necesitaba una prueba que demostrara que aquello había sucedido, que un chico que soñaba con ser Ray Charles terminara al final hablando con él como si fuera un amigo. Pero había otros fantasmas, los de la gente que no moría de vieja, los de la gente a la que el sida se llevó joven. Gente que se había matado con el alcohol o las drogas, gente que había muerto en accidentes, gente a la que habían asesinado, gente que había muerto a causa de aquellas cosas que te mataban en los años cincuenta y los sesenta si tenías mala suerte. Dee Murray, mi viejo bajista. Doug Weston, que había sido responsable del Troubadour. Bill Graham. Gus Dudgeon. John Lennon, George Harrison y Harry Nilsson. Keith Moon y Dusty Springfield. Infinitos muchachos de los que me había enamorado, o de los que creía haberme enamorado, en la pista de baile del After Dark.

Cuando volvió del baño y me vio llorando, a David le cambió la cara.

«Ay, Dios mío –suspiró–. ¿Qué pasa ahora?»

Por entonces, ya tenía la amarga experiencia de habérselas visto con mis cambios de humor, así que su primer pensamiento fue que no me gustaba algún detalle sin importancia de las vacaciones y me iba a poner a gritar, diciendo que teníamos que irnos cuanto antes. Le dije que no era nada de eso, que simplemente estaba pensando en el pasado. En el iPod, Leon seguía cantando: «Well all the fun has died, it's raining in my heart, I know down in my soul I'm really going to miss you» («Bien, ya se ha acabado toda la diversión, llueve en mi corazón, y en el fondo de mi alma sé que te voy a echar mucho de menos»). Dios mío, qué bien cantaba. ¿Qué habría sido de él? No había oído a nadie mencionar su nombre en muchos años. Me acerqué al teléfono y llamé a mi amigo Johnny Barbis de Los Ángeles y le pregunté si podría averiguar dónde estaba Leon. Me pasó un número de teléfono de Nashville. Llamé, y me respondió una voz. Sonaba más grave de lo que yo recordaba, pero sin duda era él; tenía la misma manera de hablar arrastrada de Oklahoma. Le pregunté cómo estaba. Me dijo que estaba en la cama, viendo *Days of Our Lives* en la tele:

—Estoy bien. Voy tirando.

Esa era una manera de decirlo. Leon había tomado algunas decisiones empresariales equivocadas, tenía varias exesposas, y los tiempos habían cambiado. Ahora iba a tocar allí donde lo llamaran. Uno de los mejores músicos y compositores del mundo, y estaba actuando en bares y pubs deportivos, en fiestas de la cerveza y convenciones de moteros, en pueblos de los que nunca había oído hablar en Missouri o Connecticut. Le dije que estaba en medio de la nada en África, y que estaba escuchando su música y pensando en el pasado. Le di las gracias por todo lo que había hecho por mí y le dije lo importante que era su música en mi vida. Creo que se emocionó de verdad.

—Bueno, son unas palabras muy bonitas —dijo—. Te lo agradezco mucho.

Cuando terminamos de hablar, colgué el teléfono y me lo quedé mirando. Había algo que no marchaba bien. No sabía explicar por qué, pero sabía que no era aquello por lo que le había llamado. Volví a descolgar el teléfono y marqué su número otra vez. Se rio al descolgar.

—Dios mío, ¿cuarenta y cinco años sin saber de ti y ahora dos veces en diez minutos?

Le pregunté si quería hacer un disco, los dos, juntos. Hubo un largo silencio.

—¿Va en serio? —dijo—. ¿Crees que podría hacerlo? —Suspiró—. Estoy demasiado viejo.

Le dije que yo también estaba bastante mayor, y que si yo podía, él podría, si quería.

Se rio otra vez.

—A la mierda, claro que sí.

No fue un acto de caridad. Fue más bien por darme una satisfacción: si alguien me hubiera dicho en 1970 que un día haría un disco con Leon Russell, me habría reído de él. Y no siempre fue fácil. Me había dicho cuando hablamos por teléfono que tenía algunos problemas de salud, pero no supe lo enfermo que estaba Leon hasta que llegó al estudio en Los Ángeles. Se parecía al patriarca achacoso de una obra de Tennessee Williams: llevaba una larga barba blanca, gafas oscuras y un bastón. Tenía problemas para andar. Se sentaba en un sillón reclinable del estudio durante un par de horas al día y luego cantaba y tocaba. Eso era todo lo que podía hacer, pero lo que hacía durante aquellas dos horas era increíble. Hubo momentos en que me pregunté si su contribución a mi disco iba a publicarse de forma póstuma. Un día, empezó a salirle un líquido por la nariz: era un fluido que procedía de su cerebro. Tuvieron que operarlo de urgencia y lo ingresaron en el hospital por un infarto y una neumonía mientras estuvo conmigo.

Pero terminamos el disco. Le pusimos por título *The Union* y llegó al top cinco en Estados Unidos. Estuvimos juntos de gira en otoño de 2010, tocando en recintos de más de 15.000 asientos, lugares que Leon dijo que hacía varias décadas que no había visto por dentro. Algunas noches tenía que subir al escenario en silla de ruedas, pero aquello no afectó en nada a cómo sonaba. Se salía todas las noches.

Y Leon finalmente obtuvo su recompensa a resultas de aquel álbum. Consiguió un nuevo contrato discográfico e ingresó en el Salón de la Fama del Rock and Roll. Estaba tan contento por él que por un momento olvidé mi juramento de nunca más volver a cruzar aquellas puertas, y me ofrecí para dar el discurso de su ingreso. Ganó dinero y se compró un nuevo autobús y volvió a salir de gira por todo el mundo, y tocó en recintos más grandes y mejores que en años anteriores. Siguió estando de gira hasta el día de su muerte, en 2016. Lo siento por quienes no llegaron a verlo actuar: se lo perdieron… Leon Russell fue el más grande.

16

La primera vez que sucedió fue en Sudáfrica en 2009, en un centro de acogida para niños portadores del VIH y sus efectos posteriores. Era en el centro de Soweto, un lugar en el que los niños huérfanos y otros chicos que se habían visto forzados a dar un paso adelante y convertirse en cabeza de su familia podían acudir y obtener todo tipo de cosas que necesitaran, ya fuera un plato de comida caliente, consejo o simplemente un poco de ayuda con sus tareas del hogar. Estábamos visitando aquel lugar porque estaba financiado por la Fundación Elton John contra el Sida, y habían organizado una presentación para nosotros, con las mujeres que dirigían el lugar y los niños que se beneficiaban de él, para explicarnos cómo funcionaba. Un niño muy pequeño que llevaba ese tipo de camisa de dibujos brillantes que había hecho famosa Nelson Mandela me obsequió con una cucharita, un símbolo de la industria sudafricana del azúcar. Pero ni se apartaba ni volvía a sentarse con los otros chicos. No sé por qué –no tenía ni idea de quién era–, pero parecía como si estuviera deslumbrado por mí. Se llamaba Noosa, y no se despegó de mi lado durante el resto de la visita. Le cogí de la mano y estuve poniéndole caras e hice que se riera. Era adorable. Me pregunté cómo sería su vida en el mundo real: Dios mío, en Sudáfrica se oían toda clase de historias terroríficas sobre cómo el sida había destrozado vidas que, ya de entrada, no eran ningún camino de rosas. ¿A dónde iría cuando acabáramos? ¿De vuelta a qué?

Pero mirándolo, me di cuenta de que sentía algo que no era lástima ni cariño. Había un resplandor de algo más en todo aquello, algo mucho más poderoso que un simple «aaaah», algo que no sabía muy bien cómo explicar. Me acerqué hasta David.

«Este chico es maravilloso –le dije–. Es huérfano. Quizá necesite ayuda. ¿Qué opinas?»

David me miró completamente desconcertado. Con anterioridad, él ya había abordado el tema de formar una familia, pues la idea de una pareja gay que adoptara hijos ya no era una cosa anómala, como lo había sido tiempo atrás. Pero cada vez que mencionaba la idea, yo le presentaba una lista de objeciones tan larga que terminaba agachando la cabeza por agotamiento.

Me encantaban los niños. Tengo numerosos ahijados y ahijadas –algunos de ellos son famosos, como Sean Lennon y Brooklyn y Romeo Beckham, y otros no son conocidos en absoluto, como el hijo de mi padrino en Alcohólicos Anónimos–, y los quiero muchísimo a todos. Pero tener nuestros propios hijos era un asunto completamente distinto. Yo ya estaba muy mayor. Con una manera de ser muy arraigada. Demasiado ausente, pues siempre me encontraba fuera, de gira. Demasiado aficionado a la porcelana, a la fotografía y al arte moderno, nada de lo cual respondería bien ante la posibilidad de que se tirara al suelo, o se dibujara por encima con lápices de colores, o se manchara con Nutella, o cualquiera de esas otras cosas que ya se sabe que les gusta hacer a los niños. Demasiado ocupado para encontrar ese tiempo en mi vida que, evidentemente, necesitas para ser padre. No es que fuera un gruñón, solo decía la verdad. Pero en realidad, lo que estaba en el origen de cualquier objeción era mi propia infancia. Criar a los hijos es un desafío increíble y sabía por mi experiencia lo horrible que sería el desafío si me salía mal. Por supuesto, uno quiere pensar que nunca cometerá los mismos errores que su madre y que su padre, pero ¿y si ocurría? No podría vivir con la idea de que la infancia de mis hijos fuera tan desdichada como había sido la mía.

Tantas objeciones y ahora estaba ahí, sugiriendo que estudiáramos la opción de adoptar a un huérfano de Soweto. Se comprende el desconcierto de David; yo también estaba desconcertado. ¿Qué demonios estaba pasando? No tenía ni idea, pero había comenzado a pasar algo distinto, completamente fuera de mi control. Era como, si a mis sesenta años, por fin se me hubiera despertado el instinto paternal, de la misma manera en que mi libido llegó de manera inesperada, años más tarde que al resto del mundo, cuando tenía veintiuno.

Fuera lo que fuera, no importaba. Hicimos algunas preguntas y enseguida averiguamos que el chico estaba en una posición relativamente buena. Vivía con su abuela, una hermana y otro pariente, estaban bien cuidados, eran una familia unida; tan unida que cuando Noosa se me pegó, su hermana rompió a llorar, al creer que íbamos a apartarlo de su lado. Aquello lo dejó todo claro. En ningún caso lo ayudaríamos si lo apartábamos de su cultura y de su identidad para llevárnoslo al Reino Unido: era mejor si invertíamos en su futuro en su propio país. Volví a verlo unas cuantas veces más, cuando regresamos a Sudáfrica para tocar o para hacer trabajos con la Fundación contra el Sida, y seguía siendo muy adorable, y parecía muy feliz.

Fue un suceso raro, pero ya lo había apartado de mi pensamiento, consciente de que habíamos hecho lo correcto. Regresé a mi postura habitual en lo que tuviera que ver con los hijos. No recuerdo que ninguno de los dos volviera a sacar el tema. Y entonces, ese mismo año, nos fuimos a Ucrania.

El orfanato estaba en Donetsk, una gran ciudad industrial en el centro del país. Era específicamente para niños con edades comprendidas entre uno y once años, un lugar donde se les podía hacer un seguimiento para ver si desarrollaban el VIH, pues no todos los niños nacidos de una madre portadora terminan dando positivo. Si eso ocurría, se les daba tratamiento antirretroviral, cuidados y apoyo. Nos enseñaron el lugar, y aportamos comida, pañales y libros de texto —nada de regalos suntuosos, sino cosas que necesitaban de verdad— a los trabajadores sociales y a los niños. Toqué «Circle of Life» para ellos, en un piano que había donado. Justo después, se me acercó un niño pequeñito, lo cogí en brazos y lo abracé. Me dijeron que se llamaba Lev. Tenía catorce meses, pero parecía aún menor, porque era pequeñísimo. Su historia era horrenda. Su padre estaba en la cárcel por haber estrangulado a una adolescente. Su madre era portadora del VIH, una alcohólica crónica que padecía tuberculosis y no podía cuidar de sus hijos. No sabían aún si él también era portador del VIH, aunque tenía un hermanastro mayor que él llamado Artem que había dado positivo. Lev tenía el pelo rubio y los ojos castaños, y una sonrisa que contrastaba completamente con el ambiente que lo rodeaba y con las cartas que le había repartido la vida. Me derretía cada vez que me sonreía.

Lo tuve entre mis brazos durante el resto de nuestra visita. Y lo que fuera que pasó en Soweto, volvió a suceder, solo que con mayor intensidad: hubo un vínculo inmediato, una especie de conexión altamente poderosa. Yo estaba en un estado emocional alterado, además. Unos días antes, Guy Babylon, que había sido teclista de mi banda durante once años, había muerto de repente. Solo tenía cincuenta y dos años, parecía en buen estado de salud y fuerte, pero sufrió un infarto mientras nadaba. Era un recordatorio de que la vida era corta, de que nunca sabes cuánto tiempo vas a seguir aquí. Eso quizá me dio algo de claridad mental para determinar mis prioridades en la vida. ¿Por qué iba a seguir negando lo que sentía, muy en el fondo de mí, sobre algo tan fundamental como la paternidad?

El resto de la comitiva siguió adelante y yo me quedé rezagado en la habitación, jugando con Lev. No tenía ganas de irme. Llegado un momento, David regresó para ver dónde estaba. Y tan pronto como entró en la habitación, empecé a hablar de manera efusiva.

«Este hombrecito es extraordinario, se llama Lev, es un huérfano. Me ha encontrado él, no lo he encontrado yo. Creo que es una llamada. Creo que el universo nos está enviando un mensaje, y deberíamos adoptarlo.»

David me miró de una manera aún más asombrada que en Soweto. Evidentemente, no se esperaba que ante su pregunta, «¿Qué estás haciendo?», yo le respondiera con un rollazo sobre llamadas de una entidad superior y mensajes del universo. Pero se percató de que iba muy en serio. Me dijo que me calmara y que intentara mantener todo esto en privado por el momento, pues tenía que averiguar más cosas sobre la situación de Lev, sobre su familia y si podría dejar el orfanato antes de que supieran si daba positivo o no en VIH.

Llevé a Lev en brazos durante el resto del día. Todavía lo estaba sosteniendo cuando nos llevaron fuera para dar una rueda de prensa bajo una marquesina improvisada. Lo dejé en el regazo de David mientras respondía a las preguntas de los periodistas. La última era sobre el hecho de que yo había dicho que nunca querría tener hijos: ¿había cambiado de opinión desde que visitaba a niños huérfanos que necesitaban un hogar? Era la oportunidad perfecta para demostrar que había entendido muy bien las instrucciones de David sobre mantener mis pensamientos sobre el futuro de Lev en privado. En vez de eso, espeté que había cambiado de opinión, que el bebé que estaba en el regazo de David en la primera fila nos había robado el corazón, y que nos encantaría adoptarlo a él y a su hermano, si fuera posible.

Un par de capítulos atrás he explicado por qué me sentía complacido de haber alcanzado la fama en una época anterior a cuando los sellos discográficos y los representantes obligaban a los artistas a saber comportarse ante los periodistas y vigilar lo que decían: que estoy orgulloso de dar respuestas directas y de decir lo que pienso. Quizá debería revisar ahora esa aseveración, pues hay un par de momentos en mi carrera en los que creo que hubiera sido una buena idea haber recibido un poco de preparación para tratar con los medios de comunicación, y en los que hubiera deseado, por una vez en mi vida, haber respondido a la pregunta diciendo algo increíblemente aburrido, inocuo y evasivo, en vez de decir la verdad. Esta fue, sin duda, una de esas ocasiones. Supe que no debería haber dicho nada desde el mismo momento en que las palabras salieron de mi boca, y no solo porque vi cómo David agachaba la cabeza, cerraba los ojos y murmuraba algo que se parecía bastante a «Ay, mierda».

«Esa declaración —se quejó, mientras nos llevaban al aeropuerto— va a estar en todas partes en cuestión de minutos.»

Tenía razón. Cuando aterrizamos en Gran Bretaña, su BlackBerry estaba saturada de mensajes de texto y de voz de nuestros amigos, felicitándonos por las maravillosas noticias, lo que significaba que aquello había llegado a los medios de comunicación. Ciertos sectores de la prensa británica no hubieran reaccionado peor si hubiera dicho que albergaba un odio patológico hacia los niños y que estaba planeando incendiar personalmente el orfanato de Donetsk aquella misma noche. El *Daily Mail* y *The Sun* enviaron periodistas de inmediato hasta Ucrania. Uno consiguió declaraciones de un ministro que dijo que la adopción era imposible, porque éramos una pareja gay y, además, yo era demasiado mayor. Otro visitó a la madre de Lev, le compró vodka y se la llevó al orfanato para sacarle una foto allí, lo que automáticamente hacía que cualquier proceso de adopción se postergara durante un año: para que un niño pudiera ser tutelado por el Estado, debía estar doce meses en el orfanato sin recibir ninguna visita de un miembro de su familia. El periodista tampoco lo sabía, o no le importaba; no era algo en lo que hubiera pensado. Había algo horrible, e inevitable, en la manera como la noticia se centró en David y en mí, y no en los niños. Me resultaba difícil no pensar en que, si me hubiera callado en la rueda de prensa, nada de eso estaría pasando. O quizá no hubiera supuesto ninguna diferencia. Pero nunca lo sabremos.

Seguimos intentándolo, informándonos sobre el protocolo de una adopción, pero se nos hizo evidente que no funcionaría. Habíamos apelado al Tribunal Europeo de Justicia, pero no parecía tener mucho sentido, pues Ucrania no era parte de la UE. Contactamos con un psicólogo, le preguntamos sobre el proceso emocional que se daba en los niños que habían vivido en un orfanato cuando ingresaban en una familia, y una cosa que dijo nos llamó enseguida la atención. Nos dijo que creía que cualquier niño que hubiera estado en un orfanato durante más de dieciocho meses cargaría con un daño psicológico irreversible. No habría tenido la experiencia del cariño verdadero, nadie lo habría cogido en brazos ni lo habría querido lo suficiente, y eso tendría un efecto en el niño o la niña del cual nunca se podría recuperar. Así que abandonamos cualquier intento de encontrar una manera de adoptar a Lev y Artem y, mediante el trabajo con una organización benéfica de Ucrania, nos concentramos en conseguir que salieran de allí antes de que pasaran dieciocho meses. Su madre había muerto, y su padre volvió a la cárcel, pero tenían una abuela relativamente joven y se organizó todo para que pudieran ir a vivir con ella.

A través de la beneficencia, les proporcionamos apoyo económico de manera discreta. Nos aconsejaron que lo hiciéramos de forma anónima –tan anónima que ni siquiera la abuela de Lev y Artem sabría que estábamos ayudándola–, por el modo como la prensa se había lanzado sobre ellos: si descubrían que yo era su benefactor, había posibilidades de que nunca dejaran a los niños en paz. La ayuda que les proporcionamos no era nada desmesurada según la escala Elton John, lo cual solo habría ayudado a aislarlos todavía más. Pero nos aseguramos de que tuvieran lo suficiente de todo lo que la beneficencia nos dijo que necesitaban: muebles decentes, comida, libros de texto y apoyo legal. Cuando los rusos invadieron esa parte de Ucrania, trabajamos con la misma organización benéfica que había financiado el orfanato para que los evacuaran hasta Kiev. Siempre hemos estado al corriente de todo.

El año pasado, cuando volví a Ucrania con la Fundación contra el Sida, vi a Lev y Artem. Entraron en la habitación con sus sudaderas a juego y nos abrazamos, lloramos, hablamos y hablamos. Había pasado mucho tiempo. Lev había crecido. Era un niño de diez años divertido, travieso y encantador. Pero en cierta manera, nada había cambiado en él: seguía sintiendo exactamente la misma conexión con él que el primer día que lo conocí. Todavía deseaba haber podido adoptarlo. Pero sabía que su abuela había hecho un gran trabajo.

Intentamos convertirnos en padres adoptivos, pero no lo conseguimos. Era descorazonador, pero esta vez el sentimiento paternal no se apagó. Era como si alguien hubiera activado un interruptor: ahora deseaba tener hijos tanto como lo deseaba David. Pero no era un proceso fácil. Adoptar seguía siendo algo tremendamente complicado para una pareja gay, y la otra opción, la maternidad subrogada, también era muy estresante. La subrogación previo pago es algo técnicamente ilegal en el Reino Unido, aunque puedes tener un hijo en un país en el que sea legal y luego llevarlo a vivir a Gran Bretaña. Hablamos con nuestro médico en California y nos dio a conocer una empresa llamada California Fertility Partners. El proceso es increíblemente complicado: hay agencias de donación de óvulos y agencias de subrogación, y el proceso legal que todo ello comporta es intrincado, en especial si vives en otro país. Cuanto más nos metíamos en el tema, más complicado nos parecía. Tras un tiempo, mi cabeza estaba saturada de terapias hormonales y blastocitos, transferencias de embriones, tutelas parentales y donantes de óvulos.

Nos aconsejaron que encontráramos una madre subrogada que no estuviera casada, pues se habían dado casos en el pasado de maridos de las madres subrogadas que habían reclamado la tutela legal del niño incluso sin tener ningún vínculo biológico. Los dos decidimos que aportaríamos una muestra de esperma, de modo que así no sabríamos cuál de los dos era el padre biológico. Nos aconsejaron que todo debía llevarse en un estricto secreto. Deberíamos mantenernos en el anonimato ante la madre subrogada, para lo cual adoptaríamos los nombres de Edward y James, una pareja gay inglesa de quienes se decía vagamente que «trabajan en el negocio del espectáculo». A su vez, cualquier otra persona que participara en el proceso estaba sujeta a un estricto acuerdo de confidencialidad. Tras haber recibido una gran lección sobre los beneficios que comporta tener la boca cerrada, me parecía que aquello tenía mucho sentido. Cuando los medios de comunicación descubrieron la identidad de la madre que subrogó su embarazo a Matthew Broderick y Sarah Jessica Parker, la pobre mujer se vio obligada a esconderse: lo último que queríamos era que una mujer encinta tuviera que soportar el acoso de la prensa.

La maternidad subrogada implica un verdadero acto de fe. Una vez has seleccionado a la donante de óvulos y dejas tu muestra de esperma en la clínica de fertilidad, tu destino queda completamente en manos de otras personas. Nosotros tuvimos muchísima suerte. Dimos con un doctor asombroso llamado Guy Ringler, un hombre gay especializado en fertilidad para padres LGTBQ. Y dimos con la madre subrogada más extraordinaria posible. Vivía al norte de San Francisco y había sido madre subrogada con anterioridad. No tenía ningún tipo de interés en la fama o en el dinero: lo que más le preocupaba era ayudar a las parejas jóvenes a tener hijos. Terminó averiguando quiénes eran Edward y James en realidad a los tres meses de su embarazo y ni siquiera pestañeó. David fue en coche a conocerla, a las afueras de donde vivía por si alguien lo reconocía. Cuando volvió y me contó con entusiasmo lo increíble que era, fue cuando de repente todo nos empezó a parecer muy real. No sentí ningún miedo o duda acerca de nuestra decisión, nada de pánico, nada de «¿Qué hemos hecho?», simplemente emoción y esperanza.

El resto del embarazo pasó en un suspiro. El bebé tenía que nacer el 21 de diciembre de 2010. Estuvimos siempre cerca de la madre, su novio y su familia. Cuanto más los conocía, más odiaba la expresión «vientre de alquiler». Me sonaba fría y mercenaria, y no había nada ni frío ni mercenario en el comportamiento de estas personas: eran amables, afectuosas y estaban de verdad encantadas de ayudarnos a culminar un sueño. Decidimos contratar una niñera, la misma que había cuidado del hijo de nuestra amiga Elizabeth Hurley. La conocíamos porque Liz había estado en Woodside después de dar a luz para mantenerse lejos de la atención de los medios de comunicación. Empezamos a montar una habitación infantil en nuestro apartamento de Los Ángeles, pero todo tenía que hacerse en estricto secreto: cuanto comprábamos se enviaba a nuestra oficina de Los Ángeles, se sacaba de su embalaje y se volvía a envolver para que pareciera, cuando llegaba a casa, un montón de regalos de Navidad para David o para mí.

A medida que se acercaba la fecha del parto, la madre subrogada y su familia se trasladaron a un hotel de Los Ángeles. Ingrid Sischy y su pareja, Sandy, que nos habían pedido ser las madrinas, acudieron en avión para asistir al nacimiento. Habíamos planeado anunciar por sorpresa a nuestros amigos de Los Ángeles que ya éramos una familia durante la comida de Navidad, pero tuvimos que aplazar la comida porque el bebé llegaba con retraso. En cierto momento, la madre subrogada se cansó de tantas noches sin dormir, del dolor de espalda y de los tobillos hinchados, así que decidió pasar a la acción. Hay un restaurante en Los Ángeles, en Coldwater Canyon, que sirve una sopa de berros que tiene fama de inducir al parto. Fama completamente merecida: nos llamaron por la tarde del día de Nochebuena para decirnos que fuéramos corriendo al hospital Cedars-Sinai.

Aún preocupado por el secreto que había que guardar, llegué de incógnito, vestido de manera informal y con una gorra. Resultó que también podría haber llegado al hospital con las Doc Martens de plataforma de más de un metro que había llevado en

Tommy y mis viejas gafas que se iluminaban formando la palabra ELTON, y nadie se habría dado cuenta porque allí no había nadie. El lugar estaba completamente desierto. El paritorio se parecía al hotel de *El resplandor*. Supimos luego que nadie quiere tener sus hijos en Navidad: o les inducen el parto o les practican una cesárea con tal de evitar estar en el hospital durante las vacaciones. Nadie, claro está, excepto nosotros. Habíamos intentado coordinar el parto a propósito para que pudiera producirse en algún momento en el que no estuviera trabajando o de gira. Así que no había ni un alma, excepto nosotros y otra mujer en la habitación de al lado, una australiana que había tenido gemelos. Y nuestro hijo, que llegó a las dos y media de la madrugada del día de Navidad.

Corté el cordón umbilical; por lo general, soy muy aprensivo, pero la emoción ante lo que estaba sucediendo pudo con todo. Nos quitamos las camisas para tener contacto piel con piel con el bebé. Le pusimos de nombre Zachary Jackson Levon. Todo el mundo da por hecho que el último nombre viene de la canción que Bernie y yo escribimos para *Madman Across the Water*, pero se equivocan: se llama de ese modo por Lev. Tenía que ser así. Lev era como un ángel, un mensajero que me enseñó cosas sobre mí mismo que yo no conocía. Lev era la razón por la que yo estaba allí, en un paritorio, con nuestro hijo en los brazos, consciente de que nuestra vida había cambiado para siempre.

De igual manera que Ingrid y Sandy, le pedimos a Lady Gaga que fuera la madrina de Zachary. Yo había empezado a colaborar con un montón de artistas más jóvenes, desde Scissor Sisters a Kanye West. Me resulta siempre sumamente halagador que me pidan trabajar con gente que ni siquiera había nacido cuando mi carrera despegó, y entre todos los artistas jóvenes con los que colaboré, con quien tenía un vínculo más especial era con Gaga. Caí rendido ante ella desde el primer momento en que la vi: la música que hacía, la ropa escandalosa, su visión del teatro y del espectáculo. Éramos personas muy diferentes –ella era una mujer joven de Nueva York, apenas había entrado en la veintena–, pero tan pronto como nos conocimos, resultó obvio que estábamos hechos de la misma pasta: la llamé la Hija Bastarda de Elton John. La quería tanto que una vez más me metí en problemas con la prensa. Yo siempre me llevé bien con Madonna, aunque solía burlarme de ella porque hacía *playback* en los conciertos. De todos modos, el verdadero problema llegó cuando se metió con Gaga en un programa de entrevistas de la tele de Estados Unidoa. Yo reconocía que el single «Born This Way» de Gaga sonaba sin duda muy parecido a «Express Yourself», pero no comprendía cómo Madonna podía ser tan descortés y desagradable al respecto, en vez de tomar como un cumplido que una nueva generación de artistas hubiera recibido su influencia, especialmente cuando Madonna se declara defensora de las mujeres. Creo que es un error: una artista consolidada no debería poner palos en las ruedas de una artista joven que está empezando su carrera. Estaba furioso y dije unas cuantas cosas horribles sobre Madonna a un entrevistador de la televisión australiana, un tipo al que conocía desde los años setenta llamado Molly Meldrum. Si se ven las imágenes queda claro que aquello no formaba parte de la entrevista, que era una conversación entre diferentes tomas con un viejo amigo –se oye a la gente moviendo las cámaras para preparar la próxima toma mientras hablamos–, pero lo emitieron igualmente, lo que hizo que nuestra vieja amistad tan peculiar llegara a su fin sin contemplaciones. Aun así, no debería haberlo dicho. Me disculpé más tarde cuando me encontré a Madonna en un restaurante en Francia y no pareció darle importancia. Gaga demostró ser una gran madrina: se presentaba en el camerino e insistía en bañar a Zachary vestida con todos sus emblemas de Gaga, lo cual era digno de ver.

De hecho, todo lo relacionado con nuestra paternidad es increíble. No puedo dar ningún consejo acerca de ser padre que no se haya dado unas cien veces antes. Todos esos lugares comunes sobre hacer que sientes la cabeza, el cambio de tu manera de ver el mundo, la experimentación de un amor como ningún otro que hayas sentido en tu vida, lo asombroso e inspirador que es ver a una persona formándose ante tus ojos, todo eso es verdad. Pero quizá yo sentí esas cosas de una manera más intensa porque nunca me había planteado ser padre hasta un momento muy avanzado en mi vida. Si alguien hubiera intentado explicarle al Elton John de los años setenta o los ochenta que iba a sentirse más completo a un nivel mucho más profundo e intenso al cambiar un pañal que al escribir una canción o tocar en directo, seguramente tendría que haber salido corriendo de la habitación al momento, mientras las piezas de vajilla volaban rozándole las orejas. Y aun así era verdad: la responsabilidad es enorme, pero no hay nada en ser padre que no me guste. Incluso las regañinas que le soltaba al bebé eran encantadoras. «¿Te crees que eres difícil de manejar, mi salchichita? ¿Te he contado alguna vez lo que pasó aquella vez que me bebí ocho martinis con vodka, me desnudé por completo delante de un equipo de grabación y le rompí la nariz a mi representante?»

Supimos que queríamos tener otro hijo casi al momento. En gran medida, era porque nos gustaba ser padres, pero había mucho más. Por muy normal que intentáramos que fuera la vida de nuestro hijo, la verdad es que nunca sería del todo normal, básicamente por lo que uno de sus padres hacía para ganarse el sustento, y todo lo que iba asociado a ello. Porque antes de que comenzara a ir a la escuela, Zachary siempre se venía conmigo de gira y antes de cumplir los cuatro años ya había dado la vuelta al mundo dos veces. Había sido bañado por Lady Gaga y se había puesto en pie ayudándose de la rodilla de Eminem. Estuvo entre bambalinas en los conciertos en Las Vegas y los paparazzi le tomaron unas fotos que, para mi satisfacción, pareció sobrellevar más con aplomo que con agrado: ahí estaba, como un malote de mi viejo barrio. Estas no son experiencias normales para un niño pequeño. Evidentemente, ser hijo de Elton John comporta cierto nivel de privilegio, pero sería un engaño no pensar también que hay cierto nivel de carga. Nunca me gustó ser hijo único, así que me parecía adecuado que le diéramos un hermano con el que pudiera compartir cosas, que entendiera su experiencia de la vida. Lo hicimos con la misma madre subrogada, con las mismas agencias, la misma donante de óvulo y todo volvió a salir a la perfección: Elijah nació el 11 de enero de 2013.

La única persona que parecía no alegrarse por nosotros era mi madre. Mi relación con ella siempre había sido difícil, pero fue definitivamente a peor tras nuestro enlace civil en 2005. Como siempre, suavizamos las cosas tanto como pudimos, pero algo en ella había cambiado, o se había amplificado. El goteo de críticas acabó transformándose en un chaparrón. Siempre aprovechaba cualquier excusa para decirme lo mucho que detestaba todo lo que yo estaba haciendo. Si grababa un nuevo disco, era una porquería: ¿por qué no intentaba ser más como Robbie Williams? ¿Ya no sabía escribir canciones como las de antes? Si me compraba un nuevo cuadro, el cuadro era feísimo y ella misma podría haber pintado algo mucho mejor. Si daba un concierto benéfico, era la cosa más aburrida que había visto en su vida, y si la velada no había sido un completo desastre era porque otra actuación me había ganado la mano. Si la Fundación contra el Sida celebraba una rutilante cena repleta de estrellas para recaudar fondos, parecía evidente que lo único que me interesaba era la fama y besarle el culo a los famosos.

Para variar, tenía a veces alguno de sus ataques de ira habituales. Nunca sabía cuándo iban a desatarse o qué los iba a provocar. Pasar tiempo con ella era como invitar a una bomba que aún no había explotado a comer o a irse de vacaciones contigo: siempre me llevaba al límite, preguntándome qué sería lo que la haría estallar. Una vez fue el hecho de que había comprado una caseta para los perros que teníamos en la casa de Niza. Otra vez fue *Billy Elliot*, al parecer lo único que había hecho en los últimos diez años que le parecía medianamente bueno. El musical había despegado de una manera que nadie de los que estábamos metidos en ello hubiera imaginado nunca, no solo en el Reino Unido, sino en países donde la gente a duras penas había oído hablar de la Huelga de los Mineros y el impacto del thatcherismo en la industria manufacturera británica: en lo más profundo, la historia resultó ser universal. Mi madre fue a verlo a Londres un montón de veces, hasta que un día sus entradas para una función matinal se extraviaron en la taquilla y tardaron cinco minutos en encontrarlas, de modo que pensó que aquello había sido un intento deliberado y meticulosamente planeado por mi parte para humillarla. Por suerte, después de *Billy Elliot* seguí con *El vampiro Lestat*, un musical que Bernie y yo escribimos juntos, que fue un fracaso total (todo fue mal, desde el momento elegido para el estreno hasta la escenografía y los diálogos), y se restableció el servicio habitual: le dio a mi madre la oportunidad, que por supuesto no desperdició, de repetirme que ella ya sabía desde el principio que aquello sería un terrible fiasco.

Yo seguía intentando tomármelo todo a risa, o ignorarlo, pero no era tan fácil. Si quería pelea, mi madre siempre sabía qué resortes activar, porque era ella la que había colocado aquellos resortes desde el principio. Seguía teniendo la habilidad de hacerme sentir como si fuera aquel niño aterrorizado de diez años de Pinner, como si todo fuera mi culpa: yo convivía con el miedo, metafóricamente hablando, de que me diera una torta. El resultado fue justo el que se puede imaginar: empecé a evitarla por todos los medios. Para mi sesenta cumpleaños, celebré una gran fiesta en Nueva York en St John the Divine, la misma catedral en la que más tarde vi cantar a Aretha Franklin por última vez. Mi madre había sido una de las invitadas de honor cuando cumplí los cincuenta, la famosa fiesta elegante en la que ella y Derf asistieron ataviados como la Reina y el duque de Edimburgo, y yo llevaba un vestido Luis XVI e iba subido en un palanquín portado por dos hombres, caracterizados como Cupido, con una peluca tan grande que para que llegara hasta allí tuvieron que transportarla en furgoneta. Tuve tiempo de sobra para reconsiderar si aquello había sido una buena idea cuando la furgoneta se vio atrapada en un atasco durante una hora y media. Esta vez, decidí que no la invitaría. Sabía que, si acudía, sería la aguafiestas de la noche. No se lo pasaría bien, ni yo tampoco. Me excusé diciéndole que era demasiado lejos de donde estaba —ella había tenido algunos achaques—, pero la verdad era que no la quería allí.

Cuando nació Zachary, ya no nos hablábamos. Mi madre había pasado de criticarme sin parar a cruzar una línea e intentar hacerme daño. Disfrutaba contándome que aún era amiga de John Reid después de que nuestra relación empresarial se viniera abajo: «No sé qué es lo que te molesta —me soltó, cuando le hice ver que aquello me parecía un poco desleal—. Solo es dinero». Aquella era una manera de describir lo que había pasado, sin duda. Pero la gran pelea se produjo cuando mi asistente personal, Bob Halley, me dejó. Habíamos permanecido juntos desde los años setenta, pero la relación se había ido torciendo. Bob disfrutaba de una vida bastante lujosa por su cercanía a mí, y no le gustó nada que mi agencia de representación intentara refrenarla al proponer que mis giras fueran más rentables: es extraño cómo a veces la fama afecta más a la gente que tienes a tu alrededor que a ti mismo. Lo que hizo que todo saltara por los aires fue una discusión acerca de con qué empresa de alquiler de coches tenía que trabajar. Mis representantes habían sugerido hacerlo con otra empresa más competitiva. Bob se la quitó de encima y contrató a una más cara. La oficina de representación lo desautorizó y volvieron a trabajar con la empresa que habían elegido. Bob estaba furioso. Tuvimos una fuerte discusión al respecto en el hotel St Regis de Nueva York. Dijo que se le había saboteado, que se había desafiado su autoridad. Le dije que simplemente estábamos intentando ahorrarnos dinero. Me dijo que entonces me iba a dejar, lo que hizo que perdiera la calma y le dijera que me parecía bien. Más tarde, cuando me calmé, fui a hablar con él de nuevo. Esta vez me dijo que detestaba a todo el mundo en la oficina de Rocket: al parecer, todo mi equipo de representación estaba en su lista negra. Yo no sabía qué decir: o mi equipo al completo, o mi asistente personal; no era precisamente la decisión más difícil del mundo. Bob me anunció que dejaba el trabajo y se fue dando un portazo. Mientras salía, aseguró que mi carrera estaría acabada en seis meses sin él. Bob tenía muchas cualidades, pero la clarividencia no era precisamente una de ellas. El único cambio en mi carrera después de que se marchara fue que las facturas de gastos de las giras se redujeron de forma considerable.

Mi madre se quedó lívida cuando se enteró de que Bob se había ido, pues siempre se habían llevado bien. No quería oír mi versión de los hechos y me dijo que Bob había sido para ella como un hijo, mucho más que yo.

«Te preocupas más por esa puta cosa con la que te has casado que de tu propia madre», me espetó.

Después de aquella llamada, no volvimos a hablar durante siete años. Llega un momento en que te das cuenta por fin de que estás golpeándote la cabeza contra un muro: no importa cuántas veces lo hagas, nunca lo vas a atravesar, lo único que ocurrirá es que tendrás un dolor de cabeza permanente. Aun así, me aseguré de que tuviera todo el dinero que necesitara. Cuando me dijo que quería mudarse a Worthing, le compré una nueva casa. Lo pagué todo, me aseguré de que recibía los mejores cuidados cuando tuvieron que operarla de la cadera. Subastó todos y cada uno de los regalos que le había hecho (desde las joyas hasta los discos de platino en los que había pedido especialmente que grabaran su nombre), pero no porque necesitara dinero. Les dijo a los periodistas que estaba quedándose con lo esencial, que no era sino su manera de decirme que me fuera a la mierda, como cuando contrató a una banda de tributo a Elton John cuando cumplió noventa años. Terminé comprando parte de las joyas yo mismo, cosas que tenían valor sentimental para mí, aunque ya no lo tuvieran para mi madre.

Fue triste, pero ya no la quería más en mi vida. No la invité a la ceremonia cuando cambió la ley sobre las uniones gais y David y yo nos casamos oficialmente, en diciembre de 2014. Fue una celebración mucho más discreta y privada que la de nuestro enlace civil. Fuimos a la oficina del registro en Maidenhead nosotros solos, luego el registrador vino a Woodside y oficiamos la ceremonia allí. Los niños llevaron los anillos: atamos las mismas alianzas de oro que habíamos usado en el enlace civil –las que habíamos comprado en París un año antes– con un lazo en la cola de un par de conejos de juguete, y Zachary y Elijah los llevaron en brazos.

Puedo decir que mi madre no vio crecer a sus nietos –mi tía Win y mis primos venían de vez en cuando, como hacen las familias normales cuando hay bebés o niños pequeños por los que te preocupas, con los que quieres jugar y a quienes hacer regalos– pero, en honor a la verdad, creo que a ella no le importaba. Cuando nació Zachary, un periodista de la prensa sensacionalista llamó a la puerta de su casa y le preguntó cómo se sentía por no haber visto a su primer nieto, buscando una exclusiva a propósito de la abuela abandonada a sangre fría. Pero no la consiguió. Le dijo que no le preocupaba, y que no le gustaban los niños, ni le habían gustado nunca. Me reí cuando leí aquello: nadie te daría puntos por ganarte las simpatías de la gente, mamá, pero te llevas un diez en sinceridad.

Volví a contactar con ella cuando me enteré de que estaba gravemente enferma. Le envié un email con algunas fotos adjuntas de sus nietos. Apenas se fijó en ellos: «No te vas a aburrir», fue lo único que dijo al respecto de los niños en su respuesta. La invité a almorzar. No había cambiado gran cosa. Llegó a Woodside y lo primero que dijo fue: «Me había olvidado de lo pequeño que era este sitio». Pero yo tenía la determinación de que no volvería a responderle, que no mordería el anzuelo. Los niños estaban en casa, jugando en el piso de arriba, y le pregunté si quería verlos. Mi madre dijo que no. Le dije que no quería que hablara con John Reid, o con Bob Halley, que solo quería decirle que, a pesar de todo lo que había sucedido, la quería.

«Yo también te quiero –me dijo–. Pero no me gustas nada.»

Vaya, vaya: al menos habíamos vuelto otra vez a la cordialidad. De vez en cuando hablábamos por teléfono. Nunca le volví a preguntar qué pensaba de cualquier cosa que yo hubiera hecho, y si mencionaba a los niños ella siempre cambiaba de tema. Conseguí que mi madre y mi tía Win volvieran a hablar de nuevo –se habían distanciado cuando Derf murió, en 2010, y mi madre impidió que Paul, el hijo de Win, asistiera al funeral, diciéndole que «a Fred nunca le cayó bien»–, así que aquello ya era mucho. Sin embargo, no tuve suerte a la hora de tender puentes entre ella y mi tío Reg. No recuerdo ni siquiera por qué se habían peleado, pero cuando ella murió, en diciembre de 2017, no habían vuelto a hablar.

Me quedé muy trastornado cuando murió mi madre. Había ido a Worthing a visitarla la semana anterior; sabía que estaba enferma terminal, pero no me había parecido alguien a las puertas de la muerte aquella misma tarde. Fue un encuentro extraño: cuando llamé a la puerta de su casa, quien respondió fue Bob Halley. Nos saludamos y nos dimos la mano, que fue como el punto culminante de la tarde en lo que respectaba a mi madre.

Mi madre nunca fue una de esas madres cariñosas, educadoras, del tipo «ven y dame un abrazo», y tenía una vena mezquina que iba más allá de su propensión al mal humor o su condición de víctima del Mal Genio de la familia Dwight, y que se convertía en algo distinto, algo en lo que no me gusta mucho pensar porque me da miedo. Parecía como si disfrutara buscando pelea, y no solo conmigo: no había un solo miembro de la familia con el que no hubiera tenido un grave desencuentro con el paso de los años. Y aun así había momentos en que te apoyaba, y hubo momentos, al comienzo de mi carrera, en que fue muy divertida. Así es como la gente que la conoció a principios de los años setenta la recordaba cuando murió: «Ah, con tu madre uno se partía de risa», me decían.

Celebramos un funeral privado solo para la familia en la capilla de Woodside: quería recordar lo bueno, y únicamente con familiares a mi alrededor. Hablé sobre ella en el funeral y lloré. Echaba de menos a esa persona a la que estaba describiendo de manera terrible, pero a esa persona hacía décadas ya que la echaba de menos: esa persona empezó a desvanecerse a medida que, de manera veloz e inesperada, fue apareciendo mi madre. Al final, se llevaron su ataúd en un coche fúnebre. Nos quedamos allí de pie, todo lo que quedaba de los Dwight y los Harris, viendo cómo se iba de Woodside camino abajo, en silencio. Un silencio que rompió mi tío Reg, dirigiéndose a su hermana por última vez: «Ya no podrás responderle a nadie más, ¿verdad, Sheila?», dijo entre dientes.

17

He sido un músico profesional durante toda mi vida adulta, pero nunca me he cansado de tocar en directo. Incluso cuando creía que sí –cuando tocaba en el circuito de cabarets con Long John Baldry, o a mediados de los años setenta, cuando estaba completamente agotado–, era evidente que no era así. Se podía percibir en la manera pomposa en que anuncié mi retirada y cómo regresé a los escenarios unas semanas más tarde. A lo largo de mi vida, nunca ha cambiado esa emoción que tengo antes de empezar cada noche, la mezcla de adrenalina y ansiedad, y gracias a Dios que no ha cambiado, porque esa emoción es la hostia. Es adictiva. Puede que te hartes de viajar, de la promoción, de todas las cosas que rodean el hecho de tocar en directo, pero esa emoción siempre va a conseguir que vuelvas a por más. Eso, y saber que incluso en el peor de los conciertos –con mal sonido, público indolente y recintos cutres– siempre pasará algo alucinante sobre el escenario: una chispa, un destello de inspiración, una canción que has tocado mil veces y que, de manera inesperada, provoca que reaparezca en tu memoria un recuerdo olvidado hace mucho tiempo.

Así que la música siempre te sorprende, pero después de cincuenta años empiezas a sentir como si todo eso que pasa en los conciertos ya no pudiera suceder más. Es fácil pensar que ya has hecho sobre un escenario prácticamente todo lo que se puede hacer, excepto desplomarte y morir. He tocado en estado sobrio, he tocado borracho y he tocado —me avergüenzo por ello— más puesto que un ciclista. He dado conciertos que me han hecho sentir todo lo exaltado que puede sentirse un ser humano, y me he manejado penosamente en conciertos que se estaban convirtiendo en pozos de desesperación. He tocado muchos pianos, me he subido encima de los pianos, me he caído de los pianos y he empujado un piano hasta donde estaba el público, de tal suerte que golpeé a una persona y me pasé el resto de la noche pidiendo disculpas de manera azorada. He tocado con mis ídolos de infancia y con algunos de los artistas más grandes de la historia de la música, he tocado con gente tan desesperanzada que ya no tenía ningún lugar en el mundo de la música en directo y he tocado con un grupo de *strippers* masculinos disfrazados como inocentes boy scouts. He dado conciertos vestido de mujer, disfrazado de gato, de Minnie Mouse, del Pato Donald, de general de Ruritania, de mosquetero, de dama de pantomima y, muy de vez en cuando, he tocado vestido como un ser humano normal. He tocado en conciertos que tuvieron que interrumpirse por una amenaza de bomba, conciertos interrumpidos por protestas estudiantiles y contra la guerra de Vietnam y conciertos que tuvieron que interrumpirse porque abandoné el escenario por una rabieta para luego volver un momento después con el rabo entre las piernas, avergonzado por mi mal genio. Me han tirado perritos calientes en París, perdí la conciencia y me desplomé por culpa de una cachimba de hachís mientras vestía un disfraz de pollo gigante en Carolina del Norte –mi banda pensó que me habían disparado– y he salido al escenario disfrazado de gorila con la intención de darle una sorpresa a Iggy Pop. No es que fuera una de mis mejores ideas. Sucedió en 1973 y había ido a ver a The Stooges la noche anterior. Fue, sin más, lo más grande que haya visto nunca: en el extremo opuesto de mi música, pero era algo increíble, la energía desplegada, el ruido puro que hacían, Iggy subiéndose por todas partes como si fuera Spiderman. Así que a la noche siguiente fui a verlos otra vez; darían una semana entera de conciertos en un club de Atlanta llamado Richards. Pensé que sería divertido si alquilaba un disfraz de gorila y salía inesperadamente al escenario durante su actuación: es decir, sumándome al desorden y la anarquía general. En vez de eso, aprendí una importante lección para la vida, que es esta: si estás planeando irrumpir en el escenario con un disfraz de gorila para sorprender a alguien, asegúrate bien antes de que esa persona a la que quieres sorprender no haya tomado ácido antes del concierto, de modo que pueda diferenciar entre un hombre disfrazado de gorila y un gorila de verdad. Esto lo descubrí cuando mi aparición fue saludada no con carcajadas, sino con la visión de Iggy Pop gritando y alejándose, aterrorizado ante mi presencia. Lo siguiente fue percibir que ya no estaba en el escenario, sino volando por los aires a gran velocidad. Habiendo detectado la necesidad de tomar cartas en el asunto, otro miembro de The Stooges había dejado de tocar, me había cogido y arrojado al público.

Queda claro, por tanto, por qué a veces pienso que ya he cubierto todo el espectro posible de incidentes que pueden sucederte cuando tocas en directo, y que ya no existe nada más que hacer en un concierto que no haya hecho antes. Pero, por supuesto, cuando empiezas a pensar así, la vida tiene la costumbre de hacerte saber que estás equivocado. Lo que nos lleva a una noche de 2017 en Las Vegas, cuando me encontraba saltando desde el piano a medida que se desvanecía el último acorde de «Rocket Man» y empecé a atravesar el escenario del Colosseum, incitando al público a aplaudir, dando puñetazos en el aire y señalando a unos fans que estaban especialmente excitados. Nada fuera de lo corriente, excepto por el hecho de que, a medida que atravesaba el escenario, incitando al público a aplaudir y dando golpes en el aire, también estaba, sin que lo supiera el público, orinándome copiosamente en un pañal para adultos que llevaba bajo mi traje. Mearme encima delante del público mientras llevo un pañal gigante: esto era, sin duda, territorio desconocido hasta ese momento. Se han dado muchos casos de positivos en el diagnóstico de cáncer de próstata, pero al menos esto me ha permitido tener una experiencia en el escenario completamente nueva y sin precedentes.

Mi vida nunca ha sido tranquila, pero estos últimos años han sido incluso más tumultuosos de lo habitual. Algunos aspectos de todo ello han sido positivos. Me he acostumbrado a la paternidad con mucha más facilidad de lo que hubiera esperado. Me encantaba hacer todo tipo de cosas normales con los niños: llevarlos al cine los sábados, ir a Legoland y conocer a Papá Noel en el Windsor Great Park. Me gustaba llevarlos a ver al Watford. Son unos locos del fútbol. Me puedo pasar horas hablando con ellos, respondiendo sus preguntas sobre su historia: «¿Quién era George Best, papá?», «¿Por qué fue Pelé tan buen jugador?». Asistieron a Vicarage Road a la inauguración de una caseta que lleva mi nombre, algo de lo que estoy increíblemente orgulloso: también hay una caseta que tiene el nombre de Graham Taylor. Desde entonces, han sido mascotas en algunos encuentros y van a todos los partidos.

Y me encantaba que haber tenido hijos me hubiera arraigado en el pueblo más cercano a Woodside. He vivido allí desde mediados de los años setenta, sin haber conocido bien de verdad a nadie de los lugareños. Pero cuando los chicos empezaron a ir a la guardería y al colegio, hicieron amigos, y los padres de sus amigos se convirtieron en nuestros amigos. No les importaba quién fuera yo. Una madre agobiada que espera a las puertas de la escuela es menos proclive a preguntarte cómo escribiste «Bennie And The Jets» o cómo era en realidad la princesa Diana que a hablar sobre los uniformes, la manera de envolver el almuerzo o la dificultad de montar un disfraz para la obra de teatro de Navidad con solo cuarenta y ocho horas de antelación (lo cual me parecía bien). Ingresamos en un nuevo círculo social en el que David y yo nunca hubiéramos entrado cuando éramos simplemente una pareja gay famosa de la alta sociedad.

Inauguré un nuevo espectáculo en Las Vegas, *The Million Dollar Piano*, en 2011. Fue mucho menos polémico que su predecesor, pero igual de espectacular y exitoso. Incorporé a Tony King como director creativo —ha estado trabajando para The Rolling Stones durante años, viajando alrededor del mundo con sus giras— e hizo un trabajo increíble. Desde entonces forma parte de mi equipo: su título laboral oficial es el de Eminencia Gris, que a Tony le sienta a la perfección. Al año siguiente hice *Good Morning to the Night*, un álbum distinto a todo lo que había hecho antes, y que llegó a número uno. O mejor dicho, no hice *Good Morning to the Night*: le entregué los másteres de mis álbumes de los años setenta a Pnau, un dúo electrónico australiano que me encantaba, y les dije que hicieran con ellos lo que quisieran. Remezclaron diferentes elementos de las viejas canciones para obtener piezas completamente nuevas, haciendo de paso que sonara como Pink Floyd o Daft Punk. El resultado me pareció fantástico, pero no comprendía qué proceso habían seguido; había un disco con mi nombre en la portada que era número uno y yo no tenía ni la más remota idea de cómo había llegado hasta allí. Tocamos juntos en un festival en Ibiza, y fue una cosa fantástica. Siempre me pongo nervioso antes de un concierto —creo que el día en que uno deja de ponerse nervioso es el día en que deja de ser auténtico—, pero esta vez lo que estaba era auténticamente aterrorizado. El público era muy joven, en teoría podrían haber sido mis nietos, y durante la primera parte del concierto estaba yo solo, tocando el piano. Y les encantó. Hay algo sumamente gratificante en ver cómo un público que es del todo diferente al que suele ir a verte disfruta de lo que haces.

Pnau no fueron los únicos artistas con los que colaboré. Trabajé con gente de todo tipo: Queens of the Stone Age, A Tribe Called Quest, Jack White, Red Hot Chili Peppers. Me encanta entrar en el estudio con artistas con los que nunca se esperaría que tocara. Me recuerda a cuando era un músico de sesión a finales de los años sesenta: el reto que supone tener que adaptar tu estilo y hacerlo como si fuera tuyo es algo que me estimula mucho.

Estaba en el estudio con Clean Bandit cuando me llamaron por teléfono: al parecer, Vladimir Putin quería hablar conmigo. Se ha hablado mucho en los medios de un par de conciertos que hice en Rusia, donde hablé sobre los derechos LGTBQ desde el escenario. Le había dedicado un concierto en Moscú a la memoria de Vladislav Tornovoi, un joven que había sido torturado y asesinado en Volgogrado por ser gay, y en San Petersburgo hablé de lo ridículo que me parecía que se hubiera derribado un monumento dedicado a Steve Jobs en la ciudad porque su sucesor al frente de la dirección de Apple, Tim Cook, había salido del armario. Resultó que era una broma telefónica, hecha por dos tipos que ya le habían hecho lo mismo a todo tipo de figuras públicas, incluido Mijaíl Gorbachov. Lo grabaron todo y lo emitieron por la televisión rusa pero, a la mierda, no me sentí avergonzado porque no les dije ninguna estupidez; dije que le estaba muy agradecido y que me encantaría poder vernos en persona para hablar sobre los derechos civiles y el abastecimiento de medicinas para tratar el sida. Además, el verdadero Vladimir Putin me llamó a casa unas semanas después para pedir disculpas y decirme que le gustaría organizar un encuentro. La reunión aún no se ha producido; he vuelto a Rusia desde entonces, pero mi invitación al Kremlin parece que se perdió entre el correo. Aun así, no pierdo la esperanza.

Nunca se consigue nada si te niegas a hablar con la gente. Es como cuando toqué en la boda de Rush Limbaugh, el presentador de un programa de entrevistas de derechas, en 2010. Me sorprendió que me lo pidiera —lo primero que dije en el escenario fue: «Supongo que os estáis preguntando qué coño hago yo aquí»— y tuve que soportar el escarnio de los medios de comunicación: «Limbaugh ha dicho un montón de estupideces sobre el sida, ¿cómo puede ser que toques para él?». Pero prefiero intentar tender un puente con alguien que está en la orilla opuesta a la mía que levantar un muro. Y, en cualquier caso, doné lo que me pagaron por el concierto —y, os lo aseguro, si tengo que cantar en una boda, no me vendo barato— a la Fundación Elton John contra el Sida. Así que me lo monté para que la boda del presentador de un programa de entrevistas de derechas se convirtiera en una gala benéfica para recaudar fondos contra el sida.

Pasaron un montón de cosas terribles en aquellos años. Bob Birch, que había sido el bajista de mi banda durante más de veinte años, se suicidó. Había estado mal desde que tuvo un accidente de tráfico a mediados de los noventa —un camión le atropelló en la calle antes de un concierto en Montreal, y nunca se recuperó del todo de las lesiones—, pero creo que nunca fui consciente del dolor que padecía o del peaje psicológico que estaba pagando. Me pareció alguien increíblemente resistente. Al principio le dijeron que no volvería a andar, pero se reincorporó a las giras al cabo de seis meses. Su manera de tocar nunca se resintió y él nunca se quejó, incluso cuando tuvo que tocar sentado. Pero entonces, durante las vacaciones de verano de nuestra gira de 2012, su dolor empeoró, hasta el punto de que se le hizo insoportable. Recibí la llamada telefónica de Davey a las seis de la mañana en Niza, diciéndome que Bob se había pegado un tiro en su casa de Los Ángeles. Ojalá se hubiera puesto en contacto conmigo, ojalá me hubiera dicho algo. No sé qué hubiera podido hacer por él, pero desde su muerte no me libro de la idea de que había sufrido en silencio.

A continuación, murió Ingrid Sischy. Había tenido cáncer de mama antes, a finales de los años noventa: un día acudió a mí llorando, en Niza, preguntándome si le podía conseguir una cita con un oncólogo de primer nivel llamado Larry Norton, el mismo doctor que había tratado a Linda McCartney. El cáncer remitió, pero desde aquel momento Ingrid vivía aterrorizada por si algún día volvía a aparecer. Estaba tan paranoica al respecto, buscando señales de la reaparición del cáncer en los lugares más extraños, que terminó siendo una broma recurrente entre nosotros.

–Mira, Elton, me tiemblan las manos, ¿crees que tengo cáncer de manos?

–Oh, claro, Ingrid, ahora tienes cáncer de manos. Seguramente también tienes cáncer de dientes y de pelo.

En aquel momento nos parecía divertido, porque no podía imaginarme que fuera a morir de verdad. Nunca he conocido a nadie con tanta vitalidad, siempre estaba haciendo cosas, tenía un millón de proyectos en marcha a la vez. Y estaba muy presente en mi vida: la llamaba todos los días de entre semana, de lunes a viernes, para hablar, cotillear y pedirle opiniones, que tenía en sorprendentes y grandes cantidades. Cuando alguien tiene tanta fuerza vital interior, cuando alguien ocupa tanto espacio, te parece imposible que esa vida pueda desaparecer.

Hasta que desaparece. El cáncer reapareció en 2015 y ella murió de repente: tan de repente que tuve que viajar a toda prisa de Gran Bretaña hasta Estados Unidos para verla antes de que falleciera. Llegué por los pelos. Me dio tiempo a decir adiós, lo cual no había sucedido apenas con mis otros amigos que habían muerto. En cierta manera, me alegré de que fuera algo tan súbito: Ingrid estaba tan asustada por el cáncer, tan asustada de morir, que al menos no tuvo que pasar semanas o meses encarando la muerte. Pero aquello no era ningún consuelo. Había perdido a Gianni, ahora había perdido a otra de mis mejores amigas, casi una hermana. Nunca dejo de pensar en ella: hay fotos suyas en mis casas, por todas partes, así que siempre está ahí. Echo de menos sus consejos, echo de menos esa inteligencia, echo de menos su pasión, echo de menos las risas. La echo de menos a ella.

Y luego estuvo lo de David. No puedo decir que no me hubiera dado cuenta de que estaba bebiendo mucho más, quizá demasiado. Empezó viniendo a la cama casi todas las noches con una copa de vino, a la que daba sorbos mientras yo estaba leyendo o hablando. O se quedaba despierto hasta más tarde que yo, y a la mañana siguiente veía la botella vacía en el fregadero de la cocina. En ocasiones eran dos botellas. Un par de veces, mientras estábamos en la casa de Niza de vacaciones, ni siquiera se metió en la cama. Me lo encontré por la mañana, derrumbado ante el ordenador, o en el sofá de la sala de estar. Pero, lo digo con el corazón en la mano, nunca creí que tuviera problemas serios. No importaba lo que hubiera pasado la noche anterior, él siempre estaba en pie a las siete de la mañana para ir a trabajar. Había veces en que salíamos y él se emborrachaba —después de una fiesta de cumpleaños conjunta que dimos con Sam Taylor-Wood, recuerdo haberlo tomado del brazo y para guiarle con firmeza hasta el coche, de modo que no tuviéramos que pasar por delante de los paparazzi—, pero nunca quedó en ridículo. Y dado que, tras unos cuantos martinis con vodka, yo era capaz de cualquier cosa, desde abuso verbal a violencia física, pasando por la exhibición pública de mi cuerpo desnudo, es fácil entender cómo no me di cuenta de que David tenía un problema muy serio.

No me di cuenta de que estaba buscando apoyo en la bebida. Siempre había pensado que David había entrado en el Mundo de Elton John con admirable calma y seguridad, pero resultó que muchas cosas a las que yo ya estaba acostumbrado, y que percibía como aspectos normales de mi vida, a él le provocaban ansiedad. No le gustaba que le fotografiaran todo el rato, o que la prensa se interesara por él, o hablar en público en los eventos de la Fundación contra el Sida. Siempre le ponía nervioso volar, pero en mi vida rara es la semana en la que no ponga un pie en un avión. Para él, todo era mucho más fácil de sobrellevar si se había tomado una copa. Además, estaba el hecho de que pasábamos mucho tiempo separados; yo estaba siempre dando conciertos, y él se quedaba en casa. No quiero que parezca que él ha sido una especie de viuda del rock and roll –su vida era muy rica en otros aspectos–, pero tras un tiempo empezó a sentirse solo y aburrido, y una manera de sentirse menos solo y aburrido es descorchando una botella de buen vino o tomando unos cuantos vodkas. Y por encima de todo eso, estaban los niños. Como cualquier padre primerizo podrá deciros, no importa lo mucho que les quieras, siempre habrá momentos en que te sentirás superado por la responsabilidad. David seguramente no ha sido el primer padre de la historia que se haya abalanzado sobre la nevera después de meterse en la cama, apremiado por la urgente necesidad de tomar una copa o algo frío, alcohólico y relajante. Evidentemente, teníamos gente que nos ayudaba, pero da igual que tengas las mejores niñeras del universo: cada nuevo padre que se preocupa por sus hijos pasa por momentos en los que se siente sobrepasado por la idea de que si trae nuevos seres humanos a este mundo tiene que asegurarse de que su vida sea lo mejor posible.

Calmar tus ansiedades con el alcohol por lo general funciona, o al menos mientras estás bebiendo: es a la mañana siguiente cuando te sientes aún con más ansiedad. Y eso es lo que le pasaba a David. Llegó a un punto crítico en Los Ángeles, en 2104, dos días antes de que yo comenzara una nueva gira por Estados Unidos. Aquella noche me iba a Atlanta: Tony King estaba llegando en avión, y yo quería reunirme con él antes de que empezara la gira. David estaba con el ánimo bajo y quería que me quedara una noche más con él. Le dije que no. Tuvimos una fuerte discusión. A la mañana siguiente, David me llamó y mantuvimos otra fuerte discusión, que hizo que la discusión del día anterior pareciera como un leve desencuentro por lo que queríamos para comer: ese tipo de pelea en la que cuelgas el teléfono lloroso y tambaleante, después de haber dicho cosas que te hacen pensar que si os volvéis a comunicar una próxima vez, será a través de abogados. De hecho, la siguiente vez que supe de David, fue porque había ingresado por voluntad propia en una clínica de desintoxicación de Malibú. Me dijo que, tras colgar el teléfono, se acostó en la cama. Oyó a Elijah y a Zachary jugando al otro lado de la sala, pero estaba tan deprimido y ansioso que no pudo levantarse para ir a verlos. Aquello fue todo: contactó con la doctora, le dijo que ya no podía más, que necesitaba ayuda.

Me alegré de que estuviera recibiendo tratamiento. Me sentía mal por no haberme dado cuenta de que las cosas se me habían ido de las manos: una vez que me di cuenta, todo lo que quería era que David mejorara. Pero también estaba extrañamente nervioso. No hay en el mundo nadie que defienda más la necesidad de mantenerse sobrio, pero también sabía que eso comportaba un enorme «riesgo»: puede hacer que la gente cambie por completo. ¿Y si el hombre al que yo amaba volvía siendo una persona diferente? ¿Y si nuestra relación cambiaba —de la misma manera que mi relación con Hugh había cambiado cuando me desenganché del alcohol– y se volvía inmanejable? Era suficiente para mantenerme en vela, pero cuando David volvió no parecía muy diferente, aunque tenía más energía y más capacidad de concentración, y se empleó en acabar su recuperación de una manera que terminó afectándome. Empecé a ir de nuevo a reuniones de Alcohólicos Anónimos. No había estado en ninguna desde principios de los años noventa y fui solo para acompañar a David y mostrarle mi apoyo, pero cuando llegué me encontré con que disfrutaba de aquello. Siempre escuchas algo que te inspira, siempre sales de ellas con un estado de ánimo bueno. Empezamos a organizar reuniones en casa, cada domingo, en las que invitábamos a amigos que también estaban recuperándose, como Tony King. Supongo que es un poco como ir a la iglesia; simplemente das las gracias por mantenerte sobrio. Siempre salgo reforzado de la experiencia.

David parecía ir fortaleciéndose también. Poco después de dejar de beber, despedí a Frank Presland, que había pasado de ser mi abogado a mi representante. Había tenido una serie de diferentes representantes después de John Reid, pero la cosa no había ido bien del todo con ninguno. Estuve pensando en diferentes opciones, y acabé valorando si David podría ser capaz de hacerlo. Antes de conocernos, él había sido un ejecutivo publicitario de altísimo nivel. Supervisaba grandes campañas, trabajaba con presupuestos (y las habilidades que se necesitan para hacer eso no son tan diferentes de las que necesitas en la representación de un artista de rock). Por supuesto, tuve mis reservas acerca de mantener una relación laboral con quien era mi pareja, pero me gustaba la idea de que trabajáramos juntos: teníamos hijos, así que sería como un negocio familiar. A David le ponía nervioso aceptar el trabajo, pero terminamos por ponernos de acuerdo.

Se lanzó de lleno a la tarea: nunca hay que subestimar el entusiasmo de una persona que ha dejado de beber. Rediseñó la compañía y planteó una serie de ahorros. Empezó a cambiar cosas para acomodarnos a la manera como estaba cambiando el negocio de la música: añadir los ingresos por *streaming* a las cuentas y diseñar las redes sociales. Yo no sabía en absoluto cómo funcionaba eso. Nunca he tenido un teléfono móvil. Como es fácil imaginar, dada mi mentalidad de coleccionista, no estoy especialmente interesado en la música en *streaming*: me gusta tener los discos, muchos discos, a ser posible en vinilo. Y, teniendo en cuenta tanto mi temperamento como mi impresionante historial en lo referente a expresar lo que podríamos llamar opiniones sólidas y francas, me di cuenta de que si me acercaba demasiado a algo como Twitter aquello iba a terminar en un completo delirio, en el mejor de los casos.

Pero David se encargó de todo. Formó un gran equipo. Parecía en verdad interesado en áreas de la industria musical que a mí me aburrían mortalmente. Empezó a trabajar para que se hiciera una película biográfica sobre mi vida. La idea había surgido algunos años antes, cuando David LaChapelle hizo aquellas películas para mis espectáculos *The Red Piano* en Las Vegas: si se iba a hacer una película sobre mí, quería que se pareciera a aquellas. Eran crudas, sí, pero también fantásticas, surrealistas y exageradas, y como mi carrera había sido fantástica, surrealista y exagerada, le iban como anillo al dedo. Le pedimos a Lee Hall, que había escrito *Billy Elliot*, que se encargara del guion, que me encantaba, pero nos llevó años y años conseguir que llegara a buen puerto. Hubo idas y venidas de actores protagonistas y directores. Se suponía que David LaChapelle iba a dirigirla al principio, pero él quería concentrarse en su carrera como artista. Tom Hardy sería quien interpretara mi papel, pero no sabía cantar, y yo quería que, quienquiera que encarnara mi personaje, pudiera interpretar las canciones, en vez de hacer *playback*. Hubo muchas disputas con los estudios a cuenta de los presupuestos y el contenido de la película. La gente no dejaba de pedirnos que suavizáramos los temas de la droga y la homosexualidad, para que pudiera tener una calificación para mayores de trece años, pero ya sabéis, soy gay y un drogadicto reconvertido: no tiene ningún sentido hacer una película que me presente como un santo y que deje a un lado el sexo y la cocaína. Hubo un tiempo en que creí que la película no se haría, pero David continuó insistiendo, y finalmente la hicimos.

Y aportó algunas nuevas ideas radicales. Descubrí lo radicales que eran una mañana en Los Ángeles, cuando me mostró una hoja de papel. Había apuntado una serie de fechas relacionadas con la vida escolar de Zachary y Elijah: cuándo comenzaba cada trimestre, la duración de las vacaciones, los años que tardarían en comenzar la primaria y luego la secundaria, cuándo tendrían que hacer los exámenes.

–¿Cuánto de todo esto no te quieres perder? –me preguntó–. Puedes organizarte las giras ajustándote a este programa.

Miré la hoja de papel. En efecto, era como un mapa de nuestras vidas. Cuando llegué a las últimas fechas, veía que por entonces ya no serían niños, sino adolescentes, unos hombrecitos. Y yo tendría ya ochenta años.

–No me quiero perder nada –dije al fin–. Quiero estar ahí siempre.

David enarcó las cejas.

–En ese caso –dijo–, tienes que empezar a pensar en cambiar de vida. Tienes que pensar en retirarte de las giras.

Era una decisión de gran calado. Siempre he pensado en mí como un obrero de la música, como cuando estaba en Bluesology e íbamos arriba y abajo por la autopista en la furgoneta que Arnold Tendler nos había comprado para que viajáramos. Esto no es falsa modestia. Es evidente que no soy la misma persona que en los años

402

sesenta —os puedo asegurar que hace mucho tiempo que no llego a un concierto metido en la parte trasera de una furgoneta—, pero hay una filosofía subyacente, si se me permite la expresión, que nunca ha cambiado. Antes, si ibas a un concierto, llegabas y tocabas: era así como, al fin y al cabo, te ganabas la vida, era como te definías como músico. Me enorgullecía del hecho de que mi calendario de giras no fuera tan diferente de cómo lo era a principios de los años setenta. Toco en recintos más grandes, claro está, me alojo y viajo de manera más lujosa, y empleo menos tiempo encerrándome en el lavabo del camerino para evitar que me acosen las *groupies*. Incluso la más ardorosa de todas hace tiempo que se dio por advertida de la improbabilidad de que Elton John terminara rendido ante sus encantos. Pero he tocado siempre más o menos el mismo número de conciertos: unos ciento veinte o ciento treinta al año. No importa cuántos conciertos diera, al año siguiente quería hacer más. Apunté en una lista una serie de países en los que quería tocar (países que no había visitado; países como Egipto, donde hasta el momento había tenido prohibido tocar porque era gay). No me importaría decir que sería feliz si muriera sobre un escenario.

Pero la lista de fechas escolares de David me había dejado tocado. Mis hijos iban a crecer solo una vez. Yo no quería estar en el Madison Square Garden, o en el Staples Center de Los Ángeles, o en el Taco Bell Arena de Boise mientras eso sucedía, por mucho que ame a los fans que vienen a verme en cada sitio. No quería estar en ninguna otra parte que no fuera con Zachary y Elijah. Al final di con algo con lo que matar el gusanillo de pisar un escenario. Empezamos a desarrollar planes para una gira de despedida. Tenía que ser más grande y más espectacular que cualquier otra cosa que hubiera hecho antes, una gran celebración, una manera de dar las gracias a la gente que había comprado mis discos y entradas para mis conciertos durante todos aquellos años.

Los planes para la gira de despedida estaban muy avanzados cuando descubrí que tenía cáncer. Me lo detectaron durante un chequeo rutinario. Mi médico había percibido que los niveles de antígeno prostático específico en la sangre habían subido ligeramente, y me pidió cita con un oncólogo para que me hiciera una biopsia. La biopsia salió positiva. Era raro: no me sorprendió oír la palabra «cáncer» como me había pasado en los años ochenta, cuando pensaron que tenía uno en la garganta. Creo que era porque el cáncer era de próstata. No es que sea ninguna broma, pero es muy común, lo habían detectado en un estadio inicial y, además, estoy bendecido con esa clase de constitución que hace que me recupere bien de las enfermedades. Tuve un par de sustos relacionados con la salud tiempo atrás, y ninguno de ellos me obligó a parar las cosas. En los años noventa, me tuvieron que llevar de urgencias cuando me dirigía a la boda de David y Victoria Beckham. Me mareé por la mañana cuando jugaba al tenis, y me desmayé en el coche cuando iba al aeropuerto. Me perdí la boda, me fui al hospital, me controlaron las pulsaciones y me dijeron que tenía una infección de oído. Al día siguiente, estaba jugando al tenis de nuevo cuando David salió de la casa hecho un basilisco gritándome que parara inmediatamente. Todo el mundo sabe cómo me siento cuando me interrumpen durante un partido de tenis (quizá los lectores recuerden aquel incidente en *Tantrums and Tiaras* en el que anunciaba que abandonaba de inmediato Francia para nunca más volver porque un fan me saludó con la mano y me gritó «¡Yuju!» mientras estaba sirviendo la bola). Justo estaba a punto de decirle a David que se fuera a la mierda en términos un tanto ambiguos cuando me dijo que habían llamado del hospital y que habían cometido un error: lo que tenía era una arritmia, y tenía que ir volando a Londres cuanto antes para que me pusieran un marcapasos. Estuve en el hospital solo una noche y, en vez de sentirme debilitado, pensé que el marcapasos era una cosa fantástica. Parecía que me diera más energía que antes.

Hace poco, conseguí actuar en nueve conciertos, tomar vuelos de veinticuatro horas y tocar con Coldplay en una gala benéfica para la Fundación contra el Sida mientras tenía un ataque de apendicitis: los médicos me dijeron que se me había infectado el colon y me sentía cansado, pero seguí adelante. Podría haber muerto; por lo general, cuando se revienta el apéndice, provoca una peritonitis, que te mata en cuestión de pocos días. Me extirparon el apéndice, pasé un par de días en el hospital sedado con morfina, teniendo alucinaciones –no voy a mentir, esa parte la disfruté mucho–, y unas pocas semanas en Niza recuperándome, y entonces volví a la carretera. Así soy. Si no hubiera tenido esta constitución, todas las drogas que consumí me habrían matado hace varias décadas.

El oncólogo me dijo que tenía dos opciones. Una era operarme y extirpar la próstata. La otra era empezar con sesiones de radiación y quimioterapia, lo que significaba que tendría que estar yendo y viniendo al hospital un montón de veces. Decidí que prefería la cirugía. Hay muchos hombres que prefieren no operarse, porque es una cirugía importante, no puedes mantener relaciones sexuales durante un año por lo menos y no puedes controlar tu vejiga del todo, pero al final fueron mis hijos los que tomaron la decisión. No me gustaba la idea de que el cáncer me sobrevolara –nos sobrevolara– durante los años siguientes. Quería librarme de él, y ya está.

Me operé en Los Ángeles, fue algo rápido y discreto. Nos aseguramos de que las noticias de mi enfermedad no llegaran a la prensa: lo último que quería era un montón de titulares histéricos en los periódicos y fotógrafos apostados a las puertas de mi casa. La operación fue un completo éxito. Descubrieron que el cáncer se había extendido por dos de los lóbulos de mi próstata: la radioterapia específica no habría llegado hasta allí. Había tomado la decisión correcta. Al cabo de diez días, volvía a estar en el escenario del Caesar's Palace.

No fue hasta que llegué a Las Vegas cuando sentí que algo no estaba bien. Me levanté por la mañana un poco indispuesto. A medida que avanzaba el día, el dolor fue a peor. Cuando estaba en el camerino antes del concierto, el dolor era indescriptible. Estaba llorando. La banda me aconsejó que canceláramos, pero dije que no. Antes de que alguien empiece a maravillarse por mi valentía y mi profesionalidad incomparable, debo decir que, si decidí tocar, no fue por una especie de estoicismo del tipo «el espectáculo debe continuar» o un estricto sentido del deber. Por extraño que suene, estar en el escenario me parecía preferible a estar sentado en casa sin nada que hacer, y encima soportando el mismo dolor. Así que seguí adelante. Y más o menos funcionó. Al menos el concierto me permitió pensar en otra cosa que no fuera el dolor que sentía, por no hablar del antes mencionado momento en el que me di cuenta de los efectos radicales que estaba provocando tan radical prostatectomía en mi vejiga.

Aquello fue bastante divertido (si el público lo hubiera sabido...), pero aun así, si mearte encima delante de 4.000 personas es el momento cumbre del día, está claro que las cosas no van bien. Resultaba que estaba padeciendo una complicación rara e inesperada derivada de la operación: tenía un derrame de fluidos en los nodos linfáticos. En el hospital me los secaron y el dolor remitió. Pero los fluidos volvieron a filtrarse y el dolor reapareció. Fantástico: otra noche emocionante de agonía e incontinencia en el escenario del Caesar's Palace. El ciclo continuó durante dos meses y medio, antes de que me lo curaran de manera accidental: una colonoscopia rutinaria reencauzó el fluido de manera permanente, días antes de mi setenta cumpleaños.

La fiesta se celebró en los Red Studios de Hollywood. David se trajo a Zachary y a Elijah desde Londres para darme una sorpresa. Actuaron Ryan Adams, Rosanne Cash y Lady Gaga. El príncipe Enrique me envió un vídeo, deseándome lo mejor ataviado con unas gafas al estilo Elton John. Stevie Wonder tocó para mí, habiendo olvidado, o habiéndome perdonado, que cuarenta y cuatro años antes me había negado a salir de mi dormitorio la última vez que intentó cantarme «Cumpleaños feliz», a bordo del *Starship*. Y Bernie estaba allí, con su mujer y sus dos jóvenes hijas cogidas del brazo (era una especie de celebración doble, porque habían pasado cincuenta años desde que nos conocimos, en 1967). Posamos juntos para unas fotografías. Yo vestía un traje granate con solapas de satén, una camisa con gorguera y zapatillas de gamuza; Bernie iba vestido de manera informal, con pantalones tejanos, llevaba el pelo corto y los brazos cubiertos de tatuajes. Éramos un contraste entre opuestos tanto como lo habíamos sido cuando Bernie apareció por primera vez en Londres desde Owmby-by-Spital. Bernie había acabado regresando al campo, y vivía en un rancho en Santa Bárbara: había vuelto a sus raíces, y se convirtió en uno de esos personajes del viejo Oeste sobre los que tanto le gustaba escribir, como si hubiera salido de *Tumbleweed Connection*. Incluso llegó a ganar concursos de atrapar reses con un lazo. Yo coleccionaba porcelana y la Tate Modern iba a montar una exposición a partir de la enorme selección de fotografías del siglo XX que había ido reuniendo: una de las piezas estrella que se iban a exponer era una fotografía original de Man Ray que Bernie y yo habíamos comprado como póster cuando intentamos decorar nuestra habitación compartida en Frome Court. Éramos mundos completamente distintos. No sé cómo las cosas podían seguir funcionando entre nosotros, pero una vez más, tampoco entendí nunca cómo pudieron funcionar al principio. Simplemente, pasó. Y sigue pasando.

Fue una velada mágica. Normalmente, me dan igual ese tipo de eventos que pasan porque todo el mundo me diga lo maravilloso que soy –nunca he llevado bien lo de recibir cumplidos–, pero estaba de un humor fantástico. Ya no tenía cáncer, ni tenía dolores. La operación había sido un éxito. Las complicaciones se habían corregido. Estaba a punto de volver a las giras, hacia Sudamérica, donde iba a dar varios conciertos con James Taylor. Todo volvía a la normalidad.

Hasta que estuve a punto de morir.

Iba en el vuelo de regreso desde Santiago y empecé a sentirme muy mal. Debíamos cambiar de avión en Lisboa, y cuando subimos a bordo, tenía mucha fiebre. Luego empecé a sentir mucho frío. No podía parar de temblar. Me envolví en varias mantas y entré un poco en calor, pero sin duda algo no iba bien. Llegué a casa, a Woodside, y llamé al médico. La fiebre había remitido un poco, y me aconsejó que descansara. A la mañana siguiente me desperté sintiéndome peor que nunca en mi vida. Me llevaron al hospital King Edward VII en Londres. Me hicieron un escáner y se dieron cuenta de que algo estaba muy mal. Me dijeron que mi estado de salud era tan grave que el hospital ni siquiera disponía del equipo para tratarme. Tenían que trasladarme a la London Clinic.

Llegamos al mediodía. Lo último que recuerdo es que respiraba aceleradamente mientras intentaban encontrarme una vena para ponerme una inyección. Tengo unos brazos muy musculosos, así que a veces es difícil, sumado al hecho de que detesto las agujas. Al final llamaron a una enfermera rusa, que parecía como si acabara de ponerse el uniforme después de haber pasado una semana de entrenamiento con el equipo olímpico de lanzamiento de peso, y a las dos y media ya estaba en la mesa de operaciones: había nuevas filtraciones de líquido linfático, esta vez en mi diafragma, y tenían que extraerme todo el líquido. Durante los dos días siguientes, estuve en cuidados intensivos. Cuando pasó el peligro, me dijeron que había contraído una infección importante en Sudamérica, y que me estaban tratando con grandes dosis de antibióticos por vía intravenosa. Todo parecía estar bien, y entonces volví a tener fiebre. Tomaron una muestra de la infección y la cultivaron en una placa de Petri. Era mucho más grave de lo que habían pensado al principio; fue necesario cambiarme los antibióticos e incrementar la dosis. Me hicieron varias resonancias magnéticas y Dios sabe cuántas otras pruebas. Estaba allí, tumbado, sintiéndome fatal, siendo transportado en camilla de aquí para allá, mientras me metían tubos y me los volvían a sacar, sin saber exactamente qué me pasaba. Los médicos le dijeron a David que estuve a veinticuatro horas de morir. Si la gira sudamericana hubiera durado un día más, se habría terminado todo: habría sido un fiambre.

Tuve una suerte increíble —me rodeó un equipo fantástico y recibí la mejor atención médica posible—, aunque debo decir que en aquel momento no me pareció que hubiera tenido mucha suerte. No podía dormir. Todo lo que recuerdo es estar tumbado en la cama, despierto toda la noche, preguntándome si me iba a morir. No conocía los detalles, no sabía lo cerca que estaba de la muerte (David tomó la sabia decisión de guardarse toda la información), pero me sentía tan enfermo que ya era suficiente para hacerme pensar en mi mortalidad. No era así como y cuando quería irme. Yo quería morir en mi casa, rodeado de mi familia, a ser posible habiendo vivido hasta una edad muy avanzada. Quería volver a ver a los chicos. Necesitaba más tiempo.

Once días después, me dieron el alta. No podía caminar —padecía dolores terribles en las piernas— y la enorme cantidad y la potencia de los antibióticos que tuve que tomar me dejaron hundido por completo, pero al menos estaba en casa. Pasé varias semanas más recuperándome, aprendiendo a andar de nuevo. Nunca salía de casa, a menos que fuera para ver al médico. Era ese tipo de descanso forzado que en cualquier otro momento me hubiera hecho subirme por las paredes —no recordaba cuándo había pasado tanto tiempo en casa por última vez—, pero, por muy enfermo que me sintiera, me di cuenta de que me gustaba. Era primavera y los jardines de Woodside estaban preciosos. Había lugares peores en el mundo en los que sentirte encerrado. Me acostumbré a una especie de rutina doméstica: quitaba las malas hierbas del terreno y disfrutaba del jardín durante el día, mientras esperaba a que los chicos volvieran a casa después del colegio y me contaran cómo había ido el día.

En el hospital, solo al caer la noche, rezaba: «Por favor, no dejes que me muera, por favor, déjame ver a mis hijos otra vez, por favor, dame un poco más de tiempo». De una manera extraña, sentí que el tiempo que pasé recuperándome era la respuesta a mis oraciones: si quieres más tiempo, tienes que aprender a vivir así, tienes que tomártelo con calma. Era como si me hubieran mostrado una vida distinta, una vida que, pese a todo, me había dado cuenta de que me gustaba más que estar de gira. Cualquier sombra de duda que pudiera tener sobre dejar de hacer giras simplemente se desvaneció. Sabía que había tomado la decisión correcta. La música era lo más maravilloso, pero no me sonaba tan bien como cuando Zachary me contaba cómo había ido con los boy scouts o durante el entrenamiento de fútbol. Ya no podía seguir fingiendo que tenía veintidós años. Seguir fingiendo que tenía veintidós era lo que haría que me muriera, algo que no habían logrado ni las drogas ni el alcohol ni el cáncer. Y todavía no estaba preparado para morir.

Epílogo

La gira de despedida comenzó en septiembre de 2018 en Allen-
town, Pensilvania. David había organizado exactamente el tipo de
celebración espléndida que yo quería. Había un montaje increíble,
y había encargado una serie de audiovisuales alucinantes para acompañar cada canción: animaciones que hacían que la portada de
Captain Fantastic cobrara vida, metraje antiguo que recorría todas
las etapas de mi carrera y películas experimentales hechas por artistas contemporáneos. Tony King estaba a mano para echarle un ojo
a todo, y asegurarse de que todas tenían un acabado perfecto: medio siglo después de que se infiltrara en mi vida, con su aspecto
extraordinario, aún confiaba en su sentido estético con los ojos
cerrados. Las críticas fueron excelentes: la última vez que leí algo
así, yo tenía pelo por toda la cabeza y el crítico debía dedicar la
mitad del artículo a explicar quién era yo. Lo más emocionante fue
el afecto que transmitían, una tristeza auténtica por mi decisión de
dejar de salir de gira, y de que toda una época llegaba a su fin.

Cuando ya llevábamos unos cuantos conciertos, pude ver por primera vez el montaje provisional de mi biografía filmada, *Rocketman*. Se notaba que David estaba inquieto ante mi reacción. Supe que Taron Egerton era el hombre adecuado para interpretarme cuando lo escuché cantar «Don't Let The Sun Go Down On Me»: consiguió llegar al final sin amenazar con asesinar a nadie ni gritar cosas sobre Engelbert Humperdinck, lo cual ya era una notable mejora con respecto a la primera vez que la canté yo. Invité a Taron a Woodside y estuvimos hablando mientras comíamos un plato de curry servido a domicilio. También le di a leer algunos de mis viejos diarios, que había empezado a escribir a principios de los años setenta, para que tuviera una impresión de cómo había sido mi vida por entonces. Aquellos diarios eran inesperadamente divertidos. Escribía de una manera muy descriptiva, lo que hace que todo sea mucho más absurdo. «Me he levantado. Tareas del hogar. He visto el fútbol por la tele. He escrito "Candle In The Wind". He ido a Londres. He comprado un Rolls-Royce. Ringo Starr ha venido a cenar.» Supongo que estaba intentando normalizar todo lo que me pasaba, a pesar de que, por supuesto, lo que me estaba pasando no era normal en absoluto.

Me mantuve lejos de los rodajes y evité echar un vistazo al material en bruto: lo último que un actor desea es que la persona a la que está interpretando se quede embobada mirándolo mientras se pone en su piel. Pero cuando vi la película, fue como cuando vi *Billy Elliot* por primera vez: empecé a llorar durante la escena localizada en la casa de mi abuela en Pinner Hill Road, cuando mi madre y mi padre cantan «I Want Love». Aquella era una canción que Bernie había escrito sobre sí mismo, un hombre de mediana edad con unos cuantos matrimonios fallidos a sus espaldas, preguntándose si volvería a enamorarse otra vez. Pero podría haberla escrito la gente que vivía en aquella casa. Me pareció que estaba bien, y eso era lo más importante para mí. Es lo mismo que este libro: quería algo que mis hijos pudieran ver o leer dentro de cuarenta años, para saber cómo había sido mi vida, o cómo la había percibido yo.

Cuando se anunció la gira de despedida, un buen número de periodistas publicaron artículos en los que dejaban caer que no había ninguna posibilidad de que me retirara. Apoyaban su argumentación en un conocimiento exhaustivo de mi historia y con impresionantes deducciones psicológicas sobre mi forma de ser: me había intentado retirar antes, tenía una personalidad adictiva, había nacido para el espectáculo, estaba obsesionado con la música. Podrían haber reforzado aún más sus argumentos repitiendo lo que ya había dicho en la rueda de prensa, que era que no tenía ninguna intención de retirarme de la música, o incluso de actuar en directo. Lo que dije era que ya no iba a seguir de gira por el mundo a trancas y barrancas: habría una última gran gira –trescientos conciertos durante tres años, que cubrirían Norteamérica y Sudamérica, Europa, Oriente Próximo, Extremo Oriente y Australasia; los niños vendrían conmigo y los acompañaría un tutor–, y eso era todo.

Pero no sería el final. Estaba emocionado por el hecho de que al dejar de salir de gira dispondría de más tiempo para hacer cosas distintas. Quiero escribir más musicales y más bandas sonoras. Quiero pasar tiempo trabajando con la Fundación contra el Sida, especialmente en África. Quiero defender allí los derechos de la comunidad LGTBQ, e intentar hablar con los políticos en Uganda, Kenia o Nigeria y hacer algo para que cambie la manera como se trata a la gente. Quiero colaborar con todo tipo de artistas. Quiero organizar una gran exposición que repase toda mi carrera, quizá incluso me plantee abrir un museo permanente, para que la gente pueda ver parte de mis colecciones de arte y fotografía. Quiero pasar más tiempo haciendo discos, y hacerlos a la manera que acostumbraba en el comienzo de mi carrera en solitario: pasar más tiempo con Bernie escribiendo un montón de letras y desarrollando muchísimo material. No he vuelto a entrar en un estudio con una gran acumulación de canciones de entre las cuales elegir desde que grabé *Madman Across the Water*, hace ya cuarenta y ocho años (lo que hacía era presentarme y componer allí mismo, como la versión musical de un pintor ante un lienzo en blanco). Quiero volver a escribir sin grabar lo que hago, de la misma manera en que hicimos *Captain Fantastic*, memorizando lo que se me ocurría sobre la marcha. Quiero actuar en directo, pero en espectáculos más pequeños, donde pueda concentrarme en tocar material diferente. Si hay un problema acerca de escribir canciones del tipo «I'm Still Standing» o «Rocket Man» o «Your Song», es que se han vuelto tan populares que han desarrollado su propia vida y ensombrecen cualquier otra cosa que hagas. Amo esas canciones con locura, pero he escrito otras que creo que son igual de buenas, que se sostienen por sí mismas, y me gustaría darles a esas canciones su momento de protagonismo.

Pero, sobre todo, quiero pasar tiempo siendo... bueno, una persona normal, o todo lo normal que pueda aspirar a ser. Pasar menos tiempo de gira significa que tendré más tiempo para acompañar a los niños al colegio, más tardes de sábado para llevarlos al Pizza Express, o a Daniel's, el centro comercial de Windsor: cosas que a los chicos les gustan, cosas que nunca había pensado que haría. Me he pasado la vida entera intentando huir de Reg Dwight, porque Reg Dwight nunca fue un cachorrillo feliz. Pero lo que me ha enseñado el huir de Reg Dwight es que, cuanto más me he alejado de él, cuando he desconectado en exceso de la persona que un día fui, las cosas han ido terriblemente mal y he sido más desdichado que nunca. Necesito —todo el mundo necesita— cierta conexión con la realidad.

Vivo y he vivido una vida extraordinaria, y de verdad digo que no la cambiaría en nada, ni siquiera las partes que más lamento, porque estoy increíblemente feliz con el resultado final. Por supuesto, me gustaría haberme ido cuando vi a John Reid haciendo montoncitos de cocaína en el estudio, en vez de meter ahí las narices –en todos los sentidos de la expresión–, pero puede que todo aquello fuera necesario para terminar donde estoy ahora. No es donde esperaba haber llegado, en absoluto: casado con un hombre, padre de dos hijos, cosas que me parecían imposibles hace mucho tiempo. Pero esa es la otra lección que me ha enseñado mi vida absurda. Desde el momento en que me señalaron la puerta tras una audición fallida y me entregaron un sobre con las letras de Bernie cuando me marchaba cabizbajo, nada ha salido como yo pensaba que saldría. Mi historia está llena de posibilidades abiertas, de momentos extraños del tipo «¿Y si?» en los que todo cambió. ¿Y si hubiera estado tan disgustado por mi audición fallida que hubiera tirado el sobre de Bernie a un cubo de basura de camino a la estación? ¿Y si me hubiera mantenido en mis trece y no hubiera ido a Estados Unidos cuando Dick James me dijo que debía hacerlo? ¿Y si el Watford hubiera ganado al West Bromwich Albion aquella tarde de sábado a principios de los años noventa y me hubiera subido el ánimo, de modo que no hubiera tenido la necesidad de llamar a un amigo y suplicarle que me trajera a unos cuantos hombres gais para acompañarme en la cena? ¿Y si no me hubiera fijado en Lev en el orfanato? ¿Dónde estaría ahora? ¿Quién sería ahora?

Uno puede ponerse a pensar todo tipo de cosas delirantes. Pero todo esto es lo que pasó, y aquí estoy. No tiene ningún sentido preguntarse «¿Y sí?». La única pregunta que vale la pena responder es: «¿Y ahora qué?».

Agradecimientos

Gracias a quienes me han despertado los recuerdos y a quienes han participado de mi increíble vida.

Índice alfabético

Créditos de las imágenes

Todas las fotografías pertenecen a la colección familiar o personal del autor, salvo las siguientes:

P. 3, superior izquierda: © Edna Dwight.

P. 3, inferior: © Mercury Records Ltd.

P. 5, superior: © Mike Ross / Lickerish Syndication.

P. 5, inferior: © Barrie Wentzell.

P. 6, superior; p. 10, centro, izquierda y derecha: fotografías por cortesía de Rocket Entertainment.

P. 6, centro: fotografía de David Larkham.

P. 6, inferior: fotografía de Don Nix, © Colección OKPOP / Archivo Steve Todoroff.

P. 7, superior: © Bob Gruen / www.bobgruen.com.

P. 7, inferior: © Anonymous / AP / Shutterstock.

P. 8, superior: © Michael Putland / Getty Images.

P. 8, inferior: © Bryan Forbes.